# 慶祝莆田黃天成先生七秩誕辰論文集

在研究所辦公室攝

在金門中學攝

五位前後任系所主任合攝

碩一同學聚會與潘、高二師及所內老師合攝

# 慶祝莆田黃天成先生七秩誕辰論文集　目錄

# 序

莆田黃師天成先生，性行誠篤，任事忠耿，治學精勤，誨人不倦，數十年如一日。平生裁成弟子甚眾，咸認其精神人格，誠經師人師之典範也。讀吾師傳略，知先生出身寒家，幼遭亂離，早年失學，而勤苦自修，未嘗稍懈。以教育爲畢生志業，由小學教師積學而執教上庠。曾兩度遊學日本，先後在大阪大學及九州大學研究，獲九州大學文學博士學位，其奮鬥不懈、探求學問之精神毅力，足資青年學子取法。返國之後，即出任我校國文學系主任兼國文研究所所長，擘畫推動系所事務，盡心盡力，建樹良多。

天成師所致力之學術研究，最具成就者當數莊子之學，主要著述有《莊子讀本》、〈六十年來之莊子學〉、《莊子及其文學》、《莊子及郭象》等；於先秦、兩漢學術思想及其後之演進流變，亦熟稔如指諸掌，著有《秦漢思想研究》；以兩度留日，時與日本學界往還，促進中日學術文化交流，或受邀作學術演講，出席國際學術會議，發表論文，於日本漢學界知之甚深；故歷年以來，於本校國文研究所講授之課程，如「老莊研究」、「中國學術流變史」及「日本漢學研究」，皆有其學驗之根柢，且於道家思想之闡揚，中國學術思想之疏通，與夫日本漢學研究之借鏡，均於後學多所啓迪，於學術亦時發新義，而夫子溫良恭儉，學子莫不如沐春風，受益匪淺。

此外，吾師亦曾潛心於《文心雕龍》之研究，著有《文心雕龍譯注》，編有《文心雕龍研究論文集》，譯有《文心雕龍注補正》；當年執教於淡江學院時，曾極力推廣研究，創「文心雕龍研究會」，開共同研究風氣之先。又吾師早年追隨章師銳初研究國文教材教法，頗具心得，曾在本校國文系講授此一課程多年，亦兼授教學實習，常率學生環島參觀教學，深受各中學校長歡迎。由於經驗之累積，學術之精研，而有專著如《中學國文教材教法》、《實用國文教學法》等書出版，對教學方法之講求與改進，提供具體之見解，豐富之經驗，對中學國文教學當有深遠之影響。

今歲六月上旬，欣逢天成師七秩誕辰，在本校國文系所服務之受業弟子，有感於吾師昔年教誨啓導之恩，群議吾輩當有賀壽之舉，以盡弟子之心，遂有徵文彙印論文集之議，由前五屆較早期之學生共同發起，並推余爲召集人，數月以來，積稿達二十餘篇，凡數十萬言，來稿如此踴躍，一以見吾師春風化雨之功，一以見師門諸學長、學弟治學之勤奮，此足堪告慰於吾師教育之辛勞也。

本論文集所收論文，仍依一般慣例，大體依論文性質排列，首經學與儒家思想，次文字之學，次史學，次諸子之學及佛學，次文學，姚榮松先生〈閩南語入聲韻的演化〉一文，以文中多標音符號，自以橫排爲宜，故列於文集最後。二十餘篇論文中，計經學二篇，儒家思想三篇，文字聲韻學二篇，史學家研究一篇，老莊學三篇，其他諸子、佛經與域外學者研究三篇，文學論文七篇，自文心雕龍學，以至唐宋詩人、宋儒文氣思想、元人雜劇、清人小說、修辭技巧應用等，皆在討論之列，蓋各人專攻不同，興趣有異，故所論範圍至廣，而論題各有所重也。

值茲論文集編成梓行之前，謹將天成師於吾輩教誨之恩德，學術研究之成就，與夫教育上之貢獻，及徵文祝嘏之籌備經過，本論文集之內容大略等，備述如上。承蒙諸學長熱心賜稿，謹代表籌備會敬表謝忱；文史哲出版社負責人彭正雄先生慨允印行，衷心感念！蔡宗陽、陳有志二先生負責聯絡、收稿、校訂工作，辛勞備至，亦一併致意。謹以此一論文集敬賀吾師嵩壽，願吾師松柏長青，學術精神長流不竭。

民國八十年五月受業王熙元謹序於國立臺灣師範大學文學院

# 獻天壽 呈黃老師天成

鍾克昌
填詞擬曲

玉樹臨風我老彭，寡欲无爭，
聖賢薪火樂傳承，師道慶昌
明，杏壇風雅靈桃獻，
美意天成，欣逢壽誕鳳凰鳴，
頌南極，仰長庚。

# 周易恆卦釋義

黃慶萱

## 提要

作者研究《周易》已三十年，現正從事《周易釋義》之撰述。釋義據帛書以訂其文字；據甲金以明其訓詁；稽李鼎祚《周易集解》等以說其數象；參王弼、孔穎達《周易注疏》，李光地《周易折中》等以詳其義理。先注釋，後語譯。務求深入淺出，切用於人生。本文為《周易釋義》之一篇。恆卦為《周易》六十四卦中第三十二卦，下經第二卦，屬三陳憂患九卦之一。恆者，擇善固執，始終如一，行健不息，終而又始之意也。所謂「日月得天而能久照，四時變化而能久成，聖人久於其道而天下化成。」故特取此篇釋義以為 天成師嵩壽。

## 一、恆卦辭釋義

䷟ 巽下震上 恆①：亨，无咎，利貞②；利有攸往③

【注釋】

①巽下震上恆　恆，六畫的卦名，由三畫的巽在下，三畫的震在上，重疊而成。恆，是長久經常，包括兩層意思：一是擇善固執，始終如一。所以繫辭傳下說：「恆，德之固也。」又說：「恆以一德。」二是行之不止，終而又始。所以繫辭傳下又說「恆，雜而不厭。」雜，據王引之經義述聞：「當讀爲帀；帀，周也。」是周流循環的意思。恆卦上接咸卦。咸卦是少男少女相感相悅，結爲夫婦；恆卦是長女長男，白首偕老，代表夫婦之道的永久性。達成這種永久性是有一些原則的：一、丈夫要剛毅地爲家庭奮鬥；妻子能溫柔地體貼丈夫。二、像雷風配合，化育萬物，夫妻要共同教養子女。三、要順著事理而行動。四、一剛一柔，能夠互助合作，推而廣之，凡事要求其永久，都必須如此。朱熹周易本義：「恆，常久也。爲卦震剛在上，巽柔在下；震雷巽風，二物相與；巽順震動，爲巽而動；二體六爻，陰陽相應：四者皆理之常，故爲恆。」請參閱彖傳注釋。

②亨无咎利貞　有恆所以能夠亨通而不致發生差錯，要以遵守正道爲其前提。換句話說，利貞是恆亨无咎的必要條件。程頤伊川易傳：「恆之道可以亨通，恆而能亨，乃无咎也；恆而不可以亨，非可恆之道也，爲有咎矣。如君子之恆於善，可恆之道也；小人恆於惡，失可恆之道也。恆所以能亨，由貞正也，故云利貞。」案：恆卦辭言「利貞」；而初六爻辭言「貞凶」，九三爻辭言「貞吝」：似有矛盾。項安世對此有所說明。周易玩辭：「恆之彖以貞爲利，而爻辭皆不利於貞者，彖論卦德，爻各言其位也。卦得其道，故當以貞守之；爻多不正，正者又不得中，皆失其道，不可貞也。」

「彖」，指卦辭。又卦辭言「亨」「利貞」而未言「无」。劉百閔周易事理通義：「然彖傳則曰：『終則有始。』則其爲有始也，故能有終；恆具元亨利貞四德矣。」

③利有攸往　上文言「亨无咎利貞」，是就恆之第一義「擇善固執」上說；此言「利有攸往」，是就恆之第二義「行之不止」上說。郭雍郭氏傳家易說：「恆，久也。其道可久，斯无不通，无不通則无過舉，內利以固，外利以行，此其所以爲恆也。恆之卦辭，止有二義，恆亨无咎利貞，一也，久於其道之謂也；利有攸往，一也，終則有始之義也。久於其道，天地同也；終則有始，日月四時同也。」周易折中引徐幾云：「恆有二義，有不易之恆，有不已之恆。利貞者，不易之恆也；利有攸往者，不已之恆也。合而言之，乃常道也；倚於一偏，則非道矣。」

【語譯】

三畫的巽卦在下，三畫的震卦在上，重疊成六畫的恆卦。恆，是擇善固執，始終如一，奉行不息，終而又始的意思。有恆，能夠獲得亨通而不致發生差錯，就必須遵守行爲常規。並且要勇往直前，自強不息。

## 二、恆彖傳釋義

彖曰：恆，久也①。剛上而柔下②，雷風相與③，巽而動④，剛柔皆應⑤：恆。恆，亨，无咎，利貞：久於其道也⑥。天地之道，恆久而不已也⑦。利有攸往，終則有始也⑧。日月得天而能久照⑨，四時變化而能久成⑩，聖人久於其道而天下化成⑪。觀其所恆，而天地萬物之情可見矣⑫！

【注　譯】

①恆久也　先解釋卦名「恆」的意義。孔穎達周易正義：「恆久也者，訓釋卦名也。」恆字，甲文作「[illegible]」，從「二」，像天地；從「[illegible]」，像月。是天地之間，月之圓缺運行不息，所以有恆久的意思。金文作「[illegible]」「[illegible]」，旁加「心」字，表示心之運思，如月之恆。楚帛書作「[illegible]」。許慎說文解字：「[illegible]，古文恆，从月。詩曰：『如月之恆』。」

②剛上而柔下　此以卦變、卦體解釋卦名「恆」之義。集解引虞翻曰：「乾切之坤四。」以爲三陰三陽之卦，多自「泰䷊」來。泰卦乾下之初九與坤上之六四互換，是剛爻往上，柔爻來下，變成「恆䷟」卦。此即以卦變立說。王弼周易注：「剛尊柔卑，得其序也。」孔穎達周易正義：「此就二體以釋恆也。震剛而巽柔，震則剛尊在上，巽則柔卑在下，得其順序，所以爲恆也。」此即此卦體立說。程頤綜合兩說，伊川易傳：「剛上而柔下，謂乾之初上居於四，坤之四下居於初，剛爻上而柔爻下也。二爻易處，則成震巽，震上巽下，亦剛上而柔下也。剛處上而柔居下，乃恆道也。」

③雷風相與　此以卦象說明卦名之義。震上爲雷，巽下爲風。相與，相隨相助的意思。孔穎達周易正

義：「此就二象釋恆也。雷之與風，陰陽交感，二氣相與更互而相成，故得恆久也。」又引褚氏（仲都）云：「雷資風而益遠，風假雷而增威。」後世易傳，大抵都從此說。惟朱駿聲作六十四卦經解，云：「震之爲震，迅雷風烈必變也；恆之爲恆，烈風雷雨弗迷也。舜之納麓，公之居東，皆歷變不變之君子。」採恆心應經得起烈風雷兩考驗之義，頗有新意。

④巽而動　此以卦德說明卦名。異下有巽順之德，震上有行動之德。孔穎達周易正義：「此就二卦之義，因釋卦名。震動而巽順，无有違逆，所以可恆也。」伊川易傳：「天地造化恆久不已者，順動而已。巽而動，常久之道也；動而不順，豈能常哉！」王宗傳童溪易傳：「巽而動云者，謂長女巽於內，長男動於外，在下者有巽順之德，而在上者有動爲之才，此所以能恆也。」

⑤剛柔皆應　此以六爻剛柔相應說明卦名。初六、九四相應，九二、六五相應，九三、上六相應。王弼周易注：「不孤媲也。」孔穎達正義：「此就六爻釋恆，此卦六爻，剛柔皆相應和，无孤媲者，故可長久也。媲，配也。」

⑥久於其道也　此釋卦辭「恆亨无咎利貞」。伊川易傳：「恆之道可以致亨而无過咎，但所恆宜得其正，失正非可恆之道也。故曰『久於其道』。其道，可恆之正道也；不恆其德，與恆於不正，皆不能亨而有咎也。」

⑦天地之道恆久而不已也　此申說上文「久於其道」之義。伊川易傳：「天地之所以不已，蓋有恆久之道；人能恆於可恆之道，則合天地之理也。」

⑧終則有始也　此釋卦辭「利有攸往」。張浚紫巖易傳：「恆非守其故常之恆，勉勉孜孜，久於其道，厥德乃常也。蓋天下所謂常，莫不皆以不變爲常，常久必弊，無他，泥夫事而昧夫道也。道以不息爲常，不息何弊夫？天地不息，以遂生化之功；使聖人於道而止且息，何以配天地而成其生化邪？惟聖人誠一不息，故恆德以著，而利有攸往焉！觀夫雷風動散，終終始始，與天地爲一生化之理，不知何時而有窮已！聖人之道，豈異此乎？」

⑨日月得天而能久照　天地之道，恆久而不已；得天，得天地恆久之道也。張載正蒙參兩篇：「日月得天，得自然之理也，非蒼蒼之形也。」

⑩四時變化而能久成　終則有始，所以四時變化而能久成。伊川易傳：「四時，陰陽之氣耳，往來變化，生成萬物，亦以得天，故恆久不已。」

⑪聖人久於其道而天下化成　周易十翼，每以大人或聖人與天地、日月、四時，相提並論。乾文言：「夫大人者，與天地合其德，與日月合其明，與四時合其序。」繫辭傳上：「是故法象莫大乎天地，變通莫大乎四時，縣象著明莫大乎日月，崇高莫大乎富貴，備物致用，立成器以爲天下利，莫大乎聖人。」都是例證。伊川易傳：「聖人以恆久之道，行之有常，而天下化之，以成美俗也。」

⑫觀其所恆而天地萬物之情可見矣　天地，化育萬物之主；萬物，天地化育之成。二者之情態，都因所恆而可見。此總結「恆」義。呂祖謙東萊易說：「『日月得天而能久照，四時變化而能久成，聖人久於其道而天下化成。觀其所恆，而天地萬物之情可見矣。』此正與中庸所謂：『博厚所以載物

也，高明所以覆物也，悠久所以成物也；博厚配地，高明配天，悠久无疆。』之理同。當玩味『所恆』二字。」

【語　譯】

恆，是長久的意思。剛强的陽爻上升，尊貴地在上位；柔順的陰爻下降，卑遜地在下位。天上打雷，地上刮風，相隨相助。在迅雷狂風中要堅持前進的方向！凡事要順從理性而行動。剛强的意志，跟溫柔的態度，都能相互配合。這些都是「恆」的必要條件。有恆，獲得亨通，不出差錯，要遵守常規，是說長久地循著大道前進。天地之間的大道，永恆、悠久、而無止境的。勇往直前，自强不息，終點，就是新的出發點啊！太陽月亮獲得上天永恆之道才能長久照耀大地；春夏秋冬的變化循環才能長久地化育萬物；聖人固執著眞理才能化民成俗於全世界。觀察著日月、四時、聖人所秉持的永不厭倦的心，於是天地萬物之間化育的情態就可以發現了！

## 三、恆大象傳釋義

象曰：雷風恆①，君子以立不易方②。

【注　譯】

①雷風恆　震上爲雷，巽下爲風，所以爲恆，其說有三：一、雷動風散，其作用恆相隨。二、雷迅風

烈，是對恆心的考驗。三、雷象政刑，風象德禮，恆爲治民之方。論語爲政篇所謂：「道之以政，齊之以刑，民免而無恥；道之以德，齊之以禮，有恥且格。」請參閱注釋②。

②君子以立不易方　承上「雷風恆」三種解釋，此句也有三重意義。一、堅守立場，不改其德。伊川易傳：「君子觀雷風相與成恆之象，以常久其德，自立於大中常久之道，不變易其方所也。」呂大臨易章句：「雷以動之，風以散之，有天地以來，其用未嘗易；君子所立之方，理義有常，亦萬世所莫能易。」王宗傳童溪易傳更參考大學詳言其目：「夫雷風有恆用，故君子體之，亦當有恆德。方也者，不易之地也。君子所謂不易之地何也？大學曰：『於止知其所止。』而其所止之目，則曰：『爲人君止於仁，爲人臣止於敬，爲人子止於孝，爲人父止於慈，與國人交止於信。』此不易之地也。」二、面對考驗，不失其常。李光地周易折中案云：「雷風者，天地之變而不失其常也；立不易方者，君子之歷萬變而不失其常也。」三、先德後刑，治國恆通。高亨周易大傳今注：「按象傳又以雷比刑，以風比德教。以雷在上，風在下比刑罰留於上，德教施於下，即先德教而後刑罰，此是治國恆久之道。君子觀此卦象及卦名，從而立於其道，持之以恆，而不改易，既不觸犯刑罰，亦不違反德教。故曰：『雷風，恆。君子以立不易方。』」

**【語　譯】**

打著雷，刮著風，總是相伴相隨，是對恆心的考驗，是警惕和感化。君子因此立身處世，要遵守正道，不可違反常規。

## 一一　恆初六爻辭釋義

初六：浚恆①，貞凶，无攸利②。

【注　譯】

①浚恆　浚，帛書本作「敻」。說文：「敻，營求也。」又有長遠之意。鄭玄本作「濬」，今本作「浚」，濬浚可通，都是挖深水道的意思。初六處恆之初，在卦之底，又爲巽下之主，說卦傳：「巽，入也。」所以有疏浚過久，深入底部之象。王弼周易注：「處恆之初，最處卦底，始求深者也。」王宗傳童溪易傳：「初，巽之主也。當恆之初，而以深入爲恆，故曰浚恆。」

②貞凶无攸利　浚河浚井過深，則易崩潰；對人對事要求過高，則苛刻而无功。於理或正，結果多凶。高亨周易大傳今注「浚河浚井，皆宜適可而止。浚久則過深，過深則河岸井壁之土將崩，河井之水沒入，只見其害，不見其利。此行事求之過分，有害无利之象。占問此類事，則凶而无所利。」是依本義立說。傳隸樸周易理解：「仁義是爲人立身正道，也是恆久應遵之常德。求自己之仁義，愈深愈好；若以之求人，則不可深，深則近於谿刻了。故夫子教人『躬自厚而薄責於人』。因爲世無十全之人，也無盡美之事，所以淮南子說：『堯有不慈之號，舜有卑父之名。』周公敎伯禽說：『無求備於一人』』子夏論人說：『大德不踰閑，小德出入可也。』都是以苛求爲戒的。」是推廣

於人事而說。請參閱象傳注釋。

【語　譯】

恆卦最初的一爻是陰爻。就像浚河浚井，一開始就浚得太深了；對人對事，立即作苛刻的要求。雖然正確，也有損失，沒有好處。

## 一一二　恆初六小象傳釋義

象曰：浚恆之凶，始求深也①。

【注　譯】

①始求深也　居初，所以稱「始」；處卦底，所以言「深」。王弼周易注：「求深窮底，令物无餘蘊，漸以至此，物猶不堪，而況始求深者乎！以此爲恆，凶正害德，无施而利。」王宗傳童溪易傳：「夫日月四時之所以能久者，夫豈一日之故邪？今也當恆之初，而遽焉求深，猶之造事也，未嘗有一日之勞，而遽求其事成；猶之爲學也，未嘗有一日之功，而遽求其造道；猶之與人也，未嘗有一日之雅，而遽求己合；猶之事君也，未嘗有一言之投，而遽求我從是也。夫造事而欲其有所成，爲學而欲其有所造，與人而欲其有所合，事君而欲其有所從，固所當然也，此在理所謂正也；然以未

嘗爲恆，則望之太深，責之太遽，俱不免於无成而已。此於正而凶，又曰无攸利也。然則如之何而免是患也？曰：養之以誠敬，持之以悠久而已矣。」

【語　譯】

疏浚過分造成的損失，是因爲一開始就要浚得很深啊！

## 二—一　恆九二爻辭釋義

九二：悔亡①。

【注　譯】

①悔亡　九二以陽爻居陰位，所以失位而有悔。但居巽下之中，繫辭傳下：「二多譽。」而且跟六五相應，所以悔恨終能消除。李鼎祚周易集解引虞翻曰：「失位，悔也。動而得正，處中多譽，故悔亡也。」伊川易傳：「九陽爻，居陰位，非常理也。處非其常，本當有悔。而九二以中德而應於五，五復居中，以中而應中，其處與動皆得中也，是能恆久於中也，足以亡其悔矣。」

【語　譯】

恆卦陽爻處於二爻陰的位置，本有悔恨，終久也就消除了。

## 二一　恆九二小象傳釋義

象曰：九二悔亡，能久中也①。

【注　譯】

①能久中也　在恆卦，故言久；處巽下中間一爻，故言中。能恆久執持中庸之道，正是悔恨消除之原因。王弼周易注：「雖失其位，恆位於中，可以消悔也。」張浚紫巖易傳：「二在巽位中。巽爲不果，爲進退，於恆疑有悔。惟其內有剛德，而體乾健不息之貞，以守厥中，用能得臣道之恆。雷動風應，事業以永，其悔亡也。二本乾中，互體又乾，故能久中。記曰：『回之爲人也，擇乎中庸，得一善，服膺勿失。』語曰：『回也，其心三月不違仁。』久中也。蓋久中非剛健者莫能爲之。且中則无所往而不善。曰公，曰正，曰忠，曰仁，曰誠，凡天下所謂善，悉自中生。伊尹一德，終始如一，久中之功也，其用顧不大哉！」

【語　譯】

九爲陽爻，居二陰的位置，而悔恨卻能消除，是因爲能夠長久遵守中庸的道理，凡事作得恰到好處啊

# 三一　恆九三爻辭釋義

## 九三：不恆其德①，或承之羞②，貞吝③。

【注　譯】

①不恆其德　九三在巽，說卦傳：「巽爲進退，爲不果。」不恆其德，此其一。郭忠孝山易解：「九三剛已過中，而巽爲不果，進退无常，不恆其德者也。」即採此說。又九三在下卦之上，處上卦之下，在恆卦，卻進退兩難。乾文言云：「九三重剛而不中，上不在天，下不在田，故乾乾因其時而惕。」已指明其上下不得之情況。不恆其德，此其二。王弼周易注：「處三陽之中，居下體之上，處上體之下，上不至尊，下不至卑，中不在體，體在乎恆，而分无所定，无恆者也。」當本於此。且當震上巽下，雷動風散之際，難於安處。不恆其德，此其三。楊時龜山易說：「九三處雷風相與之際，雷動之，風散之，宜不能安其處也。」烈風雷雨，能保持恆常，是生命的一種鍛鍊。

②或承之羞　或，表示不一定；承，承受；羞，羞恥。王弼周易注「德行无恆，自相違錯，不可致詰，故或承之羞也。」龜山易說：「或者，疑之也。蓋陽得位，疑若能常者，故稱或焉。或者，不必之辭也。」案：論語曾言及本句。子路篇：「子曰：『南人有言曰：「人而無恆，不可作巫醫。」善夫！「不恆其德，或承之羞。」』子曰：『不占而已矣！』」又禮記緇衣篇、韓詩外傳卷八、後

漢書馬廖傳，都曾引用「易曰：『不恆其德，或承之羞。』」句。

③貞吝　吝，帛書本作閵，爲假借字。守正而無恆，也是一種吝惜遺憾的事。朱熹周易本義：「貞吝者，正而不恆，爲可羞吝，申戒占者之辭。」

【語　譯】

恆卦陽爻處於第三位，介乎上下卦中間的位置，雷風交加，進退兩難，不知如何確定自己行爲的標準和努力的方向，可能有些必須承受的恥辱，雖然一向作得對，卻缺乏恆心，眞是遺憾可惜。

## 三—二　恆九三小象傳釋義

象曰：不恆其德，无所容也①。

【注　譯】

①无所容也　是說德行无恆的人，沒有可以容身之地。孔穎達周易正義：「謂不恆之人，所往之處，皆不納之，故无所容也。」伊川易傳：「人既无恆，何所容處？當處之地，既不能恆，處非其據，豈能恆哉！是不恆之人，无所容處其身也。」

【語　譯】

在自己本位上，竟然不能固守本分，那就沒有可以容身之處了！

## 四、恆九四爻辭釋義

九四：田无禽①。

【注　譯】

①田无禽　此須與乾九二、師六五、巽六四之爻辭相比較，才能得到正確的解釋。田，指九二。乾九二：「見龍在田。」集解引虞翻曰：「田謂二也，地上稱田。」可以採信。師六五與九二相應，所以說「田有禽」，恆六五與九二相應，而九四與九二不相應，所以說「田无禽」。李道平周易集解纂疏案語云：「巽爲雞，稱禽；二在地上，稱田。二與五應，則巽禽爲五有矣，故，九四曰田无禽。」已見及此。又巽六四得位，曰「田獲三品」；恆九四失位，曰「田无禽」。此說發於張浚，紫巖易傳：「巽六四『田獲三品』，功位順也。恆九四仆不中正，卦體居震初，位在互乾上，亢動失正，事功不立，若田而無獲云。」至其所喻之義，孔穎達所說最淺明。周易正義：「田者，田獵也，以譬有事也。无禽者，，田獵不獲，以喻有事无功也。恆於非位，故勞而无功也。」

【語　譯】

恆卦陽爻在第四位，就像田獵沒有捕獲，作事勞而無功。

## 四—二　恆九四小象傳釋義

象曰：久非其位①，安得禽也？

【注　譯】

①久非其位　在恆卦，所以先冠以「久」字；九四以陽居陰，爲失位，所以說「非其位」。伊川易傳：「處非其位，雖久，何所得乎？以田爲喻，故云『安得禽也』。」

【語　譯】

長久以來，作事不合自己的立場，怎樣可能有所獲得呢？

## 五、恆六五爻辭釋義

六五：恆其德①。貞，婦人吉，夫子凶②。

【注譯】

①恆其德　此須與九三比較而探其義。九三在巽，不果於進退；介上下卦之間，進退兩難；當雷風之時，易致迷失；所以不恆其德。六五在震，說卦傳：「震，動也，其究爲健。」動而究健，此能恆其德原因之一。六五以柔居中，溫柔和藹，無過不及之弊，此能恆其德原因之二。六五又與九二相應，柔中以應剛中，陰順乎陽，此能恆其德原因之三。伊川易傳：「五應於二，以陰柔而應陽剛，居中而所應又中，陰柔之正也，故恆久其德。」童溪易傳：「恆其德，與不恆其德反也，何也？九三之剛太過，而六五以陰居中故也。」

②貞婦人吉夫子凶　五是天子的位置，而陰居此，下應九二剛中之大臣，此於帝王時代，太后垂簾聽政，或女皇帝在位，被認爲是合適的，所以吉；但男性在位如此，那是永遠聽命於權臣，就很凶險了。案：婦人、夫子只是舉例性質。情感之聽命於理智，私利之服從於公義，都是好的；倒過來，理智屈從於情感，公義受制於私利，那就不好了。王弼周易注：「居得尊位，爲恆之主，不能制義，而係應在二，用心專貞，從唱而已，婦人之吉，夫子之凶也。」紫巖易傳：「若曰治安守成之君，得賢臣尊任之，若恆六五用貞吉矣；若創業中興之君，大有爲於天下，乃欲以柔中爲恆，安能制義於天下，使天下畢聽命乎？然則剛健而斷，君道之正，六五在恆爲貞，非君道貞也。故曰：『婦

人吉，夫子凶。』傳隸樸周易理解：「謹守貞節，至死不變，在婦人有此德是吉事。大丈夫當爲天地立心，爲生民立命，若也效婦人守從一而終之貞節，不知棄暗投明之理，那如何開萬世太平之業？豈不就凶了？孔子贊管仲不死公子糾之難說：『豈若匹夫匹婦之爲諒哉，自經於溝瀆而莫之知也？』即是此爻之義。」案：六五與九二既相應，爻辭可以較論。項安世周易玩辭：「九二以剛中爲常，故悔亡；六五以柔中爲恆，在二可也，在五則夫也、父也、君也，而可乎？婦人從夫則吉，夫子從婦則凶矣。」

【語　譯】

恆卦陰爻居第五位，總是這樣溫順地追隨著九二，固定了自己的行爲模式。經常如此，對婦人來說，是有收穫的；若是男人也這樣，那就有損失了！

五—二　恆六五小象傳釋義

象曰：婦人貞吉，從一而終也①；夫子制義，從婦凶也②。

【注　譯】

①婦人貞吉從一而終也　婦人只是舉例，其涵義請參閱本爻爻辭注釋②，及坤卦辭注釋①②③。從一

之一，指九二；六五與九二相應，象傳故言「從一而終」。童溪易傳：「夫五以陰居中，則婦之象也。婦人之道，守正從一，此身有盡，而此道不改，以此爲恆，不知有他也。此婦人之吉德也。」

②夫子制義從婦凶也　制義，是因事制宜的意思。孔穎達周易正義：「夫子須制斷事宜，不可專貞從唱。」童溪易傳：「天下事變，其來爲无窮，君子之處事也，亦當與之爲无窮，夫然後不失吾恆焉。此所謂制義也。夫有一事，必有一義，此豈可泥也，夫子之職，制此義者也。若曰從一以爲常，若婦人然也，則夫子之職曠矣！」

【語　譯】

婦人總是順從丈夫所以有好處，是能夠只跟丈夫一起到老啊！男人要看事情而作各種不同的恰當措施，跟婦人一樣那就有損失了！

## 六—一　恆上六爻辭釋義

上六：振恆，凶①。

【注　譯】

①振恆凶　振，帛書本作「夐」，與初六爻辭同。夐爲長遠，上居卦終，故有長遠之意，其義可作參

考。許慎說文解字引易作「楮」，楮為柱底，無所取義。集解本據虞翻注作「震」，今王弼本作「振」。震振皆有動義，二字可通。上六居震上之極，為恆卦之終，所以有震恆之義。又以柔弱之才，當宜恆之時，居各爻之上，未能安靜，而振動不息，自擾擾人，故有凶險。伊川易傳：「六居恆之極，在震之終，恆極則不常，震終則動極，以陰居上，非其安處，又險柔不能堅居其守，皆不常之義也，故為振恆，以振為恆也。振者，動之速也，如振衣，如振書，抖擻運動之意，在上而其動无節，以此為恆，其凶宜矣。」初六在恆之始，上六居恆之終，帛書本爻辭都有「夐恆」之語，兩爻可作比較。項安世周易玩辭：「初六居巽之下，以深入為恆也；上六居震之極，以震動為恆也。在始而求深，在上而好動，皆凶之道也。在始求深，如未信而諫，未信而勞其民之類是也；在上好動，如秦皇漢武之類是也。」

【語　譯】

恆卦最上面的一爻是陰爻，像柔弱的人在最高層不停的抖動，擾亂了自己，也擾亂了底下的人，是會有損失的。

## 六—二恆上六小象傳釋義

象曰：振恆在上，大无功也①。

【注　譯】

①大无功也　釋爻辭「凶」字。楊萬里誠齋易傳：「上六居守恆之世，當處靜之時，爲在上之臣，謂宜鎭以安靜之治可也。今乃挾陰邪之資，居震動之極，必欲振而搖之者，志於要功而已。聖人探其志而折之曰：『大无功也。』桓溫枋頭之役，商浩山桑之師是已，功安在哉！」桓溫，東晉明帝時大司馬，都督中外諸軍事。欲立功河朔，還受九錫，於是征燕，敗於枋頭。商浩，即殷浩，與桓溫同時。爲中軍將軍，都督揚、豫、徐、兗、青五州軍事，既受命，以光復中原爲己任。上疏北征，軍次山桑，而姚襄反，敗歸，免爲庶人。

【語　譯】

在上面不停抖動，擾亂了常態，大大地沒有功業啊！

# 《詩經》成語試釋

余培林

## 提要

《詩經》難讀，原因很多，成語不易解是其中原因之一。《詩經》成語之所以難解，是由於成語的意思和其中單語的意思並不相同，而又沒有比它更古的書可以按考。要想了解這些成語的意義，只有通觀全書，比較而求之。這是王國維先生的看法，也是詩經研究者的共同的看法。

本文取《詩經》中常見的四個成語，「王事」、「彼其之子」、「良人」與「鶉翔」，把有關的詩句會聚在一起，加以比較、研究，得出了確切的答案。「王事」是為天子從事戰伐之事，「彼其之子」是彼己氏之人，「良人」是善人，「鶉翔」是遊敖。這只是一個嘗試，一個起步，要想了解《詩經》中全部的成語，還有更長遠而艱難的路要走，但這是通到了解《詩經》成語唯一的一條路。

王國維先生曾說：《詩經》、《尚書》是六經中最難讀的兩部書，因爲書中用成語極多，而成語的意思和其中的單語並不相同。他說：「唐、宋之成語，吾得由漢、魏、六朝人書解之；漢、魏之成語，吾得由周、秦人書解之；至於《詩》、《書》，則書更無古於是者，其成語之數數見者，得比校之而求其相沿之意義，否則不能贊一辭。若但合其中之單語解之，未有不齟齬者。」①所以先生作〈與友人論《詩》、《書》中成語書〉一篇，取《詩經》中成語三則加以解釋，作爲例証，這是解釋《詩經》中成語的第一篇文章。本文也是就《詩經》中常見的成語——王事、彼其之子、良人、翺翔四則，作一番探討。只是用先生的方法作一嘗試而已，豈敢以言續貂？至於全部《詩經》的成語研究，非有專著不可，那只好有待來茲了。

1.王事。「王事」一詞，《詩經》中共出現十八次，分見於〈北門〉、〈鴇羽〉、〈四牡〉、〈采薇〉、〈出車〉、〈杕杜〉、〈北山〉七篇詩中，茲依次錄其相關詩句如下：

王事適我，政事一埤益我。
王事敦我，政事一埤遺我。（《邶風・北門》）
王事靡盬，不能蓺黍稷。
王事靡盬，不能蓺稷黍。
王事靡盬，不能蓺稻粱。（《唐風・鴇羽》）
王事靡盬，我心傷悲。

王事靡盬，不遑啓處。
王事靡盬，不遑將父。
王事靡盬，不遑將母。（《小雅．四牡》）
王事靡盬，不遑啓處。（《小雅．采薇》）
王事多難，維其棘矣。
王事多難，不遑啓居。（《小雅．出車》）
王事靡盬，繼嗣我日。
王事靡盬，我心傷悲。
王事靡盬，憂我父母。（《小雅．杕杜》）
王事靡盬，憂我父母。
四牡彭彭，王事傍傍。
或棲遲偃仰，或王事鞅掌。（《小雅．北山》）

〈北門〉《箋》說：「國有王命役使之事。」孔氏《正義》說：「此王事不必天子事，直以戰伐、行役，皆王家之事，猶〈鴇羽〉云：『王事靡盬』，於時甚亂，非王命之事也。」《詩集傳》說：「王事、王命使爲之事。」季明德說：「王事、諸侯遣使於天子之事也。」②何楷說：「凡以事往來于王所者，皆謂之王事。」③高亨說：「諸侯國中對諸侯也稱王。」④屈萬里先生說：「猶今言公事。」⑤

以上各家的注釋，都未能得其眞義，高、屈二氏的解釋，則去義尤遠。因爲「王」字，就是指周天子，春秋時代及其以前，除楚國僭稱王外，各國諸侯最多稱公，絕無稱王的。因此，春秋時代典籍中的「王」字，都是指周天子而言，從無例外。高亨說：「諸侯國中人對諸侯也稱王。」戰國時代的確如此，春秋時代絕對沒有。所謂「王事」，當然指與天子有關之事。屈萬里先生說：「猶今言公事。」不知今日所謂「公事」，是對「私事」而言；而「王事」的「王」，是對公、侯而言。〈北門〉詩說：「王事適我，政事一埤益我。」如果「王事」是公事，難道「政事」不是公事？

「王事」解爲天子之事，只是它的表面意思，它的眞正意思是「爲天子從事戰伐之事」。一般注家都解爲「爲天子行役之事」，不知行役的意思，相當於今日的「出差」，並不能包括戰伐之事。〈北門〉孔氏《正義》說：「戰伐、行役，皆王家之事。」他把戰伐和行役並列，顯見得戰伐和行役是兩回事。只是他說：「此王事不必天子事。」基本的意思已經弄錯，其他的就不值得一提了。

「王事」是爲天子從事戰伐之事，和行役無關，這只要把有關「王事」的詩篇會而觀之，就可以知道了。如〈采薇篇〉一章說：「靡室靡家，玁狁之故；不遑啓居，玁狁之故。」三章說：「王事靡盬，不遑啓處。」「不遑啓處」就是「不遑啓居」。「不遑啓居」是由於「玁狁之故」；「不遑啓處」是由於「王事靡盬」，那麼「王事」不是指征伐「玁狁之事」是指什麼呢？〈出車篇〉三章說：「

赫赫南仲，玁狁于襄。」末章說：「赫赫南仲，玁狁于夷。」那麼，一章說：「王事多難，維其棘矣。」四章說：「王事靡盬，不遑啓居。」其中的「王事」不是指「襄」「夷」玁狁，又是指什麼呢？〈四牡篇〉二章說：「王事靡盬，不遑啓處。」這兩句詩〈采薇〉、〈出車〉篇中都有，「王事」都見指征伐玁狁之事，〈四牡篇〉是否寫征伐玁狁之事，固然不得而知，但這句「王事靡盬」的「王事」指戰伐之事，應該是沒有問題吧。由此類推，一章的「王事靡盬，我心傷悲。」三章的「王事靡盬，不遑將父。」四章的「王事靡盬，不遑將母。」其中的「王事」當也是指戰伐之事無疑。〈鴇羽篇〉三章依次說：「王事靡盬，不能蓺稷黍，父母何怙？」「王事靡盬，不能蓺黍稷，父母何食？」「王事靡盬，不能蓺稻粱，父母何嘗？」這裡的「父母何怙」、「父母何食」、「父母何嘗」，不正是〈四牡篇〉中的「不遑將父」、「不遑將母」？而「王事」不也正是指戰伐之事嗎？由此可以推知，〈杕杜〉、〈北山〉二詩中說：「王事靡盬，憂我父母。」所爲父母憂的，一如〈鴇羽〉和〈四牡〉篇所說的，憂沒有黍稷、稻粱以將養父母而已。又〈北山篇〉二章說「四牡彭彭，王事傍傍。嘉我未老，鮮我方將。旅力方剛，經營四方。」既然說「經營四方」，則所謂「王事」必定是爲天子用旅（膂）力征伐四方之事無疑。〈北門篇〉並沒有描寫戰爭的文字，但其他六篇中的「王事」既然都是指爲天子征伐之事，本篇的「王事」自然不能例外。便何況本篇「王事」與「政事」對舉，其不爲政事而必爲軍事，也就是征伐之事，非常清楚。

由上文可知「王事」一詞，由字面上說是天子之事，而不是諸侯之國的「公事」；而實際上的意義乃是指為天子行征伐之事，不是指政事。更由此可知，凡是有「王事」的詩篇，不管是寫征人思歸，如〈杕杜〉、〈采薇〉、〈出車〉；還是嘆勞逸不均，如〈北門〉、〈北山〉；或是憂父母無養，如〈四牡〉、〈鴇羽〉，都是由戰爭而起，而這些詩也都可以說是寫征人生活的詩。至於所征伐的是否都是玁狁，那就有待進一步考証了。

2.彼其之子。「彼其之子」一詞，《詩經》中共出現十四次，分見於《王風、揚之水》、《鄭風・羔裘》、《魏風・汾沮洳》、《唐風・椒聊》及《曹風・候人》五篇詩中。茲依次錄其相關詩句如下：

彼其之子，不與我戍申。
彼其之子，不與我戍甫。
彼其之子，不與我戍許。（《王風・揚之水》）
彼其之子，舍命不渝。
彼其之子，邦之司直。
彼其之子，邦之彥兮。（《鄭風・羔裘》）
彼其之子，美無度；美無度，殊異乎公路。
彼其之子，美如英；美如英，殊異乎公行。
彼其之子，美如玉；美如玉，殊異乎公族。（《魏風・汾沮洳》）

彼其之子，碩大無朋。

彼其之子，碩大且篤。（《唐風·椒聊》）

彼其之子，三百赤芾。

彼其之子，不稱其服。

彼其之子，不遂其媾。（《曹風·候人》）

〈揚之水〉《箋》說：「之子，是子也。其，或作記、或作己，讀聲相似。」陸氏《釋文》說：「其，音記，詩內皆放此。或作己，亦同。」〈羔裘〉《集傳》說「其，語助詞。」王引之《經傳釋詞》說：「其，語助也。或作記，或作忌，或作己，或作辺，義並同也。《詩·揚之水》曰：『彼其之子。』《箋》曰：『其，或作記，或作己，讀聲相似。』《羔裘》『彼其之子。』襄二十七年《左傳》及《晏子·雜篇》並作『己』，〈候人〉『彼其之子』〈表記〉作『己』，僖二十七年《左傳》及〈晉語〉並作『己』，文十四年《左傳》：『齊公子元不順懿公之爲政也，終不曰公，曰夫己氏。』《杜解補正》：『夫己氏，猶言彼己之子。』」朱子、王引之把「其」字解爲語辭，無義，後來的注詩者大多用這個解釋，唯有裴學海反對，他認爲「彼其」二字應該是複詞。他說：「『彼其』、『彼己』、『彼記』，皆是複語。『其』爲本字，『記』、『己』皆爲借字，均當讀『渠之切』。釋《詩》者自毛、鄭以下，皆讀『彼其之子』之『其』爲『記』，而解爲語助詞，誤甚。」⑥

以上兩種解釋，無論把「其」字解爲語詞，或把「彼其」解爲複詞，對《詩》「彼其之子」這句話的意思，都沒有什麼影響。我們都不贊成。其原因之一是：無論「其」字如何解釋，「彼其之子」一語都只有「之子」二字有意思，「彼其」二字都成為贅詞，全句講起來都不流暢。原因之二是：《王風．丘中有麻》三章說：「丘中有李，彼留之子。」「彼留之子」一語，和「彼其之子」句型相同，只是改「其」作「留」而已，《傳》說：「留，大夫氏。」《箋》說：「丘中而有李，又留氏之子所治。」馬瑞辰說：「留、劉古通用。」⑦屈萬里先生說：「留，氏也，即後氏之劉氏。」此「留」字何以不解為語詞？「留」既為大夫氏，「彼其之子」的「其」，何以不可解為氏。原因之三是：「之子」二字如在句首，則解為「是子」，如〈桃夭〉「之子于歸」、〈車攻〉「之子于苗」、「之子于征」等皆是；如在句末，除「我覯之子」一語外，「之」字全解作口語「的」，從沒有解作「是」的，如〈何彼襛矣〉「齊侯之子」、〈旄丘〉「流離之子」、〈丘中有麻〉「彼留之子」、〈東門之枌〉「子仲之子」、〈衡門〉「必宋之子」、〈大東〉「東人之子」、「西人之子」、「舟人之子」、「私人之子」、〈韓奕〉「蹶父之子」、〈閟宮〉「莊公之子」皆是。而〈伐柯〉、〈九罭〉、〈裳裳者華〉三篇的「我覯之子」的「之」，所以解作「是」，是由於「之」上的「覯」字是動詞。再反看「彼其之子」一語，「之子」既在句末，「之」上的「其」字無論如何解釋，都不是動詞，而〈揚之水〉、〈羔裘〉、〈汾沮洳〉、〈椒聊〉、〈候人〉五篇詩，《箋》都說：「之子，是子也。」這究竟是什麼道理呢？

我們以為「彼其之子」的句型既然與「彼留之子」相同，其解釋也應該與之相似。「留」是大夫氏，「其」也應該是大夫氏，「之子」的「之」都應該解作口語的「的」。「彼其之子」，就是彼其氏之人。

「彼其之子」的「其」字，應從《左傳》及《晏子》所引作「己」，古有己氏，《左傳》文公八年說：「穆伯如周弔喪，不至，以幣奔莒，從己氏焉。」杜注：「己氏，莒女。」十四年又說：「穆伯之從己氏也，魯人立文伯。穆伯生二子於莒，而求復。文伯以爲請，襄仲使無朝聽命，復而不出。」這是古有己氏的証明。《左傳》十四年又說：「齊公子元不順懿公之爲政也，終不曰公，曰夫己氏。」《正義》說：「夫己氏，斥懿公之名也。」「己」字下明明有「氏」字，如何會是懿公之名？齊是姜姓，「己」氏在齊國可能不如姜姓顯貴，所以公子元不滿懿公爲政，不承認他是姜姓，而斥他爲「夫己氏」，有非我族類的意思。《杜解補正》說：「夫己氏，猶言彼其之子。」⑧解釋極爲正確，不過「彼其之子」不是如傳統解爲「彼是子」，而是解爲彼己（其）氏之子。《魏風．汾沮洳》說：「彼其之子，美如玉；美如玉，殊異乎公族。」魏是姬姓，「公族」當然姓姬，彼己氏之子並不姓姬，所以詩說他「異乎公族」，這不是順理成章嗎？〈揚之水〉說：「彼其之子，不與我戍申。」「不與我戍甫」、「不與我戍許」。詩在《王風》，作者當是姬姓之人。申、甫、許都姓姜，《正義》說：「平王母家申國，所戍唯應戍申，不戍甫、許也。言甫、許者，以其同出四岳，俱爲姜姓。既重章以變文，因借甫、許以言申，其實不戍甫、許也。」戍甫、戍許，是實是虛，姑且不論，申、甫、許都姓姜，戍申、戍甫、戍許，都是戍姜姓之國，該無疑問。己氏出於莒國，莒也姓姜，己氏或是姜姓所支出。今姬姓之人戍守姜姓之國，而從姜姓支出的已氏，理應戍守，反而不與我姬姓之人共同戍守，詩人深感不平，所以有思歸之心。這豈不是很正常嗎！

「彼其之子」，既是已姓之人，這個已姓之人到底是怎麼樣的人呢？〈揚之水〉《箋》說是「處鄉里者」，《集傳》引申其義說：「戍人指其室家而言。」蔣悌《五經蠡測》說：「《集傳》以之子指戍者之室家，以國風事類考之，『彼其之子』凡五，未有目其室家者；況征戍之人，初無攜室同行之理。」歐陽修《詩本義》以為「周人謂他諸侯國人之當戍者。」就詩文「戍申」「戍甫」「戍許」來看，其說近是。〈候人〉一章說：「彼候人兮，何戈與祋。彼已之子，三百赤芾。」「候人」是道路迎賓客之官，「戈」與「祋」都是兵器，「赤芾」是蔽膝，《傳》說：「大夫以上，赤芾乘軒。」這位「彼其之子」，位居大夫，又能執武器參與三百赤芾之列，可見他不僅位高，而且還是武士。〈椒聊篇〉說：「彼其之子，碩大無朋。」〈羔裘篇〉說：「羔裘豹飾，孔武有力，彼其之子，邦之司直。」「羔裘豹飾」是大夫之服，「碩大無朋」、「孔武有力」正是武士的寫照。這樣的人正是「戍申」「戍甫」「戍許」的最佳人選。

由上所述，我們對這位「彼其之子」，有了一個概括的印象：他是位男士，不是戍者之室家。他位居大夫，並且是一位身材高大、孔武有力的武士。有了這一層的認識，再去看有關的各詩篇，詩義就比較容易了解了。

3.良人。「良人」一詞，《詩經》中共出現八次，分見於《唐風．綢繆》、《秦風．小戎．黃鳥

》、《大雅・桑柔》四篇詩中。茲錄其相關詩句如下：

今夕何夕？見此良人。子兮子兮！如此良人何？（《唐風・綢繆》）

厭厭良人，秩秩德音。（《秦風・小戎》）

彼蒼者天，殲我良人（三見）。（《秦風・黃鳥》）

維此良人，弗求弗迪。

維此良人，作爲式穀。（《大雅・桑柔》）

〈黃鳥〉《傳》說：「良，善也。」詩中的三次「良人」，都是善人的意思，分指「子車奄息」、「子車仲行」、「子車鍼虎」，應該毫無疑問。〈桑柔〉《箋》說：「良，善也。」「良人」與「惠君」、「聖人」並舉，與「忍人」、「不順」對舉，這兩次「良人」是善人的意思，也應該毫無疑問。〈小戎篇〉的「良人」，《傳》、《箋》都沒有解釋，孔氏《正義》說「此君子體性厭厭然安靜之善人。」《集傳》也說：「言不求善人而進用之。」如此看來，也應該是善人的意思。不過由於這首詩是寫「婦人能閔其君子」[9]的詩，詩中的「良人」，當是婦人指其丈夫而言，呂東萊就說：「李氏曰：婦人謂夫乃安靜善人。」[10]屈萬里先生也說：「良人，好人也，指夫言。」[11]但只是指丈夫而言，並不是對丈夫的稱謂，它本身還是善人的意思，這是不可不知道的。丈夫稱爲「良人」是出於《孟子》，〈離婁下篇〉說：「良人者，所仰望而終身也。」這個「良人」，可以直接解爲丈夫，如果解成善人，反嫌迂曲。但丈夫之所以可稱爲良人，當淵源於〈小戎篇〉的「厭厭良人」一語。

爭議最多的是〈綢繆篇〉的「良人」，《傳》說：「良人，美室也。」孔氏《正義》：「〈小戎〉云：『厭厭良人』，妻謂夫爲良人。知此爲美室者，以下云『見此粲者』，粲是三女，故知良人爲美室。良訓爲善，故稱美也。」陳奐說：「良人，猶美人。男子乘三星在天之夕至女家來親迎，覿見美人以成其家室，故《傳》云：『良人，美室也。』與《孟子》『將瞷良人』指男子者不同。」⑫《正義》訓良爲善，極爲正確，但引申爲美，其他書中多見，《詩經》中卻不可，因爲《詩經》中所有的「良」字都是善的意思，沒有一個可訓爲美的。因此毛氏把「良人」訓爲美室，於詞於義，皆不妥當。雖有孔、陳二氏曲爲牽引，也難以掩飾其錯誤。

《集傳》說：「良人，夫稱也。」後代注詩者大多用這個解釋，如呂東萊《東塾讀詩記》、嚴粲《詩緝》、何楷《詩經世本古義》等皆是。何楷並舉《孟子》爲証，他說：「良人，夫也。《孟子》謂『良人者，所仰望而終身』者，是也。」⑬這篇的「良人」解成丈夫，看起來似乎不錯，實際上絕不可取，因爲如此一來，詩文「見此良人」，就成爲「見此丈夫」，這豈不成爲笑話！再者《集傳》說第一章是「婦語夫之辭」，第二章是「夫婦相語之辭」，第三章是「夫語婦之辭」。只是因爲「良人」、「邂逅」、「粲者」三個不同的成語，就認爲三章詩分屬三種不同身分的人所講的話，實在難以令人信服，因爲文字上既看不出來，《三百篇》也沒有這種例子。屈萬里先生大概看出《集傳》的解釋有問題，於是就說：「良人，謂新郎也。」⑭「見此良人」就成爲詩人見此新郎。語雖通了，但「良人」解爲新郎，實在無所依據。再者屈氏說：「良人，謂新郎也。邂逅，會合也：合指夫婦言。

粲者，指新婦言。」⑮還是採用《集傳》的說法，只是把「丈夫」改爲「新郎」、「妻」改爲「新娘」，說話的人改爲詩人而已。

這首詩後代注家受《毛傳》「三女爲粲，大夫一妻二妻」的解釋的影響非常之大。「三女爲粲」一語出於《國語·周語》，原文是「獸三爲群，人三爲衆，女三爲粲。」《說文》作「妏」曰：「女三爲妏。妏，美也。」詩中「粲者，是用「美」的意思，並非用「三女」的意思。美可以稱人，也可以稱物；可以指女人，也可以指男人。詩中「粲者」，並不一定非指女人不可。顧廣譽《學詩詳說》說：「《傳》：『三女爲粲，大夫一妻二妻。』王氏肅因曰：『言在位者亦不能及禮。』疏亦謂『此時貴者亦昏姻失時。』案此泥粲字之訓耳，是詩豈爲在位作邪？李氏曰：『國語雖曰女三爲粲，而又曰粲，美物也。是言美女也。』當矣！」顧氏認爲「粲者」字應解爲美女，其實解爲美男又何嘗不可？一定要解爲美女，那還是「泥粲字之訓耳。」

我們以爲《綢繆篇》三章都是寫一個人——一位男士。「良人」、「邂逅」、「粲者」，詞雖不同，而所指則一。「良人」、是善良之人，是就其品德而言；「邂逅」，按照高本漢的說法，是輕鬆而快樂的人，是就其個性而言；「粲者」，是英俊的人，是就其容貌而言。至於何人遇見，男女皆可，這並不重要，重要的一定是此詩的作者。如此解釋，「良人」、「邂逅」、「粲者」意思清楚了，詩義也顯明了。

〈綢繆篇〉「良人」的意思清楚了，全部《詩經》中的「良人」就有了一致的解釋，都是善人的意思。至於這善人究竟是何人？是男？是女？是貴？是賤？這要看詩文而定，並沒有原則可循。

4.翺翔。「翺翔」一詞，《詩經》出現三次，分見於《鄭風．清人》、《齊風．載驅》與《唐風．羔裘》。茲依次錄其相關詩句如下：

二矛重英，河上乎翺翔。（《鄭風．清人》）

魯道有蕩，齊子翺翔。（《齊風．載驅》）

羔裘翺翔，狐裘在堂。（《唐風．羔裘》）

《載驅》《傳》說：「翺翔，猶彷徉也。」四章說：「魯道有蕩，齊子遊敖。」「翺翔」和「遊敖」對舉，兩個詞的意思也應該相同，所以《集傳》就說：「遊敖，猶翺翔也。」《傳》釋爲「彷徉」，意思和「遊敖」相同。《羔裘》一章說：「羔裘逍遙，孤裘以朝。」「逍遙」和「翺翔」對舉，所以《鄭箋》就說：「翺翔，猶逍遙也。」《集傳》的解釋相同。《清人》二章說：「二矛重喬，河上乎逍遙。」「翺翔」也是和「逍遙」對舉，《集傳》說：「翺翔，遊戲之貌。」「遊戲」就是「遊敖」。因此，翺翔、彷徉、逍遙、遊敖、遊戲，詞雖有別，而義則相同。

「翺翔」有時候說成「將翺將翔」。「將翺將翔」一詞，《詩經》中出現三次，詩句是：

將翺將翔，弋鳧與雁。（《鄭風．女曰雞鳴》）

將翺將翔，佩王瓊琚。

將翺將翔，佩玉將將。（《鄭風．有女同車》）

「將翺將翔」一語，雖然多了兩個「將」字，其意思和「翺翔」並沒有什麼不同，還是「遊敖」、「逍遙」的意思。如〈有女同車篇〉《正義》說：「其將翺將翔之時，所佩之玉是瓊琚之玉。」〈女曰雞鳴篇〉《集傳》說：「當翺翔而往，弋取鳧雁矣。」可是有些人卻被這兩個「將」字所蒙騙，因而錯解了詩文，如〈女曰雞鳴篇〉的「將翺將翔」，何楷就說：「此指鳧雁而言。」又說：「夫聞其婦明星有爛之言，而曰：果爾天將曉矣，此時有鳧雁翺翔，吾將起而弋之。」⑰又在〈有女同車篇〉中說：「翺翔者，緩飛之謂，此謂徐行也。」⑱把「翺翔」解成「緩飛」，這是第一錯，把「翺翔」的動作屬之於鳧雁，這是又一錯。何楷是明代詩經名家，尚且有此錯誤，後代的注詩者犯這種錯誤的，又不知凡幾。而這種錯誤之所以形成，是由於不了解《詩經》中的成語的意義，並不同於其中的單語所致。要了解成語的正確意思，非得要通觀全書、比校而求之不可。

## 【附註】

① 見〈與友人論《詩》、《書》中成語書〉。
② 見《詩說解頤》。
③ 見《詩經世本古義》。
④ 見《詩經今注》。
⑤ 見《詩經詮釋》。

⑥見《古書虛字集釋》。
⑦見《毛詩傳箋通釋》。
⑧顧炎武《左傳杜解補正》（見《皇清經解》）。
⑨見《詩小戎序》。
⑩見《東塾讀書記》。
⑪見⑤。
⑫見《詩毛氏傳疏》。
⑬同③。
⑭同⑤。
⑮同⑤。
⑯見《詩經注釋》。
⑰同③。
⑱同③。

# 「儒家思想與東亞經濟發展」論辯之平議

莊萬壽

## 提要

臺灣跟南韓、香港、新嘉坡因經濟的發展，在國際貿易的舞臺上漸露頭角，而被稱為東亞的新興工業化國家（Newly Industrializing countries）①。因此引起西方學者對其發展之成因加以探討，其中一些社會學者認為這些地方可能與儒家文化的社會背景有關，而符合了臺灣的官方說法，同時有許多學者加入討論，他們絕大多數的人卻以為儒家與東亞的經濟發展是沒有什麼關聯的，討論的高潮已過，我擬把整個問題產生的來龍去脈，作一簡明的敘述，除綜合他們的見解外，更進一步提臺具體的數據，全面的重新論定。

## 甲、「儒家與經濟發展」之諸問題

### 一、社會發展的規律與經濟發展的因素

解釋人類進化和社會發展的規律，包括許多不同的理論，有生產關係與生產力矛盾之經濟史觀說

、有社會制度說、有地理環境說、有文化倫理說、有精神說等等，這大抵是從馬克思唯物論到黑格爾唯心論的史觀，但他們並非完全否定對方的存在，馬克思依然重視上層結構的精神與思惟的作用，黑格爾仍然强調地理空間對歷史發展的影響。（《歷史哲學・歷史之地理的基礎》）

把社會發展縮小到只談經濟發展，其詮釋的理論，應該隨之縮小，其主要的支配的因素，外在應該是政治制度與經濟政策使然，內在的則是生產與分配的關係。而次要的支配因素，可以包括地理環境、文化倫理諸說。亞當・斯密（Adam Smith）最初是研究文學、修辭的，還教授倫理學，但他以爲要國富，就要透過經濟的手段，重視勞力和分工，以自由交易的原則，達到國富。近代、經濟理論、與國家政策的決定力量更大，三十年代經濟的大恐慌，使凱因斯（John Maynard Keynes）的引導消費，確保就業率，反對控制貨幣數量，以刺激成長的理論影響到戰後資本主義世界之經濟發展，而且新科技新產品的開發、管理科學的進步，都是促進經濟發展的重要輔助條件。

一般西方學者對東亞經濟奇蹟的因素，有三大類：一是政治、法律的因素，二是經濟、地理的因素，三是社會、文化的因素。②其中第三社會的因素是指優秀而充沛的人力資源、均衡發展的農業部門，所得分配的平均，以及高的儲蓄率。③至於文化上應該包括生活習慣、宗教信仰、道德倫理、藝術涵養等等，而其中的道德倫理，則包括各國不同社會的價值下的道德觀，有現代的、有傳統的，而現代的遠超過傳統的。傳統的除儒教的倫理模式外，又有佛、道、基督等教的倫理模式。從這樣看，儒家倫理在經濟發展中的影響比率之小，不言而喻，何況儒家的倫理尚且有負面的作用哩。

## 二、「儒家思想」與「經濟發展」相關聯之社會背景

那麼何以會把儒家與經濟發展扯上關係呢？主要是臺灣把儒家思想與三民主義當作反共的理論，一九四九年後恢復了民初被蔡元培廢除的讀經，全力鼓吹尊孔崇經，尤其在中國文革時大肆批孔之際，成爲强烈的對比，所以臺灣在國際經濟環境之中不斷成長，使被官方視爲是孔儒與三民主義的勝利一九七八年秋天，有一位美國社會學家康恩（Harman Kahn）來到臺灣，把他要發表的一篇論文，即「世界經濟發展」（World Economic Development）事先在臺灣提出來。他認爲在東亞四國與儒家的思想有相當的關聯性，他認爲在東亞社會的組織，是屬於儒家的傳統。他把東亞社會稱爲是後儒家文化（Post-Confuncian Culture），把亞洲這些儒家化的國家稱爲是「新儒國家」（Neo-Confucian Countries）。不過這種說法他自己也並未十分肯定，因爲他懷疑在三、四千年以來，何以只在近二、三十年才有經濟的發展？康恩這個遠來的洋學者，並未帶來較大的反響。④

## 三、柏格的理論及臺灣學者對他的批評

到了一九八三年一月，美國社會學者柏格（Pertter L. Berger）在日本國學院大學提臺一篇論文：「世俗性——西方與東方」（Secularity -West and East）⑤他也認爲東亞經濟的發展當中有文化的因素，而此文化因素與儒家倫理有密切的關係。他首先引用韋伯《新教倫理與資本主義精神》（The protestant Ethic and the spirit of Capitalism），他把儒家思想視同新教倫理，認爲兩者一樣是足以產生資本主義的，而所謂的儒家是指行之於市井小民的有敬重上下之別，有對家庭獻身及個人的紀律，節儉與美德的規範，即

是「庸俗化的儒家」（Vulgar Confucianism）。此一說法，深獲臺灣的重視。

一九八四年九月，柏格應聯合報之邀，來臺灣演說，並與臺灣的社會學者蕭新煌、文崇一、李亦園、吳榮義、黃光國座談，柏格在座談會中提臺東亞經濟發展有兩個類型的假設：①文化論者（Cuturalist）②制度論者（Institutionalist）他並承認由於自己所受的專業訓練，使他傾向於韋伯的社會科學，所以他還是屬於文化論者。當時與會的學者雖然沒有正面反駁柏格的說法，可是他們幾乎都主張，國內與國際的政治、經濟環境，以及獎勵投資、外銷的經濟政策，才是經濟發展的主力。文崇一不贊成「文化決定論」，以爲環境、制度、個人動機三者是不能割離的。李亦園亦以爲柏格所說的中國人的勤勞節儉精神，與其說是儒家，不如說是小傳統式的生活態度或基本精神。

對於柏格肯定儒家的倫理。黃光國從社會組織的層面來看，他認爲儒家倫理的影響是負面的。家族企業的老板大權集於一身，完全沒有制度化可循，可以說沒有韋伯的那種「實質性的律法」，只有「倫理性的禮法」。他的研究中舉例，認爲臺灣有四種企業：㈠外資企業㈡法治式的私人企業㈢人治式的家族企業㈣公營企業。這四種企業中效率最高、最能提高士氣的他認爲是外資企業，法治式私人企業也有外資廠商的優點，表現也不錯，最糟糕的就是人治式的家庭式企業與國營企業，他認爲這兩種企業也許更符合中國的傳統。黃光國所舉的反証，即對儒家倫理對企業的發展是否有正面價值，他的結論是否定的。⑤而柏格根本不能對他人的存疑提臺合理的答辯，不容諱言，他對儒家思想與臺灣社會實在了解有限。

## 乙、馬克斯．韋伯的理論

### 一、喀爾文教義對資本主義的影響

現在先來說明柏格所引用的韋伯理論。馬克斯．韋伯（Max Weber 1964-1920）是德國的社會科學者，他所說的新教是指喀爾文教派（Calvinism），在歐洲宗教革命的另兩派新教是路德派，和英國國教。喀爾文（Jean Calvin 1509-1564）一五四〇年在日內瓦進行宗教改革，主張勤儉清潔的生活，其門徒建立了歸正派（Reformed Church），是十七世紀英國清教徒光榮革命的動力。三百年來活躍於世界的長老教會，即是喀爾文派的一個單位。韋伯的《新教倫理與資本主義精神》，即認為喀爾文教義中的「得救預定論」與「禁欲及勞動的精神。」是形成資本主義的根本思想。

歐洲中古時代天主教會腐化，甚至臺賣贖罪劵斂財。喀爾文教反對懺悔、贖罪的儀式，而主張要靠個人終生的善行。

善行不是用來購買救贖，而是用來清除罰入地獄的恐懼的技術性手段。⑦

善行是終生的，要靠信徒的努力實踐，那麼上帝的救贖是可以預定的，絕不是靠教會，也不是靠天主教那種「罪惡——懺悔——贖罪——解放——新的罪惡」的循環。⑧

在實踐的過程就是要禁慾要勞動。韋伯認為這樣的過程中是有理性與秩序的。

清教徒就像所有理性類型的禁欲主義一樣，力求使人能夠堅持並按照他的經常性動機行事，⋯

……而不依賴感情衝動。……禁欲主義的目的是使人可能過一種機敏、明智的生活，最迫切的任務是摧毀自發的衝動性享樂，最重要的方法是使教徒的行爲有秩序。⑨

清教徒「把勞動視爲一種天職，成爲現代工人的特徵，如同相應的對獲利的態度成爲商人的特徵一樣。」⑩這就是韋伯認爲的「清教徒的職業觀及禁欲主義」會影響到「資本主義的生活方式。」⑪

總之，韋伯以爲新教的倫理，有利於現代資本主義的形成與發展，其中二點特別引人注視，一是理性的世界觀，可以合理的追求財富，一是尊重律法的精神，可以建立一個有法律秩序的資本主義世界。

以上是韋伯認爲新教所以會產生資本主義的原因。可是在他的另外一書—《中國的宗教》當中，韋伯認爲中國缺乏理性的發展，所以不能產生資本主義。他在《新教倫理與資本主義精神》一書中雖然說：

> 資本主義及資本主義企業在所有文明國家早已存在，在中國、印度、巴比倫、埃及，在古代、中世紀以及現代都一直存在著。

然而這不是「近代資本主義」的形式，充其量只是一種「泛資本主義」罷了。

## 二、中國不利發展資本主義的因素

韋伯在《中國的宗教——儒教與道教》（The Religion of China : confucianism and Taoism）中提到中國社會有利於近代資本主義發展的要素有六點：

(1)貴重金屬的發展。
(2)人口快速增長。
(3)沒有強制攜帶通行証。
(4)沒有限制高利貸和類似商業行爲的法律。
(5)受現世功利主義影響而產生斤斤計較的節約。
(6)頻繁的國內的貿易。

這六點，韋伯稱爲是「社會學基礎」，而沒有一點是因儒家思想而存在的。相反的，有十八點不利中國資本主義發展的要素。

(1)缺乏固定的、公認的正式可靠的法律基礎來保護工商業的發展。
(2)文官階層的特性和心態。
(3)同業組合削弱了合理的利潤。
(4)沒有可以與之競爭的大一統世界帝國。
(5)沒有臺現西方類似新興城市的市民階級。
(6)商業上合理的「非人性化」。
(7)城市缺乏政治上的自主性。
(8)沒有由戰爭而導致資本主義現象。

(9)無海外殖民。
(10)沒有合理、理性的行政和司法制度。
(11)捐官制度的結果。
(12)道家把世界看成巫術花園。
(13)工業界中沒有合理理性的資本主義企業。
(14)資本的形成是靠文官的斂財。
(15)沒有合理的組織企業方法。
(16)沒有商業消息服務機關。
(17)技術的發明沒有用在經濟上的用途。
(18)沒有商業文書、會計、簿記制度。⑬

以上討論十八點中的(1)(2)(10)很難說與官方的儒家思想沒有關係。不過(12)點是直指道家的。韋伯對於「有利」「不利」所陳述的諸點，其中衡量的輕重，不是很周延，而是不夠系統化。但確實是中國社會中的現象，值得注意的是他分析中國是否形成資本主義的條件，都是政治經濟的制度，和法律的問題。所以柏格認爲韋伯是「文化決定論」者是有問題的。

## 丙、學者對「儒家與經濟」問題之討論

## 一、儒家與經濟發展沒有什麼關係

大致了解韋伯的理論，則知柏格，是支持韋伯所稱的新教對資本主義的影響。只是他不同意中國不能產生資本主義的論點，他把儒家視同新教一樣，足以產生資本主義，東亞NICS就是明証。

在柏格發表《世俗性》一文後，不少人文社會學者加入討論。香港中文大學金耀基發表《儒家倫理與經濟發展——韋伯學說的重探》⑭他基本上完全肯定柏格（他譯爲勃格）的說法，也認爲韋伯對儒家倫理的判斷，是有偏差的⑮，而儒家思想在政治經濟各層面可以有不同層次的表現。不過亦强調「制度論」的重要，如果要他在「制度」與「文化」之間作一選擇，他寧可偏向制度論。

在臺灣，余英時於一九八五年六月在中國時報發表兩篇文章：一篇是「儒家思想與商人精神」、一篇是「韋伯觀點與儒家倫理序說」，他雖亦肯定儒家有助於商業活動，但結論是：「資本主義今天在東亞地區的發展，顯然直接是從西方移殖過來的，我們絕不能機械地套用韋伯的理論，貿然提臺儒家倫理與東亞近幾十年來資本主義興起有什麼關係這樣的一個問題。」後來中央研究院院長吳大猷亦在報刊撰文反對儒家與經濟有什麼關連。

還有杭之（陳忠信）的「韋伯理論與東亞經濟發展的解析」及「韋伯理論．儒家倫理與經濟發展的糾纏」陳其南「儒家文化與傳統商人的職業倫理」黃進興「儒家倫理與經濟發展」蕭欣義「儒家思想對經濟發展能夠貢獻什麼？」楊君實「儒家倫理．韋伯命題與意識形態」等等不一一列舉。⑯

當中雖有不同角度與取材的論證，但大多擺脫了金耀基氏在韋伯的窠臼之中，認爲：儒家倫理是否有促進經濟發展與韋伯理論無關，而儒學與經濟發展關係也不大。

本來經濟發展，就是單純的經濟問題；如果是談主義，如資本主義、共產主義，才會更進一步牽涉到歷史與哲學的問題，幾個遠來的洋和尚較會念經，撲風捉影，大談臺灣所愛聽的儒家與經濟的關係，而又把沒有干係的韋伯扯進來，讓臺灣學界窮忙一陣子。

二、東亞其他各國學者對儒家不感興趣

如果要把儒家與經濟扯在一起，最有資格談的東亞國家是日本，日本社會中所保留的傳統文化，公認爲舉世無雙，當然其中部分有古代來自中國的儒家思想與漢籍的學風，而他們的經濟發展，當今之世已有坐二望一之勢。可是成千上萬的日本經濟、社會、人文學者沒有人視儒家爲經濟發展的動力，或兩者有什麼關係。其原因就是沒有任何聰明的想像天才會把兩者聯想在一起。至於他們引用儒家的一些思想，漢籍的某些詞句，只是引申爲企業管理中的部分道德倫理而已⑰，而他們視這些倫理爲日本固有的倫理，在明治維新以前漫漫年代中早就存在日本農業社會之中。在現代企業最重要的倫理是來自西方的 Service，日本用「奉仕」（韓國相同）來翻譯。「奉仕」現在成爲日韓機關、企業所標示的重要「社是」（訓），它就不是儒家所有的。

韓國是本土民族意識高昂的國度，學者不會從經濟發展去聯想儒家是可以理解的，但多元化的日本學界他們根本沒有這個包袱。但是就是沒有人會去把兩個距離遙遠的概念把它聯接在一起。也罷，就算韓日不是中國，對儒家沒有繼承的感情，可是再看看已不再批孔的中國，開明派的學者早就拋棄馬列的教條。天安門事件，尚在坐牢的著名學者包遵信幾乎完全否定儒家對經濟發展的作用。他甚至認爲儒家體系所代表的價値系統與現代是一逆向的精神力量。⑱

至於在香港、新加坡，這兩個高度西洋化的資本主義社會，人們更不可能去聯想他們的經濟發展與儒家有什麼相干，可能只有少數與臺灣有淵源的學者，才注意到這個問題。總之儒家與東亞經濟發展的問題，只有臺灣一地在熱，在認眞討論之後，鏡花水月，了無痕跡。

以下便全面探討包括日本在內的東亞諸國經濟發展的本質是什麼？

## 丁、東亞經濟發展的本質

### 一、日本的現代化

日本的現代化，明治維新是一個很重要的契機。不過，明治維新在歷史學家來看，是日本從東方走向西方的一個重大轉變，也是走向世界的一個里程碑。在二三百年的江戸時代（一六〇三—一八六七），他們比中國更中國，推行了儒教。在東京的昌平黌孔廟變成儒家的重鎭，也是全日本的文化的中心。可是在西元一八七一年昌平黌被廢掉了，在傳統的經學尤其是朱子學過去一直是日本的官方思想，也被廢除了。後來新建立的帝國大學設有東洋科，把傳統的漢學放在其中的中國哲學這一門之中，從此日本的傳統學術遂成爲一門外國的學術，這個轉變是非常快速的。

在幕末維新之際，日本現代資本主義思想之啓蒙者福澤諭吉（一八三五—一九〇一），其最大的貢獻，便是反對東方儒家的封建思想，而引入西方平等自由的「現代文明」思想。他自幼遊學歐美，一八五八在江戶創立了傳播西方文化的蘭學塾，後來改爲慶應義塾，即著名的慶應大學，他著作等身，唱「脫亞論」，要脫離亞洲的東方文化，而向歐美看齊。福澤成了日本現代化文父。日本最大面額的壹萬圓鈔票，便是採福澤的頭像。此外在同時代的西周、中江兆民等學者，無不是醉心於西方的文明。而中國隨甲午戰爭之後，國勢凌替，日本上下更是鄙夷中國，儒學的價值一落千丈，他們再怎麼也不會想到有人說儒家思想會促進經濟的發展。

日本從明治維新一下跳了幾步，在二次大戰受重創之後，又快速起飛，其發展有幾個特色，這乃是日本走向近代化的重要因素，如下：

(1)君主立憲的奠定及多元政黨政治的建立，也包括戰前被壓抑的左派。在戰後左右派的政治團體集中到國會來，在地下的敵對狀況可以說消除了。

(2)獨立而優秀的文官制度，文官能夠保持中立是社會能夠穩定的一個支柱。

(3)資本主義在明治維新時代就開展了，它把產業技術與町人的專職制度結合，終能從模仿提昇至創造，最後趕超歐美。

(4)戰後能掌握世界經濟發展的動向，積累資金、人才、技術，終一躍爲經濟大國。

前面兩項特點從戰後更明確的顯示是發展經濟的基礎，可以說是日本現代化的重要因素。

## 二、臺灣、南韓、香港、新加坡經濟發展的共同特色

(1)他們都曾是工商業進步的日本與英國殖民主義者的殖民地。較早的直接、間接地輸入西方資本主義的經濟模式。從日本來講，他們經營臺灣和朝鮮，認爲能夠長期佔領，而使之內地（日本）化。所以日本對兩地有長期開發與建設的計劃，尤其是臺灣，舉凡交通、金融、農業、民生工業、國民教育上，以一九四五年以前來講，兩個地區都比當時的東亞大陸水準超臺很多。新加坡、香港則是過去英國在東方的殖民地，她的殖民地是在精華的都市，旁邊有廣大的腹地，使得兩地在戰前已經成爲英國在東方的名都。所以這種情形看來，他們的經濟地位性是在戰前就奠定的。他們社會生活與教育水準就已經很高了，即促進產業發展所須的勞工素質也已經相當的高。例如，臺灣在光復時期國民小學的就學率就已經達到百分之七十五，與同時的中國大陸是天壤之別，所以對勞工素質提供了良好的基礎。

(2)這四個地區都是大洋的邊緣，基本上都是小單位的據點（南韓則面積較大），以靠國際貿易維生。從地理環境來看，他們的海洋貿易有利於經濟發展。

(3)戰後四個地區的政治安全都是靠美國以及地區的聯防來維繫。因此他們很自然的就進入了美國和日本的經濟活動圈當中。

(4)皆是一元化的政治結構，過去除香港外皆是控制嚴密的社會，不能罷工，治安良好。這是一個很大的誘惑力，可以吸引外商的投資和留住本國資本家的產業，而且又有鼓勵投資的優待法律，這實在是經濟發展的有利條件。

⑸這幾個地區人口密度高，所以適合勞力密集的加工或裝配工業，然後以成品或半成品外銷，促進經濟的成長。但容易犧牲農業，農村蕭條，並漠視公害與污染，並逐漸產生資本家，造成分配的不均。

## 三、臺灣經濟發展的基礎

一九四〇年臺灣的國民所得大概有一一〇美元。當時的工農業總產值是十三億五千多萬日元，有六〇八萬的人口，平均國民所得爲二二二日元，而當時日幣與美金的折價大概是一：二。當時的工業總值佔產業的四九.一％，這時的農業人口還是多於工業人口，企業亦多是輕工業，但是這個比例是相當可觀的，因爲已經具有後來發展經濟有很大的助力，可見日治時代臺灣已奠定工業化的基礎。至一九八六年，臺灣的國民所得是三六八八美元。而一九三七年，中國大陸的國民所得是二二元美金，根據一九八八年十月份遠見雜誌的統計，一九四九年大陸的國民所得是六六元人民幣，因戰亂而尚不及二二美元。依這個情況來看，中國大陸大概在一九六〇—七〇年代的國民所得才達到一九四〇年臺灣國民所得的水準，這個差距將近有二、三十年。例如五十年前四十年代的臺灣，那時的用電人口有一百二十萬，大概有總人口的四分之一，大陸除大都市、省城和部分縣城，幾乎全是黑暗的世界。

把臺灣比中國大陸，實在勝之不武，但我們卻時時喜歡與之相比，以收宣傳之效。不過在日治時代，臺灣島所得亦遜於日本內地。一九三七年日本全民所得（包括臺灣與朝鮮）是一五〇至二〇〇元美元，可能比臺灣約高半倍（臺灣比朝鮮高）⑲，一九八八年，臺灣是六三三三美元，中國爲三三〇美元，日本是二一〇四〇美元。[20]則差日本三倍半，那麼我們自詡爲經濟成長，比起日本來實在是負成長，毫無成就可言，況且日本還曾遭受美國空軍徹底的摧毀哩。

## 戊、結語——東亞經濟發展與儒家內涵的實際關係

日本、香港、新加坡、南韓、臺灣都屬於漢字文化圈。其中香港、新加坡、臺灣都是華人爲主的地區，雖然他們的文化發展各有不同，但是理應他們都該保有了最傳統的中國文化才對，但是我們若以一些事實作觀察的話，則不然。就韓國與日本的上層領導階層來看，他們大半都是在本地求學，所信仰的亦都是本土宗教。比如日本的總理幾乎都是相信神道教，絕少信仰基督教的。所以日本洋化的程度仍然相當有限，多屬表面的層次。他們日本的上層人物，如天皇、首相、議員無不精通書道，可見其對傳統之執著。反觀我們的領導人物幾乎都是留學英、美、歐洲。而且個個幾乎都是博士，遺憾的對傳統人文與漢學素養相當欠缺。他們高唱儒家，著實令人費解。新加坡的統治者也都是以英語爲主要語言，他把漢字文化消滅殆盡，現在突然要鼓吹儒家思想，有人卻懷疑他們的動機卻是宣揚封建禮教思想，來鞏固李光耀父子世襲的政權。[21]而香港早於沉浸於西方資本主義的生活方式中，很難找到中國傳統的影子。

至於日本階級嚴明的社會有兩種中國儒家所沒有的精神表現，一個是絕對的服從與負責，爲了表示負責而自殺者比比皆是。另外一個則是「町人道」，爲住在江戶之前室町幕府的後期所規劃的商業

專區內的商人、工匠之市民階級文化。這樣的制度產生了兩個影響，一個是世襲工匠的專業化，包括茶道、花道、演戲、歌舞妓等世襲的專業；另外一個是商業倫理，比如節儉、講信用等等。這些才是日本認爲他們現代化的精神支柱。而漢籍中的名言，他們亦取之作爲企業的管理精神，但是企業管理的思想並非限於儒家，甚至於法家、兵家的書比儒家提到的更多。好比像韓非子、管子的管理學，甚至孫子的戰術也應用至商場上，但是這類古典思想的影響畢竟是局部的，企管的專業研究主要還是從西方傳來。如財務管理、行銷理論、作業研究等專門知識，遠非傳統文化所能理解的。㉒

臺灣的教育，在倫理道德的泛政治教育方面講的很多。在公民課、國文課，甚至歷史課都在强調它的重要性，但學生幾乎沒有受到薰陶，青少年犯罪日益嚴重，國民所得已高到七千美元（一九九一年八千多美元），而國民守法的精神亦日趨下流。柴松林教授在一九八六年做了一個臺灣「社會變遷和國民生活意向」的調查，他統計了二十二項光復前與光復後有關生活、理想等各方面的比較，其中有三項是退步了。而這三項包括了社會治安的滿意度（滿分十分），光復前是五．八九，光復後是五．一六。另一項是國民守法精神，光復前是五．八四，光復後是五．一四。還有一項是國民道德水準，光復前是五．七一，光復後是五．二一。其他的十九項都進步了，如生活品質各方面，但是爲什麼這三項關於道德精神的卻偏偏退步了。

儒家思想，向來是官方所提倡的。然而儒家講「修己治人」的精神，這是由上到下的倫理精神。就是在上位者要先做「修己」而後「治人」，對於人民，孔子說：「民無信不立。」然而現在上層政治倫理的敗壞，產生對社會道德不良的引導。具體的說就是儒家思想並未落實於政治倫理之中，充其量只是口號而已。另外沒有制衡與監督，也是企業上嚴重的隱憂，包括：一是家族化企業的擴大，二是官商勾結、利益輸送等不法情事的增加。這都是傳統封建家族及官僚政風之弊的延續，都不利於現代經濟社會公平的原則。所以儒家思想之於臺灣，未見其利而先蒙其害。當然主要還是民主制度之建立，才是經濟健康發展的不二法門。（一九八八年十二月十三日臺灣師大演講，一九九一年五月改定。）

【附　註】

① 美、日等國以港、臺是中國的一個地域，不是國家，而稱「新興工業經濟地域」（NIES）

② 雷丁（S. G. Redding）的「後儒家的假設」（Operationalizing the post-Confucian Hypotheses）。引自黃光國《儒家思想與東亞現代化》。五頁。巨流公司。

③ 黃書，九頁。

④ 王作榮曾在中國時報專欄反對儒家與經濟有關係。

⑤ 譯文見一九八四年九月臺灣「中國論壇」二二二期。

⑥ 同右。黃光國後來在他一本專作《儒家思想與東亞現代化》重申他對儒家倫理的懷疑。他認為「傳統中國文化中許多有關科學及技藝的『小道』……結果無法成為有系統的知識，未能對中國工業的發展產生貢獻。」「過度重視儒家的價值不僅

壓抑其他思想和學派的發展，……並妨礙整個社會的進步。」「儒家很少論及個人對家族的忠誠轉移到較大的社會集團，……科舉制度爲專制帝國的政權奠下了堅實的基礎。」

⑦ 韋伯《新教倫理與資本主義精神》于曉等譯本，臺灣谷風翻印本，九一頁。

⑧ 前書，九三頁。

⑨ 前書，九五頁。

⑩ 前書，一四七頁。

⑪ 前書，一三七頁。

⑫ 前書，導論，七頁。

⑬ 引自孫中興《從新教倫理到儒家倫理》。收入《儒家倫理與經濟發展》一書中。允晨。二一一頁至二一三頁。一九八三年三月初稿。六月改定。收入《現代化與中國化論集》。李亦園等編。桂冠。一九八五年。

⑮ 金耀基稱：韋伯的倫理觀受到「東亞經濟發展……的挑戰」，受到孫中興的批評，認爲韋伯關心的是十六、七世紀的西方，而非現在的東亞經濟。說見注⑬。

⑯ 吳大猷「亞洲四小龍經濟奇蹟和儒家思想」一九八七年八月廿六日，中國時報。杜念中、楊君實編《儒家倫理與經濟發展》收部分此類論文六篇。允晨。

⑰ 廖慶州的《日本企管的儒家精神》及《經典與經營》。聯經。

⑱ 包遵信「儒家倫理與亞洲四龍——儒學復興說駁議」。中國論壇。三〇一期。一九八八年四月十日。

⑲ 以上臺灣數據參見《臺灣光復前的工業化》。聯經。

⑳ 世界銀行一九八九年的Atas。引自《實用百科年鑑》。故鄉出版社。

㉑ 一九九〇年四月「遠東經濟評論」專欄「儒家思想——對抗西風的明牌」。自立早報四月十六日。

㉒ 可參見拙作「日本傳統文化・漢文化・漢學研究之析論」臺灣師大國文學報十五期。一九八六年六月。

# 論先秦儒家美學的中心觀念與衍生意義

顏崑陽

## 提要

先秦儒家美學不從主觀官能感覺與物質性結構形式去理解「美」，而是從人自身生命在文化上的價值存有去理解「美」。因此，它是存有論的美學，不同於一般的藝術哲學。其美學的中心觀念是：存有和諧的秩序即是美，而其構成的形上依據是什麼？孔子之前，提出的解答是「雜多或對立因素的統一」，此為宇宙存有的超越原理。孔子之後，提出的解答則是「主體內在的良心善性」。心性依藉「精神表式」而體現，即是「人格美」。其衍生意義是：由藝術媒材的「物質表式」所具現的表象之美，不涵具善的內容。但藝術完滿的體現，則是「精神表式」與「物質表式」的辯證統一。

## 一、引　言

中國的文化思想大都是先哲面對實際存有所做的反省判斷，很少是純抽象思惟的理論建構。因此，一家之學往往在歷史進程中開放性地發展，不斷吸納著當代的實存經驗與其他學說，而獲致再創造性的詮釋。其終極關懷的問題儘管範疇不變，但各時期對此問題所做實質性的解答，卻不盡相同。討論中國的一家之學，所謂「本質意義」，假如完全脫離「發生意義」①，便很難獲致實質性的理解。因此，對一家之學的研究，分期斷代而考慮其文化處境，會使問題的解答，更為具體而切實。「儒家美學」，不是一種邏輯系統性的理論，脫離特定的歷史實存，不可能獲致確當性的認識。所以，我們將它劃定在先秦，就是依照這一階段的歷史實存，去理解儒家對於「美」的經驗與思考。

中國古代並無「美學」（Aosthetics）這一特定的學科。即使在西方，「美學」之從哲學分支出來，而成為一門特定學科，也是從十八世紀的包姆嘉登（Alexancler Bausngaten，一七一四—一七六二）開始。他對美學這種知識的性質、研究範圍、目的，做出了明確的規定。簡要地說，美學包括了三個主要概念，即是藝術、美、感性認識②。其後，西方美學主要的趨勢，便是逐漸放棄古典美學對於「美」所做存有論的形上思考，而只從認識論的入路將「美」視為感覺經驗活動去研究，並且把研究範圍集中在藝術美，因此西方的現代美學大多偏向於藝術哲學了。這可以說是美學的系統化、專業化，但相對的，也可以說是美學的窄義化。

假如，我們循著西方美學的入路，將「美學」做如此窄義的界定；然後以此為基本預設，進行美學史的詮釋，那麼面對上古階段時，首先便會遭遇到一個難題：這個時期究竟有沒有美學？學者可能費了很大的心力，並且曲解史料，才證明這時期也有所謂美學；或最後可能判斷，這時期沒有美學。

因此，儘管有人認爲：「任何美學史，都是從當代一定的美學理論出發」③，但問題就在於從什麼「一定的美學理論」出發。歷史的解釋即使不是絕對的客觀，但也不是絕對的主觀。所謂「一定的美學理論」假如完全出於學者主觀的預設，以之做爲確定的觀念模式，而去套取歷史，絲毫不尊存歷史經驗相對的客觀性，那麼「削足適履的誤謬」便恐難避免了。因爲任何一定的理論，都必然系統化，而形成封閉性的概念界域，對於「美是什麼」、「美如何存在」以及「美學是什麼」這等基本概念都必然提出特殊的主張而界定之。問題是歷史並不必然唯命是從地與之相應，這時當理論不肯放棄它的權威性時，歷史這雙腳只好被膨脹、削減或扭曲，以符合固定款式的鞋子了。然則，選擇理論與解釋歷史，只有通過彼此的循環修正，才可能獲致較高程度的符應。準此，我們首先就得讓「美學」從「藝術哲學」的固定界義中開放出來，讓它回到觀念的變遷歷程中，去獲致與各個時期相應的涵義。面對美學史，「美學」應該是一個開放性的名詞，它共通不變的界義只有一個：「美學是以美爲認識對象的學問」；至於更特殊、更實質的涵義，都已是各家理論獨自的規創，諸說並異，難定一準，以之爲個人理論的建構則可，以之爲解釋美學史的特定預設，則不免執泥了。

我們就以中國先秦時代而言，各家思想幾乎很少以「藝術」爲獨立對象進行專業性、系統性的思考。他們關懷的中心是人自身生命存有價值的問題，「藝術」只有在關涉到此一中心問題時，才會被以工具性或同體性的地位加以討論。換句話說，「藝術」並未獨立爲知識對象，更無以它爲特定範疇的哲學。假如採取「美學」就是「藝術哲學」的入路，對先秦美學便很難獲致確當而豐實的解釋，甚至會因此而誤認先秦美學非常貧乏。然而，這並不就眞的說先秦的思想家未曾思考到有關「美」的問題，只是他們對「美」的思考，乃是以人的生命存有爲入路，而不是直接以藝術自身爲入路爲入路。前者是根源性的問題，後者只是衍生性問題。因此，先秦美學的基本性格是存有論的，而非認識論的，他們並不像西方近代美學家，在藝術審美活動的界域中，去探討主體如何依藉感覺經驗作用於對象而獲致審美的效果。他們在美學上的中心觀念，乃是從個體自身的價值存有與個體和個體間合理的秩序去理解「什麼是美」以及「美如何存在」。然後推衍出去，才會觸及到人存與藝術之間的關聯。其因體致用，由本及末的思惟進路，完全相應於存有的因果邏輯。

我們做以上這樣的論述，是想指出假如在基本觀念上，讓「美學」一詞的界義從「藝術哲學」的範疇開放出來，先秦諸思想家從文化存有的層面而觸及「美」的思考，是很清楚的事實。那麼先秦有「美學」，並且極爲精深的美學，根本不待證明，問題只是在於「什麼實質的美學」而已。

我們更想指出，從藝術哲學的入路，以研究先秦美學，對先秦美學眞實的內涵，很難獲致相應而深確的詮釋，不如轉從文化存有的入路，更能得到詮釋效果。我們前面說過，先秦美學的中心觀念，不是從藝術活動的層面對「什麼是美」、「美如何存在」進行直接的思考，而是從文化存有的層面對上述問題提出解釋。我們討論先秦的美學，應該直探其本，先釐清中心觀念，然後再進一步去探討其與藝術活動的關係此類衍生性的問題。

先秦美學主要爲儒道二家，一般美學史皆無異議。本文只以儒家爲對象，以論述其美學的中心觀念是什麼。「中心觀念」一詞，指的是構成一種思想或理論首出性的觀念，也就是此種思想或理論之得以成立，必以某一個或相關聯的一系觀念爲根本依據。

儒家正式成立於孔子，但孔子是正統地承繼周代的禮樂文化，而發明其本質精神，故討論先秦儒家美學，孔子之前的史料，只要是與禮樂之實踐與詮釋相關者，皆得以納入儒家一系來討論。至於孔子之後，主要是以孟、荀爲代表。但我們並不落在歷史的進程中，分期或分家去解釋所謂儒家美學，而是提舉出他們共同思考的中心觀念，對他們的解答進行詮釋。

## 二、存有秩序美及其理據

周代以後，中國的哲學大體已經定位在以吾人自身生命存有價值爲中心的證悟。所謂證悟，即是由實踐經驗而具體解悟其理念，乃是主體涉入於存有而又超出於存有所做的當下決斷。包括人自身在內的宇宙萬物，乃是做爲價值實體的存有，而不是做爲物質實體的存有。因此，一切存有物，不從其物質構造性去認知其存有的本質，而由其價值創造性或實用性去肯斷其存有的本質。這種價值存有的觀念，正是構成周代禮樂文化的基本理據。

在此一文化思想特質之下，先秦美學自始便不從客觀物質構造性及主觀官能感覺經驗去認識所謂的「美」。換句話說，在先秦文化思想的特定意義下，「美」既不是物質客體結構上的屬性，也不是主體官能經驗上的快感。但是，並非說先秦人不知道有這種由主體官能經驗作用於物質客體而引生的

「美」。《左傳・桓公元年》記載：

宋華父督見孔父之妻於路，目逆而送之，曰：「美而豔」。

「美而豔」可以是「孔父之妻」其軀體物質結構的屬性—例如五官與身裁的表象形式；也可以是華父督官能經驗上的快感；更可以是主客相交而成的判斷。又《國語・楚語》記載：

靈王爲章華之臺，與伍舉升焉，曰：臺美夫！

「臺美」也同上述的例子一樣，乃是主體官能經驗作用於「臺」此一物質之結構形式所獲致的審美判斷。

官能經驗之所對，謂之「五色」、「五聲」、「五味」。從先秦史料來看，他們雖然在現實的存有中不斷地經驗著這種「美」，然而在理性的反省中，卻同樣不斷地對這種「美」提出貶責性的批判④，因此他們從未曾以這種「美」爲審美活動的完滿經驗或美學思想中的首出觀念。何以然？實際上，先秦時代所謂「五聲」、「五色」、「五味」，並不純然是指涉人們「直覺」之所對的物質客體的表象，因此審美判斷也就不是康德所謂「無關心的滿足」⑤。它們是人們現實生活中，關連著「情欲」之滿足的種種物質材料。因此，對著五聲、五色、五味所產生的官能經驗，也就不純然是一種藝術性的審美享受，而可能是情欲的放縱與耽溺。這種情欲的放縱與耽溺，正是人們感性生命非理的盲動，一旦逾越「節度」，便足以墮毀理性價值理想的創造。人之所以爲人而不同於動物，也就在乎他本質上應該做爲創造價值理想的存有體。在這種存有觀念的基礎上，「美」做爲一種價值，它便不應該只是一種主體官能作用於物質客體結構形式的經驗，而是文化存有中一種理想性的價值。「美」既不從物質性結構與主體官能經驗取得意義上的依據。那麼，它的眞義便必須從文化存有的本質去取得。而文化的存有基本上乃是個體生命價值朝向理想的無限創造，以及個體與個體在實現價值的過程中，通過合理的互動關係而辯證融合具現的總體性存在秩序。此一秩序不是將個體視爲物質存有而在結構上的形式關係，乃是將個體視爲價值存有而在實踐行爲上的分位關係。當個體在價值分位的秩序上獲致良性的互動關係，就稱之爲「和」。《國語．鄭語》曾記載到史伯對鄭桓公云：「以他平他謂之和」。何謂「以他平他」？《左傳．昭公二十年》，晏子對齊侯的一段話，可以相互印證。他說：

和，如羹焉。水火醯醢鹽梅以烹魚肉，燀之以薪。宰夫私之，齊之以味。濟其不及，以泄其過。君子食之，以平其心。

對於「和」的概念，晏子以調羹做具體的比喻，各種不同的元素，皆有其不同之性質與功能，也就是個體的存有皆有其不同的價値分位，「和」就是個體（他）與個體（他）之間獲致諧調性（平）的結合關係。其結合乃通過二種方式：㈠濟其不及，這是「補充」的方式；㈡泄其太過，這是「消滅」的方式；但不管是「補充」或「消滅」，都是「對立而統一」的原理，而其目的則是「全體價值的生成」。就個體言之，以「此」濟「彼」之不及，則「此」有所損，或以「此」泄「彼」之太過，則「彼」有所損。然而就彼此辯證融合的「全體」而言，則是由於均衡統一（平）而獲致價值的不滅。換句話說，普遍價值的存有，乃是依循著相對個體價值辯證統一的互動規律，而實現「生生不息」的目的。在這種「和」的存有秩序中，個體生命獲致一種不受壓迫、侵奪與消滅的和諧感，這種和諧的秩序以及感受就是「美」，我們可以稱之爲「存有秩序美」。此一美，就主觀方面而言，乃是精神性的感受，而不是官能性的感受，是與文化存在價值理想同質具現的經驗。

周代文化的「禮」，就其節文而言，是個體價值行爲的形式規範。而就其內在的性質及由此性質所具備之功用而言，即是「和」，即是存在的秩序性。《左傳・昭公二十五年》，子產曾闡述「禮」，說：

禮，上下之紀，天地之經緯，民之所以生也。

所謂「上下之紀，天地之經緯」即是宇宙整體存有的秩序。所謂「民之所以生」，也就是每一個體生命價值得以實現的根本依據，故孔子在《論語・學而篇》中說：「禮之用，和爲貴。先王之道，斯爲美」。

「和」是存有的合理秩序，也即是「禮」的性能；但是，我們必須進一層追問，「和」之所以形成的依據是什麼？對於這樣的問題，在孔子之前，主導文化的士大夫們所做的解釋，多從宇宙論的進路，提出一客觀超越的宇宙原理爲依據。這種觀念時見於《左傳》、《國語》的記載。他們發現天生六氣，地生五行，但諸多元素卻依循著相互「補充」與「消滅」的自然規律，以維持均衡統一而生生不息的存有，這就是「天道」；而在「天人不二」的觀念上，他們解悟到「人道」應該以此原理爲依據。關於這時期士大夫對「和」的解釋，李澤厚與劉綱紀《中國美學史》已論述頗爲確當，我們不必再重複，茲引其說如下：

所謂「和」，就其實質來看，不是別的，就是自然規律與人的目的的和諧統一。古人對於這個統一的認識，經歷了一個漫長的過程。這個過程包含兩個基本的方面。首先，從雜多（顏按：即指六氣、五行）的統一中認識「和」進到從對立面（顏按：即指陰陽、剛柔等）的統一中認識「和」。開始，古人把世界看成是由雜多的因素構成的，這時對自然的合規律性的認識，主要表現在看到無限多樣的世界是由有一定數量的基本要素構成和產生出來的，對於數量關係給予了極大的重視。所謂「天六地五，數之常也」的說法，把世界構成的規律性聯繫於「數」的觀念。隨著社會實踐的發展，古人最後才從構成世界的雜多的要素中看到了普遍存在著各種互相對立的要素，產生了物「皆有貳」和「物生有兩」（史墨語，見《左傳・昭公三十二年》）的思想。從前一階段由雜多的統一中去認識「和」進到後一階段從對立面的統一中去認識「和」，這是一個重大的根本性變化，並對中國美學產生了極其深遠的影響，使中國美學從很早開始就努力從世界的根本規律——對立統一中去找尋「和」，找尋美。⑥

這種解釋的進路，是通過哲學的思考，而爲「和」之所以形成找尋超越的理據。在孔子之前，這是當時佔有主流地位的觀念。另外，還有一個比較次要的解釋進路，也可以略做討論。什麼進路？這個進路基本上是生理學及心理學的思考，他的觀念架構是：物質給予生理感覺過度的刺激，必然會導致疾病，而生理疾病必然又會導致精神上的心智昏亂。個體心智昏亂則終必導致整體秩序的失和。就這種經驗邏輯反推回來，則整體存有秩序之「和」，必以個體心智之「和」爲基本條件，而個體心智之「和」，又必以外在物質的節制爲基本條件。這種觀念就其發生意義而言，乃是針對當時貴族生活物欲的泛濫提出警示。因爲從社會結構來說，貴族尤其是帝王，乃是存有秩序之是否和諧的主導者，假如他們不能節制物欲而導致心智昏亂，荒廢政事，則存有秩序必因此而瓦解。

《國語．周語》曾記載，周景王計劃鑄造一個聲量極高、音中無射的大鐘，以滿足聽覺上的享受，單穆公卻加以勸阻，並從生理以至心理的經驗邏輯提出一套理論，他認爲：「夫樂不過以聽耳，而美不過以觀目。若聽樂而震，觀美而眩，患莫甚焉。夫耳目，心之樞機也，故必聽和而視正，聽和則聰，視正則明。聰則言聽，明則德昭。聽言昭德，則能思慮純固，以言德於民，民歆而德之，則民歸心焉」。於此同時，樂工伶州鳩也向景王提出勸告，他認爲音樂必須要音量適度，也就是「和平之聲」，才能「以合神人」，假如「細抑大陵，不容于耳，非和也。聽聲越遠，非平也」，而「聲不和平」，必將「離民怒神」，導致存有秩序的瓦解。

這種觀念雖然不能從哲學上爲「存有秩序之美」尋求形上的理據，卻頗切近於現實的存在經驗而獲致心理學上的詮釋。

綜而言之，這一階段乃是從存有的和諧秩序以理解所謂的「美」。而存有秩序的和諧，其形成的依據是什麼？則大致上是從宇宙論及心理學的進路獲致理論或實踐上的解釋。這種進路是趨向主體心性外的客觀性思考。

## 三、主體人格美及其形上性格

前一階段之從自然宇宙構成與變動的規律，以解釋禮樂「和」的性質與功用，這種思惟基本上是由「天道」以規定「人道」，也就是由「實然」以規定「應然」的入路。然而，這種解釋顯然是將人之存有的和諧秩序視爲主體意志之外被決定的一種規律。問題是「禮」的究竟意義並不只是一種客觀實然如此的存在規律狀態，換句話說，他的規律不是自然而機械的，就如自然宇宙諸多元素全無意志地服從於必然的規律。人之不同於自然物，乃是他具有「意志」，以決定自身行動的價值目的。假如，他內在的心性不涵具自覺地認識價值應然之理的能力，以肯決其意志，那麼他的行爲是否符合於「和」的秩序，根本沒有必然的保證。準此，則保證人於存有的價值分位上能合乎「和」的秩序，其最首出性的依據，就不是客觀的宇宙自然規律，而是另有更根源性的因素了。

孔子無疑地承認了「禮」的文化，承認了「和」的存有秩序，更承認了這種「存有秩序美」，因此他才會說：「禮之用，和爲貴。先王之道，斯爲美」。然而，他對於這種「存有秩序美」之所以成立的依據，卻並不依循前一階段宇宙論的入路，而另有不同的思考，以提出更首出性的詮釋。

春秋以來，諸思想家所共同面對的時代問題即是「周文衰敝」；所謂「周文衰敝」，乃是「禮樂」已僵化爲空洞的形式。周公制禮作樂，以建構存有的秩序。而所謂存有秩序，即是道德上應然的倫理。整體存有秩序的建構，必須節制個體的非理盲動，而各安於合理的價值分位上，以形成良性的互動關係。問題是什麼因素能使個體的非理盲動得以節制？從外在形式來說，就是《禮記．中庸》所謂的「禮儀三百，威儀三千」所產生的規範作用。然而，問題還是存在，為什麼個體必須接受這種種外在的規範？假如不是出於個體理性自覺的「自由意志」，那麼便只有依藉一種強制性的力量為手段了。這強制性的力量就是「刑政」，故《禮記．樂記》云：「禮以道其志，樂以和其聲，政以一其行，刑以防其姦，禮樂刑政，其極一也」。因此，西周盛世得以建構「禮」的和諧秩序，從現實上來說，當然必須依藉刑政的正常效力。然而，春秋以來，王權的式微，刑政不行，則「禮儀三百，威儀三千」也失去它的規範作用。習而行之者，只是徒具空洞的形式。僭而逆之者，更連起碼的形式也破壞了。而不管是那一種情況，都顯示著「存有秩序美」的瓦解。

面對這種存有的惡質化，從超越客觀的自然宇宙規律去解釋「禮」的理據，其實只是一種抽象概念的認知。而假如「禮」是做為建構存有秩序的憑藉，它必須是實踐性的而不是知識性的。因此，為「禮」找尋形上的依據，再也不能只是從存有主體之外，去空談一種缺乏實踐性的抽象概念。這個形上依據，必須就是「禮」之實踐動力根源，它能實質地使存有個體節制非理盲動而各安於合理的價值分位，以實現和諧的秩序之美。

綜上所述，周代禮樂文化所給出美學上第一階段的觀念，就是「美乃和諧的存有秩序」。孔子在繼承這一觀念之後，首要的問題，便是去思考「和諧的存有秩序之美如何可能實現」。那麼，他提供了怎樣的答案？這個答案，可以先化約爲二層基本理念：第一，總體地說，和諧的存有秩序之美，其終極理想的具現，是一外在形式與內在本質辯證融合的價值實在體。第二，分解地說，外在形式爲末爲用，而內在本質爲本爲體，故其實現的形上依據不從外求，乃內在於存有實體的本質。不過，整體的實現卻必須是體用相即，本末不離。

「禮樂」在文化存有的意義上，它可以是指涉上述第二層理念分解而言的「外在形式」，從物質性的「器」到概念性的「儀式」，都包括在其中，這是「禮樂」的末節，只是一種工具而已。另外，它也可以是指涉上述第一層理念，終極具現的文化價值實體，也就是實質性的和諧存有秩序。而這二者也同樣是相即不離——依藉「禮樂」的工具性作用，以實現「禮樂」的文化存有秩序，這秩序就是「美」。

以上這樣的陳述，是在理論上對孔子美學概括的詮釋。假如落實在孔子的歷史處境，理解他所面對的文化存有問題，我們就會發現，第一層「禮樂」的意義，畢竟是孔子在文化存有上的終極理想，相對「禮崩樂壞」的現實層面來說，它只是做爲理念的存有，做爲等待實現的目的而已。這可以從孔子對「周」文化的讚美與嚮往而體會到，《論語．八佾篇》：

子曰：周監于二代，郁郁乎文哉！吾從周。

朱熹解釋說：「三代之禮，至周大備，夫子美其文而從之」。但我們必須再進一層理解，所謂「郁郁乎文」的「文」所指爲何？邢昺疏以爲指的是「禮文」，但「禮文」又是什麼？蔣伯潛的廣解以爲是

「文物，指禮儀典制」。這樣的理解，只將「文」視為有關「禮」的文獻，也就是我們上文所謂由物質性的器到概念性的儀式，這是禮的工具形式意義，卻不是實質的文化存有的意義。但孔子以「文」、「文章」去讚美先王時，並不僅從其外在的工具形式言之。在〈泰伯篇〉中，他也曾讚美堯，云：「巍巍乎！其有成功也。煥乎！其有文章」，說「其有成功」，已顯然是指政教實踐的成果，則「文章」當然也就是文化存有具體實現之後的文采，故云「煥乎」。「煥乎！其有文章」，意同於「郁郁乎文」。因此，在這一章中，孔子對周文的讚嘆，絕不會只就其外在的工具形式而言，乃是從整體文化存有的具現而言，這是包含著實踐效果的總評。換句話說，這「文」不是形式性的「虛文」，而是實質性的「實文」；只是到了孔子的時代，此一文化存有已經淪失，因此只能在理念中做為範型而存在。

從切實於文化處境而言，這層終極性的理念並不是孔子思考的重點，它只要被尊存在那兒做為一切努力的目標就行了。因為文化存有的問題，畢竟不僅是一種思惟中抽象的觀念而已，它必須能實踐出來，才有實質性的意義。所以面對「禮樂」已空洞化為「虛文」的時代，孔子思考的重點，乃是在第二層的理念，也就是這工具形式的禮樂虛文，其根本的形上依據是什麼？如何實質地掌握到這形上依據，以使得「禮樂」成為實文，而具現和諧的存有秩序之美？換言之，孔子迫切的問題，不是理論地思惟「和諧的存有秩序之美是什麼」；而是實踐地證悟「和諧的存有秩序之美如何可能實現」。在這種特殊處境與解決問題的入路之下，他首先便切中時弊地指出，「禮樂」不只是徒具虛文的工具形式，《論語．陽貨篇》云：

> 禮云禮云，玉帛云乎哉！樂云樂云，鐘鼓云乎哉！

「玉帛」與「鐘鼓」都是「禮樂」的工具形式，而且是最低層次的物質性工具形式——「器」。然而，孔子當代一般人卻偏執於這種工具形式，就此以爲是「禮樂」的眞實意義。在這樣的偏執之下，「禮樂」已失去其根本的形上依據，異化爲與人存本身無涉的物質性或概念性客體，當然也失去「存有和諧秩序美」的這層實質性意義了。準此，則在孔子的存有美學中，所面對「禮樂」一詞的涵義，往往指涉的是空洞化而只是工具形式的一般俗義。孔子的努力，也正是企圖使「禮樂」的意義能轉俗成眞。因此，「禮樂」必須放在文化存有中，通過具體的實踐而辯證解悟之，才能理解其眞、俗二義及其相即關係。將「禮樂」一概視爲工具形式，正是孔子所要批判的俗義。

然則，「禮樂」不只是外在的工具形式，那麼它內在的本質，也就是它的形上依據是什麼？《論語．八佾篇》云：

> 人而不仁，如禮何？人而不仁，如樂何？

這是對「禮樂」形上依據是什麼所做反證式的判斷，從「人而不仁」以證悟「禮樂」之失其本質與功用。反過來說，「禮樂」之所以爲「禮樂」，進而具現爲存有本身和諧的秩序，其形上的依據便是「人而仁」，而不是一客觀超越的自然宇宙規律，這才是「存有秩序美」最首出性的因素。「人」是文化存有的主體，這主體的實質意義不是由物質結構性所給定，而是由「仁」這種質性所給定。然而「仁」又是怎樣的質性？簡要言之，是存有理想價值的創造性。但孔子並沒有對「仁」做概念上確定的界說，他只落在價值存有的實踐上隨機說「仁」，我們大致可以歸納出幾個特徵：㈠是「仁」爲主體內在之性，故〈述而篇〉云：「仁遠乎哉！我欲仁，斯仁至矣」，朱熹的解釋是「仁者，心之德，非在外也」。㈡是這種「仁」性的發顯，從消極的進路而言，是「克己」的工夫。故〈顏淵篇〉云：「克己復禮爲仁」。這個「己」即是由形軀起念的自我，朱熹的解釋是「己，謂身之私欲也」。「私欲」是感性生命非理的盲動，「克己」即是超克此種私欲之我，這是內在理性逆覺發用的工夫。能「克己」然後能使個體存有從盲動中歸而安於合理的價值分位，此之謂「復禮」，故「仁」即是此一義理之性。㈢是這種「仁」性的發顯，從積極進路而言，即是「愛人」，故〈顏淵篇〉載樊遲問「仁」，孔子的回答是「愛人」。所謂「愛人」，更具體地說，就是〈雍也篇〉孔子所謂「夫仁者，己欲立而立人，己欲達而達人」，這顯然不只是情緒性的喜愛，而是對別人之存有價值理性地成全。以上三義即是「仁」性的基本特徵，在中國儒家思想史上的研究，已形成共識，無須再詳作論證。

理性對於感性生命所起的作用，不是排除或消滅，而只是導之於正。因爲感性生命當其盲動之時，不必然成就正面的存有價值。存有的正面價值是由理性的肯認，才有必然的歸向。人做爲現實生活的存有，根本不能排除或消滅其感性的生命；但人做爲理想價值的存有，卻又必須依其理性才能實現。而人存的完滿意義便是感性與理性的辯證融合，因此所謂「仁」，從價值存有的實現來說，他不能只當作離絕感性生命的純理去認知，否則其本體性的意義便只是一虛掛的抽象概念，而道德也成爲離絕情性的假相。故眞實的仁，眞實的道德，眞實的禮樂之本，必不離情性，乃是理性與感性圓融具現的人格，也就是〈雍也篇〉所謂「文質彬彬」的君子人格。

問題是這人格從其本質而言，是主體內在之所具而不假外求，但如不加以養成，卻不能保證必然發顯而具現。如何養成？回過頭來說，外在的禮樂又是必要的工具，故孔子屢言禮樂養成人格的功能，〈泰伯篇〉云：

> 興於詩，立于禮，成於樂。

又〈憲問篇〉云：

> 子路問成人。子曰：「若臧武仲之知，公綽之不欲，卞莊子之勇，冉求之藝，文之以禮樂，亦可以爲成人矣。」

「臧武仲之知」、「公綽之不欲」、「卞莊子之勇」、「冉求之藝」，皆是感性生命之所具，也就是「文質彬彬」中的「質」的發用。「質」以「眞」爲其性格，並無善惡之定向⑦。其價值之定向必待理性之自覺，而此理性之發顯，則須依藉禮樂「文」的功用，故《禮記．坊記篇》云：「禮者，因人之情而爲之節文」，又〈仲尼燕居篇〉亦云：「禮所以制中」，「中」就是前文所謂的「質」，就是〈中庸篇〉所謂「喜怒哀樂之未發」的眞實感性生命。準此，則圓融之人格的養成，必待禮樂爲工具。然後，再轉過來，此一人格之具現，又使工具形式的禮樂獲致眞實的本質，終而實現整體和諧秩序的存有。此一存有即是禮樂文化的存有。這時「禮樂」便不僅是工具形式的意義，而已等同文化存有理想具現的本身。這是一種眞實而活生生的存有境界，在《論語·先進篇》中，曾點所描述而爲孔子所讚許的那種生活，就是此一存有境界具體的表現：

暮春者，春服既成，冠者五六人，童子六七人，浴乎沂，風乎舞雩，詠而歸。

這種境界顯然就是個體生命圓融人格具現之後，又形成群體生命和諧秩序的一種存有狀態。朱熹對此有頗爲精彩的詮釋：

曾點之學，蓋有以見夫人欲盡處，天理流行，隨處充滿，無少欠闕。故其動靜之際，從容如此，而其言志，則又不過即其所居之位，樂其日用之常。初無舍己爲人之意，而其胸次攸然，直與天地同流，各得其所之妙，隱然自見於言外，視三子之規規於事爲之末者，其氣象不侔矣。

論述至此，我們已可明白，當個體人格圓融具現時，其本身就是「美」，我們可以稱之爲「主體人格美」。而此一「主體人格美」又是集體生命存有「和諧秩序美」的根本依據。這種存有論的美學，分解而言之，有形式、本質之分，有體、用之別。然而，總體觀之，卻在存有的實踐過程中，體用相即，本末不離，終而具現爲體用不二的實存之美。

孔子雖未直接從主體人格說美，但此義已隱涵在他對文化存有的理念中。不過，他隨機說「仁」，皆於具體的存有活動中，由此內在理性之發用而說，並未就「性」的本體給予直接的規定。這就有待孟子進一層的發明了。

先秦儒家美學，孔子之後，孟荀皆自主體人格肯認「美」，並以之爲「存有秩序美」的依據，就這層面來說，兩人的觀念並無二致。其間的差異，只在孟子由於主張「性善」，故人格美的本質乃性內之所具，此美之具現，是一種由內顯發的工夫；而荀子由於主張「性惡」，故人格美的本質非性內之所具，此美之具現是一種由外轉化的工夫。

儒家「主體人格美」正式的提出，當由孟子開始。他在〈盡心篇〉中，就主體的人格進境論述，其中一個進境是「充實之謂美」。朱熹對這觀念的解釋是「力行其善，至於充滿而積實，則美在其中，而無待於外」，這也就是《禮記．樂記》中所謂「和順積中，英華發外」。良心善性是道德實踐的形上依據；而反過來，道德實踐由經驗的累積，不斷地轉悟爲內在的價值理念而形成具體的人格，使良心善性不只是一虛掛的本體存有。而這一人格，由於感性與理性獲致圓滿的融合，故感性生命的發動，皆由於理性道德意志的導正，即〈公孫丑篇〉所謂「志帥氣」，故能和順而中節，其施於四體之言行，皆予人一種不偏邪、不乖戾的和順之感，這就是人格美的具現。他在〈盡心篇〉中，將這種人格美的具現稱爲「生色睟然」：

君子所性，仁義禮智根於心，其生色也睟然，見於面，盎於背，施於四體，不言而喻。

「仁義禮智」等道德乃根於良心善性，「生色」是表現於四體之言行。「睟然」，朱熹解釋爲「清和潤澤之貌」。這種由心性之良善，自然發顯於四體言行，其所具現清和潤澤的形色，即是一種美，而所謂「仁義禮智」的道德之善，已隱涵其中而不待言詮矣。故所謂「人格美」實乃性內具在的本質，是由內而外的「生色」。

至於荀子，他從氣質性中本具的「情欲」以主張「性惡」，故〈正名篇〉云：「性者，天之就也；情者，性之質也；欲者，情之應也」。然而，這並不就表示他順性以斷定人的存有價值。他雖從現實層面承認「欲不可去，性之具也」，但同時又從理想層面主張「欲不可盡」。就其思想的終極關懷而言，荀子的美學仍不失其理想性，故〈勸學篇〉强調：「君子知夫不全不粹之不足以爲美也」，在這一基本觀念之下，他對於個體生命，亦不視爲一物質結構性的存有，故人物之美，其第一義也不是主觀官能所對形體結構之快感。他在〈非相篇〉中，即反復貶斥形相之美，最典型的例子是「桀紂長巨姣美」，然而「身死國亡，爲天下大僇」。因此，他對於人物品鑑的原則是：

> 相形不如論心，論心不如擇術。形不勝心，心不勝術。術正而心順之，則形相雖惡而心術善，無害爲君子也。形相雖善，而心術惡，無害爲小人也。君子之謂吉，小人之謂凶，故長短小大，善惡形相非吉凶也。

從價值存有而言，吉凶義近於美惡。因此，人假如做爲價值的存有，「美」就不是從物質結構性的「形相」獲致意義，而是從內在的心術獲致意義。顯然他也如孟子一樣肯斷了人格之美。問題是，他在〈性惡篇〉中明白肯斷：「人之性惡，其善者僞」，因此「美」就不是人性內在所具之本質，而是外力的轉化所成。〈禮論篇〉云：

> 性者，本始材樸也；僞者，文理隆盛也。無性則僞之無所加，無僞則性不能自美。性僞合，然

後聖人之名一，天下之功於是就也。

「無僞則性不能自美」，則顯然「美」不是人性之本質，然而人格之美的表現，卻還是要以「性」爲實質材料，然後去其所惡，而加上「文理隆盛」之後，才得以成就。故「人格美」乃是「性僞合」的表現，必須依藉所謂「化性起僞」的工夫，才能完成。而「化性起僞」的憑藉工具，便是先王所制作的「禮樂」了。準此，則荀子觀念中的「禮樂」，並不以人性爲其形上本質的依據，而純爲一歷史文化發生意義上的外在產物⑧。「禮樂」也因此徹底被客體化、工具化，而喪失了它與價值存有本身同質的意義了。

## 四、存有美學在藝術實踐與理論上的衍生意義

先秦儒家是從人的價值存有去解答「美是什麼」以及「美如何存在」這樣的問題。這是存有論的美學，性質上實不同於「藝術哲學」。然而，這才是先秦儒家美學的中心觀念，前文已論述明白。接著，我們想再追問一個衍生性的問題：這種存有論的美學，其與藝術實踐及理論如何產生關係？又有那些實質性的關係？

不管中西方對於「藝術是什麼」給予多少不同的答案。「藝術是以感性形式表現人類存在經驗與價值意義的產品」，這大概是其中頗爲古老而通常的答案。我們只要看到先秦儒家對於詩、樂所做的論斷，便會同意他們對於「藝術是什麼」所給定的也正是如此的答案。儘管你可以對這種問題完全不

讚同儒家的看法，而提出特異的主張。然而，你卻不能不承認，從歷史的事實而言，先秦以來的儒者都將藝術活動視為整體文化的現象之一，它是吾人表現文化存有的經驗與理性價值的產物。而文化存有的經驗與理性價值的創造，又應然而必然地以人自身的精神生命為主體為根源。因此，藝術活動與人存實乃同體相生的關係。說得更明確一些，在儒家的觀念中，藝術並不只是做為促成文化存有價值實現的工具而已，在它促成文化存有價值眞善地實現的同時，這眞善的文化存有價值也相對地使得藝術的感性形式能獲致理想的實質內涵而具現為至美。然則，在儒家的觀念中，藝術的獨立意義，不在於脫離人存的本身而僅由其感性形式結構所獲致，而在於其感性形式與人存的本身圓融結合、同體不二所獲致。只是片面地認為儒家視藝術為工具而不具獨立意義，實為儒學末流之偏見，或外道對儒家思想的簡化與誤解。這就如同前文所論，孔子並不只視禮樂為工具，同時禮樂即是文化存有理想價值體現的本身。假如，「仁」或「良心善性」為體，而一切個殊的文化現象，如禮樂詩歌等為用，從終極意義而言，皆是彼此存在著體用相即不二而通體圓融的關係。

西方從存有論的進路對美之存在所尋求的形上依據，多為超越而客觀的實體，它是理論知識上的抽象概念。因此，在藝術的實踐中並不能切實發用。這或許是西方近代美學拋棄玄談而直取認識進路的原因之一吧！而儒家以良心善性為存有秩序美之得以具現的形上依據，此一形上依據並不只是理論知識上客觀而超越的抽象概念，而是主體內在心性之本有，為理性價值之所以能夠實現的原因，乃實踐性之形上，而非知識性之形上。基於前文所述，從究極意義上說，藝術與存有是同體相生的關係，因此，此一良心善性不但在文化價值存有上做爲秩序美之具現的形上依據。同時在藝術實踐上也一樣做爲美之具現的形上依據。換句話說，在儒家的美學思想中，存有的「主體人格美」即是構成藝術實質內涵之美的根源依據。存有中理想價值實踐的主體與藝術實踐中的主體具有同質性，藝術實踐從究極意義上說乃是「主體人格美」的發用。

綜合上面的論述，先秦儒家的存有美學，雖不是直接以藝術做爲思考的對象，但是它與藝術實踐卻形成密切的關係。這種關係並不只是建立在理論形式邏輯的必然關係上，而是更根本的建立在文化存有中價值實踐的因果邏輯的必然關係上。爲什麼先秦儒家以存有而不以藝術做爲美學觀念的中心，然而後世儒家系統的藝術實踐或理論卻必以它爲依據？這樣的問題，從以上的論述，已可得到解答。

先秦儒家美學從存有上的意義衍生爲藝術上的意義，多表現在詩、樂的實際批評上。這些批評，雖然是以藝術爲對象，但其隱涵的觀念依據卻是上述的存有論美學，而不是以藝術爲獨立知識客體的美學。因此，從這些批評，我們可以理解到藝術與存有在實質上有些什麼關係。但這層面的意義枝節頗多，某些有關藝術效能的言論，其主要意義是在存有論的範疇中，將藝術活動視爲養成主體人格進而實現存有價值的工具，例如《左傳》昭公元年：「先王之樂，所以節百事」；《國語．晉語》：「夫樂以開山川之風也，以耀德于廣遠也」；《論語．泰伯篇》：「興於詩，立於禮，成於樂」……這些言論，其立義既不在於以藝術爲對象的批評，便不納入本節的討論範圍。在這裡，我們關懷的重點是先秦儒家們如何以存有美學爲基礎引伸而用之於藝術批評，因此對藝術的本質形成與存有相應的規定，其中最主要的爲下列三個觀念：

第一，藝術既被視爲以感性形式去表現文化存有的經驗及理想價值，而理想價值的實現又以圓融的人格爲依據。因此，藝術即是以此一存有的主體人格爲其內在本質，這種美學觀念很具體地表現在先秦儒家對於詩的批評上。他們批評詩歌，主要的入路便是集中在對作品所表現主體情志的詮釋與評價。《論語・爲政篇》：「子曰：『詩三百，一言以蔽之，曰：思無邪』」。孟子在〈告子篇〉與公孫丑討論〈小弁〉與〈凱風〉二首詩，也是就主體情志之是否合乎倫理分位與事態之應然而加以詮釋和評價。〈小弁〉之詩表現了人子由於父親重大過失而產生的怨情，親之過大而怨，乃是因爲重視親情，而重視親情即是「仁」德的表現，故云「小弁之怨，親親也。親親，仁也」。而比較起來，〈凱風〉描寫母親的小過而人子卻無所怨。同爲親過，一怨一不怨，皆是「喜怒哀樂發而中節」的應然表現，故云：「〈凱風〉，親之過小者也；〈小弁〉，親之過大者也。親之過大而不怨，是愈疏也；親之過小而怨，是不可磯也。愈疏，不孝也；不可磯，亦不孝也」。從這種批評來看，詩歌內在本質乃是主體人格在存有價值分位上的情志表現，其美與不美，即視此情志之是否合宜而定。因此，從詩歌內在本質而言，其第一義的美與存有中的「主體人格美」同質，而絕對不是官能知覺作用於物質結構形式所生的快感。這種美在實質上包涵著主體性情之眞與道德之善，而爲吾人文化存有理想價值的具現。

第二，孔子之前的士大夫們已開始從「和」的觀念去解釋或評估音樂。音樂之所以美，乃是因爲它「和」的本質，《國語．周語》記載樂工伶州鳩對音樂本質的判斷是「樂從和」。這種觀念，到了總結儒家音樂美學的〈樂記〉，都一直沒有改變；〈樂記〉云：「樂者，天地之和也」，又云：「大樂與天地同和」。那麼，就音樂而言，「和」的本質如何構成？其構成的條件有二：

㈠是音樂作品中諸多音素的和諧統一。《尙書．堯典》云：「八音克諧，無相奪倫」，意指各個高低、清濁、短長不同的音素，依循規律而統一爲整體和諧的樂章。從原理上來說，這就是「雜多或對立因素的統一」，顯然是前述存有美學中，「和」之觀念的衍義。「和」本指整體存有的和諧秩序之美，將這觀念衍伸出去，音樂之美的構成，必須在內容上也能表現這種人存的經驗與理想價値，故〈樂記〉才會說「樂者，天地之和」、「大樂與天地同和」。而相對地，它的形式結構，也同一性質。終而以和諧的形式表現和諧的存有經驗與理想價値，以具現整體和諧的音樂之美。

㈡是音樂聲量的「適中」，或稱之爲「平」。音樂要具現和諧之美，除了諸多因素之間的統一而外，還必須聲音本身「量」的適中。《國語．周語》云：「樂從和，和從平」。什麼是「平」？「細大不逾曰平」，也就是聲量大小適中，不能超過人聽覺的負荷，故又云：「大不逾宮，細不過羽」。這種觀念，其後被《呂氏春秋》加以闡揚，故專立〈適音篇〉，以討論音樂聲量的適中性，云：「太巨、太小、太清、太濁，皆非適」，而〈大樂篇〉則原則性地指出：「和出於適」。這種音樂美學觀念，是從人存的官能經驗反省思考而獲致生理學及心理學上的理論依據。這顯然偏向音樂物質性功能的解釋。儒家從孔子之後，在存有美學上，已走向主體心性論的進路，因此對於這種音樂美學觀念並沒有更爲精密的發展。

第三，孔子在《論語．八佾篇》中，曾批評舜的〈韶〉樂是「盡美矣，又盡善也」，又批評周武王的〈武〉樂是「盡美矣，未盡善也」。此一批評引出美、善分合的問題，許多學者常就這段話，討論在孔子的美學觀念中，「美」與「善」究竟是區分或統一。

這種討論，必須先辨明範疇上是就存有或藝術而論。在存有美學中，不管是從秩序或主體人格來說，美與善都是同質互涵地存在著，「善」即涵有「美」而「美」亦涵有「善」，彼此互爲構成的條件。從主體人格來說，必由於道德的實踐（善）才能具現爲「生色睟然」的人格之「美」，相對的也由於這「生色睟然」的人格之「美」，才使得「善」非只是抽象概念而能「不言而喻」地具現出來。因此，從主體人格完滿的存有本身而觀之，「美」與「善」是渾化地俱在，根本不能分割。說「美」說「善」，只是概念指涉的分別，「善」是就人格於倫理關係中所實現的應然價值而說，「美」則是就人格依藉感性形式而全幅生命當下具體呈現而言。另外，從存有秩序而言亦然，必由於各個體在相對的倫理關係中實踐道德（善），然後才能具現和諧的「秩序美」；相對的，也由於和諧的「秩序美」，才使得「善」非只是抽象概念而能具現出來，故從整體存有完滿實現的本身而觀之，「美」與「善」亦是渾化地俱在，根本不能分割。說「美」說「善」，也同樣只是概念指涉上的分別而已。

在藝術美學中，審美判斷之所對，不是吾人生命存有的本身，而是一取得物質感性形式（藝術媒材）的藝術客體。這時，「美」可以不涵有「善」，而只由主體官能感覺作用於藝術客體的物質感性形式以獲致判斷。孔子對於「韶」、「武」之樂所稱「盡美」之「美」，即指此義，其實質完全不同於前述的「存有秩序美」與「主體人格美」，故朱熹將它解釋爲「聲容之盛」，意指樂舞中聲音之悅耳與舞容之悅目，我們可以稱它爲「藝術客體表象之美」。這種「美」，便與「善」區分，可以不必依待主體道德實踐（善）爲其內容而獨立具現。後世有些美學觀念將藝術從人的價值存有獨立出來，只視爲感覺經驗所直對的客體，便往往以這種「美」爲第一義，而規定爲藝術的本質。然而，在先秦儒家所持藝術與人存同體相生的觀念中，這種「美」卻不是藝術之美的究極意義。雖然，孔子在評鑒韶、武之樂時，也曾意識到藝術客體具有這種獨立於人存的表象之美，但畢竟沒有究極地肯定它，因此孔子之後的儒家美學並未脫離其存有論的基礎，而純就此一「美」的意義獨立發展出一套專爲藝術而設的美學來。

「美」不能始終只是做爲抽象概念而存在，它必須取得感性形式以具現。這具現「美」的感性形式，我們可以稱它爲「美的表式」。那麼，上述人存本身所謂「秩序美」與「人格美」與藝術客體的「表象美」，其「表式」是否相同？我們的回答是並不相同。前者的表式，我們可以稱之爲「精神表式」；後者的表式，我們可以稱之爲「物質表式」。

「物質表式」指物質性結構形式以做爲具現美的感性形式，例如視覺之所對物體表象之線條、色彩等之結構形式，聽覺之所對聲音表象之韻律、節奏等之結構形式。人之存有，若做爲形軀之存有，則五官身裁等線條、色彩之物質結構形式，即是美的「物質表式」，由此所具現之美，實爲「形體美」。先秦儒家非不知有此種「美」，然而由於他們視人之存有，是文化價值之存有，而實現此一價值的根源依據，不是形軀，而是理性之精神人格，故具現此「美」絕不以形體的「物質表式」爲其感性形式的充分條件。它的充分條件是「精神表式」。然則，什麼是「精神表式」？它指的是精神表態以做爲具現美的感性形式。此一感性形式的實質涵義又是什麼？在本文中，我們是將它放在儒家存有美學的脈絡回答這樣的問題。從普遍原則來說，此一「精神表式」即是合乎禮的言行舉止。《論語·顏淵篇》載顏淵問「仁」，孔子的回答是「克己復禮」，顏淵進一步再「請問其目」時，孔子的回答是「非禮勿視，非禮勿聽，非禮勿言，非禮勿動」。準此，就一般概念而言，「精神表式」即指主體精神人格外現之種種「視聽言動」，不過儒家更給予此種種「視聽言動」實質內涵的規定，也就是必須「合禮」而能具現仁性，具現人存的理性價值，這是「精神表式」的普遍原則。若從具體的行爲來說，則《論語》中所載孔子的各種言行，例如〈述而〉云：「子之燕居，申申如也，夭夭如也」、「子釣而不綱，弋不射宿」、「子食於有喪者之側，未嘗飽也。子於是日哭，則不歌」、「子與人歌而善，必使反之，而後和之」、「子見齊衰者，冕衣裳者，與瞽者。見之，雖少必作，過之必趨」等等，這都是具體呈現的「精神表式」；依據它，我們便能感受到孔子生氣貫注而動靜合宜的人格之美。準此，則「精神表式」就儒家存有美學言之，其實就是「禮文」，只是指的不是物質性的「禮器」或普遍概念性的「禮制」，而是與主體感性生命辯證融合而外現的「禮儀」或「禮貌」。司馬光在《溫國文正司馬公文集》卷六十〈答孔文仲司戶書〉中，曾解釋「古之所謂文者」，便包括「升降進退之容」。這「升降進退之容」的「禮文」，即是我們所謂「精神表式」。

依循以上的論述，我們可以明白，「物質表式」在美學意義上是官能經驗所感取之對象的物質結構形式，故爲一靜態性之表式，而「精神表式」則是精神經驗所感取之對象的視聽言動形式，故爲一動態性之表式。「物質表式」所具現之美可以不涵人之文化存有的價值內容而獨立由官能直覺感取。但是，「精神表式」所具現之美則必隱涵人之文化存有的價值內容，故其感取之主體亦非官能之「感性直覺」，而是人的道德本心所發顯之「智的直覺」⑨。

問題是這二種表式，在美的具現中，是否完全沒有關係？首先，我們從存有主體的人格美的具現言之，主體人格美之具現必以「精神表式」爲其感性形式的充要條件。但是，「精神」雖爲實有，卻因其非物質性之具體存在，故爲抽象性之實有，其自身並無具體的感性形式，故「精神」之取得感性形式，竟須以「物質表式」爲必要條件，但二者的關係卻不是絕對同一，而是具現過程中的辯證超越，亦即「精神表式」必須依藉「物質表式」才得以具體呈現，但它卻不完全等同於「物質表式」之本身。「物質表式」對它而言，只是表現的物質性工具，當「精神表式」具現完成之時，便超越此一物質性工具而存有。明白地說，人之涵具文化存有價值意義的所謂視聽言動的「精神表式」，必然要依藉形體的物質表式爲工具，才能表現出來。但它之所以爲「美」卻並不由於這「物質表式」本身靜態的結構形式，而是由於這「物質表式」的動態發用所傳導而出的精神人格所涵之文化存有的價值意義。以例言之，一個人「笑」的行爲之做爲「精神表式」，必然依藉形體物質表式中的「嘴」及相關的臉部結構形式爲工具；但就人格美而言，它之所以爲「美」並不由於這「物質表式」的靜態結構形式，而是由於其動態發用所傳導而出的精神性價值意向的善良——思無邪。由此言之，「精神表式」之爲感性形式是「象徵性」的而不是「實在客體性」的。凡象徵性之表式，必以一物質感性形式之符號爲工具，但其意義則必不等同於此工具之本身，而須超越此工具而解悟之。故「主體人格美」之獲致判斷，不只是「看見」，而是依藉「看見」或「聽見」進而「想見」。它不能經由結構形式之分解或官能感性直覺而獲致，而是主體置入於文化價值存有的情境中，經由官能經驗爲必要手段——「看見」或「聽見」，進而超越此種經驗之上，終究在「互爲主體」的解悟中「想見」之。

其次，我們再就藝術美的具現言之。藝術若只就其獨立於人存而爲官能感覺經驗之所對，則所謂「美」僅須依藉其媒材之物質表式，即得以具現，這就是孔子論韶、武之樂時，由「聲容之盛」所判斷之「美」；但這不是儒家藝術之美的究極意義。其究極意義，應該是「盡美矣」之「美」與「盡善也」之「善」的辯證融合之「美」。孔子並沒有在語言陳述中，直接提出這一究極性的藝術之「美」，然而從他在存有美學中，以「文質彬彬」即形式與內容辯證圓融爲君子人格美的典型，從這一觀念衍生出來的藝術之美，其理想的典型，也應該是「文質彬彬」才對。故他所謂「盡善」、「盡美」實爲分解性的批評。若就藝術之究極的整體具現而言，則「美」（形式義）與「善」（內容義）應該是辯證融合地存在，而此辯證融合之後的藝術實體所具現者也應該是「美」，而且是究極意義的「美」

，是藝術之所以爲藝術的眞正本質。準此，則孔子雖未在語言陳述中，直接提出這種「美」，並使用「美」這詞彙以指涉之，但其義則實已隱涵在他的美學觀念架構中。那麼，在藝術審美判斷中，這種由媒材物質表式所具現之「美」，分解地說，雖與「善」異質而爲二，然而整體地說，此「美」之與「善」卻存在著辯證性的關係。

在他評論韶、武之樂時，其所謂「美」固爲「物質表式」之具現。即使其所謂「善」也應該是一分析命題，其本身也應包涵了存有美學中，「美」與「善」的二個概念。爲什麼？朱熹解釋「盡善」與「未盡善」時，云：「善者，美之實也。舜紹堯致治，武王伐紂救民，其功一也……然舜之德，性之也，又以揖遜而有天下。武王之德，反之也，又以征誅而得天下，故其實有不同者」。然則，孔子在這段話中「美」、「善」對舉，實爲區別藝術品的形式與內容而言之。但是，這內容乃是指舜與武王之人格狀態與當時的存有秩序，根據我們前文存有美學中的論述，「善」不能始終做爲概念而存在，而必須被實踐，因此從文化價值的存有來說，當價值實現之時，不管就個體生命人格或整體秩序而言，「美」與「善」皆同質互涵地存在。那麼，韶、武之樂假如以此文化存有的經驗與價值意義爲其內涵，則孔子所謂「盡善」、「未盡善」的「善」，在實質上應該是隱涵著美、善二種性質的分析命題。

再接著說，我們前文討論過，在存有中主體人格與整體秩序之美的具現，其本身便是「精神表式」對「物質表式」的辯證超越。假如藝術是媒材自身的「物質表式」爲工具而去表現文化存有的主體人格或整體秩序之美，則理論上來說，其內容本身便還有一重「物質表式」，即人物或宇宙（指人文社會）的結構形式。不過，實際上這會因藝術各別類型而有所差異，在造型藝術中，例如繪畫、雕塑，甚至以描寫刻劃人物之具體形象爲主的文學作品，的確具有二重「物質表式」。但在抒情言志的藝術中，例如主題性音樂或抒情言志的文學作品，則因爲不是實存的重現，故由人物形體所構成的「物質表式」已失其工具性作用，因而被淡化掉，而直接以「視聽言動」的「精神表式」具現之，其工具性的「物質表式」則由藝術媒材的構造替代了。然而，不管是那一種情況，從先秦儒家美學衍生的藝術觀念，所謂藝術，其整體具現，則必須是「精神表式」與「物質表式」的辯證融合。而從究極意義言之，「精神表式」必超越「物質表式」之外，而具現人之文化價值存有的精神人格與秩序之美。而後世美學中，所謂「氣韻生動」，所謂「傳神」，所謂「作者人格即作品風格」等觀念，也都可以從上述道理獲得解釋。

## 五、結　論

綜合以上的討論，對於先秦儒家美學，我們可以獲致下列幾個認識：

第一，先秦儒家美學是存有論的美學，而不是認識論的藝術美學。他們是從人的文化價值存有的入路，去解答「美是什麼」以及「美如何存在」這種美學上的基本問題。

第二，對於上述問題，他們所給予的答案是：在孔子之後，士大夫們都認爲「美即人之價值存有的和諧秩序」，可稱之爲「存有秩序美」。更明確地說，他們將人視爲價值的實在體而不是物質的實在體。當個體與個體在實現生命價值的過程中，通過合理的互動關係而辯證融合具現爲總體和諧的秩序；則在這種秩序中，個體生命也因而獲致不受壓迫、侵奪與消滅的存在感。這種和諧的秩序與存在感，就是「美」，它是禮樂文化實現的理想成果。至於此一和諧存有秩序之得以成立的理據，他們有的從宇宙論的進路，提出一客觀超越的原理——「雜多或對立因素的統一」；而有的則是從生理學或心理學的進路，提出節制物質及欲求以使個體身心平適而導致整體秩序和諧的觀念。這基本上都是由「實然」以定「應然」的思惟進路。

第三，孔子繼承「美即和諧的存有秩序」，但卻進一步地去思考「和諧的存有秩序之美如何可能實現」，也就是爲「美的存在」尋求最首出的形上依據。他並不依循前一階段宇宙論與生理學、心理學的進路，而轉向主體內在心性，提出「仁」德以解答這個形上的問題。至孟子，則遵循孔子的入路，而正式提出「主體人格美」的觀念，這就是美之存在的首出性依據，故具形上性格。荀子雖主張性惡，但也同樣肯斷人格美。孟子之人格美乃內在良心善性之具現，爲人性的本質，乃由內而外之顯發。荀子之人格美，由於性惡之說，故非人格的本質，乃由外而內之轉化，不具首出之形上性格。

第四，上述「存有秩序美」與「主體人格美」二義，即是先秦儒家美學的中心觀念，而兩者之間並非截然二元，實爲體用相即的關係。

第五，儒家並未以藝術爲獨立對象而建構自成系統的美學，其有關藝術方面的美學觀念乃是由上迹存有美學衍生而來。「主體人格美」不只是「存有秩序美」的形上依據。因爲此一形上不是知識性的形上，而是實踐性的形上，所以在藝術實踐中，能「即體發用」而具現爲包涵人存價值的藝術之美。基本上，儒家並不將藝術看作官能感覺經驗之所對的審美客體，而是表現人之文化存有的精神經驗與價值意義的創造品，故藝術與存有乃同體相生，其獨立意義不在於脫離人的價值存有，而在於與人之價值存有取得體用相即不二的辯證關係。這種關係，其根本不是建立在理論的形式邏輯上，而是建立在價值實踐的因果邏輯上。因此，後世之藝術實踐者，雖不在理論上預設儒家的美學觀念，但只要能道德實踐而具現人格美，則其所發用而創造之藝術品，經後設反思，也都能與先秦儒家美學遙相通契，而獲致理論上的解釋。

第六，先秦儒家存有美學在藝術實踐及理論上的衍生義，主要有三：㈠是以涵具道德的主體情志爲構成詩歌的本質；㈡是以「和」與「適」（或平）做爲音樂的本質；㈢藝術固然可以由其自身媒材形式獲致表象之美，但其終極圓融的具現，則仍然是形式與內容的辯證統一。

第七，「美」必然要取得感性形式而具現，此爲「美的表式」。在先秦儒家存有美學的觀念中，「美的表式」不但是物質的，更是精神的。所謂「物質表式」指物質性結構形式以做爲美的感性形式者，它是主體官能經驗所感取之對象，是爲一靜態性之表式。所謂「精神表式」指精神表態以做爲具現美的感性形式，而所謂「精神表態」即是涵具主體在文化存有中的價值意向的「視聽言動」的行爲方式，就儒家而言，即是「升降進退之容」的「禮文」。在存有美學中，「物質表式」爲吾人之形體結構形式，而人格美與秩序美之具現，雖以它爲必要的工具，但非充分，其終極乃是「精神表式」依藉「物質表式」爲工具而辯證超越之。故「精神表式」實爲主體精神經驗所感取之對象，乃「象徵性」而非「實在客體性」的動態表式，只有在文化存有的情境中，「互爲主體」地解悟，始能獲致它的美感與意義。在藝術審美判斷中，孔子雖曾就韶、武之樂而特出由媒材「物質表式」所具現之「美」——所謂聲容之盛；但我們由「文質彬彬」的存有美學觀念，應該可以推想孔子理想中的藝術之美，其究極的具現，必是「精神表式」（實質上即是人存的經驗與價值，亦即主體人格美與秩序美）對「物質表式」的辯證統一與超越。

【附　註】

① 發生意義，指一種在歷史進程中產生的現象所具備的意義。本質意義，指一個觀念所具備做爲構成某一哲學內在本質的意義。參見勞思光《中國哲學史》第一卷第一章，友聯出版社。

② 參見劉昌元《西方美學導論》的〈導言〉，頁二，台北聯經出版公司。

③ 參見李澤厚、劉綱紀《中國美學史》的〈緒論〉，頁一四，台北里仁書局。

④ 這類史料很多，例如《左傳·昭公元年》載醫和云：「天有六氣，降生五味，發爲五色，徵爲五聲，淫生六疾」、又〈昭公二十五年〉載子產云：「氣爲五味，發爲五色，章爲五聲，淫則昏亂」、《老子》十二章云：「五色令人目盲，五音令人耳聾，五味令人口爽」。

⑤ 意指一個美的判斷，只要夾雜著欲望，夾雜著利害感，就會有偏愛而不是純粹的欣賞判斷。因此，眞正的審美判斷，必須完全不對這事物的存在有利害上的關心。參見康德《判斷力批判》上卷第一部分第一章第二節，宗白華、韋卓民譯，台北滄浪出版社。

⑥ 引自李澤原、劉綱紀《中國美學史》第二章第一節，頁九六，台北里仁書局。

⑦ 參見顏崑陽〈論魏晉南北朝文質觀念及其衍生諸問題〉之二〈文質的基源意義及其所關涉的文學觀念〉，本文收入《古典文學》第九集，台北學生書局。

⑧ 《荀子．禮論篇》云：「禮起於何也？曰：人生而有欲，欲而不得，則不能無求；求而無度量分界，則不能不爭。爭則亂，亂則窮。先王惡其亂也，故制禮義以分之……。」如此解釋禮的起源，只是從歷史進程中說明其發生意義。但對於禮的本質及其超越依據，則全無說明，故在他觀念中，禮只是先王所制的一種外在產物。

⑨ 「感性直覺」與「智的直覺」是康德對「直覺」所做的區分，人只具有「感性直覺」，至於「智的直覺」乃是「靈魂心體之自我活動而單表象或判斷靈魂心體自己者」，故能認識「物自身」，但此種直覺非人心之所具，只當歸諸神心。參見牟宗三《智的直覺與中國哲學》第十六〈智的直覺之意義與作用〉。然而，就中國哲學而說，「智的直覺」並不歸諸神，它指的即是人之價值存有中的實現（創造）原則，從儒家言之，即是「遍、常、一而無限的道德本心之誠明所發的圓熟之知」。此『心知』之意義乃根據孟子所謂『本心』而說。非認知心，乃道德創生之心」，故人只要朗現主體良心善性，即具有「智的直覺」，能不依邏輯概念分析而具體直觀存有理想價值之自身而創造實現之。參見同上，第十八〈智的直覺如何可能？儒家『道德的形上學』之完成〉。

# 貝原益軒之儒家思想觀

近藤朋子


## 提要

貝原益軒，係日本江戶時代之朱子學者。雖尊奉朱子學，但決不妄信其說，不樹師承，獨辟蹊徑，即如益軒所言：「雖先儒之言，苟有可疑者，亦所當擇也，不可妄信曲從。」此可由他的為學以博學為旨而來，所以他說：「苟守一家之說而不移，恐未可為得博學文之道。」益軒沿著著重朱熹之格物窮理而進，重視實用之學，而涉及到研究人文科學及自然科學，並以經世為要，致力於著書，以教育啓發一般庶民，其對社會之貢獻極大，可以說是體用兼備之儒者。


## 一、前　言

一種文化到了不同的國家，可能會與當地文化融合，或者排斥對方，當然也有就此衰微下去的情形。另外亦可能吸收了對方的精華之後，獨自發展出自己的特色來，而貝原益軒即是其代表人物之一。

益軒認爲即使師法，有可疑者應棄此①。治學方面他經常抱有客觀合理之信念，其方法極精至微，去僞存眞，由表及裏，審愼探求眞理。

益軒極力批判朱熹之形而上之理、分理與氣爲二。朱熹追求超感性現實之宇宙本體——「理」，其與現象世界或感性現實之「氣」連貫起來。益軒反對朱熹此種形而上之理—理氣二元論。因爲他無法接受透過感性追求實而不有之理。

所謂倫理，是依據人之意識所規定的，又是其依照時代性、民族性、政治及社會形態等而變。益軒深知此點，特別重視「氣」及其流行。所以他主張窮理時，應直接從氣之變化去追求。②他說：「理者氣之理，氣者理之氣」，站在氣一元論③而提倡「理氣一體論」。

益軒認爲理即道，他解釋道有言：「道者路也。道路者人之所通行也。陰陽之所流行，人倫之所踐行，亦名之爲道者，假借于人之所通行之名而命之也。」—《益軒資料七·補遺》，又云：「以道爲氣中之理，是爲氣中別有一物，不與氣混同，而爲之主宰者。」—《同右》由此可知，益軒將朱熹之形而上之理，與日本之統帥道之主宰者—「神」相聯繫，融合爲實在之理，用以將人倫最高規範提昇到與神同等之地位，使人民對道德倫理觀念抱負著一種高遠之理想，而在人倫日用之間追求實現此理想。由此可看出日本對外來文化轉化之過程。

二

貝原益軒（一六三〇～一七一四），名篤信，號損軒，後來號改稱益軒。日本福岡市人。爲朱子學者。

益軒之論，係以人倫爲本，强調「仁」、「孝」，主張萬物爲一體。他所主張之萬物一體觀，是受朱熹之影響。朱熹將宇宙萬物之理稱之爲「天地之性」或「天地之心」，根據《易經》所說的以生爲天地之大德，天地最高之德即爲「元」，此賦於人，則成爲「仁」。如此朱熹將宇宙之本體與國家、家之道德連貫，做爲理論體系。因此由朱熹形成的理論體系乃經由人遵守道德即能體會到「天人合一」之境界。朱熹贊同張載《西銘》之思想，且受其影響極大。《西銘》係闡明泛愛精神，以天地爲生民之父母，天地構成人之身體，天地統帥人之性；一切皆是自己的同胞，一切萬物皆是同類。《西銘》所載：

乾稱父，坤稱母，予茲藐焉，乃渾然中處。故天地之塞吾其體，天地之帥吾其性，民吾同胞，物吾與也。

益軒亦受張載《西銘》之影響，極爲深遠④。益軒重視儒家所謂「仁」，主張萬物爲一體⑤，仁之精神可以由人而通貫於天地之間；透過以孝事父母，以致事天地而盡其道。益軒云：

聖人悉體天地之心，天地生物之心與聖人仁民之心，其理一，其量亦同。《全集·卷三》

又云：

君子一生之立心，全在事天地，蓋能事父母爲孝，能事天地爲仁，夫以天地爲大父母而事之，

以萬物爲一體而愛之，張子《西銘》所以發明此道理也，宜玩味而體認之。《全集・卷二》

益軒認爲事天之道，即爲實現「仁」之道而已，認爲仁之道有體用之別；存心養性者，仁之體，愛育人物者，仁之用，如此以達到事天，益軒云：

儒者一生之事業，平日之工夫何事也？予答之曰：「事天而已。」請問事天之道？曰：「仁而已。」爲仁之道奈何？曰：「有體用之別，存心養性者，所以仁之體也，愛育人物者，所以仁之用也。是皆爲仁之事，而所以事天也。《同右》

據益軒，「敬畏」之精神由人貫通於天地之間，「仁」之道纔能實現。益軒云：

爲學問者躬省吾身，對於君親天地，聖人師長，不得或忘報恩之念，對君主盡忠，對父母盡孝，事天地，報恩德之志更不可一日有怠。《全集・卷二》

就益軒對天之看法而言，益軒敬畏天，信仰天。他認爲天是爲善罰惡之「主宰者」，而說天地對於不敬畏天之人及不知報答他人恩情之人，皆違反天命，會得報應⑥。益軒云：

謂陰陽爲非道者，以爲其中有主宰者是道也，則是道與氣爲二物了。與聖人所謂一陰一陽謂之道，立天道曰陰與陽之說相乖戾。夫主宰于二氣者，是陰陽之靈，所謂鬼神是也。陰陽鬼神，摠是道理。《益軒資料七・補遺》

又引用《尙書・湯誥》之言，云：

天道福善禍淫，作善降之百祥。《同右》

又云：

以道爲氣中之理者，是爲氣中別有一物，不與氣混同，而爲之主宰也。《同右》

又云：

陰陽隨時而流行者，本自正，乃元亨利貞之常理。春生夏長秋收冬藏，是乃天之道，行于四時，顯于萬物者，所謂在天成象也。若陰陽不循常規而不正之氣行者，爲災沴，非陰陽之自然，便二氣之變亂而失其序者也。《同右》

益軒說「天」即是「愚之所未解也」者，將天看成有人格的存在、統帥陰陽二氣之人。此種有人格的、加以擁有處罰之「天」的觀念，早在《尙書》，《左傳》⑦等裡可以看到，孔門所說的「天」，亦具有主宰性的特質。雖然孔子不談鬼神，有時亦往往將對天的虔敬之情緒，在《論語》裡，散散透露；如「予所否者，天厭之！天厭之！」〈雍也第六〉，「祭如在，祭神如神在。」〈八佾第三〉，「君子有三畏：畏天命，畏大人，畏聖人之言。」〈季氏第十六〉等。而且據〈陽貨第十七〉所載：「天何言哉，四時行焉，百物生焉，天何言哉。」，可見孔子所謂「天」並非救濟人之神。孔子是位最敬畏天，信仰天，模倣天，欲實現天命之人。孔子所謂「天」，是有人格的神，而是倫理規範之最高理想者，並帶有宗教性。因爲孔子帶有此種天的信仰，其一切的言行皆以天爲究極之依據。所以孔子所謂「仁」，可以說是根據天的仁德而來。故孔子曰：「天生德於予，桓魋其如予何？」〈述而第七》總之，孔子所謂仁，既是人之天性，又是主宰者——「天」具有的德，而此仁之內容是「愛」。所以人實現「仁」，即等於完成自我之道，亦等於事天之道，即「修己」。仁是人所應實現的最高倫理規範，孔子重視此道德之實踐。益軒亦與孔子相同，其理想即是道德之實踐。益軒認爲，主宰之天處罰人之過錯，所以人應抱著畏敬天、信仰天之情緒，時時注意自己的言行。

此種帶有宗教色彩之觀念，爲益軒所吸收而强調者，是與日本人從古至今信仰的「神道」，有密切的關係。所謂日本神道者，係日本民族之精神所依據的信仰，而帶有倫理性。而且經由人之判斷將所依據的東西呈現出來，有人以佛教把握它，有人以老莊思想把握它。不拘如何，日本人從而認識人倫最高規範之存在，時時反省自己之行爲而生活過來的。換言之，日本人之道德觀念，潛在著有一位「主宰者」——神，日本人以爲其「神」統帥人之所做所爲，人的一切行爲皆受神之監控，而以爲人與人之間亦如此，有自己的言行被別人看見之潛在意識。日本人從小就受很嚴格的道德教育，而使人們認識神之存在。如：在日常生活中，對說謊的小孩常說：如此說謊，會被神剪掉舌頭等，而且從小就受「自己經常被別人注視」之教育。此教育意義乃在訓練每個人皆能站在他人的立場爲別人著想，進而提昇每個人的道德觀念。如此將道德倫理提昇至與神同等的地位，並相信監視人們的行爲的，即是神。由此可知益軒何以贊同張載《西銘》之思想。由於日本人對神抱著畏敬之情緒，因此形成了日本人對道德觀念意識之提昇。對益軒而言，精神上所應依據的，即是儒家思想。他將神道與儒家思想連貫，提倡「神儒一體」。益軒云：

其實，日本固無獨占神道之理，唐土聖人之道亦即神道也。《全集‧卷三》

他認爲：天地之間只有一箇道，人道即神道，神道即是天道，神道是人倫日用之道，知於心而行於身而已，所以沒有「神經」，然而中國則有聖經（即四書五經），聖人之典籍所說的道與神道一樣，所以欲瞭解神道，應學四書五經。益軒云：

天地之間道一而已，故人道即神道，神道即是天道，非有二也……夫我神道是清淨誠明平易正直之理，乃人倫日用之常道。《益軒資料七‧補遺》

又云：

中世以來，聖人之典籍流入我邦，其道與吾神道無異，而其爲教也，廣大悉備，精微深至，以可輔翼邦教，發明於神道，故學神道者，亦不可不學聖人之道。《同右》

又云：

然欲知我國之神道，須求諸唐土聖人之道也，日本之神道乃不言之教，無書也。唐土之聖經即是神經。因天地之間，道一而已也。《全集‧卷三》

可見益軒期望透過儒家思想提高人之道德意識，而能實現道德之實踐。

以上所述，透過日本人對篤信神道之觀念而了解益軒對敬畏天之看法。進而說明「敬畏天」之具體方法，此即是「感恩」、「報恩」。益軒主張人必須以敬畏之態度對天地萬物感恩及報恩。益軒云：

> 為學問者躬省吾身，對於君親天地，聖人師長，不得或忘報恩之念，對君主盡忠，對父母盡孝，事天地，報恩德之志更不可一日有怠。唯人對君父師長之恩大體知曉，但對天地聖人之恩則知者甚少。這是為學問者所必須記在心裏的。《益軒資料七．補遺》

可見人必須能事父母為孝，能事天地為仁。報恩即是「孝」，報答天地之恩，即成為「仁」，所以益軒云：「人生在世，誠心對父母天地盡孝，行人倫之道。」《全集．卷三》益軒認為不僅對國君、天地、父母、師長、兄弟、親族等，而且對農民必須報答其恩情⑧。益軒云：

> 一思此食之來處，幼承父養，年長仰靠君恩，思此不可忘也，或無君父而受兄弟親族他人之養，亦當思此食之來處，不可忘此恩惠也。營農工商者亦當思其國恩。二思農夫勤勞生產此食之辛苦，不可忘懷，不親耕而居安樂，受其食，樂其樂也。《全集．卷二》

可見益軒關懷普生眾民之感情極為深刻⑨。據益軒，感恩，對父母天地盡仁孝，則以致盡其道，以能事天，可以達到天人合一之境界。此即是為學之道，即符合儒家所謂「修己」。於是益軒提出反躬自省之必要，益軒云：

> 為學問者必須反躬自省，確切反省自己有無報恩之心。《全集．卷二》

他認為，感恩及忘恩，即是君子與小人之區別所在，知與不知恩則為人與禽獸之區分所在。或者有些人開始時，勤於回報，到後來則有懈怠之事。所以人必須貫徹修己，反躬自省，確切反省自己有無報恩之心，而不可一日有怠。據此可知，益軒其學主張存養於吾心性，以事天。

總而言之，益軒認爲，人與天地萬物之間，必須由敬畏、感恩、報恩之心貫通合而爲一。換言之，對父母天地萬物盡仁孝，報答天地之恩。益軒之論，將倫理規範提昇爲主宰者「天」之位置，所以帶有宗教的色彩，由此導致國民之道德意識提高，以圖治理國家。益軒之思想以萬物一體觀爲基本，以感恩、報恩等具體表現達盡仁孝爲主旨。所以人必須下存養之工夫，以致「天人合一」之境界。

## 三

再進而說，人如何去報答天地之大恩？益軒認爲可從兩方面去追求它：一是格物窮理與其實踐，一是存心養性之工夫（養生法）。

格物窮理，益軒認爲必須窮盡事事物物之理，而必須在日常生活中所有實用的範圍內窮理。他重視氣之流行變化，站在此立場而立論，故斥宋儒之理氣二元論，主張「理者氣之理而有條理之名，非謂別有一箇無聲臭無形象之物寄寓之。」，提倡「理氣一體論」。益軒站在氣之一元論而主張「理者氣之理，氣者理之氣」。因此，益軒從氣之流行變化，去窮盡事物之理；流行之變化，多種多樣，天地之產物亦無限。故必須以客觀之態度去研究古今、時運之變化、風土、風俗等，則能盡知事物之理⑩。益軒云：

古人謂天地間之事皆我事，故廣大無遠的天下無限眞理皆吾人所應知也。《全集・卷四》

可見他重視博學洽聞。益軒認爲爲了實現道德社會，必須要有「術」⑪，所以只要與人類的生命及其社會生活有關並不可缺少的東西，皆需一一研究⑫。因此，可以說他是將陸象山所謂「宇宙內之事皆吾分內之事」一句，應用到經世之學，他不僅研究醫學、博物、本草、食品衛生、音樂、兵法等，其研究範圍極爲廣泛⑬，而且將自己所得到的知識施之於社會中，如著《大和本草》、《養生訓》、《家道訓》、《和俗童子訓》等，以圖有助於民生日用之間⑭。尤其是醫學，益軒特別感興趣⑮。益軒云：

諸藝多於日用無益，唯醫術有用，非醫生亦應少學，凡儒者應知天下事，故古醫亦儒者之一事。《全集．卷三》

益軒所以重視醫學，是因其與人之身體及生命關係有密切關係。對儒者而言，人以保全身體爲要。孔子曰：「仁者壽」，亦即爲修德即等於保持長壽之道。由此可推知，益軒所著《大和本草》、《養生訓》等之原因，並可見益軒多關懷人，而珍惜其生命，再說益軒之研究範圍，廣泛地涉及到救人命之「術」——科學技術上。益軒云：

萬事有其不可不學之術，不知術則難成其事。《全集．卷三》

至於益軒之爲學態度，他提出四項重點：㈠博學精微、㈡戒妄信見聞、㈢客觀合理態度、㈣謹慎下結論。益軒云：

不可固執錯認，以己聞爲是，以人之異己爲非，大凡聞見寡陋，妄信見聞，偏執己說，輕率決定，此四者必有所誤。《全集．卷六》

益軒認爲：「古人謂天地間之事皆我事，故廣大無邊的天下之無限眞理皆吾人所應知也。」所以他說廣泛地窮究萬理，始能窮吾身所具備的義理精微。因此他特別强調博學精微。因爲往往專注博學，則其學會流於淺陋。中庸云：「君子尊德性而道問學，致廣大而盡精微，極高明而道中庸。」益軒體認到其重要性，所以益軒主張爲學之道，應博大精微，不可博而雜，益軒云：

然而道體至大至廣，至精至微，充塞于天地，貫穿于古今。今散在于天下萬物，而不可窮盡。自非聖人，雖大賢如程朱，豈一人之智能猶可致廣大而盡精微乎？當博考泛覽而不偏乎一隅，正可歸于至當而止矣。恐如此而可謂爲學之道也，不可謂博而雜也。《益軒資料七・補遺》

可見他强調學問必須既博大又精深。益軒所以重視博學，並非吸收很多知識，而是得到客觀合理之理，所以說「不可謂博而雜」。據益軒，道體至大至廣，至精至微，然而不博學精微，只靠一人之智能，則陷於自以爲是，而無法得到客觀又確鑿的眞理──「理一」，何能謹愼審思的下結論？益軒特別重視客觀合理之爲學態度。要企求客觀又確鑿之眞實，必須要有充分的證據，此必須透過實際的體驗。所以務必親自去接觸、觀察。如他所著《筑前風土記》一書，他親自去「筑前」而調查該地風土、風俗、地勢、出產物等，其原因即在此。要窮理，必須透過經驗、實證，收集豐富又確鑿的證據，以給于支持，然後可以下結論。要下結論時，須謹愼，要一個個扣緊而不可有疏忽之處。益軒之爲學態度，開啓了實證主義、經驗主義、合理主義發展之機運。而且可以看出益軒所以重視經驗，是因爲他有另一個目的，即企求使理論與實際會通爲一之故。

益軒之為學目標，第一階段是博學精微，第二階段是將以廣泛地探索事物之理，實現於人類社會。他認為竭盡天職，乃等於報答天地之恩⑯，所以他盡力施展自己的能力，著了很多書，如以簡易日語寫成《和俗童子訓》致力於教育庶民。益軒不止於「格物窮理」，並進而實用它，成為義理與經世合而為一的學者⑰。《中庸》所載「博學之，審問之，愼思之，明辨之，篤行之」者，益軒理解此一句而使理論與實際會通為一，施之於實際生活。此可以說是益軒盡一己之力所能，表現出其儒者之風範。從尊德性而言，他指出學者必須反躬自省，從道問學而言，在使學者探索各方面之眞理，以防其學僅專注一隅，以引導學者應努力之方向。

## 四

談到養生之工夫，欲使身體健康，應從培養健全的心開始。若心健全，身體亦健康；身體不健康，心亦無法安寧。換言之，身心之健全，會帶來安身立命。

益軒多重視存心養性，由他所著的《養生訓》，可以看出。益軒站在「氣一元論」而立論，特別重視陰陽二氣之流行。就益軒而言，陰陽流行之氣化生于萬物，滋育萬物。益軒所以重視氣，是因為注視陰陽二氣之流行不息，循常而不悖之處，更重要的，即是「人之身是天地所生，父母之所遺」《全集．卷二》，人的身體由二氣而成；從形體而言，身體乃二氣之凝聚體，從精神上而言，即指「氣」本身。所以益軒珍惜天賜予之生命，故强調養生之必要，而主張保養「氣」乃養生法。益軒從兩方面提倡養生法，而且兩者須兼全：一是養心性——精神上，一是養體——身體上。無論是養心性或是養體，益軒認爲保生之道以畏爲本，畏者以忍爲勤。若不畏存心，引起氣之失常，疾病、災變會難免。所以以畏敬事天，乃保生之道。

首先從養心性而言，有兩個途徑：一爲動處之積極的工夫，一爲靜處之消極的工夫。前者即實現仁道之工夫，以德術修養心性，對父母盡孝養，以至事天。益軒重視養生，是因爲保全吾身乃對父母盡孝養，事天。益軒云：

人生在世，誠心對父母，行人倫之道，順義理行事，享盡福壽天年，享盡喜樂，誠乃人之所願也，欲達此目的，則須遵守先古之道，學習養生之術，善保吾身，是人生第一大事也。人身無處不貴重，天下四海無替代之物，故如不講求養生術，縱慾亡身，是至愚也。《全集．卷三》

至於養心性之消極的工夫，他主張安靜，保持安靜，則使人之精神平心和氣。因此益軒提倡靜坐，以爲心靜心淨。他認爲氣耗散或停滯，則引起疾病，所以他提出下列注意事項；如發高聲，話說得快，多言，憤怒，煩惱，過度耗精神等，皆傷「氣」失常而傷「氣」。而且他提出天氣好時，出去接觸自然，下大雨、大寒暑、大霧時不得出門。因爲那時陰陽二氣之變亂而失其序。益軒認爲：「精神深潛而氣象亦沉靜，其元氣容易收藏而難發散。故多壽。」《益軒資料七．補遺》但他認爲，人之壽夭無關於血氣與形體之强弱厚薄而由精神與氣象之淺深隱顯，而是在於攝養之工夫而已。所以益軒云：

然而善攝養者保其天年而不夭。不善攝養者不能保其天年。蓋攝養之道，在節嗜慾防外邪而已矣。是深根固蒂保天年之術也，須盡人力而後徯天命之至。《益軒資料七．補遺》

因此他提倡以節慾克慾爲保生之道，解除煩惱，心情保持歡樂放鬆。

第二，就養體之法，以節制飲食爲緊要，以克慾、忍、精之方法爲主。益軒云：

大抵養生之術，一言以蔽之曰任克慾。克慾之方在忍之而已矣。蓋忍則克慾而能保其身。《同右》

又云：

養生之術其要在精與忍而禁粗與放而已矣。蓋精則能擇飲食，時起居不敢粗暴。《同右》

據益軒，飲食養人活命，然而不善攝養者，不能保其天年。益軒云：

飲食養人活命，日用不可闕之物，然本是人之所貪好。動易至過多。過多則雖壯盛之人受傷害而至喪生者往往有之。況衰老之齒腸胃脆弱可不愼乎。故節飲食以養其體者日用至近之事而生死之所繫也。一飲一食常須愼節則庶乎無傷害。《益軒資料七．補遺》

何謂「精」？此即能講求健康的居住環境與生活品質，如：起居室、庭園、書桌上等經常要保持清潔，常居之房間朝向南邊，注重採光，不得居陰暗之處，以免阻塞「氣」。亮度過强亦耗精神，宜陰陽中而明暗各半；採光太亮時拉窗簾，太暗時收簾爲宜。益軒在分別食量⑱、食品、味道等之好壞，亦加以仔細說明，健康可口食品凡六種：㈠清、㈡潔、㈢軟、㈣甘味、㈤芳、㈥食品之性不偏而平和者。不宜吃濃味，因爲口渴，水喝得多，引起傷脾胃；生冷堅硬油膩等皆不可吃，會使食物停滯脾胃。

此外，益軒談到身體之姿勢、運動量，他說「坐著」是靜中之動，勞動則「氣」往外耗散，兩者如過度或時間過久，則導致生病，必要避免之。

總而言之，養心性與養體，兩者之工夫，均以不傷「氣」而保「中」之精神爲旨，以「精」、「節慾」爲保生之道。益軒主張盡量使人之精神保持安靜、平心和氣，飲食方面亦謹愼地選擇食品，就環境而言，亦應講求寧靜清潔。總之，養生之道，即是以精心之態度保持「中」爲要。養生之目的，即在用以報答天地之大恩，透過盡力去孝順父母，敬虔父母，以保全其身，如此事天，致中和，則會達到「天人合一」之境界。從《養生訓》一書裡，處處看到對老人所應注意之事項，可見益軒對長輩關懷多深，以表示孝順長輩之意圖。

## 五、結　語

益軒最大的關心，即在道德之實踐。道德之實踐在人倫日用之間可以發揮。因此他不談脫離現實社會之理論，而反對紙上空談。故益軒極力批判朱熹之抽象之理、分理氣爲二，而提倡「理氣一體論」，他站在氣之一元論而主張「理者氣之理，氣者理之氣。」

益軒之論，以氣一元論爲基，以萬物一體爲理想。他認爲，人與天地萬物之間，必須由敬畏、感恩、報恩之心貫通合而爲一。益軒珍惜人之生命，是因爲他認爲「人之身是天地所生，父母所遺」之故，所以必須能事父母爲孝，能事天爲仁，以保全其身。爲報天地之恩者，其方法有二，兩者必兼全；㈠以博學精微探索之萬理而培養「誠」，施之於社會中。他認爲竭盡天職，乃等於報答天地之恩，故他盡力施展自己的能力，以實現於人類社會。即盡「誠」，以致「仁」。㈡爲存心養性之工夫；即以不傷「氣」而保養「氣」爲旨。他認爲養生之道乃以精心之工夫與節慾保持「中」爲要。致「中」者，用以報天地之大恩，以致事天，以致中和。他認爲人必須攝生養性，以保全其天命，對父母天地萬物盡仁孝，以致修德，以致中和。報天地之恩者，即各盡其性，各行其仁，各致其中。益軒所以著重養生之工夫，是因爲他理解修身爲經世之本。因此，益軒盡一己之力所能，表現出其儒者之風範；他致力於著書用以教育啓發一般庶民，無論是在格物窮理，或是存心養性之工夫，對社會之貢獻極大。

朱熹之爲學有二：㈠格物窮理、㈡居敬。益軒沿著著重朱熹之格物窮理的途徑而進，開啓了實證主義、經驗主義、合理主義、博學主義等發展之機運。然而朱熹的格物窮理說實質內含之走向如下：

窮理——知的工夫——氣之哲學——窮理學————經驗主義、實證主義、博學主義

……　……　……

居敬——行的工夫——理之哲學——修養實踐學——修養主義、理想主義

體認之學

總而言之，益軒治學方面保持堅定客觀合理的信念，雖尊奉朱熹[19]，卻不泥其說，而能取長補短

；他斥朱熹之形而上之理，而將實而不有之理與日本之統帥道之主宰者——「神」相聯繫，融合為實在之理，用以將人倫最高規範提昇至與神同等之地位，透過使人民畏敬它，而實現理想之道德社會。而且他更重視朱熹之窮理，他以客觀合理之態度為根基，由此開啓了經驗實證主義等之發展機運。另一方面益軒窮理方向朝著與人之生命與人類社會生活有益之方面進行，尤其是它涉及到自然科學、人文科學方面，並且透過窮理所得到的實用之知識，著書用以教育啓發一般庶民，施之於社會中。益軒將踏襲朱熹所謂「眾物之表裏精粗無不到，而吾心之全體大用無不明」而發展，亦將此句視為治學指南。益軒不止於「格物窮理」，並進而實用它，成為義理與經世合而為一之學者。然而，益軒之理想即在人與天地萬物之間，由仁貫通合而為一。探索事物之理，依據德性，使人與宇宙萬物一體，以至天人合一之境界，而以仁愛精神實現「天人合一」之境界，即是益軒所懷抱之最高理想。能「道問學」而能「尊德性」，亦是他的為學目標。

現代學者只能「道問學」而未能「尊德性」，此現象在今日之科技時代，是難避免之趨勢。而且最近在電視上常常看到立法院及國民大會爆發打群架的慘烈場面，並有人跳上主席台桌面踢翻所有文件等不「克己」之情事發生。雖然他們為了爭取民主，但期望他們能遵循理法，尊重他人之尊嚴，身為民意代表應以「尊德性」為目標，體認中華學術文化之精華，以修己與安人為重，領導人民朝向世界大同之最高理想。

## 【附註】

① 據《益軒資料七・補遺》所載，益軒認爲以客觀合理爲治學之根基，因此他主張不樹師承，是因爲他恐陷其學偏執一隅，無法窮盡萬理，故益軒批評云：「若堅守一家之言，而不博考群儒之緒論，未可謂得爲學之道也。」

② 《益軒全集卷三》五六〇頁。蓋益軒認爲萬物、現象界皆是多種多樣，其不同可變動，故他站在氣之「萬殊」之立場，强調從氣之變化去追求窮理之必要。

③ 《益軒全集卷三》二一頁、一六一頁，《同卷七》三一六頁～三一八頁。據此可知益軒贊仰羅欽順之「氣一元論」。

④ 《益軒全集卷二》九三頁、一一三頁、三九二頁、三九三頁。

⑤ 《益軒全集卷二》三九二頁，《同卷三》二頁。

⑥ 《益軒全集卷二》四五頁。

⑦ 《左傳卷第二十一・宣公三年》六六七頁下。
《左傳卷第三十二・襄十四年》五六二頁下。
《尚書卷第八・商書　湯誥》一一二頁下。

⑧ 《益軒全集卷八》五六〇頁。

⑨ 《益軒全集卷二》四五頁。

⑩ 《益軒全集卷三》五六〇頁。

⑪《益軒全集卷四》八六頁。

⑫《益軒全集卷一》二〇九頁、四三六頁。

⑬《益軒資料七・補遺・玩古目錄》

⑭益軒著作尚有：《五倫訓》、《君子訓》、《大和俗訓》、《樂訓》、《五常訓》等（《益軒全集卷一・益軒年譜》）。

⑮據《益軒資料七・補遺・玩古目錄》所載。

⑯《益軒全集卷二》一〇六頁、二〇八頁。

⑰《益軒全集卷二》九一頁，《同卷三》五〇頁・七一頁・三〇四頁・三四四頁。

⑱據《益軒資料七・補遺》所載：「早晚飲食常宜鮮少而不可過多，……晝間不宜食生菓，不可飲酒茶，立秋以後晝間不可食點心。非甚飢不可食飯，晚食不宜多。」

⑲據《益軒全集卷二》（一五二頁），益軒云：「敬之若神明，信之若蓍龜。」，以表示對朱熹之崇拜與尊敬。

## 參考書目


十三經注疏　藝文印書館

四書集注　世界書局

朱子語類　文津出版

朱子文集　廣文書局
張載集　漢京文化事業
論語注疏補正　世界書局
益軒全集　日本益軒會編
貝原益軒　日本文教書院
貝原益軒・室鳩巣　日本岩波書店

# 說⿰弓人（引）

季旭昇


## 提要

一九八三年九月，于省吾先生發表了「釋从天从大从人的一些古文字」一文，以為甲、金文的、、當釋「⿰弓大」、即「⿰弓人」，亦即「引」。本文從漢晉隸書、萬象名義，切韻、龍龕手鏡、古文四聲韻，說明「⿰弓人」是「引」的訛變，而「引」又是甲骨、金文的訛變。無論是「⿰弓人」或「引」，都和甲骨、金文的、、無關。


⿰弓人是引的異體字，它的由來頗有值得探究之處。

古文字中有一個寫作的字形，已往的學者都釋為弘①，直到于豪亮先生在《考古》一九七七年五期發表〈說引字〉一文，才把它改釋為引。于文引簡帛文字、易經為證，論據明白，應可信從。②

一九八三年九月，于省吾先生在香港中文大學辦的第一屆國際中國古文字學研討會中發展了〈釋从天从大从人的一些古文字〉一文，以為甲骨、金文的、、當釋為引③：

馬敘倫謂字「即《說文》之弤字，弤乃弞之譌」（《金器刻詞》五十頁）。李孝定謂：「从弓从大，《說文》所無，疑夷之古文。」（《甲骨文字集釋》第三八四七頁）按馬、李二氏之說均未免舛誤。甲骨文𠂤組卜辭的人名作或，也省作。商器簋文作，父癸觶（近年甘肅靈臺白草坡出土）作。據古文字从大和从人之字有時互作，則弞即《玉篇·弓部》訓弘爲「挽弓」的弘字（羊忍切）。但《玉篇》不知弘即引之切文，而又誤訓引爲「開引」（旭昇案：引當作弓）。《廣韻、軫部》謂「引同弞」，甚是。因此可知，引乃後起的省化字。

于氏此文貫串甲骨、金文、玉篇、廣韻，又運用古文字偏旁「大」、「人」互通的原則，以爲古文字中的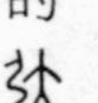、就是玉篇的弘、爲引之初文，而引爲後起的省化字。此說似乎持之有故、言之成理，宜若可信。所以一九八八年由徐中舒先生主持編纂完成的《甲骨文字典》便采納了這個說法：

从（大）持弓，象挽弓之形，或省作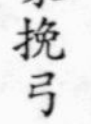，同，于省吾釋引（古文字論集），可從。商器簋文作、父癸觶作。古文字从大从人每可互作，故《玉篇》訓爲「挽弓」之弘當即弞字。《廣韻．軫部》謂「引同弞」，甚是。《說文》：「引，開弓也。从弓丨。」④

案：字金文共三見⑤：簋上只此一文⑥：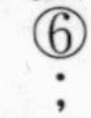簋云：「乍父癸寶隮彝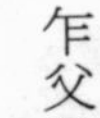」⑦；父癸觶云：「父癸」⑧，都是氏族徽號，無文義可尋，李孝定先生云：「字象人執弓，不可識，可隸定作弞。」⑨可從。甲骨文字共七見：

⑴（貞弜弗其古王事） 合六八三四正

⑵（于弜） 合八二七六

⑶……（…弜…叀…牛…） 合一七九九〇（京津一一六七）

⑷…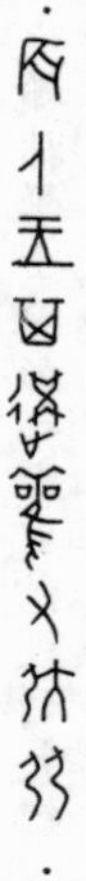…（…辰卜王其遘雚又弜弜…） 合三〇九〇九

⑸…（庚申…又𠕋…弜伐…） 合三二一五四（甲三六一）

⑹…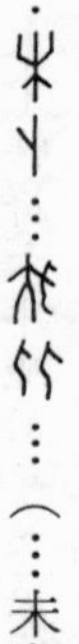…（…未卜…弜比…） 懷三八四

⑺…（…弜…余） 摭續三二

以上七例之中，⑴、⑹是人、族、國名，⑷、⑸可能也是人、族、國名，⑵是地名，⑶、⑺辭殘，義不詳，但無法看出有「挽弓」的意義。

卜辭字多見，大部份是貞人名，《殷墟甲骨刻辭類纂》下冊一四九一頁共收了一二七例，除此之外，還有以下三見：

⑻…（庚辰卜㝑貞乎取弜匄于…） 合一一〇正（乙五三四七）

⑼…（…亥卜𠂤貞王曰有孕嘉 𠂤曰嘉） 合二一〇七一（佚五八六）

⑽…（丁酉卜王貞勿  不其…） 合二一三七〇（外二四一‖六清一二六）

于氏以爲□是□的省文，很有可能。例⑻作□、合二一〇五〇作□，手中所持還保留了弓形，特別是合二〇一四〇此字二見：「口下卜□□□卜□」，一作□、一作□，說明了□、□當同字，而□爲□之省文，字從大持弓。此字在卜辭中全做人、國、族名，從文句看不到其他用法，從字形也不太能推出「挽弓」的意思。舊說或釋夷（羅振玉）、或釋弔（王襄）、唐蘭釋位、陳夢家釋扶，都嫌證據不足，李孝定先生置之存疑⑩，最爲可取。

由甲骨、金文本身來看，釋□、□、□爲引，並沒有足夠的理由，能讓人完全接受。于氏以古文字偏旁從大和從人可以互通，因此認爲甲骨、金文的□、□、□就是《玉篇》的⿰弓人字。但是，于氏並沒有把⿰弓人字的出處查得很清楚。于氏引《玉篇》弓部有訓爲「挽弓」的⿰弓人字，所根據的應該是北宋重修增字的《大廣益會玉篇》，而不是南北朝時的原本《玉篇》，《四庫全書總目》云：

> 重修玉篇三十卷　梁大同九年黃門侍郎兼太學博士顧野王撰，唐上元元年富春孫強增加字，宋大中祥符六年陳彭年、吳鋭、邱雍等重修。……案文獻通考載玉篇三十卷，引晁公武讀書志曰：梁顧野王撰，唐孫強又嘗增字、釋神珙反紐圖附於後。又載重修玉篇三十卷，引崇文總目曰：翰林學士陳彭年與史館校刊吳鋭、直集賢院邱雍等重加刊定。是宋時玉篇原有二本，彭年等進書表稱肅奉詔條，俾從詳閱，譌謬者悉加刊定，敷淺者仍事討論，其敕牒後所列字數稱舊一十五萬八千六百四十一言，新五萬一千一百二十九言，新舊總二十萬九千七百七十言，註四十萬七千五百有三十字。是彭年等大有增刪，已非孫強之舊⑪。

據此，《玉篇》當有三個本子：顧野王原本、孫強增字本、大中祥符重修本（即《大廣益會玉篇》）。孫強增字本早已亡佚，目前能見到的是原本《玉篇》殘卷⑫和《大廣益會玉篇》。原本《玉篇》殘卷只剩四十三部二千一百三十餘字，弓部適缺。幸好日本山城國高山寺保存了鳥羽永久二年（宋徽宗政和四年、西元一一一四年）的傳寫本《篆隸萬象名義》⑬，而《篆隸萬象名義》是日僧空海根據原本《玉篇》寫的，分部隸字與原本《玉篇》幾乎完全相同⑭，可據以考知原本《玉篇》的面貌。今查《篆隸萬象名義》卷五之一弓部共收四十七字，其中並無「𢎗」字。而《大廣益會玉篇》卷七十弓部第二百五十八共收七十五字，其中便有「𢎗」字，注「羊忍切、挽弓也」。可見「𢎗」字在南北朝時應該還沒被收進原本《玉篇》，而北宋大中祥符時便已收在《大廣益會玉篇》之中了。

又、于文說「廣韻・軫部謂『引同𢎗』」，不知道根據的是什麼本子？目前所能見到切韻系的韻書共有三十種，其中存有軫韻的是以下五種⑮：

(1.4) 切韻殘卷四（斯二六八三、伯四九一七）

(2.1) 箋注本切韻一（斯二〇七一）

(4.2) 王仁昫刊謬補缺切韻一（伯二〇一一）

(4.3) 王仁昫刊謬補缺切韻二（北京故宮博物院藏）

(5.1) 裴務齊正字本刊謬補缺切韻（故宮博物院藏。此本韻次與他本不同，「引」字在十八軫）

以上五種切韻系韻書上聲軫韻裡頭都沒有「𢎗」字。直到大宋重修《廣韻》上聲十六軫「引」字條下才收了「⿰弓人」字，注云：「上同。玉篇云：『挽弓也。』」案：大宋重修《廣韻》完成於北宋大中祥符元年⑯，而《大廣益會玉篇》完成於北宋大中祥符六年⑰，先出的《廣韻》不可能預引後出的《大廣益會玉篇》，因此，《廣韻》此處所引的《玉篇》應該是孫強增字本。換句話說，「⿰弓人」字可能在唐朝上元元年（西元六七四年）就被收進字書裡頭了（《廣韻》版本分詳略兩大類，於此並無大異，如小學彙函十四所收明內府本略本《廣韻》作：「⿰弓人，上同。玉篇：挽弓。」與前引詳本《廣韻》沒有多少不同。遍查在台所見各種不同的《廣韻》本子，沒有一種像于氏所引的作「引同⿰弓大」。不知是于氏別有所據，或者是于氏約引《廣韻》「⿰弓人同引」的筆誤？

此外，遼統和十五年（宋眞宗至道三年，西元九九七年）釋行均編纂，收錄大量唐寫本經卷俗字的《龍龕手鏡》，在弓部第廿九上聲收有「⿰弓人」字，注云「古文。音引」。宋仁宗慶曆四年（西元一〇四四年）夏竦編的《古文四聲韻》卷三軫十六「引」字條也收了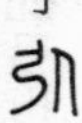，注云「王惟恭黃庭經」。案：王惟恭，宋太宗時人，明陶宗儀《書史會要》云：「王惟恭工篆，嘗與徐鉉等校定說文。」⑱由此看來，《古文四聲韻》的這個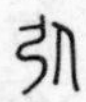字未必是眞古文。

綜上所述，收錄「⿰弓人」字的字書都是宋初編纂的，其依據最早應該不會先於唐代。那麼，唐以前這個字的來源又是如何呢？東漢靈帝光和二年（西元一七九年）立的陳球碑「引」字作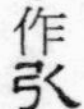⑲、西晉三國志寫本作⑳，這兩個字形再進一步譌變就成了「⿰弓人」。因此，「⿰弓人」字右旁所「人」形只是「引」字右旁「丨」的譌變，並非人我字。于氏以為「⿰弓人」字從人與從大通，因而主張引是⿰弓人的後起省化

字，弘通弜，弜即甲骨、金文的□、□、□，這是與文字發展的歷史不符的。

從源頭來看，引字在甲骨、金文中作□㉑，睡虎地秦墓竹簡作□⑳，西漢銀雀山漢墓竹簡孫子兵法作□⑳，都和甲骨、金文同形。東漢獻帝建寧四年（西元一七一年）立的劉脩碑作引⑲，弓形右旁的符號已與弓形分離了，但仍可看出甲骨、金文的痕跡。東漢靈帝中平四年（西元一八七年）立的譙敏碑作引㉒，和說文及今楷完全同形。漢隸垂直的豎筆─或許是爲了美觀─有時可以往右邊挑起，如□（楊著碑陰）又寫作□（周憬功勳銘）㉓，因此東漢桓帝元嘉元年（西元一五一年）立的丁魴碑引字作弘⑲。又，漢隸向右挑起的高勾筆，往往會折爲短撇與斜勾，如孔（孔龢碑）又寫作□（衡立碑）㉔，因此「引」字由丁魴碑的弘變爲前引陳球碑的□及西晉三國志寫本的□，這些引字的異形是完全合於漢隸衍變的規則的。

據此，「引」字的字形衍變當如下圖：

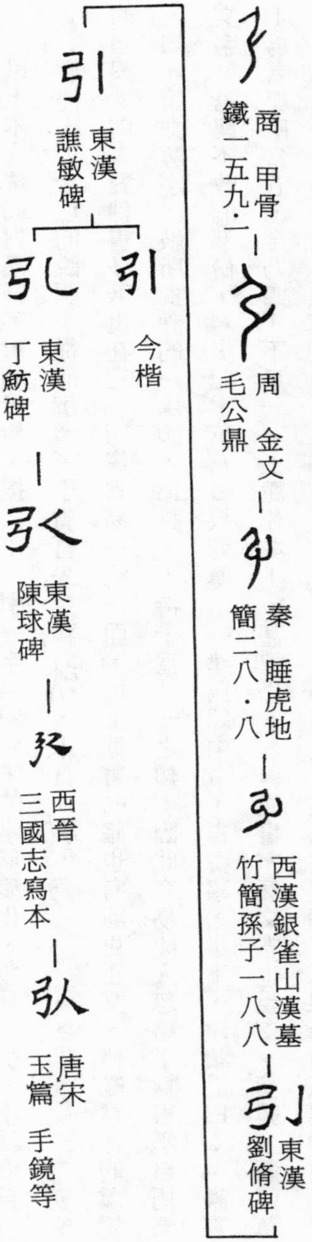

以上本文透過對漢隸字形的分析，提出了「引」字自商到宋的字形變化，並為「引」字譌變為「弜」形提出了合理的說明，從而辨清了于省吾先生釋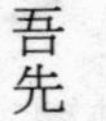、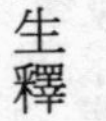、為「弜」、即「引」之初文的錯誤。前人對隸書多著重在它「苟趨省易」的一面，加上隸書的確也有詭更正文、變亂常行的譌變，如《說文解字》敘所批評的「馬頭人為長、人持十為斗」之類，因此容易使人忽略了隸書承自周秦文字、沿襲不改的部份，《史記》萬石張叔列傳：「建為郎中令，書奏事，事下，建讀之曰：『誤書！馬者與尾當五，今乃四、不足一，上譴死矣！』甚惶恐。」《漢書》藝文志也說：「漢興，蕭何草律，亦著其法曰：『太史試學童，能諷書九千字以上乃得為吏，又以六體試之，課最者以為尚書御史史書令史，吏民上書字或不正，輒舉劾。』」這兩段記載說明了隸書也有它規矩嚴肅的一面，並不是漫無綱紀，人人可以為倉頡的。甚至於有些商代的古字形，在金文、小篆中已譌變得不像原形了，而在隸書中卻還保留著古體，如：甲骨文「戚」作，已往人皆不識，因為金文作、小篆作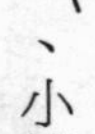，都已譌變為從「尗」聲的形聲字了，但西漢馬王堆帛書《老子》「戚」作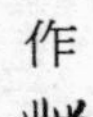，仍然保留了象形的寫法，由隸書逆推，很容易的就可以證明甲骨文的當釋為戚㉕，古文字學者根據這一類資料，在古文字釋讀上已做出了不少可喜的成績。此外，做為篆書與楷書之間的橋樑，隸書也有它不容忽視的重要性，因此，許多文字學研究者已視隸書為文字學研究中不可或缺的一環，由徐中舒主編，一九八五年出版的《秦漢魏晉篆隸字形表》就是這種趨勢的代表。本文之作，只是伸向這個領域的初步嘗試，相信還有很多需要充實改進之處。

## 【附註】

① 參《金文詁林》一六四〇號、《甲骨文字集釋》三八四五頁。

② 有關引字的不同看法及其辨析，請參拙文「說弘」—高雄師範大學主辦「第二屆中國文字學國際學術研討會」論文。

③ 收在《古文字學論集初編》一—五頁，香港中文大學，一九八三年九月。

④ 甲骨文字典一三九七頁。

⑤ 四訂金文編附錄上〇一四號。

⑥《三代吉金文存》卷六葉一之二。

⑦《三代吉金文存》卷六葉四二之一。

⑧《文物》一九七二年十二期。

⑨《金文詁林》附錄一〇〇頁。

⑩ 以上諸說參《甲骨文字集釋》存疑四五七五頁。

⑪《欽定四庫全書總目》卷四十一，經部小學類二，葉十三。

⑫ 日本舊鈔卷子本，由黎庶昌、楊守敬自日本攜回，收在《古逸叢書》之十一（藝文百部叢書集成之七五第四函）。

⑬ 台聯國風出版社出版，民國六十四年五月，台北。

⑭ 參周祖謨〈論篆隸萬象名義〉，《問學集》下八九四頁。

⑮ 參周祖謨編《唐五代韻書集存》，北京中華書局出版。

⑯ 據廣韻卷首敕牒。四庫總目提說是大中祥符四年書成，張世祿以爲四年是元年之譌，參張世祿《廣韻研究》四十二頁。
⑰ 據《大廣益會玉篇》卷首敕牒。
⑱ 參《中國書法大辭典》五一九頁，書譜出版社。
⑲ 見顧藹吉《隸辨》三，第三十三頁。
⑳ 見《秦漢魏晉篆隸字形表》卷十二，第九一二頁。
㉑ 《甲骨文編》一五四三號釋弘，應正。四訂《金文編》二〇八四號釋引，是。
㉒ 見翟云升《隸篇》卷十二，頁三十一。
㉓ 見《隸辨》五，頁七十。
㉔ 見《隸辨》三，頁一。
㉕ 參拙作《甲骨文字根研究》七〇四頁，師大國文研究所博士論文。又《古文字研究》十七輯一九八頁林澐先生之〈說戚我〉亦同舉此例。

# 司馬遷之學術與思想的評價

賴明德

## 提要

本文主旨在對司馬遷之學術與思想作一綜合性的簡評，以探討司馬遷之學術與思想在中國的學術和文化史中所具有的地位和產生的影響。內容先就司馬遷所處的時代和社會加以觀察，再就其所承受的家學和學術資料加以研究，復就其撰寫史記一書的動機和目的加以剖析，以論述其學術與思想所形成的肇因和發展的過程。

其次就司馬遷對經學義理的闡發、史學體例的建立、先秦諸子的評述、文學技巧的運用、以及曆術之學的改革和奠基等逐項作簡單扼要的評論。同時就其在政治思想、經濟思想、社會思想各方面的見解和主張稍加分析。從而得出一個總結，即司馬遷的學術與思想對中國學術與文化的發展，產生了承先啓後的重大作用，並且具有超越時空的永恒價值。

## 一、前　言

司馬遷的學術與思想涵蓋了人文科學、社會科學、自然科學三個領域，可以說是經緯萬端，體大思精。它像是一座蘊藏量極爲豐富的寶礦，始終吸引著不少的文士學人不斷地在進行挖掘與鑽探。雖然歷代也有一些學者持著不同的觀點對它或作冷嘲熱諷式的譏評，或作聲色俱厲式地指責。但是大多數的知識分子對它總是致以高度的讚譽和肯定的評價。在本文中，筆者本著客觀超然的態度，擬從各方面，以深入淺出的方式，對司馬遷之學術與思想產生的肇因，內容所涉及的廣度和深度以及對學術界的啓發和影響，作一簡單扼要的評述。

## 二、時代與社會的激發

司馬遷生長在西漢的前期，那是一個國力强盛的時代，也是一個安定富足的社會。政治上有雄才大略的君王在主導，全國上下有勤奮的人民在工作，整個帝國呈現著空前繁榮的景象。這樣的政治和經濟基礎，對於學術文化的孕育而言，就像一片陽光充足，水源豐富，土壤肥沃的園地，自然會綻開出萬紫千紅，芬芳馥郁的異卉奇葩來。這樣一個雄偉浪漫的時代必然也會產生出許多出類拔萃的人才。司馬遷和他同時代的一些英雄豪傑的出現，即是一個最有力的說明。換言之，司馬遷的成就有一部份是受惠於他所生長的時代和社會。

可是司馬遷同時也是生活在一個學術文化「定於一尊」，官僚體系上酷吏盛極一時的時代。那仍然還是一個民智尙未覺醒，民主自由的意識尙未萌芽，人權尙未受到肯定和尊重的極權專制時代。這種封建極權的政治對文明成長的最大傷害乃是利用嚴格的檢查制度和控制手段，阻礙著開明偉大的思想去引領人類步向光明的前程。在這樣的社會裡，具有良知的知識份子，如果熱愛眞理，堅持理想以實踐他的人道主義，往往會爲自己帶來極大的災難。但是偉大的知識份子多半具有頑强剛毅，不向威權和壓力低頭的性格。他們爲了持守正義，維護人性的尊嚴，經常毫無畏懼地向威權集團和統治階層挑戰，既使擲頭灑血，粉身碎骨也在所不惜。正因如此，所以他們的精神和浩然之氣便經常化成了人類史上長明的火炬，永遠光照人寰。司馬遷的學術與思想正是上述事實的充分體現。

## 三、承受豐富的文化遺產

司馬遷除了生長在一個空前難遇的大時代之外，同時也幸運地生長在一個家學淵源，充滿書香之氣的環境裡。由於有機會閱讀到無數公私機構所庋藏的典籍和文獻，因而培養成超乎尋常的淵博知識。此外他也能憑其睿知，走出狹窄的書房，以經驗和閱歷去印證他在書中所獲得的知識。他將他的行蹤邁向遼闊的漠野，攀登著崇山峻嶺，逡巡了萬里江河，甚至深入異域，盡情地縱覽大自然的千里風光，憑弔了無數屹立千萬年的人類的歷史舞臺。並且還置身在通都大衢，陪同廣大的勞若群眾一起生活，一起謳歌，體驗著多采多姿的人生苦樂。還有，他還本著一顆赤誠的心，結交無數志同道合的朋友，彼此肝膽相照，在人格修養和學術思想上相互啓迪薰陶。由於上述各種條件的凝聚，使他經常保持著純淨的心靈、清明的理性、精深的思慮，和發揚正義時那一股撼人心弦的力量。

## 四、理想和良知的實踐

司馬遷將其學術和思想充分灌注在《史記》一書之中，而撰寫《史記》的動機，除了繼承家傳的事業和父親的遺志之外，主要的是在傳承孔子作《春秋》的正義精神。也就是以「貶天子，退諸侯，討大夫，以達王事」的嚴格尺度爲人類世界伸張公義。因爲自古以來，在封建政治專制獨裁的體制下，人民的痛苦總是無處伸訴，人間的是非經常混淆不清，歷史的眞相更常遭扭曲，這些罪過的根源大抵產生自天子、諸侯、卿大夫等這一系列擁有絕對統治威權的階級。殘暴的天子不被貶責，强横的諸侯不被斥退，邪佞的大夫不被討伐，那麼人民的痛苦將永受漠視，是非的標準將無法建立，歷史的眞相將始終無法顯現出來，「以達王事」的理想也終將落空。所以司馬遷以孔子撰寫《春秋》的精神和理想作爲自己撰寫人類歷史的精神和理想。一方面要和具有統治威權的階級相抗衡；另一方面要使他的著述成爲「禮義之大宗」，站在以全體人民爲主體的大方向上，發揮他的「一家之言」。這種不懼威權，敢於犧牲的道德勇氣，充分顯示了一位知識份子的良知和力量。

## 五、學術思想的展現

司馬遷之學術思想的內涵豐富深刻，自成綿密的體系，其對學術所作的探究和闡發，大約可歸納爲以下數項：

⑴對經學義理的闡發

在經學思想方面，司馬遷除了宏揚孔子的學術和理想以外，並且盡量闡述六經的義理和精神。所以《春秋》辨是非，別善惡的理念自然成了他撰寫《史記》的張本。不過，司馬遷有感於經典文字的過於艱澀，有礙經學義理的傳播和推行，深感經學奧蘊要達到廣大和長遠的效用，使人人都能理解和實踐；那麼通俗化和口語化的迻譯工作勢在必行。所以他便將一部份的經典文字加以通俗化和口語化，使經學的義理盡量普及到民間，深植於廣大群眾的意識型態裡。這種卓識，在他那一個時代實在是空前的。同時，他又體認到經學的義理和歷史的批判乃是相輔相成；於是便經由「通經致用」——據經書的義理以發揮歷史批判，去進行他選述歷史的工作。二千多年來，我國史學界由於深受司馬遷這種學術思想所影響，也都以博通經史為風尙。歐、美直到近代纔有索羅金等人提出「哲學家寫歷史，歷史家寫哲學」的學術主張；以為由哲學家寫歷史，纔能本其高深的哲學智慧，透視歷史的眞相，衡論歷史的得失。像黑格爾的《歷史哲學》，史賓格勒的《西方的沒落》、湯恩比的《歷史研究》等鉅著即是從這種觀點去探討歷史，剖析歷史的。這和司馬遷透過「通經致用」的觀點以衡論歷史發展的見解，有一部份是相符合的。

⑵對史學體例的建立

在史學思想方面，司馬遷的《史記》一書至少顯示了以下幾項特點：㈠超越了前此所有史書的局限性。如《國語》、《國策》僅限於國別、地方的記載；《春秋》、《左傳》僅限於某一段時期為取裁的範圍；《尙書》、《世本》僅限於與某事有關的文獻。可是《史記》卻將上下三千年的漫長時間、廣及各國家各階層的詳細內容，以人類的全體活動事蹟，蒐集編纂，妥爲撰述，以顯示出歷史發展的因果關係。㈡將史書體例區分爲本紀、表、書、世家、列傳五種，兼納並用，並且在本紀中將秦昭襄王、莊襄王、楚項羽等人和周代、漢代的天子同列。在世家中將管、蔡、田完、孔子、陳涉等人並列。在列傳中將老莊、儒林、刺客、醫生、游俠、日者、龜策、貨殖等低層社會人物與文臣、武將、王公卿相並列。一掃封建社會注重上下階級之區分的錯誤觀念。㈢除了對政治和戰爭的敘述以外，社會上的各種現象都不輕易放過。人有一技之長可傳者，都設法使他們永垂青史。㈣在漢代朝廷和民間對漢武帝的評價截然不同的情況下，表面上雖然站在朝廷的一邊寫歷史，但是精神上卻完全支持民間那一邊。㈤揚棄春秋時代其國而外諸夏，內諸夏而外夷狄的褊窄心胸和短淺眼光，將視野擴及匈奴、東越、朝鮮、南越、西南夷、大宛等各民族，爲他們立傳。這種氣魄和眼光是空前的。㈥精神上雖然繼承了孔子的春秋大義，但是體裁上卻不採取春秋的編年體而以人和國家爲綱目，並和書、表等體裁結合起來，成爲宏偉的史書架構。從歷史編纂學上看，史記是鎔鑄古今典籍文獻及其他資料，並且將各種體裁綜合起來的一部全史。㈦除了歷史事跡的紀錄以外，主旨在通過「究天人之際，通古今之變，成一家之言。」以建立他的史學系統和發揮他的歷史哲學。①

## (3)對先秦諸子的闡釋和批判

司馬遷綜論古今學術思想，辨別其源流得失，使《史記》不但成了一部政治史、社會史，而且成爲具有相當份量的學術史。因此，在先秦諸子學方面，他對各家思想的源流和發展總是能夠掌握其要點和旨趣地加以敘述；對各家學說的優點和缺點總是本著公正客觀的態度加以探討和衡斷。

在儒家思想方面，他除了肯定孔孟的學說以外，對荀子的學術也有某種程度的肯定和認同。例如他對荀子主張擺脫神秘外衣和宗教色彩的天道觀，針對時代潮流以法後王的政治觀，以及强調禮樂的倫理觀，都給予相當高的推崇和讚許。

在道家思想方面，司馬遷對道家自然主義的本體論體會得極爲深入；對老子謙退自足的人生思想闡發得尤其徹底；對莊子逍遙齊物的境界，放浪不羈的性格，以及像鯤鵬泳翔自如一般空靈的文章更爲欣賞。這些原是司馬遷學術思想中的啓蒙教材和主要成份。

司馬遷又從他父親那裡承襲了一部份黃老思想的學術遺產，對虛無因應，以靜制動的黃老政術自然有深刻的體認。所以敘述漢初的政治事跡時，隱然也在說明黃老思想的發展狀況。這種以實際現象去衡論一種抽象的理念，實在是一種非常高明的手法。

法家思想是戰國時代主張變法思想最突出的代表。從商鞅起，就不管甚麼上帝、先王那一套傳統規範，倡言「三代不同禮而王，五伯不同法而霸」，針對現實的需要，將舊有的制度和法令統統加以改革。後來的韓非、李斯也都主張變法。這一批雄心勃勃的社會改革家認爲在戰國末年那種動亂的時代裡，秦國若要統一天下，就得大力提倡變法思想，擺脫至上神和祖先神的羈絆，否定一切舊有的秩序。就這種「法後王」的旨趣而言，有一部份是司馬遷所認同的。但是司馬遷對於法家以「人性本惡」爲出發點所建立起來的「尊君抑民」的極權專制理論，以及冷酷嚴厲，慘礉寡恩的政治作風，是極不以爲然的。這和他所目睹的酷吏之治以及個人所遭受到的殘酷刑罰或許有密切的關係。《史記》中沒有敘及墨家的思想和事跡，但卻詳述了游俠的精神和行爲。這原是在啓示人們：戰國的墨俠到漢初已經蛻變爲游俠了，游俠的心靈深處原是蘊藏著戰國墨俠的生命和精神啊！

陰陽五行的思想，在其發展的過程中，最初純粹是唯物意識的自然觀。其後卻變成了唯心主義的附會理論，和荒謬可笑的宗教迷信。它對於無論甚麼事物，都企圖用水、火、木、金、土五種物質的生剋去說明；對任何天地自然的現象都要以陰陽去加以牽强附會；甚至用天象去解釋社會現象，以占卜吉凶作爲斷定事情的標準，②像漢武帝時，董仲舒講《春秋》，就是專門講說陰陽和禁忌的理由③。可是司馬遷卻認爲陰陽五行和人生的關係充其量只是自然秩序和人生道理的結合而已。換一句說，陰陽家的可取之處只在於提示人們按照四季運行的規律從事應有的生產活動而已。如果要據陰陽五行的生剋去講天人交感的理論，那就會掉進無稽之談的迷信陷阱。董仲舒利用其「儒學正宗」的地位，將天和人結合起來，標榜「天人感應」的思想。司馬遷卻以「究天人之際」爲出發點，將天和人分開，並且援用其父親司馬談的「論六家要旨」，批駁陰陽家那種「使人拘而多畏」的禁忌和迷惑，認爲是「未必然也」。④並且更進一步批評了陰陽五行家的「星氣之書」是「多雜禨祥，不經。」⑤連帶地對秦皇、漢武利用各種方式去尋找神仙和長生不老之術也斥爲荒唐可笑的事情。至於對封禪行動的看法，當然更認爲是一種勞民傷財的愚蠢措舉了。不過司馬遷的思想似乎並沒有完全擺脫了神秘思想的影響，有時候他也相信氣數，相信祖先在世時的作爲對其後代子孫的禍福能發生作用和影響。相信「天運，三十歲一小變，百年中變，五百載大變。」「爲國者必貴三五，上下各千歲，然後天人之際續備」的玄理⑥，這還是將自然的天象牽扯到人事現象上去。這種探討天人關係時所發生的矛盾性，也暴露了他學術思想中的一種局限性，是美中不足的地方。

(4) 對文學理論的充分運用

在中國的哲學思想中，尤其是儒家哲學，經常存在著一種憂患意識⑦。這種「憂患意識」表現在文學創作的心理上便是「苦悶的象徵」。苦悶會帶給人們的心理上重大的壓力，也能促使人們對事情作更深入的思考和探索，從而讓人體驗到理想的實現須靠持久的耐力；生命的充實有待於不斷地奮鬥發展。司馬遷在《史記》一書中所流露的文學觀大部份便是據此而建立的。他曾說他撰寫《史記》的方法是「厥協六經異傳，整齊百家雜語。」⑧也就是將六經異傳綜合起來，將它們的義理鎔鑄到《史記》裡面去。⑨同時要排比和批判百家的雜語⑩。將「百家言黃帝，其文不雅馴，縉紳先生難言之」⑪的缺點加以修正。所以司馬遷的文學表現是先從他的文學批評中發展出來的。還有，司馬遷用文學技巧以選寫史事的手法之一就是經常「寓論斷于序事」。⑫這種手法既不是先發一套議論，再敘述事實，也不是將事實敘述完了，然後再來一個架空的分析；而是通過對歷史過程的敘述，引導讀者得出一個「人同此心，心同此理」的結論來⑬。換一句話說，即是作者自己不必說出表示意見的話，讓他所敘述的事實本身去顯示某一種道理，某一種批判，無論是讚美也好，指責也好，諷刺也好，都從方種方式中去表達出來。這種以文學家的匠心去代替史學家論史的筆法，其高明之處有時甚至超越了孔子著《春秋》時的褒貶筆削、微言大義。當然，也有不少人批評《史記》的文學氣息超過了歷史著述應有的素樸特質；也有批評《史記》中有些體裁處理得頗爲凌亂，這些只是仁智互見的看法而已。章學誠曾經將《史記》的筆法和《漢書》的筆法加以比較。認爲《史記》的特點是「圓而神」；《漢書》的特點是「方以智」。意思是《史記》對史實的表達比較不受形式所限制，它能夠運用巧思掌握重點，籠罩全局，而且筆墨空靈傳神。《漢書》則是規規矩矩地記載史事，提供知識。「圓而神」的優點是內容不受形式所役，可以自由地表達觀點，寓託論斷，使形式爲內容所役。「方以智」的優點是內容配合形式，整齊而不越軌。二者便是以文學筆法敘述史事和以史學筆法敘述史事的差別之處。無論世人對《史記》一書如何批評，司馬遷能夠運其如椽的神筆，以浩大的氣勢將歷史現象敘述得既清楚又生動，寫人物的傳神之處，個個都像活躍在我們眼前一般；寫戰爭的逼眞之處，讓人有如置身在槍林箭雨，飛沙走石的戰場上，使一部篇帙浩繁的史學鉅著充滿了「前無古人」的吸引力，這一種成就是任何人都無法否定的。

(5)對曆法學的改革和奠基

司馬遷雖然是屬於人文科學方面的學者，但是他對自然科學一類的學問同樣精通。在曆術方面，他不但創議改曆，而且參與太初曆的制訂工作。在當時曆法學者所提出的十七種改革方案中，司馬遷以「曆術甲子篇」作爲他的方案的藍本以爲新曆的依據，使漢武帝時所頒行的太初曆，在將近兩百年之內尙不致發生與天象脫節的現象。雖然它仍然不是一部很精密持久的曆法，但是它一方面爲後代曆法提供了參考的資料和依據；一方面使後人能夠透過它以直接窺探古曆的堂奧。這種貢獻仍然是不可磨滅的。

## 五、對人類社會的終極關懷

(1)政治思想

《史記》一書不僅敘述了歷史事件；同時也遇託了司馬遷的政治主張。司馬遷的政治思想包含有道家清靜無爲的觀點和儒家仁民愛物的理想。他雖然贊成漢武帝的統一事業，對秦始皇的統一天下也表贊同；但是對封建統治者無窮無盡的橫征暴斂，嚴刑酷法，無論是對秦皇也好，對漢武也好，他都極力地表示反對和指責。他認爲橫征暴斂，嚴刑酷法只會使社會動盪，百姓受害，不可能使天下安定。因此，他對老百姓的要求和願望寄予同情，他勇敢地「爲民喉舌」，替人民向政府要求減輕剝削，要求賢明官吏，要求較好的統治。⑭

(2)經濟思想

司馬遷的經濟思想表現在他運用社會經濟、生產發展以說明歷史的演化。他認爲人類都有求生存的欲望，他們用自己的心智、勞力辛勤地工作，以獲得物質上的報酬，進而改善生活的品質，也是天經地義的事。同時農、工、商、虞各盡所能，努力生產，使社會的財富大量湧現，這也是歷史發展的自然現象。統治者如果在經濟上利用剝削的手段壓迫人民，抑制商賈，使百姓都無法再生活下去時，這種統治絕對不可能維持長久的。這對統治階層頗具提醒和警告的作用。司馬遷又指出財富的佔有情況決定了人們的社會地位和道德觀念。這固然有一部份現實的客觀性存在，但是他把人類追求財富的欲望提得過高，好像要把人類追求財富當成社會經濟和社會發展最主要的力量，也即是將思想意識的反作用說成爲社會發展的最後動力。這又限於過份主觀，而與社會進化的實際本質不相符合。此外，司馬遷在《史記·平準書》中所反應的兩個主要問題：統治集團在經濟上的法外掠奪以及統治階層對百姓無限制的奴役，也剖析得極爲深刻。這種對漢朝政治和經濟之弊端的揭露，是具有極大的智慧和道德勇氣的。

(3)社會思想

司馬遷對下層社會人物的重視，對社會上各種天災人禍的關懷，對各種社會風尙的調查和剖析，處處都流露出他站在平民的立場關切衆多百姓的苦樂禍福。同時對四境各民族採取了一視同仁的態度，也突破了「夷夏之辨」的傳統成見。這種充滿平等博愛的社會思想不但是他以前的歷史家所沒有，就是他以後的歷史家也很缺乏。無疑地，司馬遷對人類社會所表現的那一顆「終極關懷」的心靈⑮，已經超越了人道主義的範疇，隱然含有宗教家的悲憫心情在。這對中國歷史和社會的發展頗具正面的推動力量。

## 六、結　語

總結地說，司馬遷的學術與思想具有超越時空的永恒價值在。它不但是我國從古代到漢代歷史事件的全照射，學術文化的總整理；也是從漢代以後中國文明的一枚指針，史學和文學的一面明鏡。它所顯示的深刻睿智將不會因時代的改變而有所減損；它所包含的豐富內容將成爲中華文化的寶庫之一；它所寄託的崇高理想將是鼓舞人類實現抱負，自强不息的巨大力量。它的價值是不受「江山代有才人出，各領風騷數百年」⑯所局限的。在滄海桑田的世事變化裡，在芸芸衆生的消長興滅中，它將如長江大河一般，永遠浩浩蕩蕩，奔流不息。有如杜甫詩云：「爾曹身與名俱滅，不廢江河萬古流」⑰它的啓示性和影響力將如長江、大河，日夜奔流，萬古常新。

### 【附　註】

① 參閱徐浩撰廿五史論綱，第二編第一節。

② 參閱白壽彝撰史記新論，頁二一。

③ 參閱董仲舒撰春秋繁露。

④ 參閱史記卷一三〇太史公自序。

⑤ 見註同④。

⑥ 見史記卷二七天官書。

⑦ 參閱賴明德撰司馬遷之學術思想第七章一節。

⑧ 見史記卷一三〇太史公自序。

⑨ 『厥協六經異傳』一語，據史記索隱註：「遷言所以撰取協於六經異傳諸家之說耳，謙不敢比經藝也。異傳者，如子夏易傳、毛公詩及韓嬰外傳、伏生尙書大傳之流也。」這種說法是認爲司馬遷要把史記比作六經的傳。但是從史記的整個內容看起來，這一句話的範圍應當更廣泛一些。因爲協者合也，即是說明他認爲經傳是比較正確可靠的，所以要把六經異傳綜合起來，將他們吸收到史記裡面去。參閱白壽彝撰史記新論，頁五二。

⑩ 「整齊」含有排比、批判的意思。「整齊百家雜語」意味著百家雜語的正確性比六經異傳要差些。

⑪ 見史記卷一，五帝本紀贊。

⑫ 參閱顧炎武撰日知錄卷二七，「史記于序事中寓論斷」條。

⑬ 參閱註同②，頁七二。

⑭ 參閱註同③，頁一三，頁三一。

⑮ 西方神學家保羅．底禮認爲宗教信仰最重要的特徵就是「終極的關懷」，當一個人的心靈被終極的關懷籠罩住，他就算有宗教信仰。見中國論壇十五卷一期，頁十一，張灝所引。

⑯ 見趙翼撰甌北詩鈔，絕句二，論詩。全詩爲「李杜詩篇萬口傳，至今已覺不新鮮；江山代有才人出，各領風騷數百年。」

⑰ 見杜詩鏡銓卷九，杜甫撰六絕句之二。全詩爲「王楊盧駱當時體，輕薄爲文哂未休，爾曹身與名俱滅，不廢江河萬古流。」

# 老子循環律析論

鍾克昌

## 提要

《道德經》者，我先民格致所得歷經實證以正德之智慧結晶也。唯五千多言雖要而不煩，非天縱睿哲亦無由置諸胸臆而收放自如。吾師　黃教授天成以其淵博之學養，始拈出「循環律」而貫通之；余既承教，以之試探道德意，如響斯應，心竅頓開。爰作本篇，先從「有」「无」之循環開示悟道之途，再析道之循環本質；次言吾人必也虛靜觀復始克悟道之以反復循環為規律而因應之。其次提示妙用此循環律之方在用「弱」而知謙退之「常」，先自居於反面以相成，且含反面之成分以免成反面，庶免掉進物極必反之漩渦。繼而綜合探討《道德經》之旨趣，先述德仁義禮諸德在循環律中之地位，再以循環律析論柔弱謙下之人生觀、无為返樸之政治觀，以及政治上棄智无欲之主張，並探討個人攝生之方。凡此析論，旨在彰顯老子所集結之我先民智慧，乃最切合自然理則之政治寶典，足為全人類之永世踐履以致太平。

## 一、前言

「格物致知」乃人類自別於禽獸而邁進文明而改善民生之途徑。姑不論「物」爲主體之心靈或客體之現象抑或兩者兼具，所「知」者是否其「眞」，決定於其人已累積之智慧、所運用之方法以及對象之普遍性；而所「知」者果其「眞」，自可類推應用於他物，甚或超越時空，百世以俟聖人而不惑，放諸四海而皆準。中國往古聖哲，一秉其悲天憫人之懷，咸留心於先民格物所致之知已利用於正德（規劃政治社會等人際關係）之典制故實，再參以自我之證驗，輒思有以拯救亂世也。老子者，固不如孔子之釐訂《六經》以廣教化，著意於現世人倫社會秩序之整治，以確保文明之提昇；然老子戀戀於太古眞樸之初，欲藉所悟之道，根本矯治末世之弊，使斯文回歸自然而免於因畸形發展所招致之破滅，亦可謂有心哉！余以爲老子之心，即天地之心，即道之心，即自然之心。先師林公謂老子非一人：遠溯上古，老氏家族即世襲史官，或深明歷代循環演變之跡，或觀察歸納天地人文諸情狀，或汲取同時聖哲之經驗，如此代代承襲、增益、修正而成之老氏智慧，當早已編爲歌訣以傳家，至戰國初之老聃因出關而留下《道德經》而公之於世。歷史明鏡，照見人事得失；人乃自然物之一，狂肆乎自然舞臺，亦受自然律支配。譬諸萬有引力，人號萬能，亦難逃其「有」，而人亦能善用此引力。老子之智慧，既得之於歷史故實而驗證諸自然，其心可謂深體自然而超乎物外矣；唯其超乎物外，故得推演大道以朗照天下，指引契合自然之軌轍，以期社會和諧而民生安樂也。

老子曰：「道可道也，非恆道也。」然則道果安在乎？莊子曰：「無所不在。……在螻蟻，……在梯稗，……在瓦甓，在屎溺。」（《莊子．知北遊》）恩師黃教授曰：「道眞正的所在，是在有無循環的過程上，可以稱爲『道樞』，或是『道紀』。循環只是一種過程而已，老子稱這種循環的過程爲『復命』。因此老子告訴我們：認識道體，應該從有與無兩方面去體會。從無的方面去體會，是觀察道體精微莫測的神妙；從有的方面去體會，是要了解萬物的廣大無垠。因爲要體會道的本身，既不是有，也不是無，而是要在有與無循環的過程上去體悟，我稱之爲老子的循環律。」（見《中國歷史人物專集》）余不敏，承蒙　恩師多年耳提面命，以循環律透視老子，始克悟道而撰寫《帛書校王弼本老子章句字義新探》一書，庶幾規復老子初衷；假以歲月，幸得宿儒騰播推言而見誦於世，必將有以導正廟堂鐘鼎、世道人心而國治天下平。

今茲恭逢　恩師華誕，爰據　恩師「循環律」之說，通貫《道德經》以上壽。茲篇所引老子章句，悉依余所撰《新探》本勘定者；蓋自信其允當，且冀望博雅先進之垂睞焉。

## 二、從有无循環以悟道

老子曰：「无名，萬物之始也；有名，萬物之母也。」（首章）「道」既以「无」與「有」之形態反復循環不已，而「道恆无名」（三十二、三十七章），故曰「天下之物生於有，有生於无」（四十章）。「有」，有時而盡，復歸於「无」，是「无」亦生於「有」也，故二章云「有无之相生也，……恆也」。莊子曰：「萬物皆種也，以不同形相禪，始卒若環，莫得其倫，是謂天鈞。」（《莊子・寓言》）此謂天下之物皆在有无循環中變化相代不已也。

推衍老子觀念，可謂「无」既非等於零，亦非負數，乃憑人之感官以及與日精進之儀器亦無從感知其存在之現象或狀況，比如人爲之眞空並非絕對之眞空，猶太空遼渺，亦存在極稀微之氣體元素及宇宙線，特難以察知其存在，「虛无寂寞」，故謂之「无」。而所謂「有」，乃眾「无」之疊積組合至一定密度，吾人可感知其存在之現象，所謂「一生二，二生三，三生萬物」（四十二章）是也。原本之「有」，若析之再析，以至於吾人不能感知其存在，乃復歸於「无」。世間萬事萬物悉在此「有」與「无」循環遞邅中變化不已，而統歸於「道」；「道」即以「有」與「无」反復循環運作不已。

老子既標出「无名」「有名」爲萬物之始之母，繼而曰：「故恆无欲也，以觀其妙；恆有欲也，以觀其所徼。」此蓋主張人之欲若恆理會「无」之境，則可觀知「道」之妙——造化之奧妙；人之欲若恆瞭解「有」之域，則可觀知「道」之徼——造化之究極。亦即人之欲念若能領悟「无」與「有」二者之實質與循環性，已與「道」相契合，於人生界自可因應自如，隨化而安。惜乎世人昧於物理，溺於情欲，執著於「有」，終生倒懸。

老子集結之智慧，多來自對自然之觀察與歸納，再印證以人事，如二十三章云：「飄風不終朝，暴雨不終日；孰爲此者？天地而弗能久，又況於人乎？」老子蓋認定經驗世界之萬有不能長久，人文之跡自亦乏其恆久性而治亂更迭。然則人類注定陷溺此苦境乎？曰不然，「從事而道者，同於道；德者，同於德；失者，同於失。」（二十三章），人若參悟道體有无循環變化之妙，自能超脫乎循環變化。

唯道體難識難知難悟，「視之而弗見，名之曰微；聽之而弗聞，名之曰希；捪之而弗得，名之曰夷。三者不可致詰，故混而爲一。一者，其上不皦，其下不昧；繩繩兮不可名也，復歸於无物。是謂无狀之狀，无物之象；是謂惚恍。隨而不見其後，迎而不見其首。」（十四章）；道體既如此微希夷而惚恍，老子遂提出格致之途徑曰：「執今之道以御今之有，以知古始，是謂道紀。」（十四章）蓋「道」包无、有；「有」者萬物之母，「道」之顯著者皆爲「有」，御「有」可知古「萬物之始」，御「有」可識「无」而悟道之全眞，此之謂「道」之綱紀，亦即識「道」之途徑。恩師嘗申之曰：「因爲老子的道，是有無的循環，所以要掌握這循環的規律，也應該從有無兩方面著手，那就是掌握無的本始，來觀察目前萬物的有。無固不可見，萬物的有也不是道的本源，但能夠從有無相生循環的道理中去體悟，那自然循環的規律，也就不難了解了。」（見《中國歷史人物專集》）。

誠然，「御今之有」可遍觀物理而通其流變，猶今科學上之探究自然而得知其原理原則。既通其衍化之則矣，由諸物理之彙聚，漸悟萬物之始與「有」「无」變化之跡，則幾近於玄妙之「道」。古今所有格物致知，可謂皆「執今之道以御今之有，以知古始」，所有之格致功夫，皆在於了解「有」「无」循環變化之幾，而後妙用無窮。

## 三、道之循環本質

老子曰：「有物混成，先天地生，寂兮寥兮，獨立而不改，周行而不殆，可以爲天地母；吾未知其名也，字之曰道，强爲之名曰大。大曰逝；逝曰遠；遠曰反。」（二十五章）當涉及經驗世界時，「无」與「有」固循環不已，唯超出經驗世界者，則「獨立而不改」、「周行而不殆」，此即事象之規律，老子字之曰「道」。「獨立而不改」，即道之卓然特性；「周行而不殆」，正見其無所不在。唯既「周行」矣，然則經驗世界「有」「无」之循環，亦涵蓋於此超經驗之規律中。「道」既「可以爲天地母」，是「道」乃物質之始基，或「无」或「有」而爲萬物始爲萬物母；是超經驗之「道」雖不改不殆，而以「无」與「有」之型態循環運行遍於萬物而無終竟。此「道」，以經驗世界之感知言，老子强名之曰大、曰逝、曰遠、曰反。蓋道體展現於經驗界之物象萬千，祇能名之曰「大」；「大」不足以盡之，而名之曰「逝」；「逝」又不足以盡之，故又名曰「遠」；有往必有返，故又曰「反」也。此「反」字，即狀道之既大且逝而無際涯，反復周行而不殆。

老子所謂「道」，兼指兩意，一即二十五章「有物混成先天地生」之物，指世界物質性之實體；一即「道可道也」（首章）之「道」，指綱維宇宙之總原理原則。而不論是物是理之道，均有動靜兩型態，猶易所謂「一陰一陽之謂道」。陽動而陰靜，交相作用循環而造成宇宙無限之生機；此生機不僅限於人類所意識之生物界，即使非生物界之有基物甚或無機物之原子分子之動靜蛻變，皆謂之生機。「死生命也」，「命」即生機之謂。「生」固爲宇宙之生機，「死」亦爲宇宙之生機；莊子深體此理，而有通死生之達觀。

## 四、虛靜觀復而知道

老子曰：「反也者，道之動也。」（四十章）朝相反方向變化，乃「道」之運動；「動」即運行，「反」則包含循環交變之義。近世物理學家始認定宇宙萬物皆動，老子早斷言此物性，且進而指明「反也者」乃道之動向，萬物莫不循此而循環變化不已。今日人類已確認宇宙非盡皆井然有序，宇宙實乃一秩序與混亂共存之時空。老子及先哲所認知之時空固不若今人之悠闊，然而易復彖曰：「反復其道，七日來復，天行也，復其見天地之心乎？」此「天地之心」，乃吾人感知之有限宇宙；即此有限宇宙，亦非靜謐不變，蓋秩序本循環交變之軌跡也。故老子曰：「萬物旁作，吾以觀其復也。夫物芸芸，各復歸於其根；歸根曰靜，靜是謂復命。」（十六章）

然則何以見得「反」爲「道之動」也？老子或從觀萬物之「復歸於其根」（十六章）而推知「道之動」以「反」爲主；且「道」既「大」且「逝」而無限「遠」，必「反」其本初，始克「周行而不殆」（二十五章）。

面對「反也者，道之動也。」此萬象循環交變之通則，老子每每强調「相反相成」與「物極必反」之理，曰「有无之相生也」（二章），曰「曲則全，枉則正」（二十二章），曰「將欲歙之，必固張之」（三十六章），曰「禍兮福之所倚；福兮禍之所伏」（五十八章）。凡此皆所以垂戒世人：大道既循環不已，萬物皆在「反」中，每一事物皆乏實象，凡對事物有所執有所爲，注定失敗凶殆，故曰「爲之者敗之，執之者失之」（六十四章）。老子「无爲」之政治觀即由此導出。而「无爲」之主張，亦效法「道之用」耳，故曰「爲道者日損，損之又損，以至於无爲，无爲則无不爲」（四十八章）

## 五、道以反復循環爲規律

老子曰：「天下之物生於有，有生於无。」（四十章）「道生一，一生二，二生三。」（四十二章）又曰：「夫物芸芸，各復歸於其根；歸根曰靜，靜是謂復命，復命常也」。（十六章）「道」既衍生萬物，萬物歸根，復返本始之「道」；由此可知，「道」除物質之本體，亦兼攝「反復循環」與「歸根復命」之過程。「歸根復命」者，由動而靜；「反復循環」者，由靜而動；而二者又交相循環。由此可斷言：老子所悟之道體乃以「反復循環」爲規律。

然則「復命」何以謂之「常」耶？蓋回返自然本性，無塵雜功利之念，率性而爲，一本天眞，已與天道契合，是以謂之「常」也。天之道，「不自生」（七章），「生而弗有也，爲而弗恃也，長而弗宰也。」（五十一章），「利而不害」（八十一章），「不爭」「不言」（七十三章），「功遂身退」（九章），此恆德也，莫非自然；聖人取法之，名之曰「常」，除障蔽義外，實兼取恆久不易之義。十五章云：「保此道者不欲盈；夫唯不欲盈，是以能蔽而不成。」「蔽而不成」者，亦即和光同塵、韜藏障蔽之「常」。老子謂「自見」「自是」「自伐」「自矜」者爲道之「餘食贅行」，以其反「常」也，是以「物或惡之」（二十四章）。四十章云：「弱也者，道之用也」，「常」即用「弱」也。善爲道者恆「知常」，以其能「復命」而悟道之用也。人而「知常」而謙退不爭，正所以因應「反也者道之動也」，遂與「道」契合而不殆矣。故老子推言其效應曰：「知常容，容乃公，公乃全，全乃天，天乃道，道乃久，沒身不殆。」（十六章）

## 六、循環律之妙用

老子既言「反也者，道之動也；弱也者，道之用也。」，何以接言「天下之物生於有，有生於无。」？按十一章云：「有之以爲利，无之以爲用。」然則「弱」猶「无之」，所謂「无名萬物之始也」。「弱也者」，乃道所以化生萬物之原理，亦即人法道以長生久視之方，是以老子主張柔弱謙下及无爲而治。至若「反也者道之動也」，固言道體之周行不殆，亦說明「道」由「无」而「有」，既衍生萬物矣，必然之「夫物芸芸，各復歸於其根。」（十六章）之動向。「道之動」如斯，物向亦如斯。物極必反，循環反覆，永無止境，此「道」之所以曰大曰逝曰遠曰反（二十五章）也。於物質層面，人亦莫可奈何於此「物壯而老」（三十章）而衰亡歸根之「反」。

唯聖人既悟「道之動」如斯也，遂從精神層面妙用此循環律，並援引「道之用」「弱」以避免掉進循環之深淵。「弱也者」，猶十六章所謂「常」——自障蔽而韜光隱晦也。蓋了然於「反也者，道之動也；弱也者，道之用也。」，則能回返自然之本性，所謂「復命」也；能「復命」，即知所韜光隱晦，不敢爲天下先，不自矜不自伐，所謂「知常」也；能「知常」，斯不妄作而無凶咎矣（十六章）。苟知所謙退，斯能照見幽微而無偏闇，斯明於事理，所謂「知常，明也」（十六章），又何憾乎歸根復命之「反」也？

相應於道之反復循環不已也，知常者之「明」，其處世接物之方，第一必先自居於反面，其次必含反面之成分。茲分述如下：

甲、自居於反面以相成。自甘居於反面，南轅正所以取道北轍也。老子曰：「將欲歙之，必固張之；將欲弱之，必固强之；將欲去之，必固與之；將欲奪之，必固予之。」（三十六章）「聖人退其身而身先，外其身而身存。不以其无私與？故能成其私。」（七章）「不自視，故彰；不自見，故明；不自伐，故有功；弗矜，故能長。夫惟不爭，故天下莫能與之爭。」（二十二章）依此觀念而推演，遂爲法家兵家之陰謀。然老子原以順物之自然爲「无爲」之經驗效果，不涉及人爲之僞，故老子曰：「聖人无爲也，故无敗也；无執也，故无失也。……聖人欲不欲而不貴難得之貨；學不學而復衆人之所過；能輔萬物之自然而弗敢爲。」（六十四章）此處之「自然」，乃指萬物之本性。所謂「輔萬物之自然」，乃指觀萬物之「反」——循環變化——而運用之。推言之，老子對人生及政治，皆主張「輔萬物之自然而弗敢爲」，皆在「道之動」——「反」之範疇中，後世如解老喻老之附會引申者，要非老子本意也。

乙、先含反面之成分以免成反面。循環律中既包含「物極必反」之特性，凡物欲維持發展而不致變爲其反面，則其中必先含反面之成分，使發展永不至極點，此即所謂「保此道者不欲盈」（十五章）也；故老子曰：「知其雄，守其雌，爲天下谿。……知其白，守其黑，爲天下式。……知其榮，守其辱，爲天下谷。」（二十八章）「聖人去甚、去奢、去泰」（二十九章）。蓋事物之發展若「泰」「甚」，則將變爲其反面，故老子以爲：「殖而盈之，不若其已。揣而悅之，不可常保也。金玉盈室，莫之能守也。貴富而驕，自遺其咎也。功遂身退，天之道也。」（九章）老子又曰：「我恆有三寶，持而保之：一曰慈，二曰儉，三曰不敢爲天下先。夫慈，故能勇；儉，故能廣；不敢爲天下先，故能爲成器長。今舍其慈且勇，舍其儉且廣，舍其後且先，則死矣。」（六十七章）老子倡「三寶」，其用意「在挽救時弊，對暴戾之君，侈靡之俗，閔不畏死之民，啓示陰柔自處之道」也。（見程師發軔《國學概論》）「陰柔自處」，正是「用弱」以克「反動」。「弱」既爲「道之用」，亦可用以因應「動反」之不良循環；老子之人生觀、政治觀，不外乎「用弱」也。

## 七、柔弱謙下之人生觀

凡人多剛强爭競，老子依循環律而推知其易摧而自害也，故主柔弱謙下以長保其身，以善處此世。柔弱者，自處之方；謙下者，應世之則。依循環律而言，柔弱謙下亦將變爲堅强奢泰；唯當自覺心停駐於此「无爲」之境，則「无不爲」矣，故得常保其柔弱謙下，蓋自由之主體本超然於物外也。茲分述如下：

甲、柔弱自處。「弱」之爲「用」，足以因應「反」之爲「動」，以圖長治久安。老子論柔弱曰：「專氣致柔，能嬰兒乎？」（十章）嬰兒者，幾近自然不尙虛僞也。老子言及理想之人格，多以嬰兒喻之，曰「我泊兮未兆，若嬰兒未咳」（二十章），曰「恆德不離，復歸於嬰兒」（二十八章），曰「含德之厚者，比於赤子」（五十五章）。專精守氣，致力柔和，所以歸眞返樸以近道也。唯觀察入微而知常者，能保持柔弱，如此則無堅不摧；故老子曰：「見小曰明，守柔曰強。」（五十二章）「天下之至柔，馳騁於天下之至堅。出於无有，入於無閒；吾是以知无爲之有益也。」（四十三章）「堅強者死之徒也；柔弱者生之徒也。……強大居下，柔弱居上。」（七十六章）水之爲物，老子最爲稱頌，蓋「柔弱」爲水表面特性之一，其中蘊藏無限堅強力，故曰：「天下莫柔弱於水，而攻堅強者莫之能勝；以其无以易之也。」（七十八章）老子嘗歎曰：「柔之勝剛也，弱之勝強也，天下莫弗知也，而莫之能行也。」（七十八章）「蓋凡有血氣，皆有爭心；平日非不知柔弱之爲善，及至垢辱橫逆之加，不覺勃然，其剛強之忽發而不能堪矣。」（見魏源老子本義）印度聖雄甘地倡「不合作主義」，終於拯救印度；此「弱者道之用」之明證也。

乙、謙下應世。謙下即不爭，即不敢爲天下先；此亦由「弱也者道之用也」演繹而來。水之爲物，其表面特性之一即「謙下」，其中實蘊藏無限溶化力，故老子以之比擬「上善」之利物而不爭。老子曰

：「上善若水。水善利萬物而有不爭，居眾人之所惡，故幾於道矣。……夫唯不爭，故无尤。」（八章）老子本義引李贄曰：「眾人處上，彼獨處下；眾人處易，彼獨處險；眾人處潔，彼獨處穢。所處盡眾人之所惡，夫誰與之爭乎？」誠哉斯言也。老子又稱頌江海之善下曰：「江海所以能爲百谷王者，以其善下之也，是以能爲百谷王。」（六十六章）依此見識，老子遂斷言曰：「是以聖人之欲上民也，必以其言下之；欲先民也，必以其身後之；故居上而民弗重也，居前而民弗害也，天下樂推而弗猒也。不以其无爭與？故天下莫能與之爭。」（六十六章）蓋「貴矣，而以賤爲本；高矣，而以下爲基」（三十九章），「以其不爲大也，故能成其大」（三十四章）。老子又曰：「善爲士者不武，善戰者不怒；善勝敵者弗與；善用人者爲之下。是謂不爭之德，是謂用人，是謂配天，古之極也。」（六十八章）諸善猶如江海之爲百谷王，蓋「知常容，容乃公，公乃全」（十六章），不爭而無无而容物，萬物在我包容中，萬物之力已化爲我之能量之分子矣。老子又曰：「天之道，利而不害；人之道，爲而弗爭。」（八十一章）「爲而弗爭」即「无爲而无以爲」，亦即「爲之而无以爲」（三十八章）。此謙下之極致，蓋自由之主體超然於物外，無佔有之私欲也。老子述聖人之「无爲」曰：「聖人居无爲之事，行不言之教，萬物作而弗始也。爲而弗恃也，成功而弗居也。夫唯弗居，是以弗去。」（二章）「无爲之事」者，不爭功利也。聖人蓋深體「反也者道之動也」，知「恃」之無常，故爲而「弗居」其功，於是天下「樂推」而莫能與之爭矣。然則爭者必失，正因其「恃」以「居功」也。依循環律而言，爭者終歸於無所得，物極必反之理也。

## 八、无爲返樸之政治觀

人類欲維持群體生活，不可無相當之組織，故老子曰：「樸散則爲器，聖人用則爲官長，夫大制无割。」（二十八章）聖人既憑藉才情器識而爲百官之長，亦應因物之自然而不勉强，以免其發展至極點而導致反效果。故老子曰：「道恆无名。樸雖小，而天下弗敢臣；侯王若能守之，萬物將自賓。……始制有名，名亦既有，夫亦將知止。知止所以不殆。」（三十二章）侯王若能守眞樸而不欲盈，萬物將自動賓服；唯既統治天下而有名位，亦應適可而止，「毋狎其所居，无猒其所生」（七十二章），否則一旦「民之不畏威」，即不可測矣。老子既見萬物之變動不居，且有鑑於客觀歷史文化之成長乏其恆常之價値，以爲皆不足「有」不足「恃」，於是認定人唯有理會萬物之往復循環變化而順應此自然之道，始可常久不衰，故曰：「人法地，地法天，天法道，道法自然。」（二十五章）以自然爲法，則自逃於循環變化律而不同於萬物，已成爲一絕對自由之主體。此自由之主體，既「柔弱」以自處，「謙下」以應世，於是不得已而組成之政治體，自應以「无爲」爲最高指導原則，以確保此政治體之「和」也。老子引述聖人之語云：「我无爲而民自化，我好靜而民自正，我无事而民自富，我欲不欲而民自樸。」（五十七章）爲政所以主「无爲」「好靜」，亦本乎「反也者，道之動也；弱也者，道之用也」之規律。故老子曰：「天下多忌諱而民彌貧；民多利器，而邦家滋昏；人多智慧，而奇物滋起；法物滋彰，而盜賊多有。」（五十七章）「人之飢也，以其取食稅之多也，是以飢。百姓之不治也，以其上之有以爲也，是以不治。民之輕死也，以其求生之厚也，是以輕死。」（七十五章）老子既謂「歸根曰靜，靜是謂復命。復命，常也；知常，明也」（十六章），又曰「知和曰常，知常曰明。」（五十五章）；依此言之，「知和」即「復命」即「靜」也。一政體欲求其平和，必須體驗自然循環律，「歸根」而好「靜」，以避免其「物壯而老」（三十章）也。依此觀念，老子「小邦寡民」之主張（八十章）自不足爲奇；蓋避免其因政體益形膨脹而暴亂而腐化，以致破壞和平也。

## 九、德仁義禮諸德在循環律中之地位

老子謂「天地不仁」，有其特定意義，非世俗所謂之「不仁慈」。「道」既「生之畜之，長之遂之，亭之毒之，養之覆之」（五十一章），安得謂天地不仁慈？蓋「地法天，天法道，道法自然。」（二十五章），天地既以「道」爲尚，一任「自然」，「生而弗有也，爲而弗恃也，長而弗宰也。」（五十一章），是以「整萬物而不爲戾，澤及萬世而不爲仁。」。實則老子言「天地不仁」，意謂天地之於萬物，無所偏愛，不停佇於「仁」之階層而法道法自然，以「道」爲本，以「自然」爲法則，任萬物生生滅滅，不加干涉也。

天地無干於萬物之或爲芻或爲狗；爲芻爲狗，乃生物界自然演化之結果。舉凡生物，皆爲物競過程中適於生存之品種，爲生命網中之一點，爲食物鏈之一環。然則人生於天地間，亦非特選而蒙恩眷者，純任自然之演化耳，自亦在「弱肉强食」、「適者生存」、「自然淘汰」之循環進化中。方老子之言「天地不仁」也，一似純客觀之體察，儼然「齊物論」；方老子之言「聖人不仁」也，一似絕冷酷之宰裁，焉得「逍遙遊」？人而如此，盡擬芻狗，生趣盡矣，悲夫！然而老子柔弱謙下不爭競之主張，正與萬物之爭競相反，蓋既知「反也者道之動也」（四十章），人當用「弱」以因應之，方得超然物外而與天地同其「大」而樹立尊嚴。老子雖一本於自然之道，仍不忘情於人世之安平泰也。讀老子者，宜前後求其會通，固不當以一章而自足，尤不容斷章以附會己意也。

聖人法天地之德，視百姓猶「芻狗」，乃喻其不以「仁」存心而偏愛某類人物，唯任萬民自由發展而已；誠所謂「利澤施乎萬世，不爲愛人。」（見《莊子．大宗師》）也。聖人若以「仁」存心，背「道」而馳，則愛有差異，思澤未能均霑，而民心不平，爭競紛起，又焉得安平泰之世乎？然而聖人之「不仁」，果如世俗所謂「不仁慈」乎？老子嘗曰「我有三寶，持而保之，一曰慈」（六十七章）；由此可見「不仁」絕非「不仁慈」之謂也。

儒家之仁愛思想，乃父系社會王道思想興起後之產物；嚴辨嫡庶，愛有差等，自不同於母系社會一視同等之愛。老子承先民智慧之遺，深明大道无私之本質，乃本乎自然，倡言「天地不仁」。老子嘗曰：「失道而后德，失德而后仁，失仁而后義，失義而后禮。」（三十八章）然則所謂「不仁」，乃指其依「道」而運作也，故下文即舉橐籥之愈空虛而愈不窮竭、愈排除而風量愈多以形容天地之德。此「德」究如何耶？與「仁」有何差別乎？老子曰：「上德不德，是以有德；下德不失德，是以无德。上德无爲而无以爲也；上仁爲之而无以爲也；上義爲之而有以爲也；上禮爲之而莫之應也，則攘臂而扔之。」（三十八章）「天地不仁」之德，乃「无爲而无以爲」之「上德」也；至若「上仁」者，「爲之而无以爲」也。是「上仁」者與「不仁」之德，其差異在「爲之」或「无爲」耳，不存私心之「无以爲」襟懷則同。

十八章云「大道廢，案有仁義」，乃統合而言；「失道而后德，失德而后仁，失仁而后義」，則層遞以見每下愈況。老子既美言「天地不仁」之「德」（五章），又曰「失道而后德」，然則所謂「失」，乃指「道」之放失而言，非否定「德」也明矣，而「德」反有彌補「道」「失」之用。道本爲一，「一生二，二生三，三生萬物」（四十二章），萬物各有所得於「道」──所以生之總原理，而成其德。《管子》心術上云：「德者道之舍，物得以生，生知得以職道之精。」此「德」乃一本自然之「无爲而无以爲」，故老子曰：「孔德之容，惟道是從。」（二十一章）「道生之而德畜之，物形之而器成之，是以萬物尊道而貴德。道之尊，德之貴也，夫莫之爵而恆自然也。」（五十一章）

依上述「失道而后德」之旨趣而類推，然則老子觀念中之「仁」、「義」、「禮」，皆放失「道」「德」之人群社會爲矯治病態不得已而特別標榜之行爲準則。千古以來國人曲解其意，誤以爲老子否定仁義禮諸德；實則老子以爲仁義禮諸德雖相違乎「无爲」之道，乃應客觀病態環境之需要而產生者。

老子力主以道莅天下，崇尚无爲之治，乃正本清源之方，欲人性與自然理則相合相和，以圖長治久安也。「德」雖不及「道」，猶具「道」之一體，不違乎自然律，是以仍爲老子所推許，至若仁、義、禮、智，老子視之為救失之偏方，不足為治本，且去道日遠，大違自然，有後遺之患，將戕賊人類與自然調諧之生機也。蓋人為自然物之一類，且存活於自然環境中，固當服膺自然律，若背「道」而馳，將不知伊于胡底。唯「道德」既失，上位者標榜仁義禮智以救衰世，當亦因利乘便，就人固有之特質而引發耳；特以仁義禮智易流於偏私而失眞，未能放諸四海而皆準，是以老子不取焉。

老子嘗曰：「夫禮者，忠信之薄也，而亂之首也；前識者，道之華也，而愚之首也。」（三十八章）老子蓋認定當人群社會忠信之美德淺薄不足時，「禮」乃應運而生，唯所見擾攘之世多依託乎禮制，未能忍讓為上，故復斥之為動亂之源；至若前人之著述，非道之本眞，徒惹紛爭。老子一家，世為史官，深明歷代遞嬗之跡，既見「樸散則為器」（二十八章），而道德仁義禮所以維繫人群社會之和諧統一者每下愈況，且深痛於時君憑藉「前識」之智謀以攻城略地殺人盈野，於是依循環律而力主回返乎「道德」眞樸之境，以免仁義禮諸德發展至極而混淆於「智」而為「邦之賊也」（六十五章）

## 十、政治上棄智无欲之主張

老子恆將「无知」「无欲」合併而論；蓋「知」乃「欲」之源頭，塞「欲」之源，莫若「无知」。唯「无知」與「无欲」之主張，僅限於政治上之「虛靜」以歸眞返樸，不能據以否定老子探求眞理之妙徼與夫使民「甘其食，美其服，樂其俗，安其居。」（八十章）之理念也。

### 甲、棄　智

老子曰：「不上賢，使民不爭。……是以聖人之治也，虛其心，實其腹，弱其志，强其骨，恆使民无知无欲也，使夫知不敢。弗爲而已，則无不治矣。」（三章）「絕聖棄智，民利百倍。」（十九章）「智慧出，案有大僞。」（十八章）「古之善爲道者，非以明民也，將以愚之也。民之難治也，以其智也。故以智知邦，邦之賊也；不以智知邦，邦之德也。」（六十五章）老子之政治觀以「无爲」爲內涵，「爲之乎其未有也，治之乎其未亂也」（六十四章），「猶兮其貴言」（十七章），遂衍生「百姓皆謂我自然」（十七章）之「无不爲」絕大功力。「棄智」乃「无爲」在精神上具體之表現，包括執政者與人民兩方面而言。所棄之「智」，依老子之思想，當指違反自然與人性之機巧智謀。「棄智」之主張，係根於相反相成之循環律，欲以「道」化民而愚之——使其返歸淳樸而常保沖和。

老子固有「絕學无憂」（十九章）之論調，主張「學不學，而復眾人之所過，能輔萬物之自然而弗敢爲」（六十四章）；唯所排斥者，特指世俗末學、違離自然本眞之教令耳，對純粹學術文明之探討與傳播，亦所著意焉，故曰「人所教，亦議而教人，『强梁者不得其死』，吾將以爲學父」（四十二章）。老子且非絕然反對「知」，眞知灼見仍爲所講求，故嘗嘆曰：「吾言甚易知也，甚易行也；而人莫之能知也，莫之能行也。言有宗，事有君；夫唯无知，是以不我知也。」（七十章）老子又曰：「知不知，尚矣；不知知，病矣。是以聖人之不病，以其病病也，是以不病。」（七十一章）此蓋强調眞知之必要，猶孔子「知之爲知之，不知爲不知，是知也。」一語所寓之意。依此而言，「恆使民无知无欲」之「知」，不同於知「道」之眞知，乃專指違反自然與人性之機巧詐術；換言之，老子

「棄智」（十九章）之主張，僅限於與政治社會攸關之世俗成見，與格物所致之眞知無關。且老子主張「致虛極也，守靜篤也」（十六章），以觀萬物之「復」，實爲極冷靜客觀之實證主義，足以導出眞知而指引人生，故曰「知常，明也」，又曰「知常容，容乃公」（十六章）。由此足見老子之贊成純粹眞知也。

## 乙、无欲

老子曰：「見素抱樸，少私寡欲。」（十九章）又曰：「化而欲作，吾將鎭之以无名之樸。无名之樸，夫將不辱。不辱以靜，天下將自正。」（三十七章）生物皆有食色之欲；人既靈貴矣，又隨俗而萌生諸多繁雜之欲念，愈演愈烈，勢不可遏，遂使人不得其靜而天下不得其定。故老子主張使民生活單純樸素，以減卻私心，降低欲念，甚而去淨欲望，以促進「无爲而治」之成效。然「无欲」絕非「窒欲」；所謂「无」，蓋釋然自反於樸，而非强制之壓抑也。雖云「无欲」，基本民生之需，仍不得阻絕。使民「甘其食，美其服，樂其俗，安其居。」（八十章），固聖人爲治之目標也。「无欲」乃「无爲之治」於物質層面具體之表現，亦包括執政者與人民兩方面而言。以身作則實爲老子主張「无爲而治」之圭臬，故曰「不見可欲，使民不亂。」（三章），又曰「我欲不欲而民自樸」（五十七章），「聖人欲不欲而不貴難得之貨」（六十四章）；至若對百姓之責求，僅三章「使民无知无欲」一語。然首章謂「恆无欲也，以觀其妙。」，又曰「恆有欲也，以觀其所徼」，可見「欲」之无或有，實各有其妙要，端視觀點若何耳。

老子言及「寡欲」「无欲」，皆涉及政治；與人生攸關者，僅言「知足」「知止」，可視爲「无欲」之註腳。其言曰：「甚愛必大費，多藏必厚亡。故知足不辱，知止不殆，可以長久。」（四十四章）又曰：「罪莫大於可欲，禍莫大於不知足，咎莫憯於欲得。故知足之足恆足矣。」（四十六章）人而苟能知足則永不滿盈，不致遭反面不足之辱；知止則不致盲目超越，不致遭不得不止之顚蹶僵仆。此皆循環律之妙用也——用其弱以應反之動。

## 十一、個人攝生之方

老子曰：「五色使人目盲，五音使人耳聾，五味使人口爽，馳騁畋獵使人心發狂，難得之貨使人之行妨。是以聖人之治也，爲腹而不爲目，故去彼而取此。」（十二章）五色、五音、五味、馳騁畋獵、難得之貨，皆所以愉悅五官者，凡人多藉此以展現其富貴權勢，殊不知感官承荷有其極限，不順性命而傷自然，將導致官能疲殆且斲喪生機。聖人深明此理，故「爲腹而不爲目」（十二章），以物養身而不役於物。貪求生活享受，凡人以爲吉祥，老子視爲災殃；欲望心支配精氣，凡人以爲進取，老子謂之逞強（五十五章）；蓋有鑑於物極必反、不道早已也。

老子嘗曰：「出生入死。生之徒十有三，死之徒十有三；而民生生，動皆之死地亦十有三。夫何故也？以其生生也。蓋聞善攝生者，陵行不避兕虎，入軍不被甲兵；兕无所椯其角，虎无所措其爪，兵无所容其刃。夫何故也？以其无死地焉。」（五十五章）老子所謂善攝生者，以不離本眞、无求无欲爲尙，蓋以生生之厚，將適得其反而踐死地也。然則老子否定物欲而肯定「生」，此「生」既超然物外，自非指形軀我之存在，乃指具主體性之眞我——觀賞萬象之循道而不貳，「抱一能毋離」（十章）而超然物外之我。老子蓋養其形之所恃以立者，亦即養今人所謂「精神」或「情意」，養莊子所謂「生主」也。此一情意我主體性之肯定，老子開其端緒，至莊子而盡其緻。

## 十二、結論——人類將何去何從

老子曰：「反也者，道之動也；弱也者，道之用也。天下之物生於有，有生於无。」（四十章）此語爲老子循環律之樞要，概如上述。人類在有无循環中無可奈何，老子特主張以弱爲用，庶免乎危殆而可常可久，是老子之慈。以弱爲用，果能使人類常久適存於宇宙乎？人類果不以爭強鬥狠而自毀於核爆，當能循由知「道」之途徑，解決所有接踵而至之自然難題。今試以最新宇宙論闡釋本章，以見循環律之確爲自然律以及老子返樸之旨趣。

據天文學家之推測，宇宙本體於一百億年前或二百億年前大爆炸，遂揭開浩瀚宇宙之序幕。套用老子之思想，余以爲宇宙本體之大爆炸，產生絕大力量，氣體微粒遂以反宇宙本體之方向迸射飛馳不已；此虛無恍惚之微粒之飛馳速度，因動力之相互衝激作用及遠離本體而趨弱，於是逐次產生漩渦而凝聚爲星雲爲星球，而仍舊繼續奔馳而擴張；在擴張中，萬象滋生、推演、進化。此迸射之反動力，擴張宇宙，無限延伸，然其力量顯然日趨微弱，即使今日天文學家仍測知諸銀河團正以絕高秒速遠離地球，亦不如當初之速率。在趨弱之過程中，各銀河自成之力場亦告減弱，生物遂在適於生存之星球進化焉。動中有靜，靜在動中，一旦諸星河質粒飛馳之速度弱至超巨星之「黑洞」足以吸附之，諸星河與太空微粒是否仍將繞宇宙本體而運轉？宇宙是否將有新秩序？抑或衆星河行將向諸絕大力場之「黑洞」投懷送抱？宇宙由混亂而趨調諧，由調諧又趨混亂，混亂中有調諧，調諧中復有混亂，即使適合乎人類文明發展之地球本身，亦難逃此循環律。人處其間，將何以自安乎？設非「弱」之用，則星河萬象不能從无中生有；然「无」並非老子所認定之宇宙最初形態，老子所認知之宇宙本體，名之曰「道」——或即吾人所謂爆炸前之宇宙。由「道」而「无」而「有」，始有地球，始有人類，始有「我」；依循環律而言，「我」若能先居於「道」，亦即知「道」之所以爲「道」而服膺勿失，換言之，「我」若能觀賞萬象之循道而不貪，以「无爲」爲旨歸而超然物外，而肯定其「主體性」，則將具「无不爲」之絕大支配力以改造人世及宇宙矣。老子「絕聖棄智」之呼籲，乃爲避免政治紛爭而導致有如核爆之毀滅；至若科學上純知眞知之探求，固爲老子所樂聞。吾人當急起格致以知「道」悟「道」而履「道」，以因應其「反」之動矣。

# 成玄英《莊子疏》探義

龔鵬程

## 提要

成玄英《莊子疏》是郭象注之外，最早也最重要的莊子詮釋，但研究者甚少，僅有的研究成果也多可商。本文旨在反省現有的研究路向，並提出一些建議。

全文分為五節。第一節辨明該書不僅為存世最早之莊子疏，也是義理系統與郭注不同的疏本，係由道教觀點解釋莊子。第二節即從道士成玄英注釋經典的態度，觀察他詮釋莊子的方向及其吸收佛學之狀況。第三節再以他為例，看道教在唐初的新發展。第四節則由思想史的角度，討論成玄英如何在唐初思想環境及道教理論發展的需要中，形成其詮釋策略，並批判儒墨。第五節統論成疏的理論結構。認為成疏是消化郭注、融攝佛學、批判儒墨地講治身如治國，建構了一套「不離世而超脫」的理論。現今某些道教史研究者把它放入所謂「重玄派」的系譜中討論，本文甚不以為然。因此希望能藉由對成疏的分析，提供研究道教史及思想史者一個新的方向。

## 一、與郭象注不同的第一部道教莊子解

莊子書之有疏，應始於南朝。《隋書・經籍志》所收，如宋李叔之《莊子義疏》、陳周弘正《莊子內篇講疏》、隋何妥《莊子義疏》、戴詵《莊子義疏》，今皆不傳。《梁書・賀瑒傳》云瑒有《莊子講疏》、《南史・庾詵傳》云庾曼倩《有莊子義疏》，亦已亡佚。唯陸德明《經典釋文》中尚有一鱗片爪可考者，爲宋王穆夜《莊子義疏》、梁簡文帝《莊子講疏》、陳張譏《莊子講疏》等。故今存最早之義疏，且猶爲全帙者，乃唐初西華法師成玄英之《莊子疏》。

據《新唐書・藝文志》載：「玄英字子實，陝州人，隱居東海。貞觀五年，召至京師，永徽中流郁州。書成，王元慶遣文學賈鼎就授大義。嵩高山人李利涉爲序。唯老子注、莊子疏著錄」。這是指成玄英「注莊子三十卷、疏十二卷」而說的。注體與疏體不同。成玄英注，現已不存，但成玄英的疏卻影響很大。它與郭象注併行，構成了莊子學裡的詮釋典範。清郭慶藩《莊子集釋》先列郭注，次錄成疏，再雜舉其他各家釋義以爲補充，這種結構，最能說明成玄英疏在莊子學中的正統地位。

但是，成玄英疏本身的義理價值，並不像郭象注那麼被重視。郭象注，不但其作者問題，纏訟甚久。郭注本身的義理價值，如它在魏晉玄學中的地位、它與莊子義理的異同等，都曾受到熱烈的關注。成玄英疏便不然了。很少人獨立地檢視過它，既不曾由這部書進窺唐初道家之學的發展，也不關心西華法師成玄英對莊子的理解情況如何。

偶爾也有人會提及此書，但基本上是將它視爲郭象注的附庸。也就是做爲閱讀郭注時的輔助性材料罷了。例如蘇新鋈《郭象莊學平議》第五章〈郭象注對成玄英疏之影響〉一文，便認爲：成玄英以前，雖已有人替莊子作過疏，但都是直接疏解莊子本文，成玄英才開始依郭象注作疏。因此，郭象注成爲莊子學裡的權威，成玄英居功甚偉。而且，蘇先生說：「漢唐以來，疏解原典而始終主從一注之義旨以引申發揮者，多只爲儒家經典。至於道家經籍，則似惟玄英之疏獨著耳」，彷彿成疏可作爲道家義疏中與儒家分庭抗禮的代表。①

蘇先生所謂「主從一注之義旨以引伸發揮」的疏，主要是以《五經正義》之類儒學經典爲模型的。這些義疏，多半選擇一家注解作爲對經典的基本詮釋，然後再疏解引申補充之。如孔穎達《周易正義》選用王弼注、《尚書正義》採僞孔傳之類。成玄英疏釋莊子，也採用郭象注。因此，蘇先生便把成疏看成是對郭象莊子注的詮釋者與遵行者。由這個角度看成玄英，則成疏的價值，便全依它能不能準確掌握郭象注的義理系統而判斷。能掌握，就是個好的紹述者；不然，便是「雖受郭象注之影響，而未能全面圓善，致所解未必盡有象注之全部恰當義旨者」。

蘇先生這篇文章，是少數討論到成玄英疏的論述，其意見也很具代表性。但我以爲這樣談成疏是不對的。爲什麼不對？

漢唐以來，儒家經籍的義疏，是否是專主一家之注而引申發揮之呢？不是的。義疏是配合講論風氣而形成的另一種注解，它本身是獨立的，並不依傍注文。所以成玄英以前的莊子疏，也只是直接疏釋原文，並不倚據誰的注。唐初的義疏作者，身處南北朝大亂之後，天下統一，在學術上產生了一種判攝南北朝學術的態度及需要。所以才在南北朝各種對經典的解釋中檢尋一家，作爲基本依據。如孔穎達修《五經正義》時，就先檢別南北朝對各部經典的消化情況，然後選擇一家作爲釋義的基本根據：

爰從晉宋，逮於周隋，其傳禮業者，江左尤盛。其爲義疏者，南人有賀循、賀瑒、庾蔚、崔靈恩、沈重宣、皇甫侃等。北人有徐道明、李業興、李寶鼎、侯聰、熊安等。其見於世者唯皇熊二家而已。熊則違背本經，多引外義，……又欲釋經文，唯聚難義，猶治絲而棼之。……皇氏雖章句譯正，微稍繁廣；又既遵鄭氏，乃時乖鄭義。……此皆二家之弊，未爲得也。然以熊比皇，皇氏勝矣。……今奉勑刪理，仍據皇氏以爲本，其有不備，以熊氏補焉。（禮記正義序）

《五經正義》每一部都是這樣，選擇一本漢魏南北朝的注或義疏，「據以爲本」。但這種據以爲本，並不是「始終主從一家之義旨以引申發揮」的專門之學，而是加以刪補訂正，以形成自己的一套解釋。

這個特點，在講儒家經學史時，就從來沒有人弄懂過，所以才產生了「注解經，疏又解注」的錯誤看法。而且把這種看法規則化，提倡「著書之例，注不駁經，疏不駁注，不取異義，專宗一家，曲徇注文，未足爲病」（皮錫瑞·經學歷史·七）。蘇先所說那種始終主從一家義旨的儒家漢唐義疏傳統，即是在這種誤解下說的。②

但這是由於不了解義疏這種著作之體例及流變，亦不能知唐人撰此義疏之意，所形成的誤解。更沒有檢查一下這類義疏中是否眞是「疏不駁注」。

我們必須注意唐初處在南北文化重新統合的歷史情境上，整個學術所顯現出來的那種「判攝精神」。亦即判別與融攝。此不只表現在像孔穎達編修的《五經正義》這方面，佛家如天台家、如華嚴宗，也都在這個時候，展開了判教的活動。他們的宗義，正是在這種判教活動中建立起來的。道教並沒有如此大規模的判教，但其情況一如儒家，乃是通過經典義疏，判檢與融攝而推展出新的格局、新的義理系統的。這一步，即是唐代道教或道家理論，之所以不同於南北朝時期，且能進而影響、開啓了宋代道家與道教義理的關鍵。若把成玄英疏，看成是郭象注解的傳述者，並以合不合乎郭注來要求成疏，對這一點，就無法理解了。

縱使我們不採這個思想史的觀點，我們也應注意到成疏和郭注顯然的差異。——在成玄英的義疏中，他不是做爲郭象的辯護者姿態出現的。他在大部份地方順著郭注去講，或替郭象解釋闡發，只是因爲這樣最方便。但他對郭象以外的解說並不排斥，對於自己的心得也頗珍惜，序文說：

自古高士，晉漢逸人，皆莫不耽翫，爲之義訓。雖注述無可閒然，並有美辭，咸能索隱。玄英不揆庸昧，少而習焉。研精覃思三十矣。依子玄所注三十篇，輒爲疏解，總三十卷。雖復詞情疏拙，亦頗有心跡指歸，不敢貽厥後人，聊自記其遺忘耳。

這種口氣，不是做郭注傳人的脣脗。因此，我們也不能指望他「曲徇注文」。舉幾個例子。〈齊物論

〉：「人之生也，因若是芒乎！其我獨芒，而人亦有不芒者乎，」疏曰：「郭注稍乖，今不依用」；「吾待蛇蚹蜩翼邪，」疏曰：「昔諸講人及郭生注意，皆云蛇蚹是腹下齟齬，蜩翼者是蜩翅也。言蛇待蚹而行，蜩待翼而飛，影待形而有也。蓋不然乎！……今解蚹者蛇蛻皮也，蜩翼者蜩甲也。言蛇蛻舊皮，蜩出新甲，不知所以，莫辯其然，獨化而生，蓋無待也。……」。又，〈養生主〉：「古者是謂帝之懸解」，疏說：「老君大聖，冥一死生，豈復逃遁天刑，馳騖憂樂？子玄此注，失之遠矣。若然者，何謂安時處順，帝之懸解乎？文勢前後自相矛盾。是知遁天之刑，屬在哀慟之徒，非關老君也」。〈天地篇〉：「天下有道則與物皆昌」注：「猖狂妄行而蹈乎大方也」疏：「運屬清夷則撫臨億兆，物來感我則應時昌盛。郭注云猖狂妄行。恐乖文旨」。這都是成玄英明顯反駁郭象的地方。小自字詞的理解，大至對莊子義理的全盤掌握，成玄英其實是自有權衡的，所謂：「亦頗有心跡歸」，即指此言。我們只推崇他確立郭注地位的功勞，實在還是小看他了。

不只如此，道士成玄英，以這種方式提出他的莊子詮釋，對道教思想史也有極爲深遠的影響。

因爲莊子學，在漢代並不顯，魏晉時期，玄風大暢，老莊與易學，號稱三玄，但治莊子者，頗有佛教中人，卻難得看到道士跟《莊子》有什麼關係。當時著名的和尚支遁，解〈逍遙遊〉極爲有名。僧肇的《肇論》與莊子的關係也極深。《釋門自鏡錄》又載：「智稜，事沙門道乘爲師。善《涅槃》《淨名》，尤攻《數論》。莊老二書，彌所留意」。這些和尚精通老莊，是因爲佛教傳入中國，必須通過老莊，以便於格義。所以莊老不得不熟。相對於佛教界，南朝道教徒對莊子書的態度便頗不相同。

道教利用老子書，淵源甚久長：六朝時道士釋講老子書的事，也時有所聞，如孟智周作《老子義疏》《道德玄義》、臧矜作《道德經疏》、庾承先屢講《道德經》等，都是六朝道士繼張陵父子《老子想爾注》之後，進一步消化老子義理的事例。莊子學則不然。道教與莊子的關係，本來就很淡遠。正一派固然尊崇老君。上清派卻依《大洞眞經》《黃庭經》等立派：靈寶派奉《度人經》；三皇派則有《三皇經》。他們各造經卷，各成體系，都用不著《莊子》。連《老子》似乎也不放在眼裡，故〈二教論〉言道士云「老經五千，最爲淺略，上清三洞，乃是幽深」。抱朴子也說：「五千文雖出老子，然皆泛論較略耳，了不肯首尾全舉，其事有可承案也。至於文子、莊子，關令尹喜之徒，雖祖述黃老，但演其大旨，永無至言」，對其書之評價如此之低，所以魏晉南北朝間，難得看到道士參研《莊子》的例子③。而且，陸修靜的《三洞經書目錄》，據〈笑道論〉載，「本無雜書諸子之名」。其後的孟法師《玉緯七部經書目》，似乎也只收了一些有關老子的書。北周道士所編《玄都經目》，雖收了諸子書八八四卷，但〈笑道論〉曾指出了《連山》《歸藏》《易林》《太玄》《金匱》《六韜》等都不在其中：譏其所以爲「八老黃白之方，陶朱變化之術，翻天倒海之符，辟兵殺思之法及藥方咒厭」。則《莊子》一書亦未必即在目中。可見從目錄上考察，也不能說當時道士已經重視《莊子》這本書了。

換言之，道士正視《莊子》，替它作注疏，成玄英可能是第一人。成玄英著作之可考者，別有《老子道德經》二卷，《老子開題序訣義疏》七卷，見於《新唐書》著錄（原書已佚，蒙文通從《道藏》中輯出）④。又，北宋陳景元《靈寶度人經集注》，也收了成玄英的注。注老子，是六朝道士之慣技。《度人經》，齊嚴東、宋文同、唐薛幽棲、李少微等，亦皆有注。也就是說：這些都是道士的本份內事，唯獨注莊，對道教來說，倒還是件比較新鮮的經驗。

這件事對道教關係重大。唐代道教，顯然在義理上遠勝於六朝，卿希泰《中國道教思想史綱》第二卷嘗云：「道教在唐宋時代，是教理的不斷深化和向前發展的時期。這時研究道書的風氣空前濃厚，著名的道教學者相繼出現」⑤。爲何如此？可能有各種原因，但道教開始吸收消化莊子，實爲重要原因之一。從成玄英開始注莊，至天寶二年，玄宗詔令崇玄館學士於三元日講《道德》《南華》，群公百辟，咸就觀禮（唐大詔令集．卷七八）。莊子在道教中的地位，才算奠定。《莊子》才眞正成爲道教教理的骨幹。著名道士司馬承禎的重要教理著作《坐忘論》，即取名於莊子「心齊坐忘」的故事。司馬承禎之外，趙堅也有《坐忘論》七篇；另外《通志》還記載了吳筠《坐忘論》一卷。這是盛唐最重要的幾位道士吸收了莊子學的例證。由這個線索來看，我們就更能明白成玄英注疏《莊子》的價值和意義了。

## 二、成玄英注疏諸書所顯示的兩個方向

在成玄英所曾注疏過的經籍中，我們特別注意莊子疏，當然是基於上述理由。另外，則是因爲《度人經注》尙不足以代表成玄英或當時的思想發展。

爲什麼說《度人經注》尙不足以代表當時思想的發展，亦不甚能見成玄英之思想呢？成玄英所注

《度人經》全書已不可見，今只部份收入陳景元《度人經集注》中。依現存成注觀察，他與齊朝嚴東的理解，並沒有太大的不同。某些段落，固然也能見出成玄英個人特殊的義理思路，如「人皆十惡不生，動合眞常之理」（見卷一）「以心識爲患，若能捨除心識，以至無爲，即得昇入妙成天中也」「若令空有都無，即失眞中之應」（見卷二）之類，畢竟只是少數。該注主要的重點，乃是强調眞文信仰，如云：「眞文之體，爲諸天之根本」「天尊布落玉策眞文，普度天人神鬼也」（見卷二）「天尊以火鍊之眞文，……開列天地運化，乾坤三光，運度有常，各是自然之理，非關造作之功也」「三界魔王，自作洞玄之歌，人能誦持，當得成眞。況有聞我靈寶本章之人，若能誦持，悉得三界魔王敬其形體」（見卷三）「學者能服其字，則隨人所習，功滿之日，各歸其處，其法在內音玉訣」「天有八字，合成六十四音。……修學之人，隨所服佩」「佩服靈文，即隨氣所至，功圓行滿，升爲金闕之臣。是知積學成眞，通眞入聖。……有知玉字之音，骨肉同飛」（卷四）。這些有關眞文玉音信仰的論述，是順著《度人經》說的。屬於文字崇拜和咒術信仰，道教之所以爲教，即建立於此。成玄英做爲一個道士，信仰這種眞文玉音，乃是鞏固其宗教情操所必需者。但這一部份，純係原初道教教理的繼承，並無開展可言；也看不成玄英出對這種文字崇拜和語言信仰有什麼理性的反省。態度和他注老疏莊，頗爲不同。

所謂眞文玉音，是說宇宙由混沌顯現出秩序，這個秩序就是道，道就是一種文理秩序。天地萬物都依這個秩序運化。所以天地萬物之文理皆來自這原初的文理秩序，或者說它們有內在的一致性。一切天文地文人文，皆根源於這最初之文，故名此最初之文爲「眞文」。最初何以有此眞文秩序？道教的說法主要採用氣化自然形成說，但也羼雜了至上神創造說，謂爲元始天尊或其他人創造者。成玄英即是要調和這兩種說法，所以他認爲：「眞文之體，爲諸天之根本，稟元始妙氣之自然，而化成大道之法身。妙氣自成，不復更有先祖也」。此外，道教認爲修眞者要掌握宇宙創造性的奧秘，其關鍵就在於掌握這種眞文，所以成玄英也說：「修學之人，無此眞文，則不得成眞入道」（見卷二）⑥。

在這些地方，成玄英顯然是位篤守道教基本理路的道士。正是爲了對道教有根源性的理解與掌握，促使他進行了《靈寶無量度人經》的注釋。

但僅有這樣的注，可以使成玄英成爲一位合格的道士，卻不足以成爲一位對道教思想有開展性貢獻的道士。他對道教思想的開展性貢獻，主要就表現在他所注的《老子》和疏釋的《莊子》上。

在《老子注》和《莊子疏》裡，成玄英論道體，論道之生化，均不再採用眞文說，例如老子云：「道生一，一生二，二生三，三生萬物」，成注：「從來降迹，肇生元氣，又從元氣，變生陰陽。於是陽氣清潔，升而爲天；陰氣沈濁，降而爲地。二氣升降，和氣爲人。有三才，次生萬物」。就顯然避開了元始天尊和眞文的說法，與上文所舉《度人經注》不同。在《莊子疏》裡也是如此。這並不是成玄英依文爲釋，缺乏定見，故形成矛盾，而是他面對不同的道教經典，注疏態度和目的不一樣使然。宗教徒在進行思想創造活動時，往往會出現這種現象：一方面先安頓自己的宗教信仰問題，一方面嘗試展開新而且可能跨出自己宗教領域的探索。成玄英是個顯著的例子。

## 三、由其吸收佛學看唐初道教義理之新發展

成玄英的探索之一，是吸收佛學。

例如老子「塞其兌，閉其門」，成玄英說：「體知六塵虛幻，根亦不眞。內無能染之心，外無可染之境」。六塵、根，都是借用佛教名詞。老子「善行無轍迹」，成云：「此明身業淨」；老子「善言無瑕謫」，成云：「此明口業淨」；老子「善計不用籌算」，成云：「此明意業淨」。三業清潔，也是用佛教說法。在《莊子疏》中，他更是廣泛使用「境／智」「能／所」「聖／凡」「空／有」來說明玄理，也認為玄悟者應該「內蘊慈悲，外宏接物，故能俯順塵俗，惠救蒼生」（齊物論疏）。這都是他明顯受到佛家影響或有意識地運用佛家義理解釋老莊的地方。⑦

我們習慣了一種說法，認為佛教傳進中國後，是通過老莊學才使得其教義廣為士庶所知，特別是般若學六家七宗，皆與老莊之學關係密切⑧。因此，講老莊的人，採用佛學來談玄理，似乎也沒什麼不可以，應該也是很自然的事。殊不知「格義」只是佛學流傳初期的方便，後來佛教便不樂意和老莊混殽了。像僧肇評論當時解空諸家，分為三宗，後來周彥倫論假名空宗，自謂上承僧肇之學，即以為：「世學未出於前二宗，而第三宗假名空則為佛之正說，非群情所及」。所謂佛之正說，就是指它不雜於老莊，湯用彤《漢魏兩晉南北朝佛教史》曾指出：

> 魏晉以來，自佛家言，則釋迦實達空玄無形之眞境，而五千文只以導俗。神仙張陵，更為下劣

。明僧紹作〈正‧教論〉，謂釋迦所發乃「窮源之眞唱」，周孔老莊乃「帝王之師」。又言「佛明其宗，老守其生。守生者蔽，明宗者通」。張融〈門律〉以爲「道也與佛，逗極無二。寂然不動，致本則同」。周顒難之。周氏之意，老子之虛無，實不及佛法之即色非有。本固無二，致本者，釋而非李。（第二分，第十三章）

可見當時佛教徒已經把佛老之分，看得十分嚴重了。故《廣弘明集》載梁武帝〈捨道歸佛文〉曰：「弟子經遲迷荒，耽事老子，歷葉相承，染此邪法」。佛教界的態度，恐怕正是要努力和這老莊「邪法」區分開來的。

在道家方面，名士論佛論道，固多依違之談。道教對佛教卻抱著很强的敵意。西晉道士王浮作《化胡經》，把佛道問題提舉成一個夷夏文化之爭的問題。而道家的自然說，也成爲破斥佛家因果說的武器，如陳朱世卿的〈法性自然論〉就是如此。蓋於種族文化上、基本教義上，道教是不與佛教妥協的。湯用彤提到：「北朝道教勢力，由寇天師而光大，遂有太武世之法難。南方佛道之爭亦漸烈，晉簡文帝時，尼道容反對清水道師王濮陽。宋時沈攸之刺荊州普沙簡沙門。攸之在荊州曾有道士陳公昭，貽以天公書。攸之當信道教者也。齊初丹陽尹沈文季奉黃老，欲沙汰僧尼。又於天保寺設會，令道士陸修靜與僧道盛議論。因二教之鬥爭，而雙方僞造經典，以自張其教，及至宋末，道士顧歡，乃作〈夷夏論〉以爲黜佛，爲宋齊間二教上之一大事」。這些尙只是南北朝佛道之爭中的一小部份事例而已。但這些事例已足可供我們了解南北朝時期佛道之間的緊張關係。⑨

這種關係，到隋唐並未解凍。唐高祖與唐太宗都獎崇道教甚於佛教，高宗亦然，故兩教之爭論不斷。成玄英處在這樣的環境中，自然也仍堅守著道教的基本立場。所以他引用《老子化胡經》《老子西昇經》甚多。

除了在《度人經注》中如此之外，他注《道德經》亦屢引《西昇經》作解，並說「太上是玄天教主，太上大道君也」「在玉京之上，京闕之中」（「太上下知有之」疏）；且多次稱老子爲「教主」；一再援引老子化胡之說，以申明經義。如「將欲歙之，必固張之」疏：「昔者老君西入罽賓化胡之日，初忿其凶悖，然後化之以道是也。其委曲逗留，具在《文始內傳》」之類。疏莊子時，也是這樣，如〈天地篇〉「記曰：通於一而萬事畢」疏：「一，道也。夫事從理生，理必包事，本能攝末，故知一，萬事畢。語在《西昇經》。莊子引以爲證」。這是認爲《西昇經》係老子所作，故莊子引其語也。據此，他亦把莊子書中的許多「夫子曰」，解成老子曰，認爲：「夫子者，老子也。莊子師事老君，故曰夫子也」。這與某些人將莊子書裡的夫子看成是指孔子，顯然不同。突出了成玄英特舉老宗，高出儒墨的立場。故老子不但是道教的教主，其書亦「是三教之冠冕，衆經之領袖」（道德經開題），莊子書則是「鈐鍵九流，括囊百氏」之作。對於莊子〈養生主〉敘述老子死的事，他也有另一番解釋，曰：「老聃，大聖人也。降生陳國苦縣。當周平之時，去周。西度流沙，適之罽賓。而內外經書，竟無其迹。而此獨云死者，欲明死生之理泯一，凡聖之道均齊。此蓋莊生寓言耳。而老君爲大道之祖，爲天地萬物之宗，豈有生死哉？故託此言聖人亦有死生，以明死生之理也。故老君降生、行教、昇天，備載諸經，不具言也」。⑩

相不相信老子化胡西昇，是道教徒對佛教態度的最重要指標。越相信，他的對抗佛教態度就越積極。同理，佛教界對道教的老子化胡西昇傳說，也最反感。《化胡經》後來終於不傳，即是佛教界長期反擊的結果。成玄英是一位篤信老君化胡西昇說的道士，他不可能沒有這種佛道畛域之念；何況他堅稱老君係三教教主，更不可能沒有道教本位的立場。既然如此，他的《老子注》《莊子疏》爲何極力吸收或運用佛教義理呢？

這才是唐初道教最有趣的地方。蓋唐初佛道之爭雖然極爲激烈，道教徒雖然仍篤守本身宗教立場；但消化吸收佛教理論，以深刻化其本身之教義，似已成爲像成玄英這樣的道士之用心所在。

不但成玄英是這樣，《續高僧傳》卷九載：「時松滋有道士姓俞者，學冠李宗，業賅儒史。常講老莊，私用內經」。這位俞道士，所採取的途徑，即與成玄英相彷。可惜他的著作並未流傳，故不能知其吸收情況爲何。我們可以找到，並持與成玄英之注疏老莊相比觀者，厥惟王玄覽之《玄珠錄》。

王玄覽生於唐高祖武德九年，卒於武周神功元年。與成玄英活動的時代幾乎完全一樣。但他只在四川活動，故二人蹤迹並不相接；《玄珠錄》之流傳亦稍後於成玄英所注諸書。然而，王玄覽這位道士，與西華法師在取徑上實在極爲肖似。他一方面接受了四川老子學的傳統，依漢代嚴遵的《老子指歸》，進行對老子的理解。一方面「耽翫大乘」。以致「二教經論，悉遍披討，究其源奧」。所以他被益州長史李孝逸召見時，「與同遊諸寺，將諸德對論空義。皆經齊四句，理統一乘。問難雖衆，無能屈者」。不僅如此，他在至眞觀出家時，更曾作過《眞人菩薩觀門》。此書今雖失傳，但大體可以判斷它是以道教「眞人」的說法，融攝佛教「菩薩行」，或吸收天台觀法之作。宗旨大概與他晚年另作《九眞任證頌道德諸行門》兩卷，相去不會太遠⑪。

今依道士王太霄所編《玄珠錄》來觀察。王玄覽的思想，完全不曾出現過關於莊子的影響，他主要是一種由《道德經》發展出來的新道論。利用佛教的義理，他以道言心，「以心道爲能境」「身爲所能」，希望達到「法界圓成，能所各思」的境地。借用了佛教「法」的觀念，他又說：「諸法無自性，隨離合變爲相爲性。……釧鈴無自性，作花復作像。花像無自性，不作復還金。……所在不離金，故得爲眞常」（卷下）。此說吸收佛教義，極爲明顯。而且佛教理論，對王玄覽來說，不是枝枝節節的羼用與比附，而是眞正消化後重新構造的一套老子論釋。南北朝諸高道均不可能達到此等地步。

此即道教義學之發展。王玄覽與成玄英都代表了這個階段的努力。由道教史看，魏晉南北朝前期，葛洪代表神仙思想的系統性總結以及確立丹鼎派的理論與發展，另外，上清派、靈寶派的經典以及信仰體系也確於此一時期。中期以後，陸修靜在南方整頓科儀，整理文獻，寇謙之在北方改革教團；陶弘景繼起，建立道教神仙譜系，發展煉養理論。此時有關的理論固然素朴，大抵不外「以藥石煉其形，以精靈瑩其神」（陶弘景・答朝士訪仙佛兩法體相書）而已。但在信仰譜系、教團組織、經典文獻、科儀規戒皆獲整理而齊備之後，立基於原先較爲素朴的理論上，求進一步的發展，正是勢所必至者。成玄英和王玄覽不約而同地表現了類似的思想狀態，恰好幫我們說明了什麼叫做時代的需要和思想史的發展脈絡。

## 四、由其貶抑儒家論成疏之詮釋情境與策略

過去講思想史，對這些問題均缺乏關注與了解。就連論道教史也是如此。像著名的窪德忠《道教史》，論隋唐一段，即只談到道教禮儀的制度化、道教教團的發展。而且他說：「或許有人認爲，從道教史上看，隋朝是毫無意義的時代，我以爲不能如此斷言」。那麼，他看出了什麼特殊意義嗎？沒有。他只發現「隋朝的道教是南北朝時代道教的延續」罷了。關於唐代道教的內容和特點，他認爲：「教理方面繼承了南北朝以來的傳統，幷無多少新發展」「值得注意的是儀式和禮儀」。這樣的論斷，不僅是買櫝還珠，且眞不知思想史爲何物矣。⑫

我們應注意隋唐之際思想融攝與競爭的態勢。這不是沒有意義的時代；恰恰相反，這是一個關鍵時期，儒、道、釋都一樣。儒家集修《五經正義》，綜攝六朝之經典注疏，予以判釋，並力破以佛義解經者（如孔穎達《周易正義．序》云：「若論住內住外之說，就能就所之說，斯乃義涉於釋氏，非爲教於孔門」）。⑬佛家由空有雙軌轉入眞常心的發展，形成「中國式佛教」，也正在此一時期。

在這個時期，彼此都是處在對抗競爭的立場上，但又互相吸收消化。如儒家固然批判用佛義解經者，可是孔穎達自己的注疏就吸收了不少佛學義理，像乾卦彖疏云：「無識無情，今據有識而言，故稱曰情也」，以識言情，便是其中一例。佛教在對抗批判儒道時，也是聲勢洶洶，動輒說別人盜剽了

佛教理論。然而若不是深受中國哲學的影響，中國佛教怎麼會在隋唐之際特別發展在印度並不顯盛的如來藏自性清淨心系統？怎麼會有《大乘起信論》一類標示著由唯識到到眞常的經義和華嚴等宗派？道教也是如此。重新對道家原始經典，如《道德經》《元始度人經》等，進行理解；判攝六朝玄學，並吸收佛家理論，對南北朝道士所未及注意的莊子，展開詮釋。正是像成玄英這樣的道士努力之方向。

據澄觀《華嚴經疏鈔懸談》卷廿四載：「今時成玄英尊師作莊老疏，廣引釋教，以參彼典，但見其言有小同，豈知義有大異」。可見成玄英疏在當時，即已引起佛教界的注意並予以反擊了。但成玄英利用佛理，以參彼典，本非爲了弘揚佛法，因此必然義不同於釋教。乃是自己建構的一套新玄學。

這套新玄學，在當時除了要用以與佛教競爭外，也將持與儒家相對抗。批判與貶抑儒家，是成玄英《莊子疏》的重要氣氛，也是它跟郭象注很不相同的地方。例如〈齊物論〉疏曰：

夫詮理大言，由猛火炎燎，原野清蕩無遺。儒墨小言，滯於競辯，徒有詞費，無益教方。（「大言炎炎，小言詹詹」注：「此蓋言語之異」）

昔有鄭人名緩，學於求氏之地，三年藝成而化爲儒。儒者，祖述堯舜，憲章文武，行仁義之道，辨尊卑之位，故謂之儒也。緩弟名翟。緩化其弟，遂成於墨。墨者禹道也，尚賢崇禮，儉以兼愛，摩頂放踵以救蒼生，此謂之墨也。而緩翟二人，親則兄弟，各執一教，更相是非。緩恨其弟，感激而死，然彼我是非，其來久矣。爭競之甚，起自二賢。故指此二賢爲亂群之帥。（「故有儒墨之是非」疏。郭象無注）。

這都是超出郭注之外的議論，編出一套故事來毀謗儒家⑭。由於《莊子》原文即有批評儒墨的言論，所以我們常忽略了成疏這種特殊的立場。對郭象與成疏之異，亦未留心。事實上，對莊子非毀儒墨之言，注解者常有不同的理解與處理，成玄英和郭象便迥然異趣。如〈德充符〉「無趾語老聃曰：孔丘之於至人，其未耶？何賓賓以學子爲？」一段，郭象曲折宛轉地說明孔子仍是至人，仍然達到了「冥」的境界。成玄英則趁機大肆貶抑孔子：

〔莊〕無趾語老聃曰：「孔丘之於至人其未耶？彼其賓賓以學子爲？彼且蘄以諔詭幻怪之名聞，不知至人之以是爲己桎梏耶？」老聃曰：「胡不直使彼以死生爲一條，以可不可爲一貫者，解其桎梏，其可乎？」無趾曰：「天刑之，安可解？」

〔注〕夫無心者，人學亦學，然古之學者爲己，今之學者爲人。其弊也遂至乎爲人之所爲矣。夫師人以自得者，率其常然者也。捨己效人而逐物於外者，求乎非常之名者也。夫非常之名，乃常之所生，故學者非爲幻怪也。幻怪之生，必由於學禮者，非爲華藻也。而華藻之興，必由於禮，斯必然之理，至人之所無可奈何，故以爲己之桎梏也。

〔疏〕夫玄德之人，窮理極妙，忘言絕學，率性生知。而仲尼執滯文字，專行聖迹。……彼之仲尼，行於聖迹，所學奇譎怪異之事，唯求虛妄幻化之名。不知方外體道至人，用此聲教，爲己枷鎖也。

〔注〕今仲尼非不冥也。顧自然之理：行則影從，言則響隨。夫順物則名迹斯立，而順物者非爲名也。非爲名則名至矣，而終不免乎名，則孰能解之哉？故名者影響也。影響者，形聲之桎梏也。明斯理也，則名迹可遺。名迹可遺則尚彼可絕。尚彼可絕，則性命可全矣。

〔疏〕仲尼憲章文武、祖述堯舜、刪詩書、定禮樂、窮陳蔡、圍商周，執於仁義，遭斯戮恥。亦猶行則影從、言則響隨，自然之勢，必至之宜也。是以陳迹既興，疵釁斯起，則不困弊，其可得乎？故天然刑戮，不可解也。

郭注的重點在於：孔子本身雖已「以直理冥之，冀其無迹」，達到了冥的境界；但名是會自然隨生的。對這種名，至人把它視爲桎梏，無可奈何，更不會去求名。此乃以孔子爲至人者也。成玄英不然，他說孔子只是學奇怪譎異之事，求虛妄幻化之名，故宜受天之刑戮。

這個例子，顯示了郭注與成疏迥異的詮釋情境。依郭象注，他所想處理的是自然與名教的調和問題。所以雖分自然爲本，名教爲迹；但强調迹冥。人若能體冥以致迹，則自然與名教是可以合一的。所謂：「未有遊極外之致而不冥於內也，未有能冥於內而不遊於外者也」。故孔子是倡言名教者，但同時也是已冥於內者、遊於方外者。

尋求自然與名教的調和，係魏晉玄學的主要傾向。且當時談老莊者雖多，孔子是聖人的觀念仍未動搖。或視孔子爲已體無者，老莊僅係能言無者；或企圖說明老莊與孔子不相衝突。郭象注即是在這種氣氛中寫成，並想處理這些問題。所以他努力把莊子抨擊孔子之語，解釋成孔子無心以成化，說「聖人常遊外以宏內，無以順有」。此聖人即指孔子而言。⑮

成玄英面對的問題，不是要調和孔與老，自然與名教。他是站在道教徒宣教的立場，抨擊儒墨，貶抑仲尼，並吸收佛家來推舉老莊。所以他把老莊與孔子分成方外與方內兩途，說：「玄儒理隔內外，道殊勝劣，而論不相及。……仲尼既依方內，則是自然之理，刑戮之人也，故〈德充符篇〉云：天刑之，安可解！」「仲尼顏子猶拘名教，爲昏於大夢之中，不達死生，未嘗暫覺者也」（皆見〈大宗師〉疏）「聖迹爲害物之具，而儒墨方復攘臂分外，用力於桎梏之間，執迹封教，救當世之弊，何荒亂之能極哉？」（見〈在宥〉疏）……。⑯

這種詮釋情境與策略，使得成玄英在碰到莊子誇獎孔子時，便不得不繞個彎。例如〈德充符〉言魯哀公告訴閔子騫：「今吾聞至人之言，恐吾無其實，輕用吾身而亡其國。吾與孔丘非君臣也，德友而已矣」，顯然是以孔子爲至人。但成疏卻將它扯上老莊之教，曰魯君解悟後，「友仲尼以全道德，禮司寇以異君臣。故知莊老之談，其風清遠，德充之美，一至於斯」。這樣的解說方式，强烈顯示了宣教的立場，與郭象只把《莊子》看成「未體之」的「不經」之談，實在極爲不同。（見郭象〈莊子注序〉）

蓋成玄英是在「名教」之外，另揭一教：道教。說：「下機障重，信根不足，故……貴重世俗浮僞之言，故不信至道眞實之教。是以迷惑日久，罪障滋深也」（老子「信不足有不信」疏）。這個教，有時他也稱爲頓教、大乘、玄宗、玄教、大教、天尊大道等。他注《老子》時，所採用的經文和所參考的注，就都屬於道教系統。例如蒙文通發現他所依據之經文和唐代易州遂州龍　觀道德經碑文相合。這即是道教系統的本子。另外，成疏在校勘時頗有論案，如「諸本皆作『亦』字，唯張係師及陸先生本作『之』字，……今用『之』爲是」（聖人之不傷人疏）「諸家云『笑』，河公本作『肖』字，云不肖猶不善」（夫唯大故不笑疏），這些地方也可發現他所引據參考的本子多爲道教系統⑰。在疏釋文義時，引用的更是教內經談，如《西昇經》之類；從來不採錄王弼等教外人士對老子的看法。可見他在注疏《老子》時是非常自覺地把自己放在一個特定的解釋傳統中發言。疏《莊子》，態度當然也是如此。故彼雖「依子玄所注，輒爲疏解」，卻涇渭分流，全然異趣也⑱。

成玄英之所以採取這樣的態度，應當是由於唐初「三教講論」的歷史情境使然。自北周以來，帝室即常召百僚及三教名德共講經義，使相論辯。如《新唐書．高祖本紀》：「武德七年，二月丁巳，帝幸國子學，觀臨釋奠。引道士沙門，有業舉者，與博士相雜駁難，久之乃罷」，即其一例。朝廷上爭論教義之高下是非，正反映了民間對三教的態度。在這種相雜駁難的情況下，道士運用莊子，並吸收佛理以强化本身的理論，貶抑儒士，是挺高明的策略選擇。蓋於競爭駁難的情境中，成玄英並不同時與二教爲敵。他先將儒佛區分開來，貶抑儒家，而不正面批評佛教。但在不得罪佛教之際，他又深入佛教教義，吸收轉化以爲我用。明代釋德清《觀老莊影響論》曾說：「西域諸祖，造論以破外道之執，須善自他宗。此方從古經論諸師，本有不善自他宗者。吾宗末學，安於孤陋，昧於同體，視爲異物，不能融通教觀，難於利俗」。為了競爭駁難他認為必須「善自他宗」，了解對方說些什麼。成玄英則不只如此。他乃是善自他宗以强化本身的教義，以應敵利俗、宣教接物的。

## 五、成玄英治身與治國全一的理論結構

以上第一節，我們說明了成玄英疏係依郭象注作解，但其理論實與郭象不同，且為道教吸收莊子之首例。第二節討論成玄英注莊和他注《度人經》之不同，是開展了新的方向與內容，第三、四節試析其展開新探索之故。認為是因成玄英處在隋唐特殊歷史情境中，故以吸收佛學、對抗儒家為念。

現在，我準備通過一個例子，來具體說明成疏如何順著郭象注，去講出一套既融攝佛學，又批判儒家的理論。然後，再藉著這種說明，徹底推翻現今已有的研究觀念，建立起新的解釋模型。

我選擇的事例，是最能代表郭象學說的「逍遙義」。顯然成玄英也最重視逍遙義，在〈莊子疏序〉中，成玄英即特別提到莊子「以逍遙建初」的辦法。我們就也就從這兒展開吧！成玄英曰：

所言逍遙遊者，古今解釋不同。今汎舉紘網，略為三釋。所言三者，(1)第一顧桐柏云：逍者，銷也；遙者，遠也。銷盡有為累，遠見無為理，以斯而遊，故曰逍遙。(2)第二支道林云：物物而不物於物，故逍然不我待，玄感不疾而速，故遙然靡所不為，以斯而遊天下，故曰逍遙遊。(3)第三穆夜云：逍遙者，蓋是放狂自得之名也。至德內充，無時不適，忘懷應物，何往不通？

以斯而遊天下，故曰逍遙遊。……所以逍遙建初者，言達道之士，智德明敏，所造皆適，遇物逍遙，故以逍遙命物。

此於古人逍遙義，有釋而無斷，但已提出自己的看法。蓋以逍遙爲達道者之境界。且又「以逍遙命物」。這應是順郭象注而說者。

蓋郭象解莊，係以適性爲逍遙，說「物任其性，事稱其能，各當其分，逍遙一也」「苟足於其性，小大雖殊，逍遙一也」「極小大之致，以明性分之適」。大小、年數、能力等，是自然材質上的限制，也是被決定的本分，郭象稱爲本性或性分。物各充分發展此本性，即爲適性逍遙。但是，這些小大短長等等，皆屬生之限制，所以也落入客觀因果之牽扯中，不可能「無待」。如何才能眞逍遙呢？郭象說：

夫唯與物冥而循大變者，爲能無待而常通。豈獨自通而已哉？又順有待者，使不失其所待，所待不失，則同於大通矣。

自此以下至列子，歷舉年知之大小，各信其一方，未有足以相傾者也。然後統以無待之人，遺忘彼我、冥此群異，異方同得而我無功名。

客觀地說，萬物適性的自然狀態，因其仍爲有待，故仍非眞逍遙。唯聖人通過「冥」的工夫而達到的境界，始「爲能無待而常通」的眞逍遙之境。但聖人不只自通而已，更要通物。以「順物」的方式，順物之性，使各安其性，「順有待者，使不失其所待，同於大通」。到此地步，有待與無待者，因皆同於大通，故又皆可謂爲逍遙矣。

這是郭象注的義理曲折處。而大體也可以解釋成疏的立場，或者說成玄英是依郭象注予以發揮，認爲達道之士，不僅能通過修養工夫，達到「所造皆適」的境界，也能以逍遙命物，匠成庶品。內七篇大概即以此分爲兩部份：〈齊物論〉是「無待聖人，照機若鏡，既明權實之二智，故能大齊於萬境」，〈養生主〉是「混同庶物，心靈凝澹，可以攝衛養生」，〈人間世〉是「善惡兩忘，境智俱妙，隨變任化，可以處涉人間」，這三篇屬於內聖部份。後三篇，〈德充符〉「支離其德，外以接物」，〈大宗師〉「接物無心，忘德忘形，契外會內之極，可以匠成庶品」，〈應帝王〉「即寂即應，既而驅馭群品」，則屬於命物逍遙的外王部份。

成玄英是認爲外篇以下「既無別義」的。因此這個結構應該也就是他所理解的整個莊子義理架構，特著於序文中，要非無故。

然則，其故安在？

依前者，內聖無待，必須兩忘雙非，境智俱妙。在討論這一部份時，成玄英是逕以佛家空宗義理解莊的。對於後一部份，則佛學本無處理，成疏即必須消化郭注以正視面對之。

前文曾經說過，成疏有強烈貶抑孔子，批判儒墨的言論。這些言論事實上也顯示了成疏無意於迴避有關治世治國的問題。據杜光庭說，歷代老子學可分成幾種進路，一是明理國之道者，如河上公嚴君平；二是明理身之道者，如孫登陶弘景顧歡；三是明事理因果之道者，如鳩摩羅什、佛圖澄；四是明虛極無爲理家理國之道者，如何晏王弼鍾會等（道德眞經廣聖義卷五）。道教中多是講治身養氣、攝衛養生之士，論道自然亦偏於理身修養、虛寂靈照方面。成玄英是道士，他亦未必要爲帝王師，故其理論必然會著重在治身方面。但他又面對了儒家教化治世的型態，逼使他必須做一回應。這種回應，不是在儒家之外，另舉一道教之價值理想便罷，而更是要具體說明道教對治世理國的態度與方法。因此，他藉用了郭象的逍遙義，架構了這個內聖外王的格局，企圖說明道教才眞能治世，不僅能治身而已。例如〈駢拇篇〉疏曰：

(1)曾史之德，性多仁義，羅列藏府而施用之。此直一家之知，未能大冥萬物。……務此爲行，求於天理，既非率性，遂成淫僻。……(2)夫仁義之情，出自天理，率性有之，非由放效。彼仁人者，則是曾史之徒，不體眞趣，橫生勸奬，謂仁義之道可學而成。莊生深嗟此迷，故發噫嘆。……(3)曾史之徒，行此兼愛，遂令惑者捨己效人。……於是憂其紛擾，還救以仁義；不知患難之所興，興乎聖迹也。

第一段借駢拇枝指爲喻，說大家應安於性分，勿慕駢拇枝指者。勸告一般人不必企羨那些特別仁義聰明如離朱師曠曾參之類的人。性多仁義智能者，也不應以個人的特長來規範大家；或以自己爲標準，要大家學他。適性、率性、知足於性分等說，至此，即具有一新的政治意涵。率性知止，乃具有積極意義矣。

第二段也顯示了成疏的特殊立場，亦即反對行仁義而並不反仁義。他認爲仁義本出於天理，只要率性，便能有仁義，行仁義，鼓吹仁義，叫人學爲仁義，別是執滯仿效，捨己徇人。反之，若能率性冥物，「夫能與物冥者，故當非仁非義而應夫仁義，不多不少而應夫多少」。這種態度，在下文將會再予討論。蓋所謂「不捨有而證無」之思路也。依此思路，成疏顯然非捨儒而言道者。不是將儒家道家分開，批判仁義而言道德，以各行其是而已。乃是非仁非義而應仁義的。

因此，在第三段我們便可看到他把儒家治國之道吸收在他的架構中，說曾史之徒是「迹」「教」「末」「俗」「學」，非「理」「性情」「本」「眞」：

> 仁義者，出自性情，而三代以下棄情徇迹。……夫物賴鈎繩規矩而後曲直方圓，此非天性也。諭人待教迹而後仁義者，非眞性也。失眞率性而動，非假學也。故矯性僞情，舍己效物而行仁義者，是減削毀損於天性也。……由是觀之，豈非用仁義聖迹招慰蒼生，使天下蒼生棄本逐末而改其天性耶？

這一段，義極屈曲，讓我們略做分析：自然本性，又稱眞性，眞常自然之性、天性、性情。它才符合自然之正理（又名爲天理）。與此本性相對的，是末、是教、是迹、是凡情僞情、是俗、是學、是有爲。前者爲「保分率性」之正道，後者爲「尙名好勝邪淫之道」。修道者，就是要「冥」此「迹」。郭象的迹冥眞論，在此遂有了新的意義。

郭象言迹冥，乃是把迹與冥喻爲「迹」與「所以迹」，叫人勿執迹，應得其所以迹。所以迹是體、是自然；迹是用、是名教。執用固不能見體，有體當然即有用。故說到底，體用仍是合一的，有體有用，所以「理有至極，外內相冥，未有極遊外之致而不冥於內者也，未有能冥於內而不遊於外者也」（大宗師・郭注）。在自然與名教相調合的立場上，郭象是藉此「常遊外以冥內」的理論，來辯護魏晉名士行爲的合理性。成疏則不然，「迹」本身就被認爲是錯的。「從理生教，遂至於此」（天運篇疏）「患難之所興，興乎聖迹也」。此類感嘆都說明了：行仁義、以仁義立教，本身就是迹，就是災禍的根源。郭注說不可執迹，他則說迹本身即是執。冥，便成了破執破迹的工夫。

由於「今論乃欲反彼世情，破茲迷執」（齊物論疏），所以理與教的結構關係基本上是對立的，非調合自然與名教，而是反名教。所謂：「仲尼顏子猶拘名教，爲昏於大夢之中，不達死生，未嘗暫覺也」（大宗師疏）。

但成疏論理並不如此簡單。他說：「欲反彼世情，破茲迷執，故假且說無是無非。無是無非則用爲眞道。……此則遣於無是無非也。既而遣之又遣，方至重玄也」，只破執還不夠，必須再破破執。《老子疏》云：「非但不滯於滯，亦乃不滯於不滯，此則遣之又遣」（第一章）即指此言。如此，其破執以顯之理，實乃一空理。他把這種空理稱爲「重玄」或「重玄之域」，〈大宗師〉疏：「一者絕有，二者絕無，三者非有非無，故謂之三絕也。夫玄冥之境，雖妙未極，故至乎三絕，方造重玄也」。非有非無，就是空，也就是無待。

理是空，與理相對者當然也是空。據此，則「彼此俱空，是非兩幻」「當體即空」「無是無非，是非無窮」「世情用之爲顚倒，故有是非，可不可，迷執其分。今以玄道觀之，本來無二」。〈齊物論〉疏：

> 前從有無之迹，入非非有無之本。今從非非有無之體，出有無之用。……即體即用。……夫玄道窈冥，眞宗微妙，故俄而用，則非有無而有無；用而體，則有無非有無也。是以有無不定，體用無恒。

這就由破教顯理、捨有歸無，轉到有無不定、是非不二了。必至於此，方才「是非息而妙理全」。這種思路，成玄英自己說是：「因是非而無是非，循彼我而無彼我」「不由是得非，只因此是非而得無非無是，終不奪有而別證無」（以上皆見〈齊物論〉疏）。由於是不奪有而別證無、因是非而得無是非，故又是因教而得理。如〈大宗師〉疏所謂：「理能生教。……魚必因筌而得，理亦因教而明」「初既依文生解，次則漸悟其理」「因教悟理」「必須依教遵循，勤行勿怠。懈而不行，道無由致」。

就其執迹而言，是凡；破執返本，是聖。「既而凡聖不二」（〈大宗師疏〉）「即迹即本」（〈應帝王疏〉），聖凡本迹之間乃存在一辯證關係[19]。人不能在凡之外另成一聖，只是因此凡而爲聖；同理，也不能捨教而別證一理，必須因教得理。成玄英正是通過這樣的雙遣玄觀，先破儒家仁義治國之說，再予以安頓之。

經由以上的分析，不但可以看到成玄英如何轉化運用郭象注和佛家空宗義理，也能具體解釋成氏的聖人觀。成氏的聖人，非遯世無悶之隱居高蹈士，非導引養生或神通變化之士，乃是可以做君王的人。「一時動靜相即，故可以爲君中之君，父中之父，所謂窮理盡性，玄之又玄」（天地篇疏）「聖人威跨萬乘，王有世界，位居九五，不亦大乎」（天道篇疏）。換句話說，成玄英是由「治國治身，內外無異」（齊物論疏），來講「雖居廊廟，無異山林」（逍遙遊疏）。對於人倫世教，亦不廢棄。我曾在另一篇文章中描述道教的基本性質，是「不離世而超脫」，成玄英的態度，大概正是如此。⑳

應該這樣去看，對成玄英疏才能有一總體的掌握。不能像現在這樣，將他納入「重玄派」去討論，便算完事。

「重玄派」之名，在一切道經中皆無文獻根據。乃是近代學者蒙文通及日本砂山稔、麥谷邦夫等，以杜光庭《道德眞經廣聖義》卷五中的一段話推闡出來的㉑。杜光庭說：魏之隱士孫登，注解老子，以重玄爲宗；另外，「梁道士孟智周、臧玄靜、陳朝道士諸系，隋朝道士劉進喜、唐朝道士成玄英、蔡子晃、黃玄頤、李榮、車玄弼、張惠超、黎元興，皆明重柔之道」。所以研究者便據此定了「重玄派」的系譜，說以上諸人皆可以稱爲道教中的「重玄派」。

這個派別，已獲許多研究者認同，並據以描述隋唐道教史，如卿希泰、任繼愈的《道教史》就都採此觀點。但是，孟智周等人注解《老子》時都提到重玄之道，就足以證明他們屬於同一個教派嗎？

說這些話的人，大概對於「何謂教派」均缺乏理解。所謂宗派（Sect），無論其爲教派或學派，都必須有各自的師承、宗重的經典、固定活動的場所，特殊的主張。如湯用彤所云，宗派係以「⑴教理闡明、獨闢蹊徑。⑵門戶見深，出主入奴。⑶時味說教，自誇承繼道統」爲必要條件。否則便只能說是某時某地流行的一種學說或思潮，而不能說是建立了什麼學派或教派㉒。隋唐道士，或更早即有人喜歡用「重玄」來形容「道」，但那只能說是一種學說的流傳，或該時代較廣泛被採用的觀點。引一些道經，說它們都有重玄之語，故皆爲重玄派。實在是推論上的大跳躍。

其次，許多人都提到「重玄」二字，對這兩個字的觀念可不見得一樣㉓。如成玄英，在注疏老莊時固多論及重玄，注《度人經》便無此語，倘重玄爲其學術宗旨所在，義理攸關，何以竟不一及之？又，《太玄眞一本際經》述重玄曰：「于空于有，無所滯著，名之爲玄。乃遣此玄，都無所得，故名重玄眾妙之門」（敦煌Pelliot文書3674）。把重玄解釋爲遣之又遣，事實上只是一種觀法。《玄門大論》論重玄，雖也有此義，如「直趣重玄之致，因之蕩慮，終歸雙遣之津」云云；但它又說：「因爲觀境，則開眾妙之門。果用成德，乃極重玄之道」，似乎重玄便不只是觀法，更是一果位。由此，可知光談他們「都論重玄」是無意義的。曾經提到「重玄」的劉進喜、孟安排、杜光庭……等，跟成玄英的想法，其實都不太相同，故僅僅指出彼等皆屬重玄派，並用這個派來概括隋唐道教學，在思想史之研究上，也是無效的。

況且，所謂重玄派者，溯源於孫登。孫登係魏人，而重玄者，玄之又玄也，其特色若在於藉用佛家中觀學之雙遣法，則孫登時豈能有此類說法？蒙文通又言：羅什、佛圖澄、惠觀、惠嚴、裴處恩、梁武父子、大小二孟以來「皆以四句百非之說，以暢重玄、三一之義」。羅什、佛圖澄是否曾注《老子》，蒙氏自己也說：「信否不可知」，惠琳惠嚴惠觀之注又不可見，裴處思及梁武父子皆以四句百非爲說，更不知將如何舉證。至於三一與重玄，更非一事。《雲笈七籤》卷六〈三洞經教部〉云：「第二太平者，三一爲宗」「第三太玄者，重玄爲宗」，三一自是三一，重玄自是重玄，且非太玄部中皆重玄派也。杜光庭及張君房所說「以重玄爲宗」的意義不僅和近人所云重玄派不同，他們注意重玄、强調重玄，事實上代表著隋唐以來的觀念，而非魏晉即開有此派，一脈相承，遂至於成玄英等人也。企圖依杜光庭幾句話便排出魏晉南北朝隋唐之重玄派譜系，實乃非愚即誣之舉。

再者，成玄英說：「莊子者所以申道德之深根，述重玄之妙旨，暢無爲之恬淡，明獨化之窅冥」，重玄與無爲、獨化等辭是並舉的，何以知成玄英便特重「重玄」，以重玄爲宗呢？今若開列成氏言「獨化」之語數十條，曰成玄英者，獨化派也，以獨化爲宗，始自晉朝郭象，以至成玄英，秩爲宗派，排出譜系，可乎？研究古人思想，不是這樣做的。我們應該找出成玄英整個論理的脈絡，並說明像「重玄」這樣一個觀念居其中何等位置、爲何提出、與其他觀念之聯結情況如何、能否做爲成玄英的主要關懷或核心觀念等問題。

成玄英如果只是個學究，純粹依一理論之興趣，追隨郭注去了解莊子。那麼，我們要問：郭象並不言「重玄」；也講適性逍遙的成玄英，如何在郭注的架構上安放「重玄」這個觀念，重玄說與其依郭注而來的各種講法，如何可以整合？如若成玄英不只是位學究，他的義理也如郭象一樣，面對了他的時代問題。那麼，似乎我們也該問：郭象的「迹冥論」「適性逍遙論」是要解決當時仕與隱的矛盾、凸顯個體特性、並使人安於定分，成玄英呢？他的問題當不同於郭象，則他又是如何使用這些講法？

無論我們選擇何種立場，顯然都不可能由「重玄」這個觀念去理解成玄英。目前的道教研究者，彷佛只要把他歸入「重玄派」中，並解釋一下他所謂的重玄是啥意思，便盡了詮析者的義務，豈其然乎？我們應注意：《太玄眞一本際妙經》論重玄的部份，跟成玄英差不多，但該經便全未涉及治國的問題。也就是說，光談重玄，是無法處理成氏「治身治國，內外無異」的內聖外王理論結構的。希望研究莊子學和道教哲學的同道，於此稍加思索。

【附　註】

①蘇新鋈《郭象莊學平議》，民國六九年，學生書局。按：蒙文通〈校理老子成玄英疏敘錄—兼論晉唐道家之重玄學派〉一文認爲：「（老子）成疏唯出經文，不牒注說，知不據注爲疏，與其作莊子疏同」。大謬。成玄英《莊子疏》與《老子疏》不同，乃是據郭注爲疏，明著於序文，何得妄說？蘇氏所見，自勝於此。

②有關義疏的形成及體例，牟潤孫先生〈論儒釋兩家之講經與義疏〉一文，首先提出解釋，見新亞學報四卷二期。後來我根據牟先生的說明，研究唐初儒家的義疏，主要是孔穎達所主修的《五經正義》。才發現歷來對義疏的誤解，駁正了「疏不駁注」的說法。詳細的考證與說明，請另詳龔鵬程《孔穎達周易正義研究》，民國六八年，國立台灣師範大學國文研究所碩士論文。

③桓譚《新論·本造第一》云：「世人多云短書不可用。然論天閒莫明於聖人，莊周等雖虛誕，故當採其善，何云盡棄耶？

」對莊子並不甚推崇。其〈袪蔽第八〉云：「莊周病劇，弟子對泣。應曰：我今死則誰先，更百年生則誰後。不可免，何貪於須臾」。亦只做佚事來引用。馬融〈長笛賦〉將老莊並舉，云：「論記其義，協比其象，徬徨縱肆，曠瀁敞罔，老莊之概也」，這是指老莊之論音樂。東漢人論及莊子者，如此而已。比較談得上是以莊子爲主，並有以發揮其思想者，只有張衡〈髑髏賦〉。文謂張衡出遊，路上看到一個髑髏，一問之下，才知就是莊周，發了一番「生爲役勞，死爲休息」的議論。依此可知東漢人對莊子的義理，雖基本上已能掌握，但重視之程度，遠在老子之下。當時人引述老子不但頻繁，且至遲在永平年間，老子即已被道體化，如王阜〈老子聖母碑〉說：「老子者，道也。乃生于無形之先，起於太初之前，行于太素之元。浮遊六虛，出入幽冥。觀混合之未別，窺清濁之未分」。道教之所以把老子視爲道體，視爲至上神，正是因爲當時已有這種思想了。莊子在漢朝無此地位，道教徒也不曾想到利用莊子書。

④ 成玄英《老子道德經注》二卷、《開題序訣義疏》七卷均佚，蒙文通將《道藏》中强思齊《道德眞經玄德纂疏》等書所引者，細心輯出，爲《老子義疏》。見蒙文通〈校理老子成玄英疏敘錄〉，四川省立圖書館《圖書集刊》第七期。《老子義疏》，民國三五年校印，台灣廣文書局六十三年影印本。蒙氏文並收入其《古學甄微》中。一九八七，巴蜀書社出版。日本藤原高男另有一部《輯校贊道德經義疏》，在《高松工業高等專門學校紀要》第二號，一九六七年刊。未見。

⑤ 卿希泰《中國道教思想史綱》第二卷，一九八五，四川人民出版社。

⑥ 有關道教的眞文信仰，詳龔鵬程〈有字天書——道教與文學新論〉，民國七九，古典文學會編《文學與社會》頁一八五～二二三，學生書局。有關成玄英注《度人經》的內容，另參砂山稔〈靈寶度人經四注劄記〉，世界宗教研究，一九八四年第二期。此不具贅。

⑦ 蒙文通已經注意到這個特點了，他說：「成公之疏，不捨仙家之術，更參釋氏之文。上承臧（玄靜）、孟（智周），更接車（玄弼）、蔡（子晃）。重玄一宗，於是極盛」。他的意思是說六朝人注老莊，已頗採佛家義理，成玄英即是該風氣之沿續者，故推崇成氏：「萃六代之英菁而垂三唐之楷則」。他指出成疏參用佛理，是不錯的。但這能不能視爲六朝人注老莊時已經參用佛理的沿續呢？下文我準備辯駁這一說法，提出另一種解釋方式。

⑧ 鳩摩羅什的弟子僧肇、惠觀、惠儼都曾注過《老子》，宋僧慧琳也注過《老子》和《莊子·逍遙遊》。

⑨ 並不是說兩教於此時水火不容，也不是說兩教在這段時期沒有混融的現象。而是說兩教各有宗教上的基本立場，互相競爭互相對抗。且二教此時的互相吸收，大概也只在表象上進行。如道教仿佛教造神像，也講五道輪迴和地獄天堂。佛教吸收了道教的神仙思想，講仙方（例如淨土宗初祖向陶弘景求「仙方」）、講神丹（如天台宗三祖慧思先學五通神仙再學第六神通，受釋迦十二部經。借外丹力修內丹）；又將佛家五戒比附爲五行五臟，認爲修五戒積功德即能延年益算；又吸收道教的禁咒方術等等。都只能算是粗迹，談不上思想上的混融。

⑩ 一、〈在宥〉疏云：「廣成，即老子別號也」。說廣成子即是老子，是採用老子變化說。這是道教的看法。

二、成玄英之道派如何，無記載可考。現在研究道教的人，一般將他稱爲「重玄派」，因爲他喜歡講重玄之道。但事實上道教並沒有重玄一派，凡稱爲教派者，除了應有一派之主張外，還應該有經典、有傳承、有教團組統、有布教活動。成玄英只是主張重玄而已，其他條件皆不具備，焉能即名爲重玄派？另詳注廿三。

三、成玄英係陝州人，該地主要活動者爲樓觀道。樓觀道尊尹喜爲始祖，堅主老子化胡出關之說，主要經典爲《老子化胡經》《老子西昇經》《老子開天經》和《道德經》《妙眞經》等。成玄英認爲《西昇經》是老子所作，正是樓觀道的觀點。成玄英之注《靈寶度人經》，可能也是樓觀道吸收靈寶派的一種現象。例如趙道一《歷世眞仙体道通鑒》記載樓觀道士馬儉，得孫徹授以《五符眞文》《三皇內文》《諸天內音》《道德經》和《六甲符》（卷三十・馬儉傳）。成玄英之注《度人經》、論眞文玉音，與之適相合同。因此我推測成玄英縱使非樓觀道，亦必與之頗有淵源。

四、樓觀道的資料甚少，關於這個道派的思想狀況也很少人研究，卿希泰《中國道教史》第一卷（一九八八，四川人民出版社）懷疑該派可能獨創性不多，乃雜採各家而成。我則認爲該派在方術上之所以無特殊立場，無專門的修煉法門，正可以顯示該派不以此見長，它的特點應咳是在義理上。如《西昇經》《妙眞經》乃至後來出現的尹眞人《文始眞經》，都偏重於對老子哲學的詮釋，玄理性格較强。成玄英如果確與此派有淵源，更可以說明這一點。

五、樓觀道因爲主張老子化胡西昇，故與佛教關係最壞。但是在它們所採用的經典中，卻與佛教思想頗有淵源。像南齊謝鎭之〈重與顧道士書〉駁顧歡〈夷夏論〉時便提到了：「靈寶、妙眞，采撮法華」。《度人經》描述天尊說法，是與《法華經》類似的；《妙眞經》采撮《法華經》的痕迹如何，因原書已佚，今不可考。但這是個有意義的線索，可以讓我們擬想成玄英注《度人經》及採攝佛教義理的道派原因。

⑪ 註五所引卿希泰書，說王玄覽的思想「受大乘有宗和法相宗的思想影響」（第六章・第五節）。大謬。王氏乃受空宗系統之影響。另外，對王玄覽研究較好的，是朱森溥《玄珠錄校釋》，一九八九，巴蜀書社。但朱君對王玄覽融攝菩薩行的觀法，亦未討論。

⑫ 窪德忠《道教史》，一九七七年出版。蕭坤華譯本於一九八五年上海譯文出版社出版。此處所引，見其第四章。

⑬ 有關孔穎達評斥以佛義解經的問題，詳見龔鵬程《孔穎達周易正義研究》，民國六十八年，師大國研所碩士論文。另外筆

者尙撰有〈孔穎達周易正義與佛教之關係〉，刊孔孟學報三十九期。

⑭ 這個故事，解釋儒家的起源，不見於其他記載中，疑是道教內部的一種傳說。

⑮ 詳細的情況，可以參看林聰舜《向郭莊學之研究》，民國七十・文史哲。

⑯ 在此我們便要注意詮釋情境與詮釋策略的問題。蓋成玄英所使用的雖然仍是郭象「迹冥論」的講法，但解釋的方向已經不同了，所以，兩個人都講迹冥，都講適性，都講廊廟即山林，但意義並不一樣。

⑰ 郭有守〈道德經義疏序〉說：「蒙君知成公之經與强顧諸家所據經皆不能合。爰更取老子異本數十種勘之，最後始決唐遂易二州龍興觀道德經碑最與成公經合。爰據遂州以求成公之經。偶有違者，更以易碑輔之，即無一不符」，迺蒙氏的發現甚詳。但郭氏進一步指出：「〈敘錄〉中依甄鸞〈笑道論〉定張係師爲張衡，以損字本五千文出於此，爲成公及遂州碑之所據。余按〈登眞隱訣〉云：隱居云《老子道德經》有玄師楊眞人手書張鎭南古。本鎭南即係師魯。係師內經有四千九百九十九字。由來缺一，是作『三十輻』應作卅輻。……甄鸞爲北周人，隱居值梁武世，殆南北所傳又各殊耶？」郭氏蓋用劉大彬《茅山志・道山》冊之說，另詳饒宗頤《老子想爾注校箋》解題。朱謙之《老子校釋》則謂《老子》有個兩版本系統，一由河上公至遂州碑；一爲文人系統，如王弼注即屬此系統。成玄英所依據的版本，應該是前一個系統？

⑱ 《莊子疏》對儒家的態度，比《老子義疏》更激烈。《老子義疏》中沒有攻擊孔子的言論，只有一則詆評俗儒，云：「俗人儒教亦尙謙柔。我之法門，本崇靜退。然儒俗謙柔，猶悵封執，我之靜退，貴在虛忘，所以爲異也」。

⑲ 沈曾植《海日樓札叢》卷六云道教言三洞本迹是受了天台宗的影響。誤。殆未詳考成玄英之說也。

⑳ 詳龔鵬程〈受天神書以興太平　太平經釋義〉一文，收入《道教新論》，民國八〇，學生書局。

㉑ 關於重玄派，詳注六所引砂山稔文，及其〈道教重玄派表微〉，日本東北大學《集刊東洋學》四三號。收入氏著《隋唐道教思想史研究》，一九九〇，平河出版社。任繼愈《中國道教史》第六章〈隋唐道教重玄哲學〉，一九九〇，上海人民出版社。王志北〈成玄英的重玄之道與佛教中道觀〉，宗教學研究，四川大學發行，一九八九第一～二期。

㉒ 另參楊惠南《吉藏》，民國十八，東大圖書公司，頁七六。湯用彤說，見湯著《隋唐佛教史稿》。

㉓ 一、杜光庭的話本來就不能作爲史料，如其〈序〉云歷代註解《老子》者六十餘家，其中有何晏、郭象、鍾會、沙門羅什、沙門圖澄、沙門僧肇……等，其中有些不可考，有些顯屬誤傳或依託。

二、杜光庭說：解老各家，宗趣指歸不同，河上公嚴君平皆明理國之道，魏代孫登梁朝陶弘景南齊顧歡皆明理家之道，……唐朝道士成玄蔡子晃黃玄賾等皆明重玄之道。「此明注解之人意不同也」。但他接著又說：「又諸家尊學立宗不同，嚴君平以虛玄爲宗，顧歡以無爲爲宗，孟智周臧玄靜以道德爲宗，梁武帝以非有非無爲宗，孫登以重玄爲宗。宗旨之中，孫氏爲妙矣。」孫登以重玄爲宗，但他是講理家之道的；孟智周臧玄靜皆明重玄之道，但他們是以道德爲宗的。這說明了：把孫登孟智周臧玄靜一直到成玄英等人視爲一夥，併稱爲重玄派，是荒謬的。「重玄」不足以判各人之學術屬性，彰彰甚明。

# 中井履軒及其《莊子雕題》

連清吉

## 提要

中井履軒（一七三二～一八一七），江戶時代大阪人。為懷德堂第二任堂主中井甃庵之次子。

《莊子雕題》凡十卷。全書以批駁林希逸《莊子口義》之注疏，以展開其對《莊子》的見解。綜觀其詳議，固有不以儒、佛之義疏解《莊子》思想，而主張以莊解莊，探究《莊子》真義的用心。亦有仔細推敲《莊子》文字之訓義，不作虛妄怪誕之引申；甚且求諸史實，以考辨《莊子》章節之真偽。至於義理的疏解，則以「隨化而安」為《莊子》之主要思想。

履軒激烈地駁斥林希逸之《莊子口義》，雖不免有偏執太甚之失。惟不穿鑿附會，曲為疏解；不屈就儒教是尚的流俗，《莊子》思想亦可資應世的主張，乃反映了日本江戶時代研究《莊子》之演變及關西學術之風貌。換而言之，履軒之批判林希逸之注，乃脫離以林注理解《莊子》思想之治《莊》傳承。不以《論、孟》規範《莊子》，乃程、朱之學立為官學而獨尊，而導致學術衰微不振的開放性反省。是故履軒之《莊子雕題》雖批判性濃厚，亦有其值得探究及適切評價的所在。

## 一、生平傳略

中井履軒，日本江戶時代的漢學家。享保十七（一七三二）年，生於大阪。通稱德二，名積德，號履軒幽人，是懷德堂第二代學主中井甃庵的次男。文化元（一八〇四）年，七十三歲時，其兄竹山沒，繼任懷德堂第五代學主。古賀精里稱譽履軒爲天下之偉人，西村天囚則以爲其繼承父兄之業，開創自由學風，使懷德堂得以與江戶昌平黌官板學問所並峙，爲關西一枝獨秀的塾校。文化十四（一八一七）年沒，享年八十六。茲略述其年譜於后①：

享和十七年（一七三二）

生於大阪。

元文四年（一七三九）　八歲

五井蘭洲自江戶返大阪，履軒與其兄竹山師事之。

寶曆八年（一七五八）　二十七歲

父甃庵沒，三宅春樓爲懷德堂第三代學主。竹山爲庶務長。

寶曆十二年（一七六二）　三十一歲

五井蘭洲沒。

**明和三年**（一七六六）　三十五歲

應中納言高辻胤長卿招聘，至京都授徒。

**明和四年**（一七六七）　三十六歲

自京都歸，開設「水哉館」授徒。

北遊讀書雜記中，「有五經雕題」、「四書雕題」之名。蓋改其前所作雜記「逢原」而成者

**安永九年**（一七八〇）　四十九歲

將所租賃之屋，命名爲「華胥國」，以其居室爲「天樂樓」。《莊子雕題》之作，或在此時。

**天明元年**（一七八一）　五十歲

以顯微鏡觀察生物，作《顯微鏡記》。

**天明二年**（一七八二）　五十一歲

三宅春樓沒，竹山繼任第四代學主。

**寬政四年**（一七九二）　六十一歲

懷德堂遭祝融，焚燒殆盡。

**寬政七年**（一七九五）　六十四歲

作《雕題略》。

寬政八年（一七九六）　六十五歲

懷德堂重建落成。

文化元年（一八〇四）　七十三歲

竹山沒，履軒任第五代學主。

文化五年（一八〇八）　七十七歲

作《史記雕題》。

文化十年（一八一三）　八十二歲

輯所著，成《七經逢原》三十二卷、《七經雕題》五十六卷、《七經雕題略》十九卷。

文化十四年（一八一七）　八十六歲

二月十五日卒。

履軒生於懷德堂，家學淵源深遠，又蒙名師五井蘭洲的傳授，得窺浸染漢學的門徑。加以懷德堂的庶務，其父甃庵屬意其兄竹山掌理，履軒乃能潛心於經傳子史的鑽研，故著述甚夥。如松村操《近世先哲叢談》所載：

履軒自少至老，矻矻考索經旨，手不釋卷，始著《七經雕題略》；晚又著《七經逢原》，發明經旨，益致精緻，世罕其儔，蔚然別爲一家之言。（上卷）

履軒志氣卓絕，自許甚高。且性格孤介，不苟於世，不若其兄竹山之圓融博通，故深交者甚鮮，亦未得時知而用世。西村天囚分析履軒的性格及其行誼說：

> 履軒幽人性癖。雖初不與世合，亦不與世相背。其出管家之賓師可知也。（《懷德堂考》）

即履軒雖性格奇癖，雖不苟合於世；亦非執意求異於俗，不求世用，然則履軒何以終身隱居於華胥國的天樂樓。西村天囚說：

> 山田三川手記：履軒以禮樂征伐自天子出之世，則志行可仕。據此文而觀之，履軒之志在王道。……既入京，見王室之衰，朝士之無氣力；而幕威之熾。終悲王道之不可行，慨然絕仕進之念。（同上）

乃自負王佐之才，以王道復古為志。唯見是時王室衰微，朝官頹喪；禮樂征伐自將軍幕府出，終以志不得伸而斷絕仕進之念，歸返大阪。至於履軒何以自號幽人而退取於華胥國門之內。西村天囚指出：

> （履軒）厭當世人情風俗之穢，自氣取於伏羲以上之人，誇無形之尊貴，以示天爵之不可抗。自稱華胥國王，以和於天而享天樂。安心於莊周蝴蝶之夢中，超脫世外，行無為無言之政於烏何有之鄉。（同上）

則感時世淆亂，人情澆薄，乃不與俗人相交往，免招致無謂的麻煩。然則履軒果真拒世人於千里之外而索居嗎？西村天囚說：「履軒杜門不出；其意氣投合之朋友對坐，心氣和平，終日不倦。交苟不合，厭俗物之往來。惡客之至，辭色忽露不平之色，或叱逐之，或避不相見。」（同上）則以「無友不如己者」，幽居於天樂樓中。蓋以自視甚高，曲高和寡之緣故。《懷德堂考》收載龜井昭陽詣見履軒之事，固可明瞭履軒和於天而未必和於人的豪傑氣象。

龜井元鳳（昭陽）江都歸途，過大阪，訪履軒。履軒大喜，與語足下道載（龜井南冥）之子乎。對曰諾。乃命酒對酌。酒酣，披橫卷示元鳳。中有日出大樹之上，一人坐其下之畫。履軒問解其意否，元鳳答：不得解。履軒笑而收卷。旋日暮，告別入舟，審思畫意，終有所悟。大樹者，扶桑木也。日在其上者，日本也。其下者履軒也，蓋日本唯我一人之意也，歸鄉後，見友朋，每語此事曰，幸逢斯人。惟匆匆辭去，未及請示經義，殊爲憾事。

「日本唯我一人」之喻，眞可見履軒的豪氣，至於其學術成就，由其著述及龜井昭陽之遺憾可知，乃在經義的發明。而其治學之謹嚴，以其知命之年，潛心研究博物細微觀察的實證科學，與著重實事，以《三楠實錄》乃虛構而非實事的考證，可以清晰明瞭。

## 二、《莊子雕題》的作成時間

《莊子雕題》凡十卷②，爲中井履軒何時之作，今所見諸資料皆未詳。考察履軒之著述的記載，「雕題」二字以冠於著述與箚記者，在明和四（一七六七）年，三十六歲時，北遊讀書雜記中的〈五經雕題〉、〈四書雕題〉的命名。故《莊子雕題》的完成，未必早於此時，即其卅六歲以後的著作。

履軒定所居之室爲「天樂樓」，蓋出自《莊子・天道篇》：「與人和者謂之人樂；與天和者謂之天樂。」則爲其安於所處，而精神逍遙之心境的寫照。時安永九（一七八〇）年，四十九歲，探究《莊子雕題》之疏解主旨，在於「隨化而安」的發明。如：

莊子只欲不受外役，安閑自在而已。（解〈齊物論〉之文）

隨身之變化，輒以爲喜，則其樂無窮也。（解〈大宗師〉之文）

化則變通自在。（同上）

則以「安時處順」爲人生的大自在。此「安排入化」而徜徉自在的旨趣闡述，誠與逍遙於「天樂樓」的心境相符應。故《莊子雕題》之作，或在知天命之年的前後。

《莊子雕題》的篇目次第乃採《口義》的順序，逐篇疏解。唯並非通篇引起而後加注，故非長篇鉅著。其篇卷的分合情形如下：

卷一　逍遙遊、齊物論。
卷二　養生主、人間世、德充符。
卷三　大宗師、應帝王、駢拇、馬蹄。
卷四　胠篋、在宥、天地。
卷五　天道、天運、刻意、繕性。
卷六　秋水、至樂、達生、山木。
卷七　田子方、知北遊、庚桑楚。

卷八　徐無鬼、則陽、外物。

卷九　寓言、讓王、盜跖、說劍。

卷十　漁父、列禦寇、天下。

則未採郭象本所分內、外，雜篇的定式，僅略以篇幅的長短，歸納爲十卷而已③。至於注解的形式，則未引錄《莊子》全書的文字；但摘取所欲訓解的文辭，或解釋字義，或考校缺謬，或疏解義理。如：

○內篇齊物論第二

後儒語錄隨筆，往往據是篇名，排莊子、謬解作齊物之論也。讀書之鹵莽，其害不少。

南郭節

今之隱几者云云　今之隱几，昔之隱几，以一人而言也，猶言今之子綦，非昔之子綦也。

吾喪我　吾字稍泛，我字指身也。吾我二字，無大奇特。文勢固不得言我喪吾也。註依字妄生義，可厭矣。

「內篇齊物論第二」者，全書之篇目標識，皆有內、外、雜的分別及第一至三十三篇的載記，則按郭象本之舊。「後儒語錄隨筆」云云，則是「解題」，檢尋《莊子雕題》全篇，僅內篇的逍遙遊、齊物論、養生主、人間世、大宗師、應帝王等六篇有「解題」的注記，其餘諸篇則無之。「南郭節」，則畫分章節段落，或以各段的首二字，或以首句的某二字爲章節之名而誌記之。「今之隱几者」，乃《莊子》原文的引述，然後空一字，「今之隱几」以下，則是履軒所注解的文字，若有換行，則第二行以下者，皆較第一行低一字以辨識之。

考察履軒《莊子雕題》的注解形式，蓋有以「章、節、行、目」的區分，以清晰辨識其注解之所在的用心。即雖無引述《莊子》全篇的文字，按循其所標記的章節形目，亦不難釐然地索求其所注解的《莊子》原文。另外，也有眉批、夾註以補足原注之意。⑥

## 三、批評林希逸的《莊子口義》

《莊子雕題》的字義訓詁、文辭解析、義理疏解及錯簡考校，多以林希逸的《莊子口義》爲基底而衍生的。如其書卷首「莊子雕題一」之下的小注所記的「據林希逸口義」。唯履軒雖以林氏口義爲據，卻多用以批判林氏之說，進而申論己見。

（注）論語之門人云云　注傅會太甚，宜刪去。

注這老子　老子指莊子。

注可以讀茉莒矣云云　詩之樂只，與論語之樂異解，況與漆園之逍遙，有何干涉。

此履軒於「逍遙遊」之解題，皆以林希逸之注爲條目；而無一不是以批評出之。故履軒之《莊子雕題》雖「據林希逸口義」；而批判性的論議爲多。而且非但開宗明義之處如此，僅〈內篇〉所論，批評林注者，即有一百五十多條。幾乎是每章每節皆有之。至於其批評林氏口義的形式，有但略引林氏注而批評之者。如：

注下一怒字，便自奇特　怒只是奮疾之意，何奇特之有。（逍遙遊）

注此兩句又是文之一體云云　文體文勢非鬳齋所能知也。注中是類皆可刪去。（逍遙遊）

注不動之貌云云　注之貌並謬。（齊物論）

注六根皆然　此不當以六根解。（齊物論）

「注」者，乃林希逸的《莊子口義》。其下空一字以下的文字，則是履軒的《莊子雕題》。由此觀之，是直接引述林氏《口義》，並無《莊子》原文。至於履軒的注疏，則在批評林注的缺失。如上所舉例的，或有指出林注謬誤的所在，如「怒只是奮疾之意，何奇特之有」；或未說明林注何以有錯的原因，但以林注爲誤而已，如「此不當以六根解」。此履軒指陳林注爲非的敘述方式之一。

樂出虛、蒸成菌　二句當在下章之首，不然錯簡耳。注大牽强。（齊物論）

化聲之相待，若其不相待　化疑和之譌字。衆聲相和，皆相待者。其字屬下，與若不相連。注若其猶言何似也，大謬。（齊物論）

此以爲注疏條目的「樂出虛、蒸成菌」及「化聲之相待、若其不相待」者，皆《莊子》原文，其下，空一字以下的敘述，則是履軒究明《莊子》文義，進而指陳林希逸《莊子口義》有誤的論述。此履軒指陳林注爲非的敘述方式之二。

不求其所終注即所謂原始反終云云　不求終與反終意相反，且可也。與易語意皆不同，勿相援據可也。（齊物論）

其容寂注面壁十九年，是容寂處。面壁泥甚。（〈大宗師〉）

此以爲注疏條目的「不求其所終」及「其容寂」，亦爲《莊子》原文。其下，以小字的「注」引述的，則是林希逸《莊子口義》之文，其後空一字的文字，則是履軒的論說及其糾正林注誤謬的所在。此履軒指陳林注爲非的敘述方式之三。

然則夫子何方之依云云　是節方與上文方外之方不同。上文明言某遊方之內者也，則此何得問方之內外焉。（注夫子所依行者方外耶、方內耶，謬矣）下文敢問其方之方，正與此同耳。（〈大宗師〉）

而侔於天　侔如字、齊也。（注侔，合也，非）

「然則夫子何方之依」及「而侔於天」的條目，皆《莊子》原文。其下的文字是履軒所提出的見解，既而兩行小字夾注的是林注之文的引述及履軒對林注的批評，此履軒指陳林注爲非的敘述方式之四。

同則無好也，化則無常也　同承上文，即同於大通耳，不待別解。化字即上文通字之義也。化則變通自在矣，不必援佛語，同化，非遞迭之語。（〈大宗師〉）

若歌若哭　若歌若哭、謂其音甚哀也。此未及力弱聲微矣。且哭豈必微聲哉。（〈大宗師〉）

此以爲條目之「同則無好、化則無常也」、「若歌若哭」，一如前文之例，也是《莊子》原文的引述。其下的文字，則是履軒的論述。雖此處所舉之例，乃異於前者諸敘述方式。即履軒於其所批評林希逸《莊子口義》的文字，並未引述及之，而於其論述中，指陳林氏注疏之非。如「不必援佛語」的指陳，乃針對林希逸《口義》所述「便是禪家面壁一段公案」而發的。又「此未及力弱聲微矣。且哭豈必微聲哉」的敘述，則以林氏所說的「若歌若哭者，力弱而其聲微也」爲說。此履軒指陳林注爲非的敘述方式之五。

檢尋履軒《莊子雕題》全書，其批評林希逸《莊子口義》的敘述方式，如上所述的，有

(一)未引《莊子》原文，僅略述林注而批評其脫誤。

(二)以《莊子》原文爲條目，其下空一格，究明《莊子》文義，繼而指陳林注的謬誤所在。

(三)以《莊子》原文爲條目，其下以小字的「注」字引述林注，繼而指陳林注的錯誤所在。

(四)以《莊子》原文爲條目，其下以兩行小字夾注的方式，引述林注，而後指出林注的缺誤。

(五)引述《莊子》原文，其下雖未引林注，而於文義敍述中，指出林注之非。

五類批評林希逸《口義》爲非的敍述形式。至於履軒指陳《莊子口義》爲誤的內容爲何，玆敍述於後

(一)以莊解莊

注即孟子所謂旦晝所爲云云。此與孟子異科，孟子旦晝所爲，指其不善也，莊子接構心鬥，合善不善而無擇，不得相比擬。

讀莊子只以莊解之可也，切不當引論，孟作據焉。後學愛莊子者，往往欲推之納於孔、孟域中，故不免牽強之過也。殊不知大本殊異者，枝葉雖有相肖者，竟不得合爲同木也。他並倣此。（〈齊物論〉）

林希逸以《孟子》「旦晝之所為」（〈告子上〉）訓解《莊子》「與接為構、日以心鬥」之義。即援儒入道，以為儒、道亦有相同旨趣，相互映照的義理。但是履軒以儒、道原本異科，即便偶有相合的意趣，也不得援引作為同義的證據，唯有以莊解莊，乃能究明《莊子》思想的眞義，否則便牽强太過，附會太甚。實則，不僅不宜以儒解莊，若以佛、老解莊，履軒亦以為穿鑿之說。其曰：

> 而已反其眞　以死為眞，自是異端之通言，總是羨死願從之意。注援偈失竅。（〈大宗師〉）
>
> 彼遊方之外者也云云　注釋氏所謂世間法、出世間法也。　方猶禮法也。如釋氏世間，出世間，蓋就其術中分二法也。與此不合。（〈大宗師〉）
>
> 注此老子禮以强世之意　老子强世之說，與此無涉。（〈大宗師〉）

所謂「援偈失竅」、「釋氏世間、出世間，蓋就其術中分二法也，與此不合」，「老子强世之說，與此無涉」等，清楚地瞭解履軒不以佛、老解莊的主張，雖《老、莊》頗有淵源，又《莊子》與佛家思想亦有暗合者；但是三者的義理發用亦未必玄同。如《莊子》所謂的方內與方外之遊，則未必是佛家所指稱的入世與出世之法。又〈大宗師〉的「惡能憒憒然為世俗之禮」，是提出人未必非執著於親友死而必須哀慟守喪不可的思想。至於與「老子禮以强世之意」是否相涉，則未可知。故履軒以為不可以佛、老疏解《莊子》的思想。至於林希逸何以援儒入道而對於《莊子》文義的疏解，有殊多誤謬。履軒以為：

> 鬳齋竟不失儒者氣象，故往往不得莊子口氣。（疏〈齊物論〉「俄而有無矣」林注）

注人事盡而天理見，莊子以其所見，離天於人，而注家以理學合人於天，何謬。（〈大宗師〉）

其天機淺　天機者、其所謂天眞耳。機字存形容，又與宋儒天理異，不得湊合作解。（〈大宗師〉）

儒、道的宗旨，原本殊異，然林希逸卻「湊合作解」。探究其注解的本義，蓋以林氏的思想乃以儒家爲宗。王阮亭居易錄云：「鬳齋爲林艾軒理學嫡派，而詩多宗門語。」⑤故其注釋《莊子》之書，每多用《論、孟》等儒家典籍或宋儒理學以理解《莊子》文義。故不免有牽强而未盡切合的解釋，而招致「注家以理學合人於天，何謬」等批評。甚至有「莊子之放言，豈得援周，孔大教相釋哉。鬳齋每有是癖」及「莊之異於儒，開卷至末尾皆然，何特是章，亦何必論焉。鬳齋本有助莊意，故時時舉其異，乃所以護之，可厭可厭」⑥的譏斥。

履軒既提出「以莊解莊」的主張，其於批評林希逸《口義》的文字中，又有辨章學術流派及其宗尙的論述。其曰：

所謂道家，是當時黃冠一流，服食方術之學，雖祖老子，亦自不同，非直指老莊。所謂佛家，是禪學，佛即大惠之徒，常以死生爲話柄者，非直指瞿曇立法之初也。宋時禪學盛行，故學者所闢，皆禪學矣。凡稱佛子，佛道，皆是好佛者，乃把達磨以前諸說遮掩圖解免，事失條理，未違問當否。（疏〈德充符〉「仲尼曰，死生亦大矣」）

即清楚地拾出道教與道家之別；佛家與禪學有異，道教雖祖師老子，而主於「服食方術之學」，不但與標示「道德」的《老子》有別，亦迥異於倡齊物論、遊逍遙之域的《莊子》。至於佛家的離苦與禪學的成悟，其人生困境的提出與對應之道的探究自然不同，固不能混道教與道家、佛家與禪學為一說。履軒之所以釐析學術宗派的分野，乃與其「以莊解莊」的主張，有相同的用心，蓋唯有復歸各家原貌，才能究明其真義。

### (二) 求諸史實，以為考辨的依據

容成氏大庭氏云云　注或出於莊子自撰云　大庭氏、祝融氏、左傳諸書明載，其號必非後人撰出，其餘七氏蓋亦相傳之言耳，雖真偽不可知，必非莊子自撰矣。(〈胠篋〉)

林希逸《莊子口義》曰：「十二個氏，只軒轅、伏羲、神農，見於經，自此以上，吾書中無之，或得於上古之傳，或出於莊子自撰，亦未可知。」是林氏以未見於經書所載之九人，或上古傳說，或莊子杜撰的人物。然則履軒求諸《左傳》諸書，大庭、祝融二氏既載記有之，固不得為莊子自撰。由此以推，其餘七人，皆古來口耳相傳而可知者，雖存在的真實，尚待考證；而七人之名權輿於《莊子》以見知者，則未必。又

注自無諸以來，方見於漢云云，無諸之前，當猶草昧，可也。　句踐之後，無諸以前，百有餘年，皆為王，不可謂無聞。無諸又復為王而經世，何異於王者之葬哉。註說無當。　夷俗雖陋，王者百餘年，何必草昧，且漢初復王，至武帝又百年有國者，何得無王者之葬。(〈胠篋〉・同上)

則履軒以為「自句踐之後，無諸以前，百有餘年」，史書載記，固有其事，自不能謂吳越一帶為文明

未開的草昧之域，又林希逸曰：閩地出土物中，有「銅鐵所灌，意非有國者之墳，不然書籍所載，閩之上無聞焉。」（同上）履軒考諸史事，以爲「無諸又復爲王，……至武帝又百年有關」，其有王者之葬，必也。雖閩地方志之類的書冊不錄此事，亦不能謂至漢武帝百餘年間，吳越之地無王國的存在。此履軒求諸史實以考正林注之謬的論述。

## (三) 校訂缺誤

以國量乎澤若蕉　七家，蓋有錯誤也。注妄作解，不可從。雲土而夢作乂，功之早晚也。玄與纖與縞，是三物，非玄縞皆纖也。即曰玄縞纖亦可，皆非此文之例。　此宜言死者以澤量，國中茗蕉。慮齋到錯文闕誤，諸艱澀難讀處，輒以文法嚇人，謂爲奇爲妙，亦其一癖，讀者愼勿受其誑。（〈人間世〉）

林希逸以此句「本是若澤蕉」，「卻倒一字曰澤若蕉」，是「作文奇處。」但是履軒以爲《莊子》此句宜與《荀子》〈富國篇〉之「以澤量」相同，是《莊子》之文爲錯簡，亦即有缺謬；而非行文有何奇妙的所在。又

然而至此極者、命也夫　子來是語，鄙甚哀極矣，雖終歸之命，亦無奈何之癡想耳。莊子豈特撰此等語，以汚巉大宗師哉。蓋此下本有子輿啓發至言，而脫之耳。凡卷末多脫漏者，古書之恒例矣。慮齋不之覺，輒稱奇贊妙，極力回護，不知何益。莊子有靈，其必絕倒欲活。（〈大宗師〉）

林希逸以爲「自然之理在於天地之上，命者自然之理也，是所謂大宗師也。」即以儒家之「天命」理

解《莊子》的「大宗師」，而謂理在天地之上。但是，履軒以爲「所謂大宗師，以造物爲師」（〈大宗師〉解題），即以天地爲「大宗師」，就思想的義理層次而言，是理上有天，與林氏所理解的不同。故履軒以爲「子來之語鄙甚，……莊子豈特撰此語，以污衊大宗師」，是「子來語」之後，必有脫文，而林氏不知，故批評林注失當。亦即，若卷末未有脫文，義理之疏解當不致有謬誤。此履軒考校《莊子》脫衍，以糾正林希逸《莊子口義》缺失之所在。

探究履軒之所以嚴厲批斥林希逸注誤謬的原因，或在反省日本江戶期以來根據林注以理解《莊子》的因循不前。是以雖據林氏《口義》之段落以釐析各篇的章節條目；但是於義理的疏解，文義的訓詁及脫衍誤謬的考校，則如讐家相對，峻嚴地闢斥林氏之非。是故履軒之批評林注，固具體地說明江戶期《莊子》研究之流衍，即既已自林氏《口義》超離出來，逐漸地能提出自己對《莊子》的看法。再者，履軒於批評林注中，所提出「以莊解莊」的見解，即不以儒家思想加諸《莊子》思想的探討，如此乃能究明《莊子》的原貌，正確地闡述其眞義。此一主張，蓋可反映日本江戶初期以來，程、朱學立爲官學，儒學獨尊而導致諸子思想及史學探討不振的積弊之現象。換而言之，履軒「以莊解莊」的提出，不但可以說明江戶學術的流衍，而且摒棄儒學獨尊之陳腐，乃可以顯現各家學術的精彩，亦即履軒固有開放性研究學術，俾經傳、子、史並行發展的用心，於其批評林注的字裡行間，可以推敲而知。

## 四、指陳《莊子》的缺誤

《莊子》外，雜篇中有後學僞撰而羼入者，前人既已詳論有：中井履軒的《莊子雕題》，亦有糾謬匡正的論述。如

可謂莊生之疎處，豈言虛辭，自不免於疏漏耳。（疏〈天地〉「請祝聖人云云」）

以之謂混冥……以上數節類囈語，無佗，是莊生之所短，故文字亦無光輝，似屑然應需者。（〈天地〉）

動無非我之謂治，無非我謂自得也　此類是莊生短處，其實無所見，徒撰出語言，以備員也。是故字句均疏，使人思睡，殊無英發醒人者，讀莊子者，尤不可弗知也。（〈庚桑楚〉）

或以《莊子》文辭疏漏；或指出《莊子》所述虛誕不實；或以《莊子》的議論，毫無精警之處，故提示門弟及後學之「讀莊子者，尤不可弗知也」。明治三十一（一八九八）年寺町雅文跋《莊子雕題》亦曰：「（雕題十卷）識見卓絕，嶮處不易所其所眩，易處不更深求焉。可謂彼使其不易解者易解也。」即就履軒平實簡明以訓解《莊子》文義，析辨荒誕不經，「誕還其誕、妄還其妄」⑦，而不加回護。或有疏漏誤謬者，亦翔實考辨，終能釐析《莊子》的文義，除此之外，履軒指陳《莊子》缺誤者，尚有以下數端：

### ㈠　蔽於天而不知人

以《莊子》思想乃「蔽於天而不知人」者，是《荀子》所提出的，履軒則具體地說明《莊子》如何「蔽於天」，如何「不知人」，進而以爲《莊子》的思想是天人不相接的。其曰：

注莊子亦是憤世疾邪，而後著此書，其見又高云云　莊子過當處，由見高而生也。見高，以不知至道而駕空也。然則其高非實高也，妄也。聖人之高猶喬木之杪，沖雲霄也。異端之高，猶紙鳶乘風也，無本而在上也。甚高妄也。（疏〈駢拇〉「余愧乎道德」）

其「高」者，「猶紙鳶乘風」而戾天也，是履軒以爲《莊子》所尙者是「天」。唯其以《莊子》之高，是「不知至道」，即「無本」，亦即不知人之所以生存於人間世的至道，故其高是「駕空」的。亦即天人是不相接的。所以，履軒曰：「莊子以其所見，離天於人」⑧。至於《莊子》如何「離天於人」，履軒論述曰：

禽獸成群，草木遂長云云，同與禽獸居云云　野蟲近室則蛇虺必多，狐兔成群則豺狼必至。烏鵲巢多則鵰鶚必來，是自然之勢。其害豈不中人哉，草木盛長，禽獸逼人，是聖人所惡也。莊生蓋億度想像其美耳，不實踐其地，故不知其害也。凡老莊欽羨太古之無事者，皆是之類。假令一踐其地而嘗其害，則必悔其言者，猶葉公之龍云。（〈馬蹄〉）

即以現實事象以批評《莊子》所謂上古自然無事，是虛構的理想國。故履軒曰：「意料想像撰出方驗耳，要之空花非實際。」⑨亦即未能落實於人間世的生存之道，即便高標天道之妙，上古自然之美，亦如空中樓閣，無能攀援而及之。

### (二)不合史實年代的論述

易嘗不法聖人哉　夫齊國、聖人之禮樂刑政掃地而盡矣，故有盜臣田氏興焉耳。其宗廟社稷既失其禮，則亦非聖人之法矣。助徹之法已廢，而什征二三，則五畝之宅，豈獨存焉。伍法興而鄰保之制廢矣，則是州閭鄉里，豈有復聖人之法哉。

履軒以爲田陳簒齊後，宗廟社稷之禮法盡失，齊國豈復有聖人禮樂之法。具體而言，「助徹之法」既亡，什征之制何能獨存，又鄰保守望之制已廢，鄉里鄰居豈能相助，是故《莊子》所謂「聖人之法」滅昧於事實，未能確信。或爲後學假託莊子之名的僞作，後世不察，眞僞夾雜，蒐輯成《莊子》一書。諸如此者，尚有逐於州郡　莊生之時，恐未有州郡之稱也。亦是僞文破綻。（《達生》）則清楚地指出僞作羼入的現象。此履軒以《莊子》所述有不符史實而可議的所在。

履軒《莊子雕題》的批評色彩甚濃，探究其原因，蓋以是時反徂徠⑩的風潮流行，履軒採己身所作《非物繼聲篇》（三十五歲時作）及其師五井蘭洲《非物篇》、其兄竹山《非徵》（作成於履軒三十六歲時）的批判性筆法，於十數年後，用於《莊子雕題》的注釋。至於履軒嚴厲地指陳林希逸《莊子口義》及《莊子》原文之缺誤，固反映江戶研究《莊子》流衍的演變之勢，亦可以窺知其「以莊解莊」，究明《莊子》原貌，進而正確地理解《莊子》眞義的用心。

## 五、《莊子雕題》的義理疏解

中井履軒《莊子雕題》於《莊子》義理的疏解，主要用心於「齊物論」篇思想的闡述。或提出人各有分際，各得其所的平等觀，或以爲隨化而安閑自在的自在說。或分別「以明」與「照天」爲上、下兩層次，而架構其「和之以是非」的詮釋系統。茲分述於下。

㈠**平等觀**——履軒以爲：「莊子之意，憎賢不肖之分峙。」⑪即以爲《莊子》所論，原本不在於賢與不肖的分別，亦即人人各有分際，不以天資的聰明與昏愚而作存在價值的判準依據。至於履軒如何推衍《莊子》的平等觀。其曰：

> 成心，就現成人品舉其心也。人雖知愚之相敻也，亦各有智慮，能分別是非黑白矣。師此心而行，可也。（疏〈齊論物〉的「夫隨其心而師之」）

即天生才性是人的定分，雖有知與愚的分別，但不論是聰知者，或魯鈍者皆能作思維的活動。故就人人都有其思維方式而言，則知愚皆一。即皆有其生存於天地間的存在價值。是故，履軒曰：「凡人隨分竭思慮，費考索，亦自有稽古，亦自有經歷，各有一定見識。⑫」即在說明人人各有分際而皆各得其所的意義。至於存在價值之肯定，究竟有何意義，履軒曰：

> 通物，使物各得其所。（疏〈大宗師〉的「故樂通物」）

天生才性本來有別，然終究由是而衍生高下的分別，是非的判準，進而以之而相彼相非，爭亂不止。若能因其所是，安其所處，以通人我，則人間世乃能圓滿和諧。此履軒以人各有分而皆能得其所在的平等觀，來解釋《莊子》通人我而逍遙遊於人間世的思想所在，至於如何通人物，即「通物」的形上根據所在為何，履軒則提出了隨化而自在的見解。其曰：

化則變通自在。（疏〈大宗師〉的「化則無常」）

所謂「化」者，一般以為是天道自然的無窮衍化，但是履軒則以為「物自化亦在吾陶鈞上，非物自能然。」⑬即不以「化」為萬物自然循環不已之意，而就主宰意義說，以為「化」是「隨機適變，無一定之方」。⑭即以隨物適變以為應世之方，由於隨化適變，不執不取，故能「變通自在」。至於隨化的對應對象為何，履軒以為：

莊子只欲不受外役，安閑自在而已。（疏〈齊物論〉的「不亡以待盡」）

即不為所役的「外物」。而此所謂的「外物」，則是是非得失與死生禍福的人生兩難困境。對於「是非得失」的對應，履軒曰：

化物者，為物欲所誘而汩沒焉者也。其本在我身上，有一箇不化融者，知識也。棄去是不化的，則自不化於物矣。（疏〈則陽〉的「日與物化者，一不化者也」）

所謂「知識」，是認知的我執，即定著於我見為是的彼我是非，不能圓融化解，故汩沒於相彼相非的爭執而不得安閑自在。倘能隨化順變，因彼所是，既然存在，即有存在的根源依據，則「變通自在」，其樂無窮。再者，對於「死生禍福」的對應，履軒則曰：

天之所以劫制人者，唯禍福矣，而死生為禍福之主。人安死生而不哀樂焉，天安能劫制之，縣謂繩索之劫制人者，如倒懸之懸，帝之懸解，則百自在矣，千自在矣。（疏〈養生主〉的「是謂帝之懸解」）

人之所以會如倒懸式的生活著，乃在於有避禍趨福的祈願未必應驗與哀死樂生的執著。履軒以為「人能安於死生而不哀樂」，倒懸自然開解，則安閑自在，是故隨化順變，則既無死生禍福之憂，又無相彼相非的爭執，終能千百自在的優遊逍遙。至於優遊之場，亦在眾人所生存的人間社會，故履軒說：

> 棄世仍是避世，然不必深山幽谷而後避世。（疏〈達生〉的「其為不免矣」）
>
> 譬世亂而避於海濱，聖人豈其然乎。（疏〈知北遊〉的「聖人遭之而不違」）

即安閑自在的場所，並非「深山幽谷」，人煙罕至之所，縱使適值亂世，也非「避於海濱」演而冀求倖免於禍害的苟且避世，故知履軒以為《莊子》的逍遙，乃是隨化順應的安閑自在，而優遊之場，則是天地之間的人間社會。而履軒的大自在，亦在大阪南本町，其所居處的「華胥國」的「天樂樓」。在「天樂樓」中，履軒以為「善解莊子者，噫千載其有一幽人而知之」。⑮何以履軒如此自負，自許為千載下，異域的莊子知己。蓋在於其所理解《莊子》的詮釋系統。履軒曰：

> 以明謂去彼此畛界，至明燭之無彼此，斯無私心，則是非自定。（疏〈齊物論〉的「莫若以明」）

意謂「以明」者，乃在化除人我之間的是非，以無相彼相非的分界，故真是非乃現，而人我是非自然泯除。再者，

> 照天與上章以明稍異。以明以定真是非也。此又說一上層，是沒是非也。

則分明將「莫若以明」與「照以天倪」區別為上下先後兩個層次。即以「以明」為作用，而「照以天

倪」爲本體。換而言之，「以明」是消弭既定的是非制準及由之衍生的相彼相非之紛爭。然則「以明」固然能「定眞是非」，但是必也「照以天倪」，即因於天的「沒是非」，「以明」所去除的是非，才是「眞是非」。「由此以明」與「照天」的分別意義之詮釋，履軒架構了其對於「齊物論」的義理系統。

凡有見於道理者，皆不能明淨。我若明淨矣，世間無能對當焉者。則雖辯之，將不聽，故曰辯不若默。（疏〈知北遊〉的「明見無値，辯不若默」）

履軒所謂的「道理」，即人間世所存在的既定判準，其意以爲凡陷溺於我見爲是的執著，則人間世不得澄淨。若因之「以明」，則是非自泯而無論辯的紛爭。又

物物者，與物無際。我與物齊，則物與我有際。我超然立乎物之上，則物皆囿乎我之懷袖。（疏〈知北遊〉的「物物者與物無際，而物有際者，所謂物際者也」）

「我與物齊，則物與我有際」，即有人我分別的分界，至於「物物者，與物無際」，則是，「以明」而分別的泯除。再者，「我超然立乎物之上」，則是「照以天倪」，以沒有是非，故人我共通，人間世圓滿地融合。又

不明於天者　不明於天，不通於道，分明是兩件。（〈天道〉）

即釐然地將「天」與「道」判別爲兩個層次，故知在履軒的詮釋系統中，「照以天倪」是「天」，「莫若以明」是「道」。而且「不明於天，不通於道」，則「天」是「體」，「道」是「用」。亦即道

之爲用，以消弭既定是非而「定眞是非」，是應世之方。天之爲體，以天無是非的分別，故爲「定眞是非」的形上根據。然則此天體道用的義理詮釋之終極旨趣，則在人間世的和諧。履軒曰：

> 聖人和之以是非云云　言聖人休乎天均，無彼此、無是非。然其應乎世也，因人有是非，亦立是非以和之耳，猶朝三也，即因是也。（〈齊物論〉）

意謂雖以「休乎天均」的「無彼此、無是非」爲體，唯其作用仍然在人間世的對應，即以「天倪」之照映因循，進而「以明」爲用，雖「朝三」或「朝四」之作有異，而「兩行」皆可。其終極則在「和之以是非」，即肯定人各有分，各得其所之存在價值，進而是非無辯，人我共通。茲以圖示履軒的義理詮釋系統：

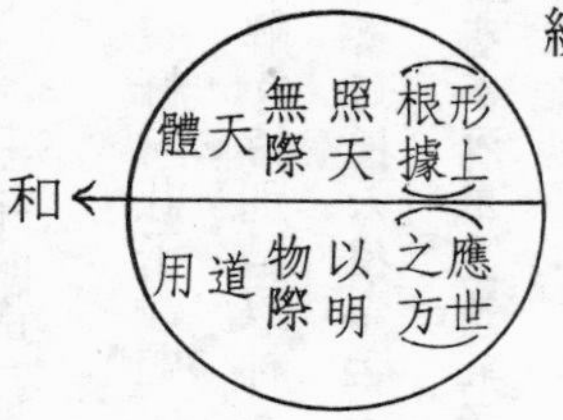


即履軒雖以「以明」與「照天」架構「齊物論」的義理系統，然則其所關懷的，仍然是人間世的人我和諧的問題上，故其以爲《莊子》之「齊物論」，乃以人間社會之有是非紛爭的反省爲始，進而提出「以明」爲應世之方，「照天」爲應世之方的形上根據，而展開其論議。然則，泯除是非之爭，由「

物際」至「無際」的探討，其終極乃在人間世之人我共通，物我為一的提出。亦即〈齊物論〉的終極，乃在人間世的圓滿和諧。

## 六、《莊子雕題》之可議者

中井履軒《莊子雕題》的批判性色彩濃厚，由其對林希逸《莊子口義》與《莊子》的駁斥，可以清晰地理解。特別是以林希逸援引宋儒理學解釋《莊子》思想為最大的誤謬，而大肆批駁。如

> 鬳齋好援六經語孟而湊合焉，皆非。（〈天運〉）

> 鬳齋歹以舉業讀莊子……性與自然不同，理與順不同。（〈繕性〉）

即以林氏援儒入道為非，又宋儒所謂性理與《莊子》所謂自然，順隨有異，自不能援引作據。換而言之，履軒乃主張「以莊解莊」，即直探《莊子》眞義而不多方援引為說。雖然如此，檢尋履軒《莊子雕題》的注疏，仍不免引述儒、佛之說，以解釋《莊子》之意者。如

> 幸能正生，以正眾生。生是生業之生，謂其身處於世者也。……佛經所謂眾生，即眾人也。文字蓋本於此云。（〈人間世〉）

> 成然寐、蘧然覺　成然寐，謂今就死之安也。蘧然覺、料轉生之後也。（〈人間世〉）

此「佛經所謂」云云，即以佛家用語相比為類。是履軒缺失者。又「蘧然覺，料轉生之後」的解釋，則取佛家轉世輪迴之說，《莊子》書中但說「安時處順」，又何嘗以轉生為生死觀。又

> 無古無今、無始無終　法太極，其理不違，然莊生口中無太極兩字，文字宜避。（〈知北遊〉）

即以《莊子》所謂的無古今始終與宋儒的「太極」之說相類，唯《莊子》並不說「太極」，故以爲林希逸的注疏用字不夠審慎。然則，

> 所謂根者，即儒者所謂太極，是也。（疏〈知北遊〉的「今彼神明至精……莫知其根也」）

即以《莊子》所謂的「神明至精」的根本，與儒家所說的「無極而太極」之意相同，如此，同爲一篇的注疏，且同一意義的解說，或以林氏注爲失當；或自己引用爲說。則履軒之注不免自相矛盾，又其疏解《莊子・齊物論》的形上根據，

> 意謂生與死是二物，而其有待，則一。……其待者，待先天生者也，是太極之理而未有太極之名。（疏〈知北遊〉的「死生有待邪，皆有所一體」）

> 雖天地之大，不能踰太極之域也。雖秋毫之小，亦必得太極以成其體也。（疏〈知北遊〉的「六合爲巨，未離其內。秋毫爲小，待之成體」）

前者以「安時處順」的死生觀之形上根據，是「先天地而生」的「太極」。則「太極」乃在天地之先而有，後者，則直言天地萬物之巨細皆在「太極之域」中。如此，前者是就形上根據的義理說；後者是就自然生成說，而無論是「理」或「自然」，「太極」皆先天地而有。此太極爲天地生成的根源主宰，豈不是宋儒周、朱學說的因循嗎？故雖然履軒批評林希逸援儒入道爲非；但是一旦探究天地生成根源，欲於天地之上加一層說時，仍不免於己身所學的儒學淵源之援引爲說。若林希逸有引宋儒之說

以注《莊子》之缺失，履軒亦不免於此弊。

## 七、結 語

《莊子雕題》凡十卷，爲中井履軒在安永九（一七八〇）年，四十九歲前後，作於其所居「華胥國」的「天樂樓」。全書大抵以批評林希逸《莊子鬳齋口義》的注解，進而展開其對《莊子》的見解爲主。綜觀其評議，固有仔細推敲《莊子》文字的訓義，而不作虛妄的引申。亦有求諸史實，以考辨《莊子》章節眞僞的考證文字，然則履軒最具用心的是不以儒、佛之義疏解《莊子》思想；而主張以莊解莊，探究《莊子》眞義。至於《莊子雕題》的義理疏解，則以「隨化爲安」爲《莊子》的主要思想，更以「以明」與「照天」架構其疏解〈齊物論〉的詮釋系統。固可見知其對《莊子》的會心。

履軒之駁斥林希逸《莊子口義》，雖不免有偏執太甚的缺失。惟其不穿鑿附會，曲爲疏解，又不屈就儒家思想是尙的時尙，轉而主張「以莊解莊」，以爲《莊子》思想亦足以應世。則反映了日本江戶時代研究《莊子》的演變。換而言之，履軒之批評林希逸莊子注，乃脫離以林注理解《莊子》思想的莊學傳承。再者，不以《論、孟》加諸於《莊子》思想的詮釋，乃程、朱之學立爲官學以來，儒學獨尊而導致學術衰微不振的開放性反省。是故，中井履軒的《莊子雕題》雖批判性色彩濃厚；但是有其反映學術思潮及如何探究《莊子》眞義的見解提出，故誠值得探究，進而作適切評價。

## 【附註】

①此年譜參考西村天囚《懷德堂考》所附「懷德堂年譜」及井上明大「竹山、履軒略年譜」（收載於加地伸行編著的《中井竹山、中井履軒》）

②採近藤南洲手寫本。（收載於嚴靈峰所編的《無求備齊老列莊三子集成補編》四七）

③翻檢履軒的《莊子雕題》，其所謂的「據林希逸口義」者，即以林希逸《莊子口義》爲底本，無論是篇卷的分合；或章節段落的區分皆然。

④履軒之作眉批者，多用以文字脫衍謬誤的考證。如「二力字恐刀字誤」（〈養生主〉）、「莊子因乎作乎，似可從」、「其脫肩肩之脫、脫誤」、「禮下有落字」（〈人間世〉）。至於夾註，則多針對林希逸《莊子口義》而言，如「注夫子所依行者，方外耶，方內耶，謬矣」（疏「大宗師」的「然則夫子何方之依云云」）。又「注侔、合也、非」（疏〈大宗師〉的「而侔於天」）

⑤語出《宋元學案補遺》卷四十七，清馮雲濠的案語。

⑥「莊子之放言」云云，履軒疏「德充符」的「莊子曰道與貌，天與之形」云云。「莊之異於儒」云云者，疏〈應帝王〉的「曾二蟲之無知」。

⑦疏〈天地〉的「去而上僊」。

⑧疏〈大宗師〉的「天知有所待而後當，其所待者，特未定也」。

⑨疏〈在宥〉的「神動而天隨」。

⑩ 日本江戶時代，有以荻生徂徠（一六六六～一七三八）爲宗師的古文辭學派。排斥程朱之學，批判伊藤仁齋的古義學，而以古文辭的研究，即以究明經書之文義爲宗旨。徂徠門下有太宰春台，服部南郭知名，頗能傳授徂徠之學，致取代仁齋古義學而盛行於元文（一七三六～一七四一）至寬延（一七四八～一七五一）年間。雖然如此，由於徂徠學派不以道德修養爲尙，故徂徠、春台、南郭沒後，英才不出，門人既無經術之學，文章辭采之才，又乏道德修養，以致招致非議，一時反徂徠之風盛行，如五井蘭洲的《非物篇》、中井竹山的《非徵》、中井履軒的《非物繼聲篇》出，批判徂徠之學。

⑪ 疏〈在宥〉的「舉天下以賞其善者不足，舉天下以罰其惡者，不給」。

⑫ 疏〈齊物論〉的「未成乎心而有是非」。

⑬ 疏〈在宥〉的「汝徒然無爲而物自化」。

⑭ 疏〈田子方〉的「其應物也不窮」。

⑮ 疏〈天地〉的「同於大順」。

# 山公啓事

江建俊

## 提要

山濤於竹林七賢中年德最長，於諸賢多所提攜。具長才廣度，且慎默尚揣時勢，甚得司馬氏所倚重，尤其於入晉後，歷任要職。其中以十二年的吏部尚書職，在任既久，最見成績，為世所艷稱的「山公啓事」，可稱得上是吏事的典範。其特色是給被提拔者予恰如其分的題目，且能為官求人，因材適任，故所選周遍百官，而無徇私。本文首先敘述山濤主持吏部之始末，標出其過人之「度」與「識」，及其「清」德。次序「山公啓事」的特色，從太平御覽、藝文類聚及世說新語注、全晉文等廣搜「山公啓事」遺文，歸納釐析其用人任官的原則，並時與晉初政局相對應，始知其用心之苦。末段則予評價，以見出其起用才德以穩定朝局所做出的貢獻。

## 一、山濤之主吏部

據《魏志．王粲傳》裴松之注引〈山濤行狀〉言：「濤始以景元二年除吏部郎。」這次任命，曾橫生一些枝節，此事件之始末爲：山濤接到任命時，曾打算舉其友嵇康自代，未果，次年，也就是景元三年，山濤復由吏部郎遷散騎常侍，嵇康深怕他又故伎重演，再度推薦他，乃先發制人的寫了一封「絕交書」來拒絕。結果因爲書中有一些激烈的字眼，觸怒了司馬昭，而惹來異日的殺身之禍，此本山濤始料未及者。

此爲山濤首次掌管銓選之職，自爾締下異日與選用事務不解之緣，然山濤初任吏部郎僅二年，猶未見其政績。及泰始四年，以得罪賈充黨，而出爲冀州刺史，在刺史任上，他卻將過去吏部郎歷練派上用場，而極有成效，本傳曾推許言「冀州俗薄，無相推轂。濤甄拔隱屈，搜訪賢才，旌命三十餘人，皆顯名當時，人懷慕尙，風俗頗革」，此已展露其舉拔人物之長才。

在他六十六歲左右遭毌安喪，本傳說他「居喪過禮，負土成墳，手植松柏」，大約孝名遠播，武帝認爲他足以敦勵風俗，所以起用他爲吏部尙書。據〈晉起居注〉云：

武帝泰始八年詔曰：議郎山濤，至性簡靜，凌虛篤素，立身行己，足以勵俗，其以濤爲吏部尚書。

山濤本傳所載詔書略異，其言曰：「吾所共致化者，官人之職是也。方今風俗陵遲，人心進動，宜崇明好惡，鎭以退讓，山太常雖尙居諒闇，情在難奪，方今務殷，何得遂其志邪！其以濤爲吏部尙書。」前後二詔書，或以任令發佈後，山濤以守喪未滿而堅持，帝再下詔，迫其上任耶？據山濤本傳言濤「辭以喪病，章表懇切」，可知確曾再三推辭，故此令就稽延未履新，直到泰始十年（西元二七四年），武元楊皇后崩，濤「扶輿還洛，逼迫詔令，自力就職」，時濤已服滿，而年已七十矣。從泰始十年起算，至太康三年（西元二八二年）拜爲司徒，共居選職九年，本傳言濤「再居選職十有餘年」，不知其根據何在？或以泰始八年發佈任用令即起算邪？或包括吏部郎及冀州刺史時之甄拔賢才邪？

本傳載山濤主吏部後，「前後選舉，周遍內外，而並得其才」，誠吏部之佳選也。至於武帝之以山濤掌吏部，是否有特殊考慮，誠如徐高阮〈山濤論〉所言：「山濤晚年在晉朝特別被要求長期主管吏部，也許最足以顯示他在小族份子中的地位。世族得勢的政府卻不能不用一個典型的小族人物在一段長時期裡一直掌管這控制官吏進身和升降的部門，足以表示那個政府不能不顧到非世族份子的願望。」不論其言有當否，然山濤確實是位持重、有眼光，爲難得的稱職之吏部尙書。《世說·政事》載：「山公以器重朝望，年踰七十，猶知管時任」，其被倚重，實其來有自！蓋吏部尙書典選舉，掌人物，是政治上成務的關鍵，晉武帝屢次任用選曹，皆十分愼重，大要以「忠恪寡欲、抑華崇本」（太康四年詔）「周愼敬讓、以道素自居」（晉起注引太康詔）「忠正舊德」等爲標準，也就是說官人者，其持身須「正」，乃能黜邪肅俗，淨化人心；尤其須「清」，才不被人情包圍，接受賄賂，造成所舉非人，野有滯才之憾。除此之外，還要有「度」與「識」，唯器量寬廣，乃能容納異己，賞拔奇尤，反之則嫉才之勝己，每壓抑眞才而舉用昏庸；至於鑑識力，乃是發現人才的眼光，就如伯樂之相馬，取其神駿，能燭之以至明，不眩於形貌，不惑於聽聞，亦不出乎主觀愛憎，這樣超奇者及有被驚識之一日。所謂「登明選公」即此也。首先，語及「清」，像王隱「晉書」所載：

鄧攸遷吏部尚書，牧馬於家庭，妻息素食，不受一錢於人，當時清淨，內外肅然。

又「傅咸集」表云：

昔毛玠爲吏部尚書，無敢好衣美食。

此爲清正之典範，而山濤即俱備「清虛履道」、「貞愼儉約」之品德。在司馬昭主政時，即曾與濤書曰：「足下在事『清明』，雅操邁俗，念多所乏，今致錢二十萬，穀二百斛」，此或以濤清正而貧乏，得蒙賞賜以補之。《世說·言語篇》亦載：

晉武帝每餉山濤恆少，謝太傅以問子弟，車騎（玄）答曰：「當由欲者不多，而使與者忘少。

此處言及山濤「欲少」，即是「寡欲」，唯寡欲能恬淡無驕淫之失，如晉書本傳載山濤「雖爵同千乘，而無嬪媵，祿賜俸秩，散之親故」，及其死，祇舊屋十間耳，可見其「清儉」之風，足以化貪奢之習。本傳又載其不接受賄賂之事云：

初，陳郡袁毅，嘗爲鬲令，貪濁而賂遺公卿，以求虛譽，亦遺濤絲百斤，濤不欲異於時，受一藏於閣上，後毅事露檻車送廷尉，凡所受賂，皆見推檢，濤乃取絲付吏，積年塵埃，印封如初。

山濤「不欲異於時」，是說他看到大家都接受，祇好也受了而束之高閣。此固有其圓滑，亦是不自鳴清高的美德。而清介不苟，則有目共睹。《魏氏春秋》稱其「通簡有德」，而《晉陽秋》則稱其「心存事外」，皆指其平居簡易，外物不足以惑其心，故能常保「在事清明」也。

檢閱山濤生平，唯有一事有悖於「清」節，其事始末見晉書「李憙傳」，傳載李憙上言：

故立進令劉友、前尚書山濤、中山王睦、故尚書僕射武陔各占官三更稻田，請免濤、睦等官。陔已亡，請貶謚。

〈裴秀傳〉也載「司隸校尉李憙復上言，騎都尉劉尙爲尙書令裴秀占官稻田，求禁止秀」（劉友、劉尙當爲一人）。可見此事牽連武陔、裴秀、山濤、王睦等人。李憙「當官正色，不憚强禦，百僚震肅」（憙本傳），可見其彈劾有據，此事繫於泰始三年。其中祇王睦有貪瀆劣跡，餘三人皆爲一時德望，武帝爲平息此事，竟下詔說裴秀「幹翼朝政，有勳績於王室，不可以小疵掩大德」，「濤等不貳其過者，皆勿有所問，把一切責任推到劉友身上，說劉友爲「侵剝百姓，繆惑朝士」的姦吏，而推正友罪以懲邪佞，並褒獎李憙一番結案。武帝推過下僚，顯然偏袒徇私。山濤涉案，與山濤之清節有悖，故是否爲黨爭，受劉友栽贓而被排擠？或占官田乃常例，被借題發揮，牽連入罪耶？此可爲其出官冀州刺吏及三次辭職之事，找到一點蛛絲馬跡。

至於「器識」此屬先天之德量與智慧，爲內在稟賦，殆未可僞飾者，山濤於此則以「深厚」著稱。首言「器量」，據《世說·賢媛》」載：

山公與嵇、阮一面，契若金蘭，山妻韓氏，覺公與二人異於常交，問公，公曰：「我當年可以爲友者，唯此二生耳！」妻曰：「負羈之妻，亦親觀狐、趙，意欲窺之，可乎？」他日，二人來，妻勸公止之宿，具酒肉，夜穿墉以視之，達旦忘反，公入，曰：「二人何如？」妻曰：「君才殊不如，正當以識度相友耳。」公曰：「伊輩亦常以我度爲勝。」

山濤才或不及嵇、阮，而度量則過之，故能推賢。說到山濤之器量，殆少時已養成，本傳即言其「少有器量」。其後王戎曾目之曰：「如璞玉渾金，人皆欽其寶，莫知名其器」（世說賞譽）此言「莫知名其器」正指器渾灝而無以形容也。《世說注》引《晉陽秋》則言：「濤雅量恢遠，度量弘遠」有「浩然之度」。《世說・賞譽》載王濟向來輕視其叔王湛，直到有一天無意中發現王湛辭采不凡，騎姿甚妙，于是「歎其難測」，有一次晉武帝問王湛之才誰比？濟答曰：「山濤以下，魏舒以上。」可見時人服山濤之高才，但山濤從來不張揚，如其不以談自居，卻連武帝亦歎其爲「天下談士」；其論兵法，談玄理，皆頭頭是道，《世說・賞譽》載：「人問王夷甫：山巨源義理如何？是誰輩？王曰：此人初不肯以談自居，然不讀老莊，時聞其詠，往往與其旨合。」這種高才又深藏不露之德，使其處事從容鎮定，能深謀遠慮，不至於躁競妄動，臨危授命，亦自有章法。司馬昭之倚重他監鄴，立太子事之被諮詢，及護送魏帝下野①，皆以其德望及穩重也。此慎默，旁者看來則是莫測高深，如裴楷之目山濤曰：「如登山臨下，幽然深遠」；世說賞譽注引顧愷之〈畫贊〉曰：「濤無所標名，淳深淵默，人莫見其際，而嶲然亦入道，故見者莫能稱謂，而服其偉量。」袁宏〈七賢序〉亦曰：「山公中懷體默，易可因任，平施不撓，在衆樂同，遊刃一世」，以上皆在說明山濤一直保持慎默穩健、旁通多可的爲政及處事之態度，徐高阮即本之以論山濤在魏晉禪代及晉初政局扮演的幕後最重要的角色，他默默的擔負著重大的政治任務，那麼其在官人任上所做的任何安排，所推薦的任何人，皆有審慎的考慮與規劃，可貴的是其能不著痕跡，令人歎服。

其次族到「識」方面，「識」與「智」有不可分的關係，唯聰明者知見過人，能預見未然，逆知後事而明驗若神。據《晉書》本傳載：

（正始八年）（濤）與石鑒共宿，濤夜起蹴鑒曰：「今為何等時而眠邪？知太傅臥何意？」鑒曰：「宰相三不朝，與尺一，令歸第，卿何慮也。」濤曰：「咄！石生無事馬蹄閒邪？」投傳而去，未二年，果有曹爽之事。

此對政局之敏感，能洞燭機先，具有「遠識」者。本傳注引〈竹林七賢論〉曰：

咸寧中，吳既平，上將為桃林華山之事，息役弭兵，示天下以大安，於是州郡悉去兵，大郡置武吏百人，小郡五十人。……山濤因論孫吳用兵本意……蓋以為國者不可以忘戰。

《世說新語識鑒》亦載此事，並論及「後諸王驕汰，輕遘禍難，於是寇盜處處蟻合，郡國多以無備，不能制服，遂漸熾盛，皆如公言。」可見山濤有睿識，能見人所未見，而謀於未然。至其居於魏晉之際，則能審時度勢，無所標明。其與和逌交，又與鍾會裴秀申款昵，此樂同之性，故不落人把柄，或出或入，去就之間，能憑智識判斷，以做最完善的選擇，而少出差錯，此或為「晉陽秋」所言的「與時俯仰，臧否之士則斥為善揣時勢，「首鼠兩端，所如輒合」（余嘉錫〈世說新語箋疏〉賢媛篇）濤之為一時德望，豈其然邪？

濤之「識」，又見於「知人鑑」中，據《晉書．王衍傳》云：

王衍神情明秀，風姿詳雅。總角嘗造山濤，濤嗟歎良久，既去，目而送之曰：何物老嫗，生寧馨兒！然誤天下蒼生者，未必非此人也。

《郭奕傳》則稱奕少有重名，山濤稱其「高簡有雅量」，稱嵇康的為人「岩岩若孤松之獨立」，向秀傳言「少為山濤所知」，以其於人物之品鑑，先言後驗，故能別清濁，拔隱微、刊虛名、舉沈朴。尤其處於競尚浮華的時代，如何為官舉人，改善風俗，抑華崇本殆當務之急。而山濤正具備「修己以道，弘道以身」，器廣識明的條件，故能做到官不妄授之地步，其被武帝長期倚為官人之任，以「弘訓範、新人倫」，實超越於徐高阮氏所云之「權力分配」，而有追求長治久安的考量。

## 二、〈山公啓事〉之特色

據北堂書鈔卷六十引王隱《晉書》言：

山濤為吏部，前後所選，周遍內外百官，舉無失才，濤所題名目，皆如言。

《晉書》本傳則云：

濤所奏甄拔人物，各為題目，時稱山公啓事。

山公吏事，世所艷稱，號為「山公啓事」，代表官人之學的典範。《山公啓事》隋志載有三卷，唐志作十卷，今多亡佚，賴《太平御覽》、《藝文類聚》等及嚴可均《全晉文》輯存幾十則耳。究竟山濤詮選的特色爲何？據王隱《晉書》云：

濤爲吏部尚書，濤用人皆先密啓，然後公奏。

本傳講得更清楚，其言：

每一官缺，輒啓擬數人，詔旨有所向，然後顯奏，隨帝意所欲爲先，故帝之所用，或非舉首，衆情不察，以濤輕重任意。

就今所存《山公啓事》資料，可以證明「每一官缺，輒啓擬數人」。如《藝文類聚》四十八引一條，言有吏部郎缺，他上啓道：

議郎杜默，德履亦佳，太子庶子崔諒，中郎陳淮，皆有意正人，其次不審有可用者否？

又如《全晉文》所載：

侍中缺……雍州刺史郭奕、右衛將軍王濟，皆誠直忠亮有美才，侍中之最高者。

除郭奕、王濟外，他還推薦裴楷、荀愷、庾純等人（皆見全晉文引太平御覽二百十九）。御覽二百四十五又載：

中庶子賈模遷，缺，東宮官屬，宜得高茂，……今選太尉長史劉粹，光祿長史周蔚，惟加所裁。

他又舉濟陰太守劉儼、城陽太守石崇、琅琊王子繇、隴西王世子越、領兵太守荀寓等參選。

其如太子左衛率缺，他啓擬城陽太守石崇、河東太守焦勝應選。大將軍缺，舉征北大將軍衛瓘、中書監荀勗應選；尙書郎御史、東宮洗馬舍人多缺，則舉太尉掾樂廣、司徒掾劉琚、王瓚，司空掾王正、劉澹，征西將軍掾諸葛□等應選，皆可見其謹愼從事也。而其所舉已經過一番篩選，擇其適任者。濤啓擬數人後，並奏問上有其他更佳人選否？對於所啓諸人，也要先徵求帝意是否可用，如所啓資格皆無問題，經皇上裁奪通過初選，然後禮貌上，先徵詢皇上就所啓擬的人中，屬意於那一個，此從〈淳化閣帖〉三所載得知：

臣（濤）近啓崔諒、史曜、陳淮可補吏部郎，詔書可爾，此三人皆眾論所稱，諒尤質正少華，可以敦教，雖大化未可倉卒，風尙所勸，爲益者多，臣以爲宜先用諒，謹隨事以聞。

明顯地，皇上同意上面數人——杜默、崔諒、陳淮、史曜的任用，但山濤卻簽署崔諒爲先，此崔諒是否爲帝意所示？或如本傳所言「帝之所用，或非舉首」，若山濤簽報時以崔諒冠於其他三人之上，但帝任命時，卻用了史曜，則發生上述情況而爲「眾情不察，以濤輕重任意」。甚至譖之於帝，說他濫職用私，大概告的人不少，使帝親下手詔告誡山濤說：「夫用人惟才，不遺疏遠單賤，天下便化矣。」但是山濤仍我行我素，擇善固執，經過一年之後，才發現山濤所舉皆能適任，知非用私，大家才沒有話說。

其有推薦某一人適合某一官缺，卻不爲上所採納者，如舉游擊將軍諸葛沖補袞州，詔答曰：「沖領兵，未欲出之」。這時山濤只好作罷，或改薦他人擔任此職。也會改薦此人去擔任另一職缺，如曾推薦城陽太守石崇參選中庶子，不成，但皇上祇認爲石崇不能擔任中庶子，沒有留石崇在原位之意，山濤乃改薦其爲太子左衛率，因石崇與楊駿有隙，故山公屢薦而終不用。至於羊祜前後被推薦爲宗正卿、太子太傅、尙書令等這種情況，皆很特殊，背後必有文章，此可參考徐高阮〈山濤論〉一文。

又有因不適任，而請求改敍不成，再薦以他職，直至適任爲止者，如《藝文類聚》四十九引：

> 鴻臚職主胡事，前後爲之者率多不善了，今缺當選，御史中丞刁攸舊人，不審可爾不？

大約此事不成，刁攸仍任御史中丞，山濤於是又上啓云：

> 御史中丞刁攸舊人，年衰近損，百寮未甚爲憚，坐治政事，改尚書可也。

可見山濤時時以人才之適任爲念也。

山濤推薦適任人才，有一定客觀標準，首先須就職位之性質，找適任的人才，同時亦要參考「公議」，也就是上所言「衆論」之所稱②，非山濤一人之好惡所允。譬如吏部郎的人選，山濤認爲須具備下列條件，《太平御覽》二百十六載：

> 吏部郎與辟事日夜相接，非但當正己而已，乃當能正人，不容穢雜也！

又《世說新語賞譽》注引：

> 吏部郎，主選舉，宜得能整風俗，理人倫者。

也就是說吏部郎的起碼要求是要清眞廉潔，能正己正人者才合乎條件。他如太子左衛率，「侍威重，宜得其才，無疾患者」。太子中庶子爲「東宮顯職、加侍接左右，誠宜篤粹有行檢之人，必允衆望。

「《齊王攸與山濤書》每一官職，皆有其要求，一絲不苟。

山公啓事之另一特點爲：凡所甄拔，皆有題目。所謂「題目」，即是品題，此乃沿自東漢以來人倫鑒識的遺風，如「問事不休賈長頭」、「五經紛論井大春」、「五經無雙許叔重」、「不畏强禦陳仲舉」……等七字鄉謠，「世說新語」中得見此風一直流衍至魏晉不衰，此乃就一個人的內蘊給予評語，此評語代表被評鑑者的整個生命內容，等於是那個人的「商標」。山濤亦精於此道，前已言其有知人鑑，故其於舉用，皆給予一個定價，以達到因材適任的要求。今就所存「山公啓事」資料，列其品題如下：

諸葛京：盡心所事，治郡自復有稱。

杜默：德履亦佳。

崔諒：質正少華，可以敦教。

阮咸：眞素寡欲，深識清濁，萬物不能移也。

鄧遐：有才義。論者以爲宰士之儁。

郭奕：高簡有雅量。誠直忠亮有美才。

王濟：才高茂美。誠直忠亮。

荀愷：智器明敏。

庾純：强正有學。

裴楷：通理有才義。
嵇紹：平簡溫敏。（有文思、又曉音）。
羊祜：忠篤寬厚（宗正卿缺時濤薦之）。秉德尙義、克己復禮（薦爲太子保傅時）。體儀正直（薦爲尙書令之品題）
汜源：有德素。
周蔚：純粹篤誠。
石崇：忠讜有文武才。
焦勝：清貞著信義。
夏侯湛：有盛德。
任愷：通敏有智局。
胡毋原：才堪邊任。
蘇愉：忠篤有智意。
楊肇：有才能。
武韶：清白有聲。
郄詵：文義可稱。
荀彧：清和理正。

孔顗：有才能，果勁不撓。

王啓：識朗明正。

周浚：果烈有才用。

和嶠：最有才。

樂廣：有才義。

何勗：有才義。

劉琚：有才義。

官粹：有才義。

劉澹：有才義。

劉遐：有才義。

諸葛沖：精果有文武（才）。

衛瓘：貞正靜一。

荀勗：達練事物。

或以德業、或以才義，或以智器、或以明斷，皆能取其所長，做整全評鑑，並以適當的標題。其所銓品，殆與魏晉有知人鑑者之題品無異，如《世說新語・賞譽》載：

謝幼輿曰：友人王眉子「清通簡暢」，嵇延祖「弘雅劭長」，董仲道「卓犖有致度」。

又如王右軍歎支道林曰：「器朗神儁」，世目楊朗「沉審經斷」……等，以四字句爲多，也有兩個字，如杜弘治「標鮮」，季野「穆少」，荀子「秀出」，阿興「清和」……等，也有一個字，如王孝伯曰：「長史虛，劉尹秀，謝公融」……等，此類形象品鑑以「美」爲出發點，精微之中帶有玄趣，可欣賞而不落實。③而從上面所列山濤之品題，大要以德行爲重，此不僅見於上列題品，又由下列記載可見一般，而從其選拔人才的「尺度」，也可以看出主事者改造政治、社會的深謀遠慮，或其苦心。

如《太平御覽》二百四十五引：

東宮官屬，宜得高茂，求備一人則難，猶宜先德素。

c05又二百五十引：

皇太子東宮……宜令純取清德。

《全晉文》又引：

散騎常侍缺，當取有素行者補之。

他如大將軍之位，亦宜德健者（見《全晉文》），這種以重視德行爲特色之選舉，實有澄清世道之功。同時，他亦重視眞才，凡有才能足以獨當一面，人格亦無大瑕疵者，皆能重用之，唯在重要職位，如侍中、尙書令、太子太傅、河南尹、大將軍等顯職，則十分謹愼，務求才德兼俱。據《全晉文》卷三十四引山濤之奏文云：

侍中彭權遷，當選代。案雍州刺史郭奕，高簡有雅量，在兵閒少，不盡下情，處朝廷，足以肅正左右。右衛將軍王濟，才高茂美，後來之冠，此二人誠顧問之秀。聖意倘惜濟，貴之，驍騎將軍荀愷，智器明敏，其典宿衛，終不減濟。祭酒庾純，強正有學，亦堪取選，國學初建，王荀已亡，純能其事，宜當小留，粗立其制，不審宜爾有當聖旨者不？

此一侍中缺，即擬郭奕、王濟、荀愷、庾純四人，而特凸顯庾純者，以其「強正」（德）、「有學」（才）。又據《文選注》言：

太子保傅，不可不高盡天下之選，羊祜秉德重義，可出入周旋，令太子每覩儀刑，方任雖重，比此爲輕，又可朝會，與聞國議。

他認爲太子保傅責在教導太子④，爲「四海屬目」，故不可不高其選，其一言一行，皆當爲太子的典範，使太子在耳濡目染中，潛移默化，唯有成功的太子養成教育，異日才堪人君之位。同時又須具備預朝會、聞國議及謀謨之略，唯才高者能勝任之，故必如羊祜之資望，乃克勝任此職。在《山公啓事》中，凡顯職，皆言「宜得其人」、「宜得其才」、「當復得人」，故所與皆一時之選，不但爲社會之聲望（名望），亦且有眞才實學，品德更要求超群出眾、足以服人者。

至於本傳言其「前後選舉，周遍內外」，世說政事稱其所選「周遍百官」，今統計所存資料，約有：太常、鴻臚、宗正、少傅、博士、侍中、大將軍、河南尹、太子太傅、太子中庶子、太子左衛率、太子洗馬、太子門夫、東宮舍人、散騎常侍、黃門侍郎、侍衛、殿中郎、尚書令、尚書、尚書郎、御史中丞、殿中侍郎史、治書侍御史、太尉長史、平輿長史、平南司馬、吏部郎、祕書丞、祕書郎、州牧、郡守、縣令、郎官等。

因爲官職不等，品位有高低，然位高權重者，多出高門，位卑者，則多寒門，如山濤舉拔嵇紹爲祕書郎，祕書郎雖已是一時清選，而上遷以祕書丞任之，則是超選。可見山濤舉才，實有「班底」，以磨練其才。

另外，山濤於人物的品題，每視其所舉薦官缺之性質而定，故有同一人，所舉之職缺不同而有不同品題者，如羊祜，在被舉爲宗正卿時之品題爲「忠篤寬厚」；在被薦爲太子太傅時之品題則爲「秉德尙義、克己復禮」；而當被薦爲尙書令時，則被以「體儀正直」之題，蓋大才足堪大任，體備衆德，自是識局宏遠，足以經國懷民。徐高阮〈山濤論〉中稱羊祜乃山濤被後鼎力支持的要角，由此得到證明。

原則上，山濤在有一官職出缺時，同時會擬啓數人，但檢今存資料，亦多單舉一人者，如《世說新語．賞譽注》所引：

史曜出處缺（曜時任爲吏部郎），散騎侍郎阮咸眞素寡欲……若在官人之職，必妙絕於時。

又引：

荆州宜都有郎王恆之，以病出義陽郡，鄧遐有才義，論者以爲宰士之僞，而未滿之年，臣以爲宜先用之。

他如太子少傅、尚書令缺僅推薦羊祜，認爲類此顯職，除羊祜不做第二人想，唯有他足以「整肅朝廷，裁制時政」⑤，其中有許多單舉一人者，是有特殊的考慮，如《藝文類聚》卷四十九引：

> 臣（濤）近舉氾源爲太子舍人，源見稱有德素，久沉滯，擧爲大臣，欲以慰後聞之士。

此以獎拔沉滯，而破格錄用有德而出身單微者，其破浮華之意甚顯，站在培植人才的觀點，實有足取處。另有在職不久，爲「勸天下」之志士，即優予昇遷者。如《太平御覽》二百六十八引：

> 溫令許奇等竝見稱名，雖在職各日淺，宜顯報大郡，以勸天下。

其於任內表現不錯，通曉相關職務，遇上級有缺，則優先遞補者，如《全晉文》引：

> 中書屬通事令史孫琳限滿，久習內事，才宜殿中侍御史，須空補之，不審可否？

亦有考量人才之長短，而啓其轉任者，如《太平御覽》二百三十載：

> 羊祜……不長理劇，宗正卿缺，不審可轉作否？

有平時在基層發現具有獨到之才幹者，主動爲其提報所適之職者，如擧用名士胡毋原，原爲胡毋輔之父，以練習兵馬，山濤認爲他「才堪邊任」，而擧爲太尉長史。又《太平御覽》二百十五引：

> 太子舍人夏侯湛……有盛德而不長治民，有益臺閣，在東宮已久，今殿中郎缺，宜得才學，不審其可遷此選否？

另有顧慮到權力的地域分配而啓擬者，如《太平御覽》二百十五引：

> 舊選尚書郎極清望，號稱大臣之副，州取尤者以應。雍州久無郎，前尚書郎傅祇坐事免官，在

職日淺，其州人才無先之者，請以補職，不審可復用否？

以雍州久無「郎」官，又該州人才之資望無出其右者，故請復用補此職。據《通典》十九：

晉制，諸坐公事者，皆三年方得敍用。

而其中多有好人，故山濤請「略依左遷法，隨資財減之」，使得儘速復職。這樣才不致於浪費人力資源。山濤啓擬時極重「公義」，如山濤本欲以郄詵爲溫令，即「訪聞詵喪母不時葬，遂於所居屋後假葬」，因時有「異同之議」，故更選之，後來，他還答詔問郄詵之事，將詳細情況解說清楚，據《通典》一百三載：

詵前喪母，得疾不得葬，遂於壁後假葬，服終爲平輿長史，論者以爲不合正禮，是以臣前疑之，詵文義可稱，又甚貧儉，訪其邑黨亦無有他。

且言：

自爲不與常同，使令人非，恐負其孝慕之心，宜詳極盡同異之論。

山濤爲郄詵辯解喪母假葬，由得疾故，而世之「同異之論」，癥結所在，在所行禮制不與常同，故爲千夫所指。其實他實在是很有孝心的，別人隨便疵議，或已失了厚道。由此可知山濤所啓擬，與聖上之意見未必相符。遇此情形，山濤大抵皆能尊重帝意以定，然亦有二者意見不一，而山濤又不願妥協，那只有力爭到底了。如《世說·賞譽》注所載：

吏部郎主選舉，宜得能整風俗、理人倫者。史曜出處缺，散騎侍郎阮咸，眞素寡欲，深識清濁，萬物不能移也。若在官人之職，必妙絕于時。

據《北堂．書抄》六十引干寶《晉紀》殘文言濤舉咸爲吏部郎，「三上，帝弗能用」。蓋帝以「咸耽酒浮虛，遂用陸亮」。山濤雖數度折衝，仍不得要領。此實牽涉到黨爭之問題，據《世說新語．賞譽》注引〈竹林七賢論〉云：

山濤之與阮咸，固知上不能用，蓋惜曠世之儁，莫識其意故耳。夫以咸之所犯方外之意，稱其清眞寡欲，則跡外之意自見耳。

世說注引《晉陽秋》言「阮咸行多違禮度，濤舉爲吏部郎，世祖不許」。山濤雖持身端正，然能賞識自然放達，此亦遺「形」取「神」之雋識。因爲他與阮咸有過竹林之遊，深識阮咸少私欲，自不易受外物誘引。而行爲之放達不羈實乃不受禮俗規範的表現，山濤以此爲快，認爲正是吏部郎之「妙選」，以其足以去虛僞、敦風俗。《世說．政事》亦載此事：

唯用陸亮，是詔所用，與公意異，爭之不從，亮亦尋爲賄敗。

陸亮爲賈充所親待，故啓亮「公忠無私」，但山濤認爲陸亮「非選官才」，倒可爲小吏「左丞」，但世祖不許。此事件背後有一段隱曲，據《世說．政事》注引《晉諸公贊》言：

山濤爲左僕射領選，濤行業既與充異，自以爲世祖所敬，選用之事，與充咨論，充每不得其所欲。好事者說充：「宜授心腹人爲吏部尚書，參同選舉，若意不齊，事不得諧，可不召公與選，而實得敍所懷。」充以爲然。

賈充與山濤在用人方面互別苗頭。充想揷手選事，牽制山濤，俾得使用私人，爲山濤所勘破。然帝受制賈充，故「濤乃辭疾還家」，以示負責，也表示不滿。此事件帝意之如此堅持，或許亦在權力分配上擺不平也。可見山濤固有曲意迎合皇帝之意處，然也有與帝意見相忤而力爭不已，終至「辭疾」解職，堅持自己選任的立場者！

除上面所述涉及到黨爭之外，亦緣晉武帝於開國之初，以奠立家業爲務，蓋典午出自儒學大族，於用人方面有一貫傳統，不像曹氏屢次求才，崇獎跅弛之士。觀司馬炎於即位前一個月，曾令諸郡中正以六條舉淹滯：一曰忠恪匪躬，二曰孝敬盡禮，三曰友于兄弟，四曰潔身勞謙，五曰信義可復，六曰學以爲己。即全體儒家道德標準；其泰始四年詔亦以勤正典（儒），斥百家，求「孝弟忠信」之士爲主，可見阮咸之不被任用，是很自然的，以其不合乎要求。

山濤還主動啓擬嵇紹爲秘書郎，爲普天下有罪之子弟開仕途之路，也爲中國官人之學舖下合理之基礎。當初嵇紹於康被誅後，靖居私門二十年，有孝聞，然無人敢薦舉他。據王隱《晉書》言：「時以紹父康被法，選官不敢舉」（世說政事注引），時紹年三十，山濤啓用之。於此山濤可眞冒著很大的風險，怎麼說呢？因山濤與嵇康爲素交，是人所皆知者，今爲被法者之子嗣求官，搞不好會被牽連入罪。然而山濤勇於赴之，因爲他自覺年事已高，再不適時推薦，恐後人亦無有人敢薦之者矣，如此，則嵇紹之才恐永被埋沒，而亦有負好友臨終之託，此事使山濤耿耿於懷。從嵇紹被啓用後，「懼不自容」，而咨山濤出處，山濤衝口說出：「爲君思之久矣！天地四時，猶有消息，而況人乎？」（世說政事）可知山濤爲嵇紹的出路念茲在茲，雖未開口，卻時時在找機會，以了心願。他鼓勵嵇紹能仿傚自然之更移而改節易操，不可執一，是仕之可也。大約在推薦嵇紹前，山濤曾親往拜見晉武帝，先經過一番溝通，取得諒解，其啓武帝之辭曰：

「康誥」有言：「父子罪不相及」，嵇紹賢侔郤缺，宜加旌命，請爲秘書郞。

山濤舉晉國郤缺故事，缺父郤芮爲大夫，有罪被殺，郤缺亦被廢爲庶人，乃歸鄉耕植，後司空臼季薦之於晉文公，乃爲下軍大夫，以俘白狄首領而遷爲卿，晉成公時更掌國政之事。濤之諫言，頗契武帝之心。山濤又於薦紹之辭稱許有加，言紹「平簡溫敏，有文思，又曉音，當成濟也。……」武帝因時移世異，且知會過其啓辭，就順水做人情，爽快的對山濤說：「如卿所言，乃堪爲丞，何但郞也！」乃發詔徵爲祕書丞，此乃超拔之佳話。據武帝紀制曰：「嵇紹、許奇雖仇讎不棄」信然！其後紹果成其忠節，於蕩陰之役，身衛惠帝而壯烈犧牲。⑥

山濤又對坐事免官者，主張有機會得以參選，《全晉文》載：

中郎衛旻，爲少府丞，甚有頓益，後坐責偷石事免官，今太子門夫缺，不審可參選否？

此種發語有「試探意」，正在徵求皇上思索一些問題，給予改過遷善的自新機會，也令含冤者有申訴補救的機會。這些在銓敍上一點一滴的改進與跨越，皆是十分具有建設性的，而亦唯具有識見者能以持平之心，獎掖後進，乃能樹立這種「吏部」的典範，亦唯有具備這種素養，乃能眞正爲國舉才，做到「使天下無復遺才」矣！

山濤領吏部前後十餘年，以其得帝所親遇尊重，故得順利達到舉才之職責，然亦有不得志而懷憤懣者，如〈潘岳傳〉所云：

> 時尚書僕射山濤領吏部，王濟、裴楷等並爲帝所視遇，岳鬱鬱不得志，乃題閣道爲謠曰：「閣道東，有大牛，王濟鞅、裴楷鞧，和嶠刺促不得休」，以譏濤等。

潘岳爲人輕躁，趨世利，諂事賈謐，非恬淡之輩，其不偶時而不思自省，卻大發憤慨之言，此皆山濤平日所欲斥者。而和嶠爲反賈充，鄙荀勗爲人，甚至不與同車的正直敢言之士。王濟則與羊琇一同救護庾純，免被賈充所害者；而裴楷曾對晉武帝說陛下所未能比德堯舜，乃因爲「賈充之徒尚在朝」的緣故，此三人皆爲反賈充的活躍份子，和嶠、王濟更是擁齊王攸的主幹，山濤在用人上，或諮議於此三人，故爲潘岳所恨。至於《竹林七賢論》說是「濤之處選，非望路絕，故貽是言。」此非以濤選拔人才以「望」爲標準，須門望乃能被選，而是杜絕懷非份之望以希圖倖進者。潘岳有所非，正見其公而無私，且其識鑑與革新魄力有勝人者。從僅存資料，倒可見山濤以「務實」之精神，貫徹爲用人之標準，使浮華之輩無苟且機會，觀其所獎拔，皆忠謇之士，爲晉初朝政中，頻添一股務實的力量。對派系紛然的新朝，無形中也起了穩定的作用。像任愷，因爲惡賈充之爲人，而與賈充結怨甚深，被賈充排擠中傷，而爲帝疏遠，山濤適時舉爲河南尹，且稱道其人「通敏有智局」，時「竹林七賢」之一的向秀，即與任愷善，山濤實多方護持。他又舉郭奕，而郭奕即是雅正敢斥荀勗者，山濤之吏事實發揮了平衡政局的功能。

當然，山濤也曾有舉用親戚的例子，如《晉書·鄭默傳》載：

時僕射山濤欲舉一親戚爲博士。

類此舉舊識或親戚的情況，仍不能說是被人情包圍，蓋親戚能堪其任反避之，又爲不公矣，「內舉不避親」，信然！由於山濤長期掌吏部，裁成許多人才，而頗有聲譽，於是有人投刺請求提拔，如晉宗室的司馬彪即是一個顯例。司馬彪是高陽王司馬睦之長子，少篤學，然好色薄行，爲睦所責，而不得爲嗣。彪深受刺激，從此不交人事，而專精學術，故得博覽群籍。因祇擔任祕書郎，且十一年未徙官，彪一心想求上進，故請求山濤拔擢，他寫了一首〈贈山濤〉：

苕苕椅桐樹，寄生於南岳，上凌青雲霓，下臨千仞谷。處身孤且危，於何託余足。昔也植朝陽，傾枝俟鸞鷟，今者絕世用，倥傯見迫束。班底不我顧，牙曠不我錄。焉得成琴瑟，何由揚妙曲，冉冉三光馳，逝者一何速。中夜不能寐，撫劍起躑躅，感彼孔聖歎，哀此年命促，卞和潛幽冥，淮能證奇璞，冀願神龍來，揚光以見燭。

《太平御覽》二百八十六另有其〈與山巨源書〉：

根枝失據，託命此別，告求矜愍，許見賑恤，窮人易感，悲喜兼懷，承命之後，情過挾纊。

二文皆以處境孤危，不蒙垂顧，而過著愁苦的日子爲言。而歲月于邁，生命轉瞬即逝，冀望山濤能給予機會，得以表現才能，辭意肯切。想當時毛遂自薦者仍不乏其人，唯史料不全，僅舉此一例，以彰山濤能主動提拔人才，獲得不少掌聲。

## 三·山公典選之評價

《北堂書鈔》引〈晉諸公贊〉云：「山濤爲吏部尙書，官人稱允也。」即晉武帝亦十分肯定，從太康元年詔曰：「山濤自典官人之任，澄清風俗，朕將倚之以弘訓範，庶人倫有日新之美。」《晉書·山濤傳》後史論言：

若夫居官以潔其務，欲以啓天下之方，事親以終其身，將以勸天下之俗，非山公之具美，其孰能與於此者哉！……委以銓綜，則群情自抑；通乎魚水，則專用生疑。將矯前失，歸諸後正，惠絕臣名，恩馳天口，世稱「山公啓事」者，豈斯之謂歟！

此言山濤正身勸俗，登明選公，去累代之積弊，樹官人之正道，其評價十分剴切！《山公啓事》之享有盛名，即在其於人物評論極客觀準確。當時評論人物是一門很大的學問，而山濤則技巧熟練，綽有餘裕。「山公啓事」之著稱於世，在當時必具有廣泛且深入的意義。而山濤破例長居選職，頗不尋常。本傳言濤「與鍾會、裴秀並申款昵，以二人居勢爭權，濤平心處中，各得其所，而俱無恨焉」，及晉初賈充、荀勗與任愷、庾純之互不相容，濤亦平心處之，知山濤以國之大老，與各黨派要角皆有交情，而爲大家所能接受的人物，其作「居中協調」，以化解嫌仇，彌縫黨爭傷痕，在穩定朝局方面，做出了正面而積極的貢獻。

山濤雖在重職上無甚建樹，爲孫綽所鄙，斥其爲「山濤吾所不解，吏非吏，隱非隱，若以元禮爲龍津，則當點額暴鱗矣」，其屢次求退，甚至爲左丞白褒、尙書令衞瓘所奏，知其本無眷戀意。而唯有任吏部，發揮舉賢之長才，故頗著佳績，其所取用，皆能從政局上做全盤的考量⑦，如本傳言，武帝時楊皇后黨（楊駿）專權，濤不但於帝前多有諷諫外，在任用人才時，則「不欲任楊氏」，此在裁抑后黨，俾免坐大也。至於前舉康代其爲吏部郎職，或深識康之「高致」，爲吏部郎之最佳人選，誠如嵇康〈與山巨源絕交書〉所言：「若以俗人皆喜榮華，獨能離之，以此爲快，此最近之，可得言耳。」則知山濤以吏部郎之職由康「外榮華」之性來擔任最合適。而或許山濤已覺察司馬氏將不利於嵇康，山濤乃主動安排嵇康出任，化解司馬氏對他的猜疑，此暗中救解嵇康的行動，卻因嵇康的桀兀不馴，以黨派分際，不願投入司馬氏陣營，而嚴予峻拒。後人因而訾詬山濤，甚至有言山濤出賣嵇康，苟若是，何以嵇康臨死猶對其子紹曰：「山巨源在，汝不孤矣！」又何以在〈山巨源絕交書〉中故意說成偶與足下相知……」又說山濤的個與自己格格不入，留給山濤餘地，使其遇事時得置身事外。可知山濤與嵇康間或有默契，而山濤實未虧待竹林諸友，像阮咸、向秀即明顯受他庇蔭。而其所獎拔，固多一時之秀，濤不愧爲名士集團之長者！每當最緊要的關頭，他總適時的站出來，化解了危機。也憑著其德望，擺平了許多次敏感的政治事件；在某些原則上的問題，他有較深刻的看法與做法，若未得主上所允納，他每能據理抗爭，甚至以辭職表示負責。所以不能以其處事精密，不露痕跡，且多傍通，而斥其爲柔媚附勢，身名俱泰者。嵇康於〈與山巨源絕交書〉中雖有隱諷山濤之意，而其所針對的目標當是司馬氏。故祇可謂山濤乃是一「外不殊俗，內不失正」之長者，絕非工於逢迎趨避者可比！在選任上，能得「衆情」之允，也就是能通過「清議」者，必然不是用舍全隨帝意。其主動舉才，綜覈名實，抑止冒進，使不被用者能無怨，在在樹立了吏事之高標。至於通鑑胡三省注推選曹、補擬及密奏於上，乃自山濤啓事始，此則就形式上言，在此不論。

【附　註】

① 咸熙元年（西元二六四），鍾會誣鄧艾反，詔令檻車征艾，司馬昭恐艾不從，乃親赴長安，慮鄴都有變，乃給親兵五百人，且交代山濤曰：西偏吾自了之，後事深以委卿。又司馬昭本擬立司馬師少子齊王攸爲世子，問于山濤，濤曰：「廢長立少，違禮不祥，國之安危，恆必由之。」于是乃立司馬炎爲世子。晉武帝受禪，以濤守大鴻臚，護送陳留王詣鄴。

② 時又有稱「素論」、「清論」、「識者」等，皆爲輿論力量。如阮咸居喪借客馬追婢，爲論者所非，故沉淪了一段日子！阮咸之不被任用，恐與素論有關。

③ 晉以後之題品，多爲美的賞譽，所重在神情韻度，不再著眼於德、節、才、志、學等。

④ 文選任彥昇齊竟陵王行狀引《山濤啓事》言：「保傅不可不高天下之選……東宮少事，養德而已！」他認爲方任雖重，比之保傅爲輕，其重太子教育可知。

⑤ 如咸寧四年，尙書令李胤爲司徒，《藝文類聚》四十八引《山公啓事》云：「尙書令李胤遷，處缺，宜得其人，征南大將軍羊祜，體儀正直，可以整肅朝廷，裁量時政」。

⑥ 嵇康「家誡」中要嵇紹心口相誓，要忠烈，紹守父訓而成爲「忠臣」典範。但山濤之薦嵇紹，使後人斥山濤陷人不義

。像顧炎武即以山濤爲敗義傷敎，乃邪說之魁。

⑦山濤任吏部尙書時年歲已大，以閱歷多，較能秉執淡泊之志以選才，故超然、客觀是其長。世以濤「隨帝意所欲爲先」，乃迎合之術，覩上文所述，不夠是其謙遜謹愼，不專權勢的表現，而於關要處，仍謹守用人原則，其用心可謂艱苦。

# 維摩詰經所展現之特殊風格

胡順萍

## 提要

《維摩詰經》為初期大乘經典。在大乘佛教興起前，即所謂部派佛教，此期各部派間自以為是，且僧伽團漸入於形式化。在此種情形下，佛教內部自省於此種危機，已與佛陀之立教演化漸成差距。此大乘思想之勃興，乃對於原始經典理論重新詮釋衡定，以求擺脫小乘自了漢而入於菩薩行，以迎合時代之需要，亦是佛教思想之一大突破，打開部派佛教之僵化。大乘思想運動之領導人，約有二類：一為思想開放之僧伽，一為具自由精神之居士。本經即屬第二類，而其所顯之義理特色，實不可忽視。本文即分五點而論述：壹：白衣說法。貳：無住無本。參：天女散花。肆：不二法門。伍：心淨佛土淨。是經極力將佛陀本懷予以人間化，以住世修行之方式而闡述之理論，更能彰顯大乘菩薩道之圓滿。

## 一、前　言

在佛經中，說法者以佛陀爲最尊最貴，且皆以「如是我聞」爲起首。在四眾中仍以出家者爲說法要角。而白衣說法中，以《維摩詰所說經》爲最具代表性。是經另一名稱爲《維摩詰所說不可思議解脫經》。本經有〈不思議品〉，其中有云：

諸佛菩薩有解脫名不可思議。（大正一四・五四六中）①

諸佛菩薩之救世情懷，在於依其智慧應眾生之機而予渡化，使眾生突破生命之羅網，而達自在解脫之境。這其間諸佛菩薩所具之妙法、智慧、慈悲等之功德，其境實不可思議。

本經從〈佛國品〉至〈囑累品〉共十四品，秉承佛陀悲智淑世之情懷而化導群生。然本經中維摩詰以在家居士之身分陳述其見解，其所彰顯之義理特色，必不同於其他經論，故本文將分述其特殊風格。

## 二、白衣說法

《維摩詰經》最重要人物即是維摩詰，其現身即以「白衣」示現說法。古未仕者著白衣，故後世用爲庶民之稱。在佛教中稱在家俗人爲「白衣」，實因天竺之婆羅門及俗人多穿白衣。而一部經之完成，除說法者外，更重要者即是以某種因緣而啓請說法，啓請者或因某問題，或因對於法之不解而提問。本經亦是在一切天人及諸大菩薩、諸大弟子的護衛環繞下，已具大智大行者，爲護法城受持正法者，亦皆共赴此會。維摩詰雖現白衣身，然其白衣身，卻又與世俗之凡夫俗子不同。經中有云：

雖爲白衣，奉持沙門，清淨律行。雖處居家，不著三界。（大正一四・五三九上）

釋迦牟尼佛曾示現出家相，以大悲心而攝衆，而「悲心」之特點在於解決他人問題，拔除苦痛。故雖言出世實則以出世之心行入世之事。就修行悟道而言，雖言可「在塵不染塵」，然「在塵不染塵」乃佛行。菩薩尚不能及。故在世尊時代以出家爲難能可貴，而維摩詰之白衣身，其特點在於仍奉行嚴謹紀律，雖現居士身，卻具大智行。

以「攝衆」而言，以出家身而設道場有其佳處，且若道場規模大，往往其力量又倍增。然在渡人善巧方便上，居士身或更能融入衆生中。然長期周旋於凡俗中，若非具大智行，往往易陷溺其間，此又是居士身之難得。維摩詰即爲渡衆之善巧方便故住於城中，是經〈方便品〉有云：

> 爾時毘耶離大城中有長者名維摩詰，已曾供養無量諸佛，深植善本，得無生忍，辯才無礙。遊戲神通，逮諸總持，獲無所畏，降魔勞怨，入深法門，善於智度，通達方便，大願成就。明了衆生心之所趣，又能分別諸根利鈍，久於佛道，心已純淑，決定大乘，諸有所作，能善思量。住佛威儀，心大如海。諸佛咨嗟弟子。釋梵世主所敬。欲度人故，以善方便，居毘耶離。（大正一四・五三九上）

因維摩詰無始劫以來已深具夙慧，故能處凡俗中自有其清淨心與大智慧。故言其「若在居士，居士中尊。」（大正一四・五三九中）維摩詰既以「居士中尊」而示現，而示現之目的無非攝衆或廣宣佛法。以維摩詰之善護諸衆生，其示現必異常人，是經〈方便品〉有云：

> 長者維摩詰，以如是等無量方便饒益衆生。其以方便，現身有疾。以其疾故。國王大臣長者居

士婆羅門等，及諸王子並餘官屬，數千人皆往問疾。其往者，維摩因以身疾，廣爲說法。（大正一四．五三九中）

維摩詰以其方便而「示疾」，表面上諸國王大臣長者等皆往問之，然更重要者在於「示疾」本身即是說法。廣宣是身無常幻化，爲四大所苦，以至此身如聚沫、如泡、如影、如浮雲，爲「陰界諸入，所共合成。」（大正一四．五三九中）故由「示疾」而凸顯佛法身之義。〈方便品〉云：

佛身者即法身也。從無量功德智慧生，從戒定智慧解脫，解脫知見生，從慈悲喜捨生……從如是無量清淨法生如來身。諸仁者，欲得佛身斷一切眾生病者，當發阿耨多羅三藐三菩提心。（大正一四．五三九下）

維摩詰如是以方便示疾而說法攝眾，實大悲心之流露，而疾之本身又因何而起呢？經中〈文殊師利問疾品〉云：

文殊師利言：居士，是疾何所因起。其生久如，當云何滅。維摩詰言，從癡有愛，則我病生。以一切眾生病，是故我病。若一切眾生病滅，則我病滅。所以者何，菩薩爲眾生故入生死。有生死則有病。若眾生得離病者，則菩薩無復病。……又言，是疾何所因起，菩薩病者以大悲起。（大正一四．五四四中）

本來維摩詰已「深達實相，善說法要。」且「諸佛秘藏，無不得入。」註（大正一四．五四四上）故就其生命而言，當已清澈其氣質生命中之蔽障。而今之示疾實予眾生求解脫。然在未成聖者生命之前，圓滿之善又該如何企求呢？關於此問題，本經中有云：

> 諸佛解脱當於何求？答曰：當於一切眾生心行中求。（大正一四．五四四下）

其中所言之「佛」、「眾生」、「心」，正如《華嚴經》中所暢言之「心、佛與眾生，是三無差別。」故佛之圓滿成就不離眾生。而眾生之義，即謂心念眾多，生生不息，故眾生皆具有其夙世之煩惱業。而今維摩詰善巧示疾，或謂是「留惑潤生」。然既成有疾菩薩，又該如何治癒呢？又該如何調伏其心呢？且在世尊之指引下，十大弟子及諸大菩薩又該如何慰喻有疾菩薩呢？本經中有云：

> 文殊師利言。居士，有疾菩薩云何調伏其心。維摩詰言，有疾菩薩應作是念，今我此病，皆從前世妄想顛倒諸煩惱生……又此病起，皆由著我，是故我不應生著，既知病本，即除我想及眾生想。（大正一四．五四四下～五四五上）

維摩詰示疾目的，在以己身之疾而愍眾生之疾。因疾故須調伏自心，由自調伏已，故亦當調伏一切眾生。且眾生「病本」在於有攀緣，既有攀緣，則六根所相對而起之六塵六識，交織而成之層層羅網，眾生在此客塵環繞中無有出期。故今菩薩示疾而除眾生病本。是以菩薩慰喻有疾菩薩，當為大醫王而療治眾生病，須六度萬行，勿生憂惱，饒益一切眾生。且調伏不調伏亦皆不住，唯離此二法是為眞「菩薩行」。

維摩詰以在家居士而弘法，其精神實代表大乘。而示疾本身在於「除病不除法」，其用心正是要破斥十大弟子之聲聞偏執，而間接闡揚開放之弘法精神，故本經維摩詰以白衣說法，對於佛教開展實具重要意義。

## 三、無住無本

在《維摩詰經》中有「無住無本」思想，〈觀眾生品〉云：

文殊師利又問：

善不善孰爲本？　答曰：身爲本。

又問：身孰爲本？　答曰：欲貪爲本。

又問：欲貪孰爲本？　答曰：虛妄分別爲本。

又問：虛妄分別孰爲本？　答曰：顚倒想爲本。

又問：顚倒想孰爲本？　答曰：無住爲本。

又問：無住孰爲本？　答曰無住則無本。

文殊師利，從無住本立一切法。（大正一四．五四七下）

此論辯之問答方式，由「善不善」而層層翻轉，翻轉出以「無住本立一切法」。其間共有五個步驟，且各有其所依住，故名曰「五住煩惱」。「住」有依止、依住義。而所謂「無住」係指其無所依止。故知前五步有其依止，實爲方便權宜，非究竟說。至「無本」之「無住」才是究竟。而所謂「無住無本」其義又爲何呢？於此，鳩摩羅什之理解爲：

法無自性，緣感而起。當其未起，莫知所寄。莫知所寄，故無所住。無所住故，則非有無。非有無而爲有無之本。無住，則窮其根源更無所出，故曰無本。無本而爲物之本，故言立一切法也。（大正三八．三八六下）

佛學中爲般若系之《金剛般若波羅蜜經》中有一偈：「一切有爲法，如夢幻泡影，如露亦如電，應做如是觀。」（大正八．七五二中）「有」爲之法皆非實相，然實相又是無相，無虛妄之相。故依天台之五時判教，佛陀在成道後，首暢華嚴，擇莊嚴道場，示現毘盧遮那佛之清淨法身。然衆生「如聾如啞」不能贊一詞、稱一語，故不得不轉而示現老比丘相，闡述十二因緣。再由鹿苑時而慢慢帶轉至法華涅槃時，其間之判教問題，義理之義實大於歷史之義。在整個佛學中，可說不離「空」、「有」二觀，亦有將佛教分爲「空宗」、「有宗」。此「空」有別於頑空，故又名「大空」或「眞空」，義即「空而不空」。此「有」以別於世俗之執有，故又名「妙有」。而在暢論「空」義上，龍樹之《中論》所言：「以有空義故，一切法得成。」（大正三十．三三上）即順此「從無住本立一切法」而來，而天台宗之智者大師更依此「無住本」而開展天台圓教義。然天台宗與《中論》所言之義理，其間又有其不同。早期空宗之通義，實「緣起性空」義，既是「性空」，故無自性，既無自性，故一切法皆緣感而起。一切法既無自性，即是「無住」。故智者將「無住本」分兩面而言，即「法性」與「無明」，故解爲「一念無明法性心」，至此才顯圓教義，非僅「緣起性空」而已。②

於「無住無本」義，僧叡解爲：

無住即實相異名，實相即性空異名。故從無住有一切法。（李翊灼校輯《維摩詰經集註》）

此即表顯「無住」、「實相」、「性空」三者實語異而義同。以「無住」而顯一切法之無自性，即是「無本」也。無住即是無本，「無住無本」即是本，故曰「無住本」。至此，再看僧肇之解：

一切法從眾緣會而成體。緣未會，則法無寄。無寄，則無住。無住則無法。以無法為本，故能立一切法也。（大正三八．三八六下）

僧肇之義大抵與鳩摩羅什無異。即「無寄」、「無住」、「無法」，皆在顯出實相般若之作用而圓具一切法。智者有《維摩經玄疏》，其中有云：

識即是無明住地，無明住地即是生死根本。故此經云：從無住本立一切法。無住本者，即是無始無明更無別惑所依住也。（大正三八．五二八上～中）

「無明」即是自我昏昧，而眾生之自我昏昧實緣於「識」，故以此住地，即流浪生死。故暢言「無住本」，則無始無明即無可依止。

「無住」思想在《六祖壇經》修行法門上有極重要地位。《壇經》以「無念為宗」、「無相為體」、「無住為本」為旨趣。所謂「無住」義，《壇經》云：

無住者，為人本性，念念不住。前念今念後念，念念相續，無有斷絕。若一念斷絕，法身即是離色身。念念時中，於一切法上無住。一念若住，念念即住，名繫縛。於一切法上念念不住，即無縛也。以無住為本。（大正四八．三三八下）

性本不住，由不住之自性起一切法，此一切法亦念念不住。果能如此，即是自在無縛。然眾生卻於一切法中起住念，如此即名繫縛。《壇經》既以「無住為本」，所以反對枯坐、斷思、絕念之修行。禪宗六祖慧能曾因聞《金剛經》而訪尋五祖弘忍，且機緣成熟弘忍為其講述《金剛經》至「應無所住而生其心」而大悟。今舉《金剛經》中數文以明之：

菩薩於法應無所住行於布施。所謂不住色布施，不住聲香味觸法布施。（大正八·七四九上）

諸菩薩摩訶薩應如是生清淨心……應無所住而生其心。（大正八·七四九下）

菩薩應離一切相發阿耨多羅三藐三菩提心。……應生無所住心。若心有住則為非住。（大正八·七五〇中）

所謂「無所住」即無客觀所相應之對象，如此之發心，是謂清淨心。而如此圓滿之成就，所依憑者即為般若空慧之運用。由以上論述得知，大乘思想之根本旨趣不在肯定「實有」，如是則《維摩詰經·文殊師利問疾品》中所云：

諸佛國土亦復皆空。又問：以何為空？答曰：以空空。又問：空何用空？答曰：以無分別空故空。又問：空可分別耶？答曰：分別亦空。（大正一四·五四四下）

其中「空空」義最能彰顯大乘之旨，亦證本經之精神取向。

## 四、天女散花

在戲劇上常見「天女散花」之表演，而天女散花在《維摩詰經》中有一段特殊因緣。〈觀眾生品〉云：

時維摩詰室有一天女，見諸大人聞所說法，便現其身。即以天華散諸菩薩大弟子上。華至諸菩薩即皆墮落。至大弟子便著不墮。一切弟子神力去華不能令去。爾時天女問舍利弗：何故去華？答曰：此華不如法，是以去之。天女曰：勿謂此華爲不如法，所以者何？是華無所分別，仁者自生分別想耳。若於佛法出家有所分別，爲不如法。若無所分別，是則如法。觀諸菩薩，華不著者，已斷一切分別想故。譬如人畏時，非人得其便。如是弟子畏生死故，色聲香味觸得其便也。已離畏者一切五欲無能爲也。結習未盡，華著身耳。結習盡者，華不著也。（大正一四・五四七下～五四八上）

就在十大弟子及諸菩薩往問維摩詰疾已，皆不任此事，故佛陀再派文殊師利往詣之。在文殊師利與維摩詰二大士共談妙法時，天女出現而散花。佛教對於「花」有特殊看待意義。常聞「無花」，然又有「拈花示眾」之說，這花與無花之應用實在微妙間。

在《維摩詰經》中，維摩詰正代表斥小彈偏之大乘精神。而適時的「天女散花」有其義理之趣。故藉「天女」以呵斥阿羅漢自矜於大丈夫之身豈能有花沾身。此心念一起，故花落其身而不去，且越拂越緊。就「相」而言，佛陀因累劫修集而具三十二相、八十種好。雖曰：「菩薩無定相」，依其所化對象之不同而現千百億化身，故在男女相上無所分別。然出家眾皆現丈夫相，故在小乘聲聞上，男相似又優於女相，在如此情形下，無怪大弟子們畏女相，更畏不如法的花。因受佛制比丘身不著花，且以女身之報，乃愛深情重之影響，因此舍利弗亦仍以男相爲尊，故再問天女曰：

> 汝何以不轉女身。天女曰：我從十二年來，求女人相了不可得，當何所轉？（大正一四・五四八中）

其中所言「求女人相了不可得」最能彈斥執相之小乘聲聞者。這種「破相」之精神，實相應於《金剛經》中般若蕩相遣執之作用。《金剛經》云：

> 若菩薩有我相、人相、眾生相、壽者相，即非菩薩。（大正八・七四九上）
>
> 不可以身相得見如來，何以故？如來所說身相即非身相。佛告須菩提，凡所有相皆是虛妄，若見諸相非相則見如來。（大正八・七四九上）

諸二乘人以絕緣法，遠離異性及香花，今見天女善說法要，故有天女何不轉男身之惋惜與懷疑，此亦即暗示維摩詰何以不出家。而所謂出家、在家、男相、女相，此皆我法二執之分別。若隨順法性，冥契眞如，實無佛亦無眾生，故天女言：

> 譬如幻師化作幻女，若有人問，何以不轉女身？……幻無定相，當何所轉。天女曰：一切諸法，亦復如是，無有定相。……雖現女身而非女也，是故佛說一切諸法非男非女。……女身色相無在無不在。（大正一四・五四八中～下）

一切法皆因緣聚合，若以男相、比丘相爲尊貴、優越，又怎能契法性。且人有男女之別，佛性又豈有男女？如本經中之天女以及勝鬘夫人、《大寶積經》中之妙慧童女等，雖現女身，然皆已具妙慧之法身大士，又豈能以女身多障而視之。故天女之用心，讓聲聞人覺悟「滅受想定」之斷絕外緣修行法，並不究竟。惟不貪不著，二乘之怖畏與優越才能消弭，則一切法亦無淨與不淨、如法與不如法之別。

維摩詰以居士身而深入衆生中化渡，而天女以女相而示現說法，凡此皆說明欲證菩提當入生死海中。亦即「煩惱即菩提」，亦如《壇經》所言：「佛法在世間，不離世間覺。」本經〈觀衆生品〉有云：

譬如高原陸地不生蓮華，卑濕淤泥乃生此華。如是見無爲法入正位者，終不復能生於佛法。煩惱泥中乃有衆生起佛法耳。（大正一四・五四九中）

一切煩惱爲如來種，譬如不下巨海，不能得無價寶珠。如是不入煩惱大海，則不能得一切智寶。（大正一四・五四九中）

大乘初期弘法中，在家居士站有重要地位。實因在家居士肯定現實生活，然又不爲貪欲之苦所惱。在深入世俗中，有欲則有苦，此爲大小乘所共同認定。因此在維摩詰現身染病時，將「苦」、「欲」呈顯出積極意義。維摩詰不採小乘之離欲、斷欲，而賦予正面認定價值。因衆生即煩惱之化身，然離開衆生亦無淨土、菩提可言，故又謂：「塵勞之疇爲如來種」。因此本經以居士身、女相而示現，在大乘精神推展上更具價值。

## 五、不二法門

佛敕十大弟子、諸大菩薩及文殊師利等往詣維摩詰已。時維摩詰問衆菩薩：「云何菩薩入不二法門」。諸佛菩薩求不可思議解脫法門，其實就是「不二法門」。對於「不二法門」之論辯亦本經中心問題之一。維摩詰要衆菩薩各隨所樂說之。因此由法自在菩薩至樂實菩薩共三十一位，一一各呈己意。然文殊師利以爲衆菩薩所言非究竟，故曰：

如我意者，於一切法無言無說，無示無識，離諸問答，是爲入不二法門。（大正一四・五五一下）

文殊師利之言顯已明白世尊「四十九年說法卻無言一字」之意，而衆菩薩之言皆用心在「二」之一字上，故列舉「生、滅」，「我、我所」、「受、不受」，「垢、淨」，「動、念」等相對之法，故以爲若離此「二」之相對，即是「不二」之義。文殊之義在明示言語爲方便法，而三十一位菩薩所言之法門，皆爲攝衆而言，實非究竟。唯契入本心，離諸言語、問答，冥然眞如一體，才是不二法門。文殊說是語已，在場唯維摩詰尚未呈己意，故文殊又言：

我等各自說已，仁者當說，何等是菩薩入不二法門。時維摩詰默然無言。

文殊師利歎曰：善哉善哉！乃至無有文字語言，是眞入不二法門。說是入不二法門品時，於此衆中五千菩薩，皆入不二法門得無生法忍。（大正一四・五五一下）

凡通往成佛之路皆可曰「法門」，而法門之法可分「證法」與「教法」，由「教法」之攝化方便而引導眾生契入「證法」。就「證法」而言，既是契入如如眞理，故不可以言說示之，亦即所謂「言語道斷，心行處滅。」三十一位菩薩尙流連在「教法」中，並未透入「眞不二法門」，因此文殊本意在以言遣言，盼諸菩薩能證悟「第一義空」而冥契「眞不二法門」。至此文殊之智慧顯已超越諸菩薩甚多，唯文殊所言之「無言無說」尙在聲音名相上，故維摩詰之當下默然，才眞契合「眞不二法門」，經過如是之對辯，「眞不二法門」之義諦至此已彰顯甚明。而此次殊勝之論辯下，所呈顯有三個層次，三十一菩薩是以言顯道，代表文字般若；文殊以言遣言，代表觀照般若；維摩詰以無言遣言，代表實相般若。此三者雖言「實相」是心悟之實證工夫始能體會，然文字與觀照之般若亦皆不可偏廢。

不二法門之論辯，其中「不二」之義與「一」之義是否相同，若其義相同，爲何暢論「不二」鮮少提「一」。在世間現象界中，我們所見聞覺知之事物是相對的。因此有「好」相對即有「壞」，有「善」即有「惡」，唯至最後作絕對認定時，不得不歸於「一」。然此處言「不二」，實怕世人偏執於一，故有禪門：「萬法歸一，一歸何？」之參話頭。佛法是要世人勿入兩邊，然亦非「破二」之後又執著「一」。故《中論》云：「眾因緣生法，我說即是空，亦爲是假名，亦是中道義。」（大正三十．三三中）唯不執「空」、「假」兩邊，始爲中道。而「中道」義，又非在「空、假」兩者之中，而是即空即假，不空不假，故維摩詰之「言默」並非無話可言或不願說，而是保留一廣闊空間，讓世人體會眞實情境，此誠如《論語．陽貨篇》孔子所云：「予欲無言」、「天何言哉」。天理流行，四時行焉，百物生焉，天曾何言。文字語言爲緣起法，非於說與不說上爭辯，立者當立，遣者當遣，維摩詰之語默，終使大眾同入不二法門，證無生法忍。

## 六、心淨佛土淨

《維摩詰經》之首篇即是〈佛國品〉。佛國、淨土思想是佛教一重要特色。雖曰並非所有修習佛教者皆有如此之想法，然此種精神王國，已不僅指個人之解脫與涅槃而言，亦不單闡述如何到達彼岸淨土，而是注重此方此土之有情人間。因此，如何化五濁惡世為人間淨土，才是其根本旨趣。

佛教之根本思想三法印：「諸行無常」、「諸法無我」、「寂靜涅槃」；其中「涅槃」即是「生命之圓滿解脫」，且由個己之圓成而化渡至全世間之「至善」境地，此二者為佛教之兩大使命。然就大乘積極思想言，對於佛國淨土之詮釋，是在此世間既有之基礎上才能實現。本經對於淨土闡釋所採是「觀照淨土」思想，〈佛國品〉云：

世尊！願聞得佛國土清淨。唯願世尊，說諸菩薩淨土之行。……

佛言：寶積。眾生之類是菩薩佛土，所以者何？菩薩隨所化眾生而取佛土。隨所調伏眾生而取佛土。……

菩薩取於淨國，皆為饒益諸眾生。……

菩薩如是，為成就眾生故願取佛國，願取佛國者，非於空也。寶積！當知直心是菩薩淨土。菩薩成佛時不諂眾生來生其國……

深心是菩薩淨土……

菩提心是菩薩淨土。……

菩薩隨其直心則能發行，隨其發行則得深心，隨其深心則意調伏，隨意調伏則如說行，隨如說行則能迴向，隨其迴向則有方便，隨其方便則成就衆生，隨成就衆生則佛土淨，隨佛土淨則說法淨，隨說法淨則智慧淨，隨智慧淨則其心淨，隨其心淨則一切功德淨。是故寶積，若菩薩欲得淨土當淨其心，隨其心淨則佛土淨。（大正一四・五三八上～下）

「心淨則佛土淨」爲本經之淨土綱領。而「五濁惡世」與「人間淨土」是分而爲二或調和爲一，此亦是大小乘之差異。「佛」因已證悟佛慧，故以「淨土」爲其所居之地。然以世間觀點而言，佛土之清淨，以舍利弗代表小乘視之尚不能見，其所見之土爲「丘陵坑坎，荆蕀沙礫，土石諸山，穢惡充滿。」（大正一四・五二八下），更何況是一般凡夫衆生呢？本經之「觀照淨土」，實依自心清淨而照見一切眞如之展現。故不見佛土嚴淨，非如來之咎，實自心不淨而不見。若能以深心清淨、依佛智慧，即見佛土功德莊嚴清淨。所謂「直心」、「深心」、「菩提心」此三心，鳩摩羅什解曰：

直心誠實心也，發心之始，始於誠實。道識彌明，名爲深心。深心增廣，正趣佛慧，名菩提心。此皆受化者心也，受化者行致淨土。（大正三十八・三三五下）

人視國土有「淨」、「穢」之不同，顯然皆由「意識」而出。若能自淨心，則當下即身處佛國，故所謂佛國，已非凡塵外另建立之，而是由自身改變提昇而成就之。

## 七、結　語

佛陀以其內心所證悟之眞理而說法，引導眾生由迷轉悟，超凡入聖，其智慧與慈悲之流露實令人讚佩。弟子將其言論集結而成經典，至今仍令人讀誦實踐之。而《維摩詰經》秉承佛陀之精神，維摩詰以居士身代佛陳述其見解。本經在歷史定位上，是屬般若經系統而展開之大乘經典。依大乘佛教思想而言，龍樹菩薩有「釋迦第二」之號稱，其重要性不言可知，然此並非誇大其爲編纂者，而是他具開創性與積極性，在原始佛教中，自省內部而重新詮釋，給予經典新生命，而大乘之「大」，實由佛教內部之相較而出。至此，則本經成立於龍樹前或其後，則不得不追論。依據考證，將本經視爲出現於龍樹之前，更能符合歷史之發展③。本經既屬初期大乘經典，故其具有之開展精神，則不得不引人注意。在佛教義理上，維摩詰已具夙慧，而其行爲卻能善權方便。因爲要破斥小乘之執相，故轉以居士身示疾而說法，闡明渡眾化生，唯深入凡俗中才能更廣大地普被群生。更兼以天女說法，彈偏小乘之執丈夫身。且以「唯心淨土」之路數帶起全文，唯「心」無所依住，才能成就眞功德。至一切語言聲色皆擯除，即能契合眞如實相，此爲眞入不二法門。如是有系統之闡述，顯出不同於小乘之風格氣度，且由居士身而陳述，更能引發大眾之好奇心且深入研究，則其攝化目的即已達到。

【附　註】

① 本文所引係爲大正藏經第十四冊，第五四六頁中。以下所引皆依此。

② 智顗《四念處》：「今雖說色心兩名，其實只一念。無明法性十法界即是不可思議一心，具一切因緣所生法。一句名爲一念無明法性心。」（大正四六・五七八下）

③ 參考萬金川《維摩詰經的主要論題研究－由大乘思想的精神取向談起》，慧炬一九七，頁九。

# 藤原惺窩學術之探微

傅榮珂

## 提要

藤原惺窩乃日本江户時期儒家精神之開創者，並奠定日本朱子學之基礎。惺窩於漢文學，無書不讀，無義不通，無理不窮，博聞強記，而於性理之書，鑽研尤深。一切以擴天理，收放念為學問之根本，其一生致力於儒學與佛學之分離，使儒學與日本神道相契密合，深入於日人心中，藉由朱子「主敬」說建立其人生觀，以「格物」打破歷來經學傳遞之藩籬。其為人，韜晦不求聞達，甘於貧苦，簞瓢陋巷，處之裕如，其於朱、陸學術之異同，採兼容包蓄之態度，訓點漢籍，則擺脱傳統之家法，各依己見訓點，開拓日本學術自由之風，其影響，實為深遠，而惺窩於日本漢學建立之功，非為小也！

## 一、緒　論

漢學自應神天皇時東傳日本後，歷經上千年之滋衍發展，在東瀛已建立其傳經家學支脈，並隨時接受中華文化之洗禮，經史、文學與日本漢學加以密合，成爲日本之漢學。而自鎌倉幕府以降，至室町時代，由於禪宗勢力宏大，主導漢學之文化，遂使漢詩文出現隆盛之高峰，至室町末期，幕府勢微，群雄割據，經學亦幾瀕衰滅，其後勉强傳入江戶者，一爲朝廷以學問爲世家之明經家學，另一爲五山之僧院漢學。五山僧侶將經學與佛學同時研修，作爲其維繫學問之一縷命脈。迨藤原惺窩出現，於五山禪寺研修朱子學後，始從禪寺僧侶中，將佛學與儒學分離，而樹立京學之一派。

惺窩不以原來之明經、家學爲滿足，並擺脫五山僧院之羈絆，致力於儒學之獨立與發揚，而以一介處士之身份，信奉程朱新注之說，標榜窮理盡性之學，而啓日本朱子學之開端。

惺窩並爲德川幕府第一代大將軍德川家康（西元一五四二——一六一六年）進講朱子學，德川深受感動，遂指定朱子學爲日本之官學，使朱子學成爲幕藩體製思想上之支柱，朱子學於是在日本得以立足、發揚，惺窩實爲近世日本朱子學之祖。

惺窩學術上之成就，不僅發揚朱子學，而在於爲經學開創新局面，打破歷來師行家（清原、中原兩明經家）之傳統權威，而爲經書加點，開拓學術自由之領域，明治天皇追褒惺窩學問上之功勞，追贈正四位勳位。而古文辭學派（反對朱子學）之祖荻生徂萊亦稱讚惺窩爲日本四先達之一①，應代代祀於學官。故欲明日本近代漢學之流衍，朱子學之萌芽及其影響，必研討藤原惺窩之學術，方能瞭然於心而有所得。

## 二、生平傳述

藤原惺窩，原名肅，字斂夫，惺窩爲其號，又號妙壽院、廣胖窩、北肉山人、柴立子②，播磨三木郡細河村人（現今兵庫縣），其父爲純，所謂冷泉家也③，食邑於細河，正親町天皇永祿四年（西元一五六一年）出生，幼穎悟，至七、八歲時乃父冷泉爲純與乃兄爲勝，被土豪別所長治攻佔領地時戰死，成爲孤兒之惺窩乃投龍野縣慶雲寺，拜東明長老爲師，誦心經、法華等經，人呼爲神童，後剃髮，僧名曰宗舜。

十八歲時，惺窩伴母至京都，因叔父壽泉主持相國寺普廣院，乃投依叔父，時京都五山④學僧人才濟濟，惺窩隨眾僧學，學問愈精進，出入於釋老，閱歷於諸家，兼習日本紀、萬葉集、歷代倭歌詩文等，其所居曰妙壽院，故初號即由此得來。

後歸見赤松氏，赤松氏善遇之，故從赤松氏遊，惺窩雖讀佛書，卻志在儒家，發覺佛學與儒學性質截然不同，故將當時由僧侶獨佔之儒學，自禪宗予以分離爲獨立學問，并斷然棄佛還俗揚儒，致力於朱子學之研究與講學，而頗有成就，受到當時執掌政權之豐臣秀吉，及當時爲豐臣秀吉麾下，關東八國領主德川家康等之賞識。

天正十八年（西元一五九〇年，時惺窩卅歲）朝鮮國使通政大夫黃允吉、金誠一、許箴之來貢，豐臣秀吉命館之紫野大德寺，先生往見三使，互爲筆語，且酬唱和詩，時先生自號柴立子。

有一相者見先生曰：「公是精神滿腹太聰明。」曰：「唯自聰明可也，太字如何？」相者曰：「是公之癖也」先生笑而不言。

天正十九年（西元一五九一年）豐臣秀吉令長老周保聚五山詩僧於相國寺題詩聯句，惺窩初一參會，而後不復赴，衆強之亦不肯，秀吉詰先生，先生曰：「夫物以類聚，如韓、孟相若，而後聯句可也者，若否則如隻腳著木屐，隻腳著草鞋歟！其不耦也必矣！吾不欲耦于倆也。」言罷，掉頭而去，其不屑於官場酬唱，於此可見。秀吉不悅，先生於是避之，赴肥州郡護屋見豐臣秀吉之猶子金吾，金吾貴豪少年也，素行狂妄，唯對先生執禮甚敬，一日，金吾拔刀欲劊金匣、金盤以爲嬉戲，先生諫之曰：「公子雖富貴，而不宜爲之事，則不當爲也。」金吾納其言。

文祿二年（西元一五九二年）惺窩至江戶（現今東京）進謁於德川家康，家康即召之，爲其講「大學」及「貞觀政要」。一日，先生進講「大學」時，家康著便衣，惺窩即束書不講，家康催之，依然閉口，問其故，惺窩正言曰：「大學之道，乃以修身爲本，聽著宜端裝正身方能悟道」，德川家康乃換裝恭身而聽，于此可見先生之不苟。

惺窩於聖賢性理之書頗有專研，曾作「四景我有解」之文，闡其性理宇宙觀，其曰：「人之所欲者，我所不有也，我之所有者，人所不欲也，於是乎室有空虛，心有天遊……四極八紘遊覽之美，擧在一身。天下之山色，不入而目染；天下之水清，不洗而耳濡；天下之至理，不思而心得」⑤又曰：「地其不廣乎？屋其不大乎？物其不備乎？斯游不亦悅乎？不亦樂乎？實威武不能屈，富貴不能奪，貧賤不能移，意必固我既絕之後，優哉游哉。」⑥而於自然景觀，隨興所至，皆爲好景，人能心廣，則何處不廣？何處不樂？惺窩之傲岸，未能迎合家康之意旨，故時有隱居林泉之志。其時惺窩已廣收門生，樹立朱子學之惺窩派（又名京學派），因時慕中華之儒風，欲見文物之盛，故於慶長元年（西元一五九六年，時年卅六歲）赴薩摩（現鹿兒島縣），擬搭船赴大明，途遇颶風，船舶遇難，未遂而歸。

赴明不成，惺窩決心在日本推廣朱子學；時少將豐臣滕俊，好詠倭歌，且多藏書；聞先生名而招之，共唔語評論詩之六義，風流蘊藉，先生時相往來唱和，朝鮮刑部員外郎姜沆來日，於赤松氏家見先生而喜日本國有斯人矣！沆稱先生所居爲廣胖窩，先生自稱曰惺窩，取諸上蔡所謂「敬是惺惺窩」。

其時，日本學者讀漢唐註疏加倭訓，然而至於程朱書，未知什一，故性理之學，識者鮮矣。由是先生勸赤松氏，使姜沆等十數人，淨書四書五經，先生自據程朱之意，爲之訓點，其功至大，然而惺窩之訓點經書，於當時實爲異常之舉，其時因經學正值家傳師傳之時代，而惺窩反以其無所師承爲自豪。其於「惺窩先生文集」「問姜沆」一文中有云：

予自幼無師，獨讀書。自謂漢唐儒者，不過記誦詞章之間。纔注釋音訓，標題事跡耳。決無聖學誠實之見識矣！

並充滿自信謂：「日本唱宋儒之義者，以此冊爲原本。」惺窩之偉大，不在經書加點之學力，而在不畏萬難，爲經學開創新局面。此因經書之加點，歷朝以來皆嚴加禁止之故。而當時學者、學僧雖具漢文之素養，於經書加點之工作，並不畏難，但因顧忌數百年師法、家法之傳統權威，不敢公然加點，此亦足見惺窩爲經書加點之勇氣也。

惺窩生平淡泊名利，嘗告其弟子林羅山云：

> 先生謂予曰：汝謂何以爲學？若求名思利，非謂已者也。若又以此欲售於世，不若不學之愈也。予聞而銘於心。⑦

惺窩赴明不成，便決心在日本推廣朱子學，並從事四書五經日譯之工作，其聲名遂大噪於京都。

惺窩於講課之餘，常喜好遊山玩水，蒔花種草，時駕一葉扁舟任其飄蕩，所到所見，題其名而賦倭歌，乘興吟詠，以娛自已，平生不喜殺生，其生徒或見先生窗前蜂窠欲焚燒之，先生以其無螫故止之。

先生平居於相國寺東鄰，爲春道庵同里，每病，輒飲道庵藥，嘗戲曰：「我無藥價，彼不責價」僧人頗慕惺窩之爲人，時相與還。惺窩喜讀白香山詩文集，愛其風流。而慕陶靖節之爲人，任情自由而不拘，嘗讀桃花源記，評曰：「有云武陵人捕魚爲業者，謂心之活鱍，如魚之悠然自樂也。山有小口，豁然開朗者，謂方寸地雖狹，而心本廣大也。避秦時亂者，謂離俗塵也。後遂無問津者，謂心學之不明于後世，不行於天下也。先生讀之，至此微笑曰，此所謂陶淵明有志於我道也。」

惺窩其門弟子甚多，有名者爲在德川幕府樹立林家官學之林羅山（一五八三—一六五七。幕府儒官林家之祖，與其子林鵝峰合編編年體史書、本朝通鑑，主著羅山文集）、松永尺五（一五九二—一六五七。江戶初期朱子學者，貞門俳諧之祖松永貞德之子。在京都講學，收門徒五千餘人）、那波活所（名觚，播磨人，在紀伊講學，五十四歲卒）、堀杏庵（名正意，近江人，在尾張講學，五十八歲卒）等藤門四天王，及菅得庵（名玄同）、吉田素庵（名貞順）、三宅寄齋（名島）、石川丈山（名凹）、林東舟（名永喜）、永田善齋（名道慶）等俊才學者。

惺窩著述頗多，有文章達德錄，取文章予以辨體校之本集，加寫釋箋，撰定爲篇。又慮當時人不知作文規格，故捃集古今名公詩話文評，撰著達德錄綱領，平日詩文甚多，曾撰集有惺窩先生文集、惺窩文集、惺窩先生倭謌集等書。

惺窩自幼家境困苦，身體欠安，天正八年，惺窩廿歲時中風，右手痲木，難於執筆，其與林道春書云：「予右手痲木，不得涉筆，故如斯常憚作書」⑧其後斯疾一直纏身，惺窩曾多次尋醫就方治療，其於古今醫案序文云：「予自幼多病，衰憊不勝衣，就恂（指吉田意安）聆醫家之餘論，染指丹鼎，鍊性藥爐，荷嘉惠者，不爲不多，以至今日。」⑨惺窩譯書除儒家經典外，醫書亦頗多涉獵，如本草綱目、保赤全書、衛生寶鑑等亦精研並加以譯註。慶長廿年，時惺窩五十五歲，宿疾又犯，至爲嚴重，其與友人書云：「拙七月十日俄中風，右半身不遂，至今日竟爲廢人者也，實一個蜆肉，可怜生、可怜生……」⑩其自怨如此。元和五年，惺窩五十九歲，因宿疾不治而死，葬於江戶相國寺時雨亭傍（今之相國寺東門前林光院墓地），一代哲人，就此萎逝。

## 三、惺窩著作考述

惺窩自幼聰穎，於書無所不讀，漢文造詣深厚，平生著述頗多，舉凡經義、文學、史學，無所不通，且有評點訓解漢文書之功，其詩文經門弟子彙整編輯刊印，於日本江戶時代之儒者，影響頗深，現依類敘述如下：

### ㈠詩文集類

⑴惺窩先生文集：十八卷，惺窩曾孫藤原爲經編，首卷爲後光明天皇御製惺窩文集序，次爲惺窩先生系譜略、羅山惺窩先生行狀、姜沆是尙窩記、惺齋記、藤原爲經重修惺窩先生文集跋，文集內容卷一至卷五爲五絕、七絕。卷六爲五律、七律，五、七言古風，五、七言聯句等。卷七爲序、跋、記。卷八、卷九爲銘、贊、雜著。卷十至卷十二爲手簡。其後爲惺窩先生倭謌集共五卷，卷一爲春、夏，卷二爲秋、冬，卷三爲別離、哀傷，卷四爲戀部、雜部，卷五爲倭文部。目前所存刊本有京都帝國大學附屬圖書館本，又有昭和十三年十一月國民精神文化研究刊本。

⑵惺窩文集：八卷，正編爲林羅山所編，續編爲菅得庵編。堀杏庵惺窩文集序云：「先是羅浮林子，集遺文殘藁，欲傳之世，官事無鹽，有志不果，菅玄同氏繼羅浮氏之志，據其元本，手自輯錄，且補其遺漏，名曰惺窩文集」。菅得庵續惺窩文集序亦云：「先是林羅浮子編纂斂夫先生之遺篇而選爲五卷，予竊敬慕，而補益其闕漏，而續爲三卷，亡慮題曰惺窩文集」其內容，林羅山正編五卷爲卷

首惺窩文集序、惺窩文集跋、惺窩先生行狀，卷一爲絕句、七律、五律、五古、五言小絕，卷二銘類、題贊類、四六、記、序，卷三、卷四爲手簡，卷五爲和歌，菅得庵之續編三卷爲卷一和文十章，卷二爲和歌，卷三爲羅山編之惺窩詩文及姜沆是尙窩記、五經跋、惺齋記三篇與門下知友追悼文等。

(3)惺窩拔萃寫本一冊，半紙半切型橫綴本、神宮文庫所藏、林崎文庫舊藏。全部共二十一頁，內容爲惺窩手簡及惺窩雜著詩文共五十篇。

(4)本朝四家絕句六卷：爲藤歛夫（藤原惺窩）、石川丈山、草山元政、獨菴玄元四家之絕句集子，爲「元祿十五壬午年孟夏日，江府書林，平野屋吉兵衛板」刊印，收錄惺窩七絕五十四篇，靜嘉堂文庫所藏。

(5)惺窩先生倭謌集：寫本一卷，林崎文庫舊藏本，內容與惺窩文集十八卷本相同。

(6)倭文二篇：扶桑拾葉集卷二十七所收，德川光圀編，元祿二年刊行，現收錄於惺窩先生倭謌集卷五倭文部。內容有「夕顏巷辭」「與賀古宗隆辭」「代賀豐州挽辭」「恕仙法師悼辭」等詩歌辭句。

## (二)儒書抄解錄

(1)寸鐵錄：二卷，寬永五年刊本，惺窩編著，惺窩弟子菅得菴續惺窩文集序云：「顧寸鐵錄、逐鹿抄若干紙，爲初學蒙昧而發揮，別行于俗間」，林羅山編惺窩先生行狀曰：「此歲（慶長十一年）先生赴南紀、蓋備於顧諟，是爲政之存心、資治之守約也，太守甚喜。」是書就四書五經加以抄解其要語卅二條，作爲「爲政之存心、資治之守約」其中以論語、孟子抄錄最多。

⑵寸鐵錄：寫本一卷，冷泉子爵家所藏，爲一小冊子，內容爲讀書札記，所讀書目有：孟子、中庸、史記、鹽鐵論、文選、古文眞寶、漢書、帝範、明心寶鑑、抱朴子、黃山谷之詩、左傳、孔子家語、白氏文集、孝經註、尙書、鶴林玉露、韓退之文、莊子、夢窓國師之詩歌，就儒敎思想發揚闡明，對莊子道家思想與佛家思想之文亦有抄錄。

⑶逐鹿評：一名大學要略，二卷，寬永七年刊，宮內省圖書館藏有寫本一冊。逐鹿之名由來，乃喩天下爲鹿也，仲尼亦有鹿也，而萬世共逐之。林羅山云：「近代諸儒，若陳白沙，志於仲尼之鹿者而能啗其肉矣！夫陸象山者，其呦呦於梵宇之下乎，而朱晦庵則思欲悉鹿之皮毛骨而啗之矣！」本書分上下二冊，就大學朱子章句本「在明明德」「在親民」「在止於至善」是朱子所謂三綱領，逐次全篇抄解。

㈢詩文話編輯類

⑴文章達德錄：所在不明，林羅山云：「惺窩取文章辨體，考之本集，加寫釋箋，且增其所未載者數百篇，用捨隨意，撰定爲篇名曰文章達德錄。」⑪。

⑵文章達德綱領：刊本，林羅山云：「惺窩捃集古今名公詩話文評，定出作文規格，著文章達德綱領。」⑫

㈣雜論類

⑴明國講和使對質疑草稿：自筆稿本。

(2)姜沆筆談：自筆稿本。

(3)朝鮮役捕虜筆談：自筆稿本。

(4)南航日記殘簡：自筆稿本。

㈤儒學參考文獻類

(1)假名性理：別名千代茂登草，刊本。

(2)惺窩問答：羅山林先生文集卷三十二所收。

㈥儒書訓點類

(1)鼇頭評註四書大全：惺窩就明胡廣四書大全加以訓點，引用書名約二百九十種，人名約百八十家。訓點之書有大學二卷、中庸三卷、論語廿卷、孟子十四卷，共三十九卷，廿二冊。

(2)新板五經：林羅山云：「本朝詞人博士，振古講五經者，唯讀漢唐諸儒之註疏，未能知宋儒之道學，故世人皆拘於訓詁，不能窮物理，殆數百千歲。然今世往歲，妙壽院惺窩滕先生，講學格物之暇，新加訓點于五經，易則從程傳兼朱義，詩則主朱傳，書則原蔡傳，禮記則依陳說，春秋則據胡傳，至若倭訓之古而不可易者，參之舊點而不盡削之也，其可筆可削者，亦竊取其義而已。⑬」。

㈦札記類

(1)日本書紀神代卷：改修本，自筆草稿。

(2)萬葉集：訓點本，所在不明。

(3)土佐日記：妙壽院本。

㈧惺窩著述：未能考定眞僞。

(1)經書和字訓解：宇都宮遯庵之「日本古今人物史略傳」藤原惺窩條「其所著，有達德錄綱領、寸鐵錄、逐鹿抄及經書和字訓解等」，慶長以來諸家著述目錄漢學者傳記及著述等均有記載。

(2)列子點：近代名家著述目錄（堤朝風編）及漢學者傳記及著述集覽惺窩條謂惺窩點列子一書。

(3)職原鈔頭注：神習文庫所藏，故井上賴國博士舊藏「首書職原鈔」，全五冊，最後一冊是補遺後附，初卷表紙裡井上博士謂「惺窩頭注，但補遺後附船橋秀賢朝臣之墨書」。

## 四、藤原惺窩之學術

藤原惺窩博學多識，於漢文學，鑽研頗深，林羅山惺窩先生行狀云：「惺窩出入於釋老，閱歷於諸家，兼習日本紀、萬葉集、歷代倭歌詩文等，其間讀聖賢書，而後棄異學醇如也」，林東舟惺窩文集跋云：「惺窩先生……九流七略、六藝百家、洎我國史家乘，及西域迦維之書、南蠻耶蘇之法，無書之不讀，無義之不通，無理之不窮，博聞强記，無天下抗其衡者也耶！」於此可知惺窩之博學，其於宋明儒者性理之學，尤其鑽研，而以擴天理、收放念爲其學問之根本，其文章達德綱領序云：「其（指惺窩）爲學也，不局小道，不因師傳，因千載之遺經，繹千載之絕緒，深造獨詣，旁搜遠紹，自結繩所替，龍馬所載，神龜所負，孔壁所藏，迄濂、洛、關、閩、紫陽、金谿、北許、南吳、敬軒、敬齋、白砂、陽明等性理諸書，靡不貫穿馳騁洞念曉析，一切以擴天理，收放念爲學問根本。」⑭

惺窩以學術乃天理之擴散，能知收放心方爲學問之根本，所謂天人合一，貫通眞理，認爲萬物一理，物我無間，而以理一分殊爲本。其曰：「學問之道，分別義理，以理一分殊爲本，萬物一理，物我無間，則必入於理一，流釋氏平等利益，墨子兼愛而已，專以分殊見之，則必流於楊子爲我矣！兩未得其善，故讀聖賢之書，曉聖賢之心，則可專以理一分殊爲宗，則無弊矣！」⑮

能讀聖賢書，曉聖賢之心，則可專以理一分殊爲宗，而於名利之心，自可淡泊，林羅山於惺窩問答曰：「先生謂余曰，汝謂何以爲學，若求名思利，非爲已者也，若又以此欲售於世，不若不學之愈也。」惺窩於詩文中處處映現喜好自然、淡泊名利之心，而尤慕靖節與自然遨遊之天趣，而有題歸去來兮圖三首：

陶寫胸中妙，畫成目下詩，葛巾幷竹杖，天地一吟髭。

牕下自義上，簡中無宋年，孤松幷五柳，別置一山川。

尋壑亦經丘，委心任去留，此中松菊趣，樂只與天遊。⑯

惺窩於淵明之純眞，頗爲讚賞，自己亦以淵明爲師，習其眞，與淵明詩文爲友，鍊其句。其評析人物，皆以淵明相較，如謂其門生堀正意曰：「生也歸家讀所謂天眞，論者必有靖節先生之眞。」⑰又如評趙子昂曰：「松雪（指子昂）之於靖節，出處天淵，有志之士，非無遺憾，然今眷戀於靖節詩句之中，夫是悔心之萌也耶，否乎？出處者，人之大節也，後之見者，豈可不敬焉哉！」⑱學者如只羨淵明詩文之美，而未能識其眞，焉能了然於淵明之節操胸懷。至若研求學問之道，惺窩則曰：「讀聖賢之經書，以經書証我心，以我心証經書，經書與我心通融可也。」⑲

能使經書與我心，相互融通，自能體會聖賢之用心，而欲讀通聖賢之經書，對漢唐先儒之訓解不可不知，其與林道春曰：「歷錄之字義，粗貼片紙，見此字解，則漢唐詁訓之學，亦不可不一涉獵者也，其器物名數典刑，雖曰程朱，依焉而不改者夥矣，讓焉而不注者數矣，所謂十三經疏云者，魚亦所欲也耶。」⑳又曰：「凡讀書講義理者，必有先儒訓解，講聖賢之經，先於注上分義理。」㉑

惺窩訓點四書，打破數百年來（清原、中原兩明經家）之傳統權威，其所依注本則以朱子《學庸章句》、《論孟集註》爲主，五經注本則以程伊川之《易傳》，朱子之《周易本義》、《詩經集註》，蔡忱之《書集傳》，陳澔之《禮記集說》，胡安國之《春秋集傳》爲之訓點，認爲研究經學之本旨不在形式而在於內容，不應於點法上專立師承，拘束於煩瑣之形式，祇須適應各人之學問見識，能予以正確讀通即可。自此後，門人也各自創始訓點，林羅山有道春點，菅得菴有登雲點，使當時學問之領域，露出自由研究之曙光。

惺窩對於宋儒朱陸之爭，雖推崇朱子，然對於陸王之說並不排斥，其對於陸王觀，以「答林秀才代田玄之」文爲其代表：「如朱夫子者，繼往聖，開來學，得道統之傳者也，後生區區置異論哉，如陸文安者，有信而有最學之者，有疑而未決之者，有排而斥之者，信者排者置不論焉，以其疑者言之，在同時者，張敬夫、呂伯恭，於紫陽爲丈人行，而共發揮我道爲己任者也，然亦以文安不爲全非：

……在皇明者，儒門一代巨擘，皆有冤陸之疑，故余亦疑其所疑而已，非信而學，唯見羅整庵、霍渭厓、陳清瀾等，黨同伐異，排陸之諸編，未見金谿（指象山）家乘文集、語錄年譜及門人故舊之手錄，故曰非敢信者，疑而未決者，足下辨陸不遺餘力……余姑以疑者論之，則鹽梅相濟，瑕瑜不掩，亦復有此理，微箕比干周武伯夷所爲，各如不同，而所欲亦如不異，故仲尼兼稱并取，不偏廢，……紫陽（指朱子）質篤實而好邃密，後學不免有支離之弊，金谿質高明而好簡易，後學不免有怪誕之弊，是爲異者也，人見其異，不見其同，同者何哉？同是堯舜，同非桀紂，同尊孔孟，同排釋老，同天理爲公，同人欲爲私。」㉒又曰：「又問，說卦曰窮理，大學曰格物，其立言不同何，曰聖賢千言萬語，只要人理會得，故所示不同，所入即一也，且古人各自有入頭處，如周子之主靜，程子之持敬，朱子之窮理，象山之易簡，白砂之靜圓，陽明之良知，其言似異而入處不別。」㉓

惺窩以謙遜包容之態度視朱陸之不同，其弟子林羅山爲此頗爲不滿，於慶長九年，以「寄田玄之」文論難惺窩，時惺窩四十四歲，羅山廿二歲，正值學問獨立之際，惺窩則以「答林秀才代田玄之」文以答覆，戒林羅山勿流於偏執，對於林羅山稱揚朱子，貶抑陽明學說，惺窩則曰：「此處未易言也，汝唯熟讀玩味，涵泳從容可也，要在默而識之也，至一旦豁然貫通，則諸儒之同異定於一。」㉔能貫通天理，則萬物皆同也。惺窩於陽明詩文頗爲喜愛，謂其「洒落可愛」㉕此對學術寬容之心，雖引起林羅山之不滿，然藉由學術之論爭，使日本經學從「家學」傳遞中覺醒，於日本漢文學之發展，有莫大之影響。

惺窩幼時曾入僧門爲僧徒，受五山禪院文學甚深，然自三十歲以後，對儒教鑽研愈深，對佛老則愈視爲異端，「先生以爲，我久從事於釋氏，然有疑於心，讀聖賢書，信而不疑，道果在茲，豈人倫外哉！釋氏既絕仁種，又滅義理，是所以爲異端也。」㉖認爲釋氏既絕仁種，又滅義理，違背人倫天理，聖賢以仁義爲倡，讀聖賢書，所學何哉？乃知天理、人倫，而釋氏不明於此，是害理也。惺窩曰：「我儒如明鏡，物來即應，釋氏如暗鏡，卻棄絕物，鏡中本來固有之明，而欲暗之，是害理也。」㉗

惺窩推崇儒術至極，甚而與日本神道密合，其謂「日本之神道，亦以正我心，恤萬民，施慈悲爲極意。堯舜之道，亦以此爲極意。於唐土謂之儒道，於日本謂之神道，其名異，其心一也。」㉘其弟子林羅山更擴而充之，以爲神儒一致也，曰：「我朝神國也，神道乃王道也，一自佛法興行後，王道神道都擺卻去。或問神道與儒道，如何別之？曰：自我觀之，理一而已矣，其爲異耳。嗚呼！王道一變至於神道，神道一變至於王道，道吾所謂儒道也，非所謂外道也。外道也者，佛道也。佛者充塞乎仁義之路，悲哉！」㉙知神道與王道相通，其契合爲必然之理，而斥佛道爲外道也。

惺窩平日讀書主朱子致敬，能敬方能窮理盡性，其曰：「夫是讀書，又猶磨鏡，去垢照形，窮理盡性，所爲雖同，成效或更，有暗有明，惟狂惟聖，此器豈徒，讀書在敬。」㉚平日讀書存敬，猶如勤磨鏡，自可去垢磨光，而能顯其人性之眞，其與林道春先生曰：「凡余勸讀書於足下，見善喜，見惡憂者，區區之愚僻也，百事灰冷，唯此一事，未能忘了。」㉛又曰：「奴輩往往有如此者，莫深罪焉，如所言吾人不敬之廢至，此一提醒，則是亦日用學中之一事也。」㉜言敬爲日用學中之一事，處處守敬，自可化戾風易俗，爲學守敬之道，要能「樂」在其中。

若不知敬，則藏書雖多，猶如翫物喪志，其曰：「嗚乎！知其難也，則日夜從事此書，而優柔饜飫，怡然理順，所敬篤也，而此心收斂也，主一無適也，整靜嚴肅也。常惺惺也，樂在其中。」㉝

讀書能樂在其中，至樂亦能活身，惺窩自幼身體孱弱，看醫者無數，深悟良醫如麟角，活身延命之道爲至樂也，其曰：「蒙莊之言曰，天下有至樂，無有哉，有可以活身者，無有哉，今奚爲奚據，奚避奚處，由是觀之，至樂活身之道至矣。凡遊方之外者，寓道乎末技，同波乎庸愚，而韜晦世之間達者，往往在焉，古所謂醫卜之中，多有賢者出者，寔有以哉，卜者厝不論，醫之爲學，學者如牛毛，成者如麟角。」㉞以醫者之術，擴而爲政之法。時江戶初期，社會擾亂，惺窩慨嘆治國者無醫國之才，而使天下如水火，生民如塗炭，其曰：「方今宇內搶攘，非獨無醫人之術，又能無醫國之才，時時徒吟四海無遠志，一谿甘遂心之句耳，吁已矣哉！」㉟

惺窩言濟世活人之方，乃爲「至樂活身」「安心是藥」而凡事不擾於心，勿枝繁勞形，自可延年益壽。而其所作「寸鐵錄」「逐鹿評」就儒書經典摘錄施政之法，實乃醫國之方，爲政者當仔細閱讀。

綜觀惺窩之學術，有其執守之根本，亦有其渾圓融通之處，其友姜沆謂其「頗聰明解古今，於書無所不通」，其詬病古來講六經者，或局詞章訓詁之末技，未通聖賢之眞學，或借異端浮屠之僞教，以同儒學之一揆，而發明性理、四書六經，盡以程朱之意講之，擯斥佛老，而三綱五典悉以聖賢之道教之，使人知漢儒之淺陋，宋儒之深邃。㊱打破家學之束縛，開創學術之自由風氣，影響頗為深遠，人人言則稱天語聖，甚至反朱子學之大儒荻生徂萊亦讚其可世世祀乎學宮，惺窩堪為當代之聖人無愧也！

## 五、結　論

藤原惺窩之學奠定日本朱子學之基，使朱子學成為幕藩體製思想之支柱，開創江戶三百年來儒家精神教育之根源，且致力於儒學與佛學之分離，使儒學與日本神道相契密合，深入於日人心中，藉由朱子「主敬」說建立其人生觀，以「格物」打破歷來經學傳遞之藩籬，歷來稱譽惺窩者無數，如其友姜沆謂：「其為人也，韜晦不求聞達，人可聞而不可見，可見而不可知也，見善若驚，疾惡如風，道所不合，雖王公大人，有所不顧也，簞瓢陋巷，處之裕如，義所不可，雖千駟萬鍾，有所不屑也。」㊲弟子菅玄同亦謂「其自幼好讀書，而手口不停絕文編……慕淵明歸去之志，而謝官祿甘清閑，晚年棲遲於市原之山莊，恣情乎丘壑，歌考槃於澗谷之間。」㊳其性剛直耿介如此，平日生活簞食豆羹，朝馳騖乎書林，夕翺翔乎藝園，無怪乎義士仁人慕德望風，出入其門，往來其道，不可勝計。㊴其對程、朱、陸、王學術之異同，則採兼容包蓄之態度，固引起其弟子林羅山之非議，然惺窩渾然融合之德，亦使年少氣銳之林羅山為之傾倒，而執師弟之禮。菅玄同即讚曰：「先生之於門人，猶如明鏡之

於萬物，猶如巨鐘之於寸莛，美惡之去來，照影從焉，大小之考擊，鳴響應焉。」㊵門人訓點漢籍，

亦承惺窩之風，擺脫繁瑣之形式，各自依己見訓點，使學術自由大放光芒，則惺窩於建立日本漢學之功，不爲不大矣！

【附　註】

① 荻生徂萊稱讚日本四先達爲日本漢學之祖王仁，次爲吉備眞備，次爲菅原道眞，再次爲惺窩。

② 取自莊子達生篇。

③ 冷泉家原稱藤原氏曾出有俊成、定家，爲歌道，惺窩係俊成十二世孫。

④ 指京都天龍寺、相國寺、建仁寺、東福寺、萬壽寺。

⑤ 見惺窩先生文集卷七。四景我有解。

⑥ 見惺窩先生文集卷七，四景我有解。

⑦ 見羅山文集「惺窩答問」。

⑧ 見惺窩文集卷十一，「與林道春書」。

⑨ 指惺窩文集卷七，古今醫案序。

⑩ 見惺窩先生文集卷十一。

⑪ 見林羅山惺窩先生行狀。

⑫ 見林羅山惺窩先生行狀。
⑬ 見羅山林先生文集卷五十三所載。
⑭ 見文章達德綱領序。
⑮ 見杏陰稿卷四。
⑯ 見惺窩文集卷一，題歸去來兮圖三首。
⑰ 見惺窩先生文集卷九，題淵明畫軸。
⑱ 見惺窩先生文集卷七，夕佳樓小說。
⑲ 見惺窩問答。
⑳ 見「與林道春」同卷十一。
㉑ 見杏陰稿卷四。
㉒ 見惺窩文集卷十，答林秀才代田玄之文。
㉓ 見惺窩問答。
㉔ 見惺窩問答。
㉕ 見惺窩文集卷十一，與林道春先生。
㉖ 見惺窩先生行狀。
㉗ 見惺窩問答。

㉘ 見假名性理。
㉙ 見羅山隨筆。
㉚ 見惺窩文集卷七，欹案銘。
㉛ 見惺窩先生文集卷十一，與林道春。
㉜ 見惺窩先生文集卷十一，與林道春。
㉝ 見惺窩先生文集卷七，戶氏家藏書跋。
㉞ 見惺窩文集卷七，樂活撮要序。
㉟ 見惺窩先生文集卷七，樂活撮要序。
㊱ 參見惺窩文集跋。
㊲ 見文章達德綱領序。
㊳ 見續惺窩文集序。
㊴ 參見慶安四年光明天皇御製惺窩先生文集序。
㊵ 見續惺窩文集序。

# 參考書目


藤原惺窩集
惺窩先生文集　惺窩先生倭歌集　寸鐵錄　逐鹿評　假名性理　藤原　爲經編　國民精神文化研究所
先哲叢談　上田萬年　井上哲次郎　小柳司氣太監修　春陽堂藏版
羅山先生文集　惺窩答問　羅山隨筆　國民精神文化研究所
日本文學史　新間進一　井上宇雄　前田愛編　旺文社出版
日本文學史のまとめ　淺井清　速水博司編　明治書院
日本漢文學史　緒方惟精著　丁策譯　正中書局
日本文學欣賞（古典篇）　劉崇稜著　聯經出版社

# 台灣「文心雕龍學」研究鳥瞰

王更生

## 提　要

「文心雕龍學」研究，在台灣快接近半個世紀了，以它「陶冶萬彙．組織千秋」的內涵，其發展潛力之大，更古今一千五百年來，仍然活躍於我國古典文學理論舞臺，而綻放萬道霞光，不稍衰歇！台灣雖然地狹人稠，但由於民殷國富，學風大開，從事研究的學者而著有成就的，實不可以指數。本人立足於繼承優良傳統，開創文學新運的立場，對台灣「文心雕龍學」的研究發展，作了鳥瞰式的剖析，惟因事繁文簡，難免掛漏；是非雌黃，或有未愜，希望知音君子，諒我不及。

台灣「文心雕龍學」研究，自一九四九年到一九九一年，在這四十多年的時光裏，有數以百計的學者，投下他們大量的智慧和精力，寫下了難以估量的著作。而後續性的發展，正方興未艾。

回顧一九四九年前後的台灣，剛光復不久，有心人士想要掙脫原來殖民地的枷鎖，對我民族傳統文化力圖維護之際，但在台海烽煙四起，戰雲密佈的情況下，救亡圖存已惟恐不暇，對學術研究來說，更形同侈談。

台灣之於此時，眞正具有大學規模的除台灣大學外，實屬少見，像今天的國立台灣師範大學，初期祇不過是一所國語專修學校，以後改制爲省立師範學院。中興大學的前身是台中農學院，成功大學的前身爲台南工學院，舉目回顧，今天台灣從北到南，在三萬六千方公里的土地上，大專校院林林總總，不到一、二百所，這種盛況，在四十年以前，連做夢也沒有想到。

當時的大學校院設有中文系的，又僅限於台灣大學和省立師範學院兩所而已，這兩所學校當時還正鬧學潮，學生既無心讀書，老師又甫自大陸來台，待遇菲薄，師資不足，教科書缺乏，參考資料沒有。在這風雨飄遙，遑遑不可終日的情況下，想要爲中文系建基立業，其實際的因難，直如陸地行舟。雖然如此，仍有許多教授們如廖蔚卿先生之在台大，潘重規先生之在師範學院，他們都是在勉可溫飽的日子裏，爲台灣「龍學」初期的研究工作，播種育苗，孕育了一線生機。一九五三年，師範學院又在高仲華先生的規畫下，陸續開辦國文研究所碩士班和博士班，茲不僅爲國學研究厚植根基；同時更給「龍學」研究設置了一座發展的溫床。

一九六一年後，台灣局勢逐漸穩定，由於社會進步，經濟繁榮，各級學校升學競爭激烈，私立大專校院不但紛紛開放，就是原有的公立大專校院也都或改制，或增設，年有數起。如改制的有省立師範學院改爲國立師範大學，台中農學院改爲中興大學；台南工學院改爲成功大學；新增的有高雄師範學院、政治大學、清華大學、交通大學、中央大學理學院、海洋學院等。這裏除交大、海洋學院限於性質特殊，未設中文系外，其他大多有中文系或中文研究所的設置。

「龍學」研究隨著教育制度的改革加以擴展，發生很大變化。除了廖蔚卿先生仍在台大中文系講授〈文心雕龍〉外，他如師大的潘先生遠赴香江，高先生也應香港聯合書院之聘去了國外；此時〈文心雕龍〉已改由方遠堯、李曰剛二位先生分別擔任，在政大講授此科的是張立齋先生、高雄師院是鍾京鐸先生、私立淡江文理學院是黃錦鋐先生、私立東吳大學華仲麐先生、私立輔仁大學曹昇先生，皆一時之選。經他們栽成而日後又能獨立研究成爲此學中堅的青年學人，如台大的齊益壽、師大的王更生、黃春貴、沈謙，輔仁的王金凌等，因爲彼此切磋，相激相盪，爲「龍學」研究，帶來突飛猛進的契機。

時間過了一九七一年以後，台灣因爲對外貿易的大量出超，帶動了國民的收入增加，尤其自蔣經國先生擔任行政院長以後，主動調整大中小學教師待遇，這時，大學教授始有餘力購置圖書，專心致志於教學研究而心無旁騖。當此之時，有很多志同道合的朋友們認爲〈文心雕龍〉的作者劉勰，不僅持論周延，態度客觀，而且還留下很多研究的空間，等待今人去發揮、去充實，甚而去改進。尤其談到文學理論，他們更把此書奉爲經典之作，以爲「體大慮周，籠照群言。」

正因爲經濟的過度繁榮，財富迅速集中現象非常嚴重，一切學術活動幾乎都在商業掛帥的前提下，染上功利主義的色彩，一九八一年以後，「龍學」研究雖然持續不斷地推動，但從每年發表的單篇論文質量上，和以往比較，研究的熱度已有銳減的趨勢，最明顯的例子，是早先以研究《文心》曾榮獲碩士、博士的，幾乎很多都不再發表同性質的論文，有的雖有論文發表，又大多不以《文心》的研究爲主流；甚或在大學中文系講授《文心雕龍》的學者們，三、五年內也難得看到一篇夠水平的論文公諸於世。

今後台灣的學者們，如果不能就此現象加以檢討，並敞開胸襟，放大目力，從〈文心雕龍〉本身，以及和其他著作相關處去深入研究的話，恐怕很難再有風光的時刻了。

「龍學」研究在台灣，經由初期的艱辛開拓，到中期發展的猛進，近期成果的輝煌，和現在正面臨難以攀越的高原，它的成長過程，給我們留下很多回味。

台灣學者研究「龍學」，大多循著兩個方向進行，一是劉勰的史傳，二是《文心雕龍》全書。關於劉勰史傳的研究內容如出身、世系、背景、行誼、交遊、生卒、著述等；關於《文心雕龍》全書的研究內容如注釋、校勘、板本、文原論、文體論、文術論、文評論和資料彙整等，都有人從事研究，且各擅勝場，無分軒輊。

在劉勰史傳方面的研究成果：因爲《梁書．劉勰傳》和《南史．劉勰傳》記載簡略，於是有人便爬梳叢殘，整紛理蠹，從其他著作中去找關係資料，想替劉勰編年製譜，但關於他的世系、家世、行誼、生卒等，由於資料之殘闕不全，直到今天還是半屬臆測，台灣學者在這方面的研究成果，有兩篇論文值得一提：一、是師範大學教授王更生的〈梁劉彥和年譜稿〉，二、是輔仁大學王金凌先生的《劉勰年譜》，王氏的〈年譜稿〉發表於一九七三年四月師大《國文學報》創刊號，以後經過他重新增删後，收入一九七九年由文史哲出版社出版的《重修增訂文心雕龍研究》，並更名為《梁劉彥和先生年譜》。本文大致可分譜前、年譜、譜後三部分，譜前為東莞劉氏世系的考訂，年譜為譜主劉勰的生平行誼，譜後為劉勰史傳及後人研考文字的節錄，此文最特殊之點，首先是將劉勰生年推定為宋孝武帝大明八年（四六四），這和范文瀾、華仲麐、張嚴及日本學者興膳宏之說，互有同異。其次，是不採楊明照《梁書劉勰傳箋注》，李慶甲《劉勰卒年考》二家的新說，以為他們「用後說推證前論」，不僅危險，且犯了不考之過。較王《譜》發表稍晚的王金凌先生《劉勰年譜》，他除了將劉勰生年延到宋明帝泰始元年（四六五）以外，其他大致和王更生的〈年譜稿〉沒有甚麼出入。

在注釋校勘方面的研究成果：劉勰以《文心》五十篇三萬七千多字，涵攝了以往二千多年的文學理論，如果文不精深，辭不典奧，根本是無法做到的。所以自北宋辛處信作《文心雕龍注》以後，歷代學者或校或注，頗不乏人，台灣「龍學」的研究者，堅信完善的校注是通往《文心》的捷徑；於是四十多年來，從事注釋校勘又有作品行世而受到重視的，計有以下數種：首先，是李景濚先生的《文心雕龍新解》，一九六八年四月經台南翰林出版社發行，十一月再版，前後不到半年的時光，初版就搶購一空，可見當時受學術界歡迎的程度。此書編排的方式每頁分上下兩欄，上欄是〈文心〉原文，下欄為《新解》。〈新解〉者，語體翻譯的意思，每篇之末設有增注、題解與分段大意，這是台灣「

龍學」界自一九四九年以來，用語體散文的形式，有系統的整理《文心雕龍》的第一部書。王更生於〈近六十年文心雕龍研究概觀〉一文中評云：

雖然此書誤校誤釋誤譯處不少，但從早期台灣《文心雕龍》學研究風氣的開拓，和學術普及兩方面觀之，李氏《新解》已做出了重要貢獻。

其次，是張立齋先生於一九六七年發表的《文心雕龍註訂》，他自以爲本書可「正諸本之失，與補其所未備。」茲後他兩適美國，得覩哈佛圖書館收藏的明萬曆揚升菴批點梅慶生音註本《文心雕龍》，及凌雲五色套印本《文心雕龍》，哥倫比亞大學圖書館藏道光十三年（一八三三）初刊的黃註紀評本《文心雕龍》；然後又援據英京收藏的唐寫本《文心雕龍》殘卷影片，涵芬樓影印的嘉靖本〈文心雕龍〉，並旁參《太平御覽》，和近代范文瀾先生的注本，楊明照先生的校本，王利器先生的新書本，在一九七四年經正中書局發行了他的第二本著作－《文心雕龍考異》，根據作者自稱：

此稿始於編註訂時，逐篇互校，手自甄錄，經過八年之漫長歲月，乃勉爲完稿

作者當時年已古稀，精力多感不足，書中無論是正文或校語，脫漏譌誤，難以卒讀，學者如能做適當揀擇，其中可資參考的地方相信一定不少。至於李曰剛先生的《文心雕龍斠詮》上下冊，二千五百多頁，一百八十多萬言，皇皇巨構，可說是他集二十年講授〈文心〉的結晶。書前有序言、例略、原校姓氏、斠勘據本，書末附劉勰遺著，《梁書．劉勰傳》箋注，劉毓崧〈書文心雕龍後疏證〉、劉彥和身世考略、劉彥和世系年譜、《文心雕龍》板本考略等，書中各篇編次，大抵分爲題述、文解、斠勘

、注釋四項，雖然作者祇說：

希望整理出一套完整的資料，給同學們研究之用。

但從全書整體來看，確實是雜鈔今古，讀者如不病其以多取勝，而能夠祛蕪取菁的話，先生對「龍學」的貢獻，是應該受到肯定的。最後，是王更生的《文心雕龍讀本》，一九八五年三月，文史哲出版社印行，既名曰《讀本》，內容自然兼有校勘，注釋和翻譯。書分上下篇，上篇之前有書影、序言、凡例、《文心雕龍》總論、主要參考資料；下篇之末附有劉勰著作二篇、〈劉勰傳〉、《文心雕龍》重要傳本、劉勰《文心雕龍》考評等。各篇內容：先是解題、次正文、次註釋、又語譯，最後為集評和問題討論與練習，語譯係採取直譯方式，並嚴守劉勰行文脈絡，以及字例、詞例、文例，以避免强為牽合之弊，集評，在轉錄明清學者的評語，期讀者和正文相參，收片言雅義，發人深省的效果。

在文原論方面的研究成果：所謂：「文原論」，指劉勰的文學思想，或稱文學基本原理，「龍無頭不行」，這一部分正是「龍學」的關鍵。他的文學思想就在《文心雕龍》卷一〈原道〉〈徵聖〉〈宗經〉〈正緯〉〈辨騷〉等五篇中。顧名思義，這五篇好像在談五個不同的問題，實際上則是以〈宗經〉為軸心，然後上推中國文學之本源，下考中國文學的流變。所以〈原道〉〈徵聖〉之作在宗經，〈正緯〉〈辨騷〉之作更是宗經。由此觀之，從形式結構上說，卷一的五篇好像是五個不同的主題，如從內在聯繫上說，主題祇有一個，那就是〈宗經〉。研究「龍學」首當會通此點，然後對劉勰之為文之用心，始如百川匯海，萬山朝宗，抓住它的真象。根據此一認識，來反觀台灣「龍學」界四十多來年，在這方面發表的單篇論文固然有限，就是專書，除了蔡宗陽先生的《劉勰文心雕龍與經學》以外，更找不到第二種。蔡氏此文完成於一九八九年五月，國立台灣師範大學的博士論文，由黃錦鋐、王更生兩位教授指導，全書約十五萬言，分十章二十五節，首章、緒論，第二章、劉勰之生平與著作，第三章、《文心雕龍》的寫作背景與成書經過，第四章、劉勰對經典的體認，第五章、《文心雕龍》之撰述與經典關係，第六章、劉勰的文原論與經典，第七章、劉勰的文體論與經典，第八章、劉勰的文術論與經典，第九章、劉勰的文評論與經典，第十章、結論。作者於結論中說：

劉勰面臨侈靡淫麗的唯美文風，處於經學式微而佛老弁與之際，能高舉徵聖、宗經的旗幟，為正末歸本的準據，對後世文學影響深遠。

此說深得劉勰為文之眞，和研究「龍學」的要領。

在文體論方面的研究成果：《文心雕龍》卷二到卷五的二十篇，是論文敍筆的重點所在。從文學理論看，它是中國文學體裁論，從作者本身看，它更可以說是劉勰的文體分類學。二十篇幾乎佔《文心》全書的二分之一，可見劉勰對這一部分重視的程度如何了。研究劉勰的文體分類，至少必須掌握以下的重點，才能得其精髓。首先、要注意劉勰文體分類產生的背景。其次、是劉勰文體分類的範疇和內容。三、是劉勰文體分類的基本原則。四、是劉勰在文體分類上的創獲。五、是劉勰的文體分類在《文心雕龍》中的地位。六、是劉勰文體分類的現代價值。以這樣的幾個重點回顧台灣四十多年來的研究成果，還找不出比較成熟的論文。早在一九五九年六月，徐復觀先生於東海大學學報發表的〈

文心雕龍文體論〉，其目的據他自己說，在使讀者能進窺古今文學發展之跡，通中西文學理論之郵，爲建立中國文體論作一奠基嘗試。王更生曾對此文有所批評。云：

徐氏雖然能見其大，但事實上卻犯了「以今臆古」的毛病，要知道西方學術重分析，中國學術重綜合，不同的文化體系，自有不同的學術術語，不必強求其同，所謂唐宋以來文體與文類混而不分，固是一弊，但如果合既無害，那麼分又何益乎？稱《文心雕龍》爲文體論可，稱《明詩》以下至《書記》二十篇爲文體論，亦無不可，不必老在術語用法上做文章，不然，爲正其名，而遺其實，是很不值得的。

一九八二年十月新埔工專學報刊出了李再添先生的〈文心雕龍的文類論〉，內容爲緒論、本論和結論三部分。作者在第四章第三節「文類與文體界線之釐清」中，全部引徐復觀的說法，來建立自己的理論，足見徐說對李文的影響力。

在文術論方面的研究成果：所謂「文術論」，指的就是文章作法論，又叫文學創作論。劉勰以將近二十個篇幅來論文章寫作軌範，可見這正是他爲文用心的另一重點。根據他自己的說法，這一部分從形式結構上可以分爲剖情、析采兩大類；如從內在聯繫上加以區別，又有通論、細目、餘義、前言之別。台灣學者闡揚劉勰文術論的論文頗爲豐碩，而眞正著爲專書，受到讀者矚目的，祇有黃春貴先生的《文心雕龍之創作論》，沈謙的《文心雕龍與現代修辭學》二種而已。黃春貴先生於一九七三年五月以《文心雕龍之創作論》獲國立台灣師範大學文學碩士，一九七八年四月文史哲出版社正式鑄版發行。全書除緒論、結論外，共分四章十六節六十四目，約十三萬言。書前王更生序，曾對本書提出中肯的評價說：

由於在《文心雕龍》創作論極端難寫的情況下，他竟能淹貫古今中外學理，印證劉彥和一千五百年前後的文學創作心路；這種大膽的嘗試，令人由衷欽佩。

以今日的眼光，觀黃氏此書，稱《文心雕龍之創作論》，或失於隘；名《文心雕龍創作論發微》，可能更爲近實，沈謙先生的《文心雕龍與現代修辭學》，是一九九〇年六月由益智書局發行的著作。本書分五章，約三十萬言。其寫作的宗旨，在探究〈文心雕龍〉所論的比興、夸飾、隱秀等修辭理論與方法，和現代修辭學的譬喻、象徵、夸飾、曲折、微辭、呑吐、含蓄、映襯、示現、頂眞等相結合，並列舉古今文學中最精采的實例予以闡釋詳析。探討其在欣賞與批評中的效用。他這種嶄新的嘗試，實爲今後的「龍學」研究，開闢了一片新天地。

在文評論方面的研究成果：劉勰將文學批評置於文術論之後，在全書組織結構上說，是富有深意的。所謂「崇替於時序，褒貶於才略，怊悵於知音，耿介於程器。」多屬作品的外延問題，如〈時序〉、在言作品與時代背景的關係。〈才略〉、在言作品與作家才能識略的關係。〈知音〉、在言作品與讀者鑑賞的關係。〈程器〉、在言作品與道德、修養的關係，從時代背景，而作家才略，而讀者鑑賞，而道德修爲，在距今一千五百年左右的時代，劉勰就注意到了這四個外延條件和作品的關係；較之現代文學批評方法的詳備，固不可同日而語，但對中國文學批評創業垂統的貢獻，卻是歷久彌篤，不可磨滅！更何況這四篇的內容體大思精，包羅宏富，台灣學者研究〈文心雕龍〉文評論，而又有論文公開發表的，顯得相當寂寞，如果單篇的論文不計，計其專門著作之可觀者，沈謙先生的《文心雕龍批評論發微》可謂其中的翹楚。此書是沈氏的碩士論文，一九七七年五月由聯經出版事業公司印行。書分五章十一節，第一章、緒論，第二章、批評原理，第三章、批評方法，第四章、批評實例，第五章、結論，其中最精采而價值最高的一部分，是第三章的批評方法。作者羅列了英人聖茨白雷和李辰冬先生二家所謂之「文學批評方法三十種」，以為其重要者，皆為劉勰所囊括，若歸納之批評、演繹之批評、科學之批評、判斷之批評、歷史之批評、考證之批評、比較之批評、印象之批評、修辭之批評、文體之批評等。王更生序此書云：

> 能鎔鑄〈文心雕龍〉於中西學理，雖非的當不易，要亦可覘其變通適會的匠心。為而後言中國文學批評理論者，創發以國族文化為背景的新途徑。

在資料彙整方面的研究成果：學術研究必須具有完備的資料，才能推陳出新，對這一點，台灣「龍學」界很早就注意到了，譬如一九七0年十一月由黃錦鋐先生主編，經淡江文理學院中文研究室首先發行了第一本《文心雕龍研究論文集》，集中選錄了該校中文系八位教授的作品，可謂開「龍學」研究風氣之先，一九七五年十二月由陳新雄、于大成二位先生主編，經木鐸出版社發行的〈文心雕龍論文集〉，此集專門搜集早期發表而居今難見的資料，一九七九年一月學海出版社印行了黃錦鋐先生編譯的另一種《文心雕龍論文集》，書中選了三篇文章，其中除了黃先生本人的〈空海文鏡秘府論與是日本斯波六郎先生的〈文心雕龍范注補正〉。這對以范注作爲研究「龍學」入手門徑的人來說，提供了有利條件。一九八〇年九月，王更生交由台北育民出版社發行了一部《文心雕龍研究論文選粹》，根據該書序例的說明，知道這本《選粹》自一九六九年開始蒐集，到一九七九年夏定稿付梓，其間經過十年的漫長歲月。王氏從中外二十六種不同的雜誌和學報裏，數十篇的論文中，選錄了最具代表性的作品三十八篇、三十五位作者、五個不同的地區。最值得喝采的一點，是王氏在當時兩岸關係對峙，海峽風雲日緊之際，高標學術獨立的旗幟，配合「龍學」研究的需要，選錄了大陸作者包括王元化先生、楊明照先生、郭預衡先生等十四位的大作，爲海峽兩岸的學術交流，做出了實質上的貢獻。

此外，有一種著作雖不屬於《文心雕龍》本身，但卻與「龍學」的研究和普及大有關係，那就是導讀類的作品，作這種普及工作的專門著作不多，祇有王更生鍥而不捨，從事這方面的努力，一九七六年四月他發表了第一個短篇〈如何研讀文心雕龍〉，一九七七年三月華正書局出版了他的《文心雕龍導讀》，全書除自序外，連同附錄共九十八面，約六萬言，一九八八年三月作者自以爲十年以來，「龍學」發展已有顯著不同，新出資料更如雨後春筍，於是對舊作重修增訂。修訂後的《文心雕龍導讀》除序文外，全書增加到一百七十一個版面，字數也擴充爲九萬字。王氏在序中曾說：

在新增修的本子裏，有很多看法，自信是今日之我，突破了昨日之我，而有異乎從前的新發現

他對學術研究的熱忱和執著，在這個名利至上的社會裏特別在此一提。

至於台灣「龍學」研究的另一成果，叫做綜合研究，所謂「綜合研究」，是指作者根據《文心雕龍》全書五十篇的架構，從思想上、組織上、理論上、找到劉勰立說謀篇的本原，從而分門別類，運用現在系統分析的觀點，替他建立一套完整的理論體系，然後再透過此一理論體系，上考下求，旁推交通，使劉勰《文心雕龍》五十篇，先由合而分，再由分而合，經過統計、分析、比較、歸納的手法，使《文心雕龍》的精蘊以嶄新的面貌，呈現於現代中國文學理論之林。更由於作品的深入淺出很容易化艱澀爲平易，達到古爲今用的治學目的。這一類的作品或專門著作，或單篇論文，均爲數甚多，在此恕不一一列舉了。

展望台灣「龍學」研究的現況，有不少的同道們抱著悲觀的態度，認爲目前研究的空間已達飽和，不可能再有凌駕前人的發現，筆者堅信任何研究，如果運用不同的方法，不同的觀點，不同的資料或不同的背景，然後再採用不同的角度，來研究〈文心雕龍〉的話，可得出不同的結果，就拿文原論、文術論、文評論來說，其著作之眞正可觀者，不過一二種而已，像文體論，迄今還看不出有誰在這方面下過澈底研究的工夫。因此，我認爲今後台灣「龍學」界的做法：首先、是篩選既有的研究成果，繼而針對預設的研究目標，找出面臨的瓶頸，搜集見所不及的資料，然後從《文心》本文本義上下切實工夫，再加上志趣和毅力，相信眞積力久，必可把「龍學」研究推向更高的顚峰。以下就個人見聞所得，列舉幾點具體可行的步驟，就教於讀者諸君。

首先、要為《文心雕龍》新注催生：近代學者范文瀾先生以黃叔琳輯注為藍本，旁採各家，著為新疏，被後人推為善本。但根據王更生一九七九年十一月發表的《文心雕龍范注駁正》，此書嚴重缺失計有采輯未備、體例不當、立說乖謬、校勘欠精、注釋錯訛、出處不明等六項。楊明照先生一九九〇年六月發表〈文心雕龍有重注的必要〉一文，指出范注的缺陷：有考慮欠周、底本不佳、斷句欠妥、注與正文含義不一致、注與正文不相應、正文未誤而以為誤、正文未衍而以為衍、正文本衍而以為不衍、不明出點誤注、不審文意誤注、黃注未誤而以為誤、黃注本誤而因仍其誤、引書未得根柢、引書不完整致與正文不相應、引書篇名有誤、原注具在無煩轉引、引舊說主名有誤、引書混淆不清、引用書未注意版本、迻錄前人校語有誤等，更多達二十項。如果再加上楊氏早期發表的〈文心雕龍范注舉正〉，以及日本斯波六郎的〈文心雕龍范注補正〉的話，范注錯誤之多，可以說如秋風落葉，不勝枚舉了。所以一部完備的《文心雕龍》新注，必須加速完成。才能為台灣的「龍學」研究帶來轉機。

其次、是擴大「龍學」研究的領域：《文心雕龍》不是一潭靜止的死水，而是源遠流長的靈泉，我們不能一直牢守《文心》十卷五十篇的壁壘，而是要以《文心》為軸心，擴大它研究的領域。明原一魁序〈兩京遺編〉說：「陶冶萬彙，組織千秋。」清章學誠《文史通義》也說：「體大慮周，籠照群言。」黃叔琳更有「藝苑秘寶，苞羅群籍，多所折衷。綴文之士，苟欲希風前秀，未有可舍此而別求津逮者」的贊語。可見他對傳統文論的繼承，和對後世文壇影響的實況，所以研究《文心》，一方面就其引述的群經、諸子、史傳、文集等，作窮源索本的搜求，然後加以比對、分析、研究、消化，以見其會通今古的手法，和理論之所從出；另一方面，也可以從文藝美學的立場，把《文心》的文學理論，與其他藝術理論如音樂理論、書法理論、繪畫理論、園林理論、建築理論，以及儒學、道學、玄學、佛學的理論，就其雙方的針對性加以研究，以見其彼此激盪因襲的關係。這樣看來，想要洞澈劉勰爲文用心的所在，必須擴大「龍學」研究的領域，才能知其眞，能見其全。

再其次、强化研究「龍學」的工具學科：「工欲善其事，必先利其器。」「龍學」是我國傳統文學理論的大本營，單就其行文古奧一點兒來說，便久已被人視爲有字天書而不敢問津於劉勰，所以明清以來，學者全把目光投注在校勘、注釋、板本的工作上。當時認爲祇要以校讎、目錄、訓詁、文字、聲韻、博物之學作工具，就可大有功於「龍學」了，但自中西文化交流後，治學方法起了革命性的變化，譬如拿一九一九年北京文化學社印行的黃侃先生《文心雕龍札記》，較諸乾嘉諸老的考據，在方法上、體例上、態度上，已有顯著的差異。一九二五年天津新懋印書館發行的范文瀾先生《文心雕龍講疏》，他雖然自認爲是以黃叔琳《輯注》作藍本，事實上，日本鈴木虎雄先生的〈黃叔琳文心雕龍校勘記〉，給他不少的新啓示，才能擴大郛廓，自創格局，《文心雕龍》具有無限地研究潛力，想要夠深窮高，取精用弘，除了傳統的工具學科外，還應該對哲學、史學、文學史、文學批評史、文學理論史、文藝心理學、藝術論、修辭學、文法學、語意學等，做適度的攝取，這樣，台灣的「龍學」研究，在新工具學科導引下，必能走出一條光明大道。

最後、是解決「龍學」本身懸而未決的問題：學術研究大多見仁見智，各有偏重，於是留下許多百密一疏的空間，像「龍學」的研究與發展，到現在仍然有很多懸而未決的問題，譬如對作者劉勰的研究，有人說劉勰是文學批評家，或文學理論家、文學家、文學思想家。現在我們要問，他到底是個甚麼家？有人說劉勰是儒家思想，也有人說是佛學思想，那麼，他的思想歸屬到底如何？關於劉勰的生卒時間，有人說他生於宋孝武帝大明八年（四六四），有人說他生於宋孝明帝泰始元年（四六五）。有人說他卒於梁武帝晉通三年（五二二），有人說他卒於梁武帝中大通四年（五三二）。其間生卒歧互甚大。我們現在要問他的生卒眞象究竟如何？對《文心雕龍》結構的研究，劉勰自己說，書分上下篇，上篇包括文之樞紐與論文敘筆，下篇包括剖情析采，崇替褒貶和長懷序志，但是現在有人說，此書可分總論、文體論、創作論、文評論，也有人分爲總綱、各體文章寫作指導、寫作方法統論、附論，又有人說可分爲文原論、文體論、文術論、文評論、緒論，現在我們要問全書的組織結構到底如何？其他像全書的組織體系和思想體系有何不同？文體論和文術論的關係如何？〈總術〉篇在全書結構中的地位如何？《物色》篇到底是文術論或文評論，其屬性如何？「龍學」理論如何和現在的文學思想、文學體裁、文學創作、文學批評相結合的問題？「龍學」對傳統文論的繼承問題，對後世文論的影響問題？「龍學」學譜的編纂問題？「龍學」研究專門著作的搜集與評介問題？《文心雕龍》術語匯釋問題？以上任何一個問題，都可以讓你耗掉半年或數年或畢生之力而欲罷不能，所以「龍學」研究的提升，首要工作是解決「龍學」本身懸而未決的問題。

我在一九七四年三月曾經以〈近六十年來文心雕龍研究概觀〉爲題，寫了一篇長達一萬三千字的論文，登在七卷三期的《中華文化復興月刊》上，一九八九年三月又以〈台灣文心雕龍學研究的回顧與展望〉爲題，發表於《孔孟學報》第五十七期，文長二萬五千字。時光匆匆，現在距離一九七四已有十七年，去一九八九也有兩年，觀「龍學」研究在台灣的成長過程，具體成果，以及對未來的展望，筆者立足於「龍學」研究的定點上，眞是充滿喜悅和信心。無可諱言的，我們目前雖然面臨的是一個商業掛帥，功利至上的社會，但只要抱定復興文化的使命，借鑑已往研究的成果，然後再堅此百忍，努力不懈，一定能把這塊辛勤耕耘的園地，化爲百花競豔的樂國。（附台灣「文心雕龍學」研究專門著作總表於後，請讀者諸君備爲參考）。

## 台灣「文心雕龍學」研究專門著作總表

王更生製　一九九一年五月

| 編序 | 著作名稱 | 作者 | 出版書局 | 發行時間 |
|---|---|---|---|---|
| 1. | 文心雕龍講義（又名劉勰文學批評理論之疏說與申論） | 程兆熊 | 香港鵝湖學社 | 一九六三年三月 |
| 2. | 文心雕龍評解 | 李景濚 | 翰林出版社 | 一九六七年十二月 |
| 3. | 文心雕龍研究 | 易蘇民編 | 昌言出版社 | 一九六八年十一月 |
| 4. | 文心雕龍註訂 | 張立齋 | 正中書局 | 一九六七年一月 |
| 5. | 文心雕龍新解 | 李景濚 | 翰林出版社 | 一九六八年四月 |

| 編序 | 著作名稱 | 作者 | 出版書局 | 發行時間 |
| --- | --- | --- | --- | --- |
| 6. | 文心雕龍通識 | 張 嚴 | 台灣商務印書館 | 一九六九年二月 |
| 7. | 劉勰明詩篇探究 | 劉振國 | 私立中國文化學院碩士論文 | 一九六九年六月 |
| 8. | 英譯本文心雕龍 | 施友忠譯 | 台灣中華書局 | 一九七〇年十一月 |
| 9. | 文心雕龍研究論文集 | 黃錦鋐等 | 淡江文理學院中文研究室 | 一九七〇年十一月 |
| 10. | 唐寫本文心雕龍殘本合校 | 潘重規 | 新亞研究所 | 一九七〇年九月 |
| 11. | 文心雕龍析論 | 李中成 | 大聖書局 | 一九七二年二月 |
| 12. | 劉勰、鍾嶸論詩歧見析論 | 陳端端 | 私立輔仁大學碩士論文 | 一九七二年五月 |
| 13. | 文心雕龍文術論詮 | 張 嚴 | 台灣商務印書館 | 一九七三年三月 |
| 14. | 文心雕龍考異 | 張立齋 | 正中書局 | 一九七四年十一月 |
| 15. | 文心雕龍術語研究 | 陳兆秀 | 私立中國文化學院碩士論文 | 一九七六年六月 |
| 16. | 文心雕龍與儒道思想的關係 | 韓玉彝 | 私立輔仁大學碩士論文 | 一九七七年五月 |
| 17. | 劉勰年譜 | 王金凌 | 私立輔仁大學碩士論文 | 一九七三年五月 |
| 18. | 文心雕龍論文集 | 陳新雄<br>于大成 | 木鐸出版社 | 一九七五年十二月 |
| 19. | 文心雕龍研究 | 王更生 | 文史哲出版社 | 一九七六年三月 |
| 20. | 文心雕龍導讀 | 王更生 | 華正書局 | 一九七七年三月 |

| 編序 | 著作名稱 | 作者 | 出版書局 | 發行時間 |
| --- | --- | --- | --- | --- |
| 21. | 文心雕龍批評論發微 | 沈謙 | 聯經出版事業公司 | 一九七七年五月 |
| 22. | 文心雕龍之創作論 | 黃春貴 | 文史哲出版社 | 一九七七年四月 |
| 23. | 文心雕龍與佛教駁論 | 周榮華 | 自印 | 一九七八年六月 |
| 24. | 文心雕龍與詩品研究 | 不著作者姓名 | 莊嚴出版社 | 一九七八年十月 |
| 25. | 文心雕龍范注駁正 | 王更生 | 華正書局 | 一九七九年十一月 |
| 26. | 文心雕龍論文集 | 黃錦鋐 | 學海出版社 | 一九七九年一月 |
| 27. | 重修增訂文心雕龍研究 | 王更生 | 文史哲出版社 | 一九七九年五月 |
| 28. | 文心雕龍指瑕之研究 | 陳坤祥 | 私立中國文化大學碩士論文 | 一九八〇年六月 |
| 29. | 文心雕龍分析研究 | 高風 | 龍門圖書公司 | 一九八〇年十月 |
| 30. | 文心雕龍研究論文選粹 | 王更生 | 育民出版社 | 一九八〇年九月 |
| 31. | 文心雕龍釋義 | 彭慶寰 | 不著出版處所 | 一九七九年八月 |
| 32. | 文心雕龍與詩品之詩論比較 | 馮吉權 | 文史哲出版社 | 一九八一年十一月 |
| 33. | 文心雕龍文論術語析論 | 王金凌 | 華正書局 | 一九八一年六月 |
| 34. | 文心雕龍之文學理論與批評 | 沈謙 | 華正書局 | 一九八一年五月 |
| 35. | 文心雕龍研究 | 龔菱 | 文津出版社 | 一九八二年六月 |

| 編序 | 著作名稱 | 作者 | 出版書局 | 發行時間 |
|---|---|---|---|---|
| 36. | 古典文學的奧秘—文心雕龍 | 王夢鷗 | 時報文化出版公司 | 一九八一年元月 |
| 37. | 注音白話文心雕龍選注 | 李農 | 大夏出版社 | 一九八一年元月 |
| 38. | 文心與詩心 | 羅聯絡 | 自印 | 一九八三年十一月 |
| 39. | 文心雕龍綜合研究 | 彭慶寰 | 不著出版處所 | 一九八四年三月 |
| 40. | 文心雕龍述秦漢諸子考 | 顏賢正 | 私立東吳大學碩士論文 | 一九八三年五月 |
| 41. | 文心雕龍通詮 | 張仁青 | 文史哲出版社 | 一九八五年七月 |
| 42. | 文心雕龍綴補 | 王叔岷 | 藝文印書館 | 一九七五年九月 |
| 43. | 文心雕龍讀本 | 王更生 | 文史哲出版社 | 一九八五年三月 |
| 44. | 文心雕龍術語初識 | 陳兆秀 | 不著出版處所 | 無發行時間 |
| 45. | 文心雕龍對後世文論之影響 | 陳素英 | 私立東吳大學碩士論文 | 一九八五年十一月 |
| 46. | 文心雕龍之文類論 | 李再添 | 新埔工專學報 | 一九八二年十月 |
| 47. | 文心雕龍術語探析 | 陳兆秀 | 文史哲出版社 | 一九八六年五月 |
| 48. | 文心雕龍通解 | 王禮卿 | 黎明文化公司 | 一九八六年十月 |
| 49. | 文心雕龍與佛教關係之考辨 | 方元珍 | 文史哲出版社 | 一九八七年三月 |
| 50. | 文心雕龍譬喻研究 | 劉榮傑 | 前衛出版社 | 一九八七年十一月 |

| 編序 | 著作名稱 | 作者 | 出版書局 | 發行時間 |
|---|---|---|---|---|
| 51. | 重修增訂文心雕龍導讀 | 王更生 | 華正書局 | 一九八八年三月 |
| 52. | 文心雕龍綜論 | 中國古典文學會 | 臺灣學生書局 | 一九八八年五月 |
| 53. | 劉勰文心雕龍與經學 | 蔡宗陽 | 國立臺灣師範大學博士論文 | 一九八九年五月 |
| 54. | 文心雕龍風格論之研究 | 劉宗修 | 立宇出版社 | 一九八九年九月 |
| 55. | 文心雕龍通變觀考探 | 胡仲權 | 私立東吳大學碩士論文 | 一九九〇年四月 |
| 56. | 文心雕龍通變觀與創作論之關係 | 徐亞萍 | 高雄師範大學碩士論文 | 一九九〇年六月 |
| 57. | 文心雕龍時序篇研究 | 呂立德 | 高雄師範大學碩士論文 | 一九九〇年五月 |
| 58. | 文心雕龍與現代修辭學 | 沈　謙 | 益智書局 | 一九九〇年六月 |
| 59. | 文心雕龍新論 | 王更生 | 文史哲出版社 | 一九九一年五月 |
| | | | | |
| | | | | |
| | | | | |
| | | | | |
| | | | | |
| | | | | |

# 李義山之兄弟姊妹小考

沈秋雄

## 提要

李義山為我國晚唐之重要詩人，影響頗為深遠。其家世史傳所載甚為簡略，本文據義山有關詩文，旁採其他資料，對李義山之兄弟姊妹行略作考索，並對異説加以辨正，冀存其真，庶幾為知人論詩之助。

近人楊柳著《李商隱評傳》，其書於李義山生平事蹟敘述相當詳盡，堪稱爲同類著作中之佼佼者，因是流播頗廣。但其書中所記內容，亦有與事實不符者，宜當辨之。如書中第二章第二節記李義山之兄弟姊妹，最後詁論云：

看來，李嗣（雄案：即義山之父）一共育有三女二子，三女即前面所提到的裴氏姊（二女）、徐氏姊（三女）以及不知生平的伯姊（長女）；二子即商隱（長子）、義叟（幼子）。李嗣於憲宗元和九年（西元八一四年）罷獲嘉令，幕遊浙江；至穆宗長慶元年（西元八二一年），死於江南幕府。在這六、七年中是否生過子女呢？這就不得而知了。李商隱在詩文中經常提到的弟妹很多，筆者認爲是眾弟妹，而不是胞弟妹。①

這一段話即有兩個問題，首先是李義山除了有三個姊姊，還有一個妹妹；除了仲弟羲叟外，義山至少還有兩位幼弟。楊柳遺漏了他的一位妹妹和羲叟以下的兩位弟弟。其次是楊柳把李義山的弟妹分爲胞親弟妹及眾弟妹兩類，這是相當牽强的，至少從文獻中看不出來有這種區別。

《舊唐書》及《新唐書》本傳對李義山之家世敘述很簡略，欲考知義山之家世，義山所撰《祭徐姊夫文》②、《祭徐氏姊文》③、《祭小姪女寄寄文》④、《祭裴氏姊文》⑤、《請盧尙書撰故處士姑臧李某誌文狀》⑥、《請盧尙書撰李氏仲姊河東裴氏夫人誌文狀》⑦及《樊南甲集序》⑧、《上李舍人狀七首》⑨等是重要的資料。茲據以上之資料，旁參義山其他詩文，略考義山之諸弟及姊妹事蹟如後：

㈠李羲叟

《舊唐書、李商隱傳》云：「弟羲叟亦以進士擢第，累爲賓佐。」義山諸弟中在史文中提到的只此羲叟一人，據義山的《樊南甲集序》：「仲弟聖僕，特善古文，居會昌中進士，爲第一二。」「聖僕」下自註云：「羲叟。」及《請盧尙書撰故處士姑臧李某誌文狀》有「商隱與仲弟羲叟……」之文，知羲叟爲義山的仲弟，字聖僕。義山《祭裴氏姊文》稱裴氏姊去世時，「此際兄弟，尙皆乳抱」，此所言「弟」當即羲叟，據「尙皆乳抱」之文，可知羲叟之年歲與義山應相差不大，不得超過兩歲以上。據《請盧尚書撰故處士姑臧李某誌文狀》云：「商隱與仲弟羲叟、再從弟宣岳等，親授經典，教爲文章。」知羲叟幼時曾與義山同受教於其叔父李處士⑩的門下，學爲文章。羲叟與義山年歲雖相近，中進士卻比義山晚得多，義山舉進士在文宗開成二年（西元八三七年），羲叟卻遲至宣宗大中元年（西元八四七年）始登進士第，是年義山有《獻侍郎鉅鹿公啓》云：「今日某日，舍弟新及第進士羲叟處，伏見侍郎所制詩一首。」⑪又有《喜舍弟羲叟及第上禮部魏公》五律一首，詩云：

國以斯文重，公乃內署來。風標森太華，星象逼中台。朝滿遷鶯侶，門多吐鳳才。寧同魯司寇，惟鑄一顏回。⑫

魏公即魏扶，扶爲漢魏歆之後，歆曾爲鉅鹿太守，故以鉅鹿爲郡望。據《舊唐書·宣宗紀》，大中元年三月，禮部侍郎魏扶奏所放進士三十三人。故義山此詩後半稱美其廣造人才。

羲叟登第雖在大中元年，釋褐則在大中三年（西元八四九年），是年義山有《謝座主魏相公啓》云：「伏奉前月二十八日敕旨，授祕書省校書郎、知宗正表疏，續奉今月五日敕，改授河南府參軍，依前充職者。小宗伯之取士，早辱搜揚；大宗正之荐賢，又蒙抽擢。未淹旬日，再授班資。」⑬又有《謝宗卿啓》云：「伏蒙奏署知表疏奏，伏奉前月二十八日敕旨授祕書省校書郎，續奉今月五日敕改授河南府參軍者，……感結所至，死生以之。即以今月某日，發赴所職。」⑭此二文皆是義山爲羲叟代作，據此二文，知羲叟釋褐爲秘書省校書郎，後改授河南府參軍。

此外，羲叟之婚姻，據義山《寄太原盧司空三十韻》詩：「義之當妙選。」自注云：「小弟羲叟早蒙眷以嘉姻。」盧司空即盧鈞，知義叟所娶爲盧氏女。盧鈞檢校司空兼尹太原，在大中六年（西元八五二年），義山此詩當即是年所作⑮，故知義叟娶盧氏女係在大中六年以前。另據義山《祭小姪女寄寄文》云：「爾生四年，方復本族。既復數月，奄然歸無。」寄寄即義叟之女，祭文爲會昌四年（西元八四四年）作⑯，然則義叟之娶宜更在會昌元年（西元八四一年）之前。又據義山《上李舍人狀四》云：「舍弟羲叟，苦心爲文，十二叔憫以弟兄孤介無徒，辛勤求己。」及《上李舍人狀七》云：「舍弟介特好退，龍鍾寡徒，獲依彊宗，頓見榮路，忻慰之至。」李舍人爲義山族叔，據狀中「獲依彊宗」之語，與《祭姪女文》「方復本族」之語合看，似義叟嘗過繼族叔李舍人爲子。義叟之生平，據傳世之文獻，可知者如此而已。

㈡其他幼弟三人

義山之下除仲弟羲叟而外，尚有不詳其名者三人，義山《祭徐氏姊文》云：

以頑陋之姿，辱師友之義，獲因文筆，實忝科目。三千有司，兩被公選。再命芸閣，叨跡時賢。仲季二人，亦志儒墨。於顯揚而雖未，在進修而不隳。

此文自「叨跡時賢」以上爲義山自言其登第、試判拔萃及兩度任職秘書省之經過，自「仲季二人」以下是義山說明諸弟之進修不怠，以告慰先姊之靈。既云「仲季二人」，則除仲弟羲叟外，義山另有季弟，可以斷言。《祭徐氏姊文》又云：

伏以奉事大族，載屬衰門，三弟未婚，一妹處室。息胤猶闕，家徒索然。

此文「三弟未婚」與「一妹處室」對舉，是謂有三位弟弟尚未成婚。此文為會昌三年（西元八四三年）所撰，而義山仲弟羲叟娶盧氏女在會昌元年以前，已如前考，則此尚未成婚之三位弟弟當不含羲叟在內，足覘義山之下，除仲弟羲叟而外，尚有幼弟三人。惜文獻不足，此三人之名字及事蹟皆已不可詳考了。

## ㈢伯姊

義山詩文中言及其伯姊者惟有兩處，一處是《祭徐氏姊文》，文中言自獲嘉迎裴氏姊之靈回滎陽祖塋安葬，其下文云：

> 今則南望顯考，東望嚴君，伯姊在前，猶女在後，克當寓殯，歸養幽都。雖歿者之永安，而存者之追攀莫及。

一處是《祭小姪女寄寄文》，文中云：

> 嗚呼！滎水之上，壇山之側，汝乃曾乃祖，松檟森行。伯姑仲姑，冢墳相接。汝來往於此，勿怖勿驚。華綵衣裳，甘香飲食。

後文中所提到之「仲姑」是指義山的裴氏姊，「伯姑」當即前文中所提到的義山伯姊。義山之伯姊似在義山出生前即已辭世，由其葬於李家祖塋覘之，義山此位伯姊或在未適人之前即已夭折了。

## ㈣裴氏姊

裴氏姊即義山之仲姊，據義山《請盧尚書撰李氏仲姊河東裴氏夫人誌文狀》云：

仲姊生稟至性，幼挺柔範。潛心經史，盡妙織紝。鍾曹禮法，劉謝文采。

知義山仲姊稟性聰慧，既工於織紝女工之事．且自幼熟讀經史，善於爲文。同文又云：

年十有八，歸於河東裴允元，故侍中耀卿之孫也。既歸逢病，未克入廟。實歷周歲，奄歸下泉。時先君子罷宰獲嘉，將從他辟，遂寓殯於獲嘉之東。

知義山仲姊十八歲出閣，夫婿爲河東裴允元。可惜此婚事並不美滿，據義山《祭裴氏姊文》云：「愛女二九，思託賢豪。誰爲行媒，來荐之子？雖琴瑟而著詠，終天壤以興悲。」《世說新語》載謝安之女謝道韞適王凝之，對凝之頗不滿意，歸寧時曾有「不意天壤之中乃有王郎」之語⑰，義山文中「終天壤以興悲」之句本此，由此覘之，義山仲姊之適裴允元，似爲遇人不善，所謂「既歸逢病，未克入廟」，應是諱飾之辭。婚後不久即返娘家⑱，隨即抑鬱成疾，一年之後即撒手人寰，則是實情。《請盧尚書撰李氏仲姊河東裴氏夫人誌文狀》又云：

至會昌三年，……距仲姊之殂，已三十一年矣。

由會昌三年逆推三十一年，爲憲宗元和八年（西元八一三年），義山仲姊即卒於是年，死時爲十九歲，而其時義山尚在乳抱，「初解扶床」⑲，仍爲嬰孩。當時因義山父親罷獲嘉令，將南赴浙江遊幕，故將義山仲姊暫寓殯於獲嘉。《請盧尚書撰李氏仲姊河東裴氏夫人誌文狀》又云：

卜以明年正月日歸我祖考之次、滎陽之壇山。

狀爲會昌三年撰，知義山仲姊歸葬時間在會昌四年（西元八四四年）正月。

㈤徐氏姊

徐氏當是義山之三姊，適徐。據義山《祭徐氏姊文》云：

> 始某兄弟，初遭家難。內無強近，外乏因依。祇奉慈顏，被蒙訓勉。及除常制，方志人曹。

文中所云「家難」指喪父而言，義山居父喪在穆宗長慶元年（西元八二一年）[20]，玩上引文意，知其時義山三姊尚未出閣，義山兄弟頗蒙照顧及訓勉。及其適徐之後，仍經常接濟母家，此種經濟上及精神上之支持，甚至維持到義山三姊去世後，仍由其徐氏姊夫繼續不輟，義山《祭徐氏姊夫文》云：

> 始者仲姊有行[21]，獲託貴族。半產以資於外姓，闔家冀託於仁人。將以衰微，倚爲藩援。不圖薄祐，天奪初心。仲姊凋殂，諸甥不育。以親以懿，翻爲路人。再號再呼，莫訴蒼旻。尚以君子，存伉儷之重，敦行李之私。二十年以來，雖事睽而意通，跡遙而誠密。神當自鑒，愚豈敢忘？

可以證明這點。義山三姊適徐雖年代無考，其卒年則有資料可稽，因她卒後暫厝於李家，直至其夫婿去世後，始由徐家的人來奉迎合葬，義山因而有《祭徐氏姊文》之作。而義山徐姊夫之歿約在義山喪母後數月，則奉迎合葬，當在義山母喪將期之時。義山居母喪在會昌二年[22]，奉迎合葬當爲會昌三年。據此時所作《祭徐氏姊文》中有「追訣慈念，一十八年」等語，由會昌三年上推十八年，是爲敬宗寶曆二年（西元八二六年），此即徐氏姊之卒年[23]。據《祭徐氏姊文》云：

> 然有以沒齒懷恨、粉身難忘者，以靈之懿茂，而不登遐壽。不生賢人，使別女致哀，猶子爲後

，哀哀天地，云胡不仁！默默神祇，其何可訴？今嵩、奐二子，既爲我甥，誓當撫之，以慰幽抱。

謂之「別女」，可見非義山姊所自出；又立姪子徐嵩、徐奐爲後，可見義山三姊未有親生子嗣。造化弄人，似於義山諸姊爲尤酷。

㈥幼妹一人

義山除上面有姊三人以外，下面尚有弱妹一人。據《祭裴氏姊文》云：

既登太常之第，復忝天官之選。免跡縣正，刊書祕丘。榮養之期纔通，啓動之期有漸。而天神降罰，艱棘再丁。弱弟幼妹，未笄未冠。

文中所謂「艱棘再丁」指遭遇母喪，義山居母喪在會昌二年，又禮記內則云：「十有五年而笄。」知會昌二年時義山此位幼妹尚未滿十五歲。復據《祭徐氏姊文》有「三弟未婚，一妹處室」之語，祭文作於會昌三年，又可知此幼妹其時猶未適人。由於資料有限，對於義山此位幼妹，吾人所知就只這些了。

以上根據有關資料，對義山之兄弟姊妹略作小考，知義山有弟四人，仲弟羲叟，其餘三位幼弟名字不詳。此外義山有姊三人，仲姊適裴允元，三姊適徐，另有幼妹一人，姊妹合共四人。其中伯姊在義山出生前先已去世，仲姊復卒於義山嬰抱之時，和義山相處較久的就只其三姊及幼妹。因此，楊柳謂義山父親李嗣只育有三女二子，其說顯然有誤。且就以上資料看，亦殊難分別孰爲義山之胞弟妹孰爲義山之衆弟妹。

另外，張淑香於其《李義山詩析論》中云：

到了穆宗長慶元年，義山十歲的時候，他父親就去世了。於是他就扶柩送母親回鄭州。……遭遇到這樣的巨變，其淒慘可知。而且他是長子，有兩姊一妹，都要依賴他，所以，在故鄉喪服期滿之後，爲了謀生，他就移家到洛陽，靠傭書販舂爲活。㉔

文中云義山喪父後，「有兩姊三弟一妹都要依賴他」，此語亦不合事實，如前文所考，當義山喪父時，其伯姊、二姊皆早已先卒，只有三姊尚在，不得云「兩姊」；又義山諸弟合羲叟而言，實有四人，其時皆在，說「三弟」亦非實情。因草此小文，於文末一併及之。

## 【附　註】

① 據本鐸出版社重排本頁二十四。
② 見馮浩編訂《樊南文集》卷六。
③ 同註二。
④ 同註二。
⑤ 同註二。
⑥ 見錢振倫、錢振常箋注《樊南文集補編》卷十一。

⑦ 同註六。

⑧ 見馮浩編訂《樊南文集》卷七。

⑨ 見錢振倫、錢振常箋注《樊南文集補編》卷六。

⑩ 李處士不詳其名，當是義山族叔，義山另有《祭處士房叔父文》，見馮編《樊南文集》卷六。

⑪ 見馮編《樊南文集》卷三。

⑫ 見馮浩《玉谿生詩集箋注》卷二。

⑬ 見馮編《樊南文集》卷三。

⑭ 同註十三。

⑮ 馮浩《玉谿生年譜》及張爾田《玉谿生年譜會箋》均繫此詩於大中六年。

⑯ 馮浩《玉谿生年譜》及張爾田《玉谿生年譜會箋》同繫此文於會昌四年。

⑰ 見《賢媛》第十九。

⑱ 張爾田《玉谿生年譜會箋》以爲大歸，疑近是。

⑲ 義山《祭裴氏姊文》：「靈沈綿之際，殂背之時，某初解扶床，猶能記面。」

⑳ 馮、張二譜同。

㉑ 義山於裴氏姊及徐氏姊皆稱「仲姊」，甚可奇怪，馮浩已疑之。

㉒ 馮浩《玉谿生年譜》繫於會昌三年，張爾田《玉谿生年譜會箋》繫於會昌二年，茲從張譜。馮云：「遭母喪當在二年三年

中，玩諸祭文可證。」是馮氏於二年、三年亦未有定說也。

㉓ 馮浩於義山徐氏姊之卒未繫年，張爾田則繫文宗太和元年（西元八二七年），其下注云：「案文集《祭徐氏姊文》曰：『追訣慈念，一十八年』祭文會昌四年作，數之當在此年。」然考《祭徐氏姊文》之作，實在會昌三年，馮、張二譜皆同。張氏於此蓋一時失檢，致推算義山徐氏姊之卒年亦誤。

㉔ 見藝文版該書頁二一二。

# 從蘇詩的名篇看蘇軾的一生

陳新雄

## 提要

本文選擇了蘇軾詩集中的名篇九首，這九首詩依次是：〈和子由澠池懷舊〉、〈飲湖上初晴後雨〉、〈東坡〉、〈海棠〉、〈題西林壁〉、〈惠崇春江晚景〉、〈贈劉景文〉、〈縱筆〉、〈六月二十日夜渡海〉。這些詩都經前人肯定是名篇，本文對這九首名篇加以分析，並連繫蘇軾的生平事蹟及其寫作背景，覺得很可以代表蘇軾一生中各個不同時期的心聲。前後連繫起來看，也可約略看出蘇軾一生中的志節修為，進而了解蘇軾的偉大人格。

宋仁宗嘉祐元年（一〇五六）的暮春三月，蘇軾與弟弟蘇轍隨著父親蘇洵，從眉山出發，啓程北向，經嘉陵江畔的閬中，登終南山，走褒斜谷。這條鑿石架木的古棧道，乃川陝間的交通孔道，山崖壁立，谷深千仞，古木陰森，難見天日。一開始走上仕途，就是一場艱險的行役。

經過兩個多月的長途跋涉，到了京師，已是榴花照眼的五月了。父子三人寄居在興國寺浴室長老德香的院中。八月，兄弟二人一同應舉人試於開封景德寺，榜發出來，二人都中了舉人，突破了文官考試的第一關。

嘉祐二年正月，仁宗詔令，以禮部侍郎兼翰林侍讀學士歐陽修知貢舉，歐陽最討厭五代那種堆砌辭藻，毫無思想內容的文章。所以當他看到蘇軾寫的〈刑賞忠厚之至論〉時，取讀之下，明白曉暢，爲之大喜，欲擢冠多士，但怕是門人曾鞏所寫，免人說話，故抑置第二。蘇軾考取進士及第第二名，則取青紫，上青雲，當如拾芥一樣的簡單了。宋洪邁《容齋隨筆》說：

國朝自太平興國以來，以科舉羅天下士，士之策名前列者，或不十年而至公輔，呂蒙正、張齊賢皆是已。

考得前茅的人，不要十年，就可以做到公卿宰相，蘇軾這時才二十二歲，三十出頭就可做到公卿宰相，前途可說是燦爛似錦了。但是，天有不測風雲，人有旦夕禍福，蘇軾兄弟的母親程太夫人卻在本年四月初八日病卒於紗縠行的老家。接獲噩耗，匆忙收拾行李，趕返老家，爲母守制，時間三年，實際上是廿七個月。

守制期滿，嘉祐四年十月，蘇洵攜帶軾轍兄弟，及兩房年輕的媳婦，還有蒼頭僕役，離開了令他傷心的故鄉，回朝註官。這次時間不那麼匆忙，就取道三峽的水域，這一路風景奇美，山川秀麗，兩兄弟都作了不少詩，跟他父親的作品合在一起，取名《南行集》。

嘉祐五年二月十五日，蘇氏一行抵達汴京，兩兄弟參加吏部的「流內銓」，經過「流內銓」考試及格，吏部銓派蘇軾授河南福昌縣主簿，蘇轍授河南澠池縣主簿，進士及第，例授九品，縣主簿都是從九品的職官，兩兄弟都辭不就。機會來了，宋仁宗特詔舉行制舉，但這項考試，須由大臣奏薦，受天子親自策問與拔擢，如果考取了，就成了天子的門生，其受人重視的程度，由此可見。嘉祐五年八月仁宗皇帝詔求直言，禮部侍郎兼翰林侍讀學士歐陽修以才識兼茂薦蘇軾於朝，天章閣待制知諫院楊畋則推薦了蘇轍。制科是很難考的，蘇軾曾說：

特於萬人之中，求其百全之美，又有不可測知之論，以觀其默識之能；無所不問之策，以效其博通之實。……猶使御史得以求其疵，諫官得以考其素，蓋其取人也如此之密。

兩兄弟都考取了，蘇軾還考了個優等，朝廷詔令下來，蘇軾以將仕郎大理評事簽書鳳翔府節度判官廳公事。大理評事是從八品，蘇轍則以試秘書郎充商州軍事推官，王安石當制，因為蘇轍對策說古時宰相，專攻人主，繳進詞頭，不肯起草。蘇轍只好留在汴京奉侍老蘇的起居了。

嘉祐六年冬十一月蘇軾赴鳳翔就任，兩兄弟從來沒有分離過，這時弟弟一直從汴京送到鄭州西門外才分手。孕育了蘇軾一生中的第一名篇〈和子由澠池懷舊〉

人生到處知何似？應似飛鴻踏雪泥。
泥土偶然留指爪，鴻飛那復計東西。
老僧已死成新塔，壞壁無由見舊題。
往日崎嶇還記否？路長人困蹇驢嘶。

所謂名篇，就是人人都有這種想法，但沒法表達出來，而東坡把人家心裏的想法說了出來，人人都覺得我心之同然，與我心有戚戚焉。就一個人來說，或者是讀書、應舉、出仕、謀生、東奔西走，像什麼呢？這不是像天邊的鴻雁，離開北方到南方過冬，但是中途偶然停在雪地上休息，偶然地留下指爪的痕跡。過了不久，鴻雁又飛走了，飛向那個方向，是偏東還是偏西，又有誰能確知呢？這一段富有哲理的詩意，形象生動，寄意深沉，因此很快就傳揚開了。而「雪泥鴻爪」也就變成了有名的成語。這四句詩所以受到古今廣大讀者的欣賞，還不僅由於理趣高超，從藝術技巧說，也是令人擊節讚賞的，紀昀批評說道：「前四句單行入律，唐人舊格，而意境恣逸，則東坡本色。」律詩的三四兩句本來要對仗的，意思也要兩兩相對。有些詩人有意打破這個限制，變成似對仗而又不是對仗，也就是說，文字對仗，意思卻不成對仗。這就叫做「單行入律」。後人叫做「流水對」，我的老師林景伊先生以為流水對兩句一串，氣脈不斷，非兩句合觀其意不顯。不這樣寫，整個意思就難於圓滿表達，而行文氣勢也大受影響，所以非要打破舊有格律不可，不受格律的束縛，議論才能透澈，氣勢才能恣肆。五、六兩句，老僧是往昔的人，新塔是眼前的景；壞壁是眼前的物，舊題是往昔的事。以往日—眼前—眼前—往昔反復循環，把詩意鉤連得十分緊密，同時也暗暗回應了雪泥鴻爪的這層意思，一切事物都是變動不居的，偶然留下了痕跡，隨時又變滅了。所以也不必過於懷念過去。最後兩句是收束，想到過去，經歷了不少艱難困苦，懷想過去的艱困，今後更要鞭策自己向前奮發不可了。

治平二年正月，蘇軾鳳翔任滿，返京任官。英宗皇帝在藩邸已久聞蘇軾的文名，便欲循唐朝的先例，特命召入翰林，知制誥。但宰相韓崎認為進用太快，堅決反對。最後經過召試，就以殿中丞直史館。皇帝既喜歡他，他直史館又貼進皇帝，很容易得到皇帝的親信，眞是千載一時的機會。誰知他的父親蘇洵就在不久棄養，蘇氏兄弟只好護送父親靈柩返鄉守制。這一守又是三年。

熙寧二年二月，蘇軾兄弟還朝註官，這時，王安石已專政，呂惠卿、曾布疊為謀主，盡變宋之成法，以亂天下。公之議論，素與安石異，故仍以殿中丞直史館，抑置於官告院。對蘇軾來說，無異投閒置散。新人亂政，又受到王安石姻親謝景溫的誣告，雖查無實據，東坡亦已不自安，乞請外調，遂令通判杭州。蘇軾在熙寧四年到七年，在杭州通判期間，曾寫了大量詠贊西湖景物的詩。而以〈飲湖上，初晴後雨二首〉中的第二首，最膾炙人口，也是蘇軾詩中的名篇之一。

水光瀲艷晴方好，山色空濛雨亦奇。
欲把西湖比西子，淡妝濃抹總相宜。

詩的前兩句，既寫了西湖的水光山色。也寫了西湖的晴姿雨態。首句描寫西湖在陽光照射，波光蕩漾，反射出萬道金光，晴天的西湖景色才美好；次句寫細雨籠罩下，西湖好像披上一層薄紗，濛朧不清的看起來，雨景也是稀奇少有的。那日，詩人在西湖遊宴終日，早晨陽光明艷，午後轉為陰雨，這情景在善於領略西湖美景的詩人眼中，無論是水是山、是晴是雨，都是美好奇妙的。在晴方好，雨亦奇的贊美下，可令人領略在不同天氣下的西湖勝景，也可想見詩人即景揮毫時的淋漓興會，灑脫性格與開闊的胸襟。後兩句詩人用一個既空靈又貼切的妙喻，就傳出湖山的神韻。詩人以當地之景的西湖，比作當地之人的西子，當前西湖景色之美，在風神韻味上，與想像中的西施之美，有其只可意會不可言傳的相似之處。正因爲西湖與西子都美在其神，故對西湖來說，晴固好，雨亦奇，不正是西子的「淡妝濃抹總相宜」嗎？王文誥稱美這首詩是「前無古人，後無來者」的「名篇」。特點之一是概括性特別强，它寫的不是西湖一處或一時之景，而是對西湖全面的描述與評價。就因它具有超越時間的藝術生命，一直到今天還浮現在西湖遊客的心頭，使湖山爲之生色。

杭州通判以後，蘇軾曾知密州、徐州、湖州。就在知湖州任上，爲奸小何正臣、舒亶、李定等人摭拾詩文表語，以爲謗訕君父，因而被逮捕到御史臺監獄根治。最後被貶責授檢校尙書水部員外郎，充黃州團練副使，本州安置，不得簽書公事。蘇軾在黃，一謫五年，寫了不少好詩，其中最稱「名篇」的就是〈東坡〉一首了。

雨洗東坡月色清。市人行盡野人行。
莫嫌犖确坡頭路，自愛鏗然曳杖聲。

詩一開始，便把東坡置於一片清幽的景色當中，偏僻的山岡，清亮的月色。尤其是經過雨後透露出來的皎潔月光，穿過纖塵不染的碧空，廣布在澡雪一新，水珠晶瑩的萬物上，這是何等清涼、清明、清澈、清新的景象。詩人偏偏拈出夜景來說，是有道理的。日中爲市，市人爲生活財富，在炎日囂塵中奔波。唯有鄉居的野人，才能脫離市集囂塵，超脫名利，才有餘裕享受這一勝景。東坡路邊，大石叢錯，崎嶇不平，實則令人行路艱難。但有甚麼了不起，拿起楞杖著實地在地上一點，鏗然一聲清脆地金石相撞的聲音，聽起來多麼悅耳。更支撐起矯健的步伐，更加精神抖擻地前進了。沒有艱難險阻，那裏能得克服後的歡欣！沒有大石叢錯的「犖确坡頭路」，那有清脆悅耳的「鏗然曳杖聲」！那種以險爲樂，視險爲夷，向惡勢力抗爭的不屈不撓的精神，都在這一反一正的强烈感情對比中顯現出來了。這「犖确坡路」，不正是詩人經歷的坎坷仕途麼！但詩人絕不屈服，抱著開朗樂觀，意氣昂揚的態度，繼續奮力前進。《宋史》傳論說：「或謂：軾稍自韜戢，雖不獲柄用，亦當免禍。雖然，假令軾以是而易其所爲，尙得爲軾哉！」蘇軾之所以爲蘇軾，就在他那「富貴不能淫，貧賤不能移，威武不能屈」大丈夫的氣質。

蘇軾貶謫黃州的最後一年，也就是宋神宗元豐七年（一〇八四），又寫下了一首名篇〈海棠〉詩。

東風嫋嫋泛崇光。香霧空濛月轉廊。
只恐夜深花睡去，故燒高燭照紅妝。

這首詩雖然有名，但是要正確地瞭解詩旨也不容易。因爲東坡自己曾說過：「論畫以形似，見與兒童鄰。賦詩必此詩，定非知詩人。」見〈書鄢陵王主簿所畫折枝〉詩。〈海棠〉詩是有寄託的。要瞭解這首詩寄託的主旨，我們有必要看看詩人在元豐三年（一〇八〇）所寫的一首海棠詩，因爲這兩首詩所詠的是同一株海棠。元豐三年初到黃州時所詠海棠詩的題目是〈寓居定惠院之東，雜花滿山，有海棠一株，土人不知貴也〉。詩云：

江城地瘴蕃草木，只有名花苦幽獨。嫣然一笑竹籬間，桃李漫山總粗俗。
也知造物有深意，故遣佳人在空谷。自然富貴出天姿，不待金盤薦華屋。
朱唇得酒暈生臉，翠袖卷紗紅映肉。林深霧暗曉光遲，日暖風輕春睡足。
雨中有淚亦悽愴，月下無人更清淑。先生食飽無一事，散步逍遙自捫腹。
不問人家與僧舍，拄杖敲門看修竹。忽逢絕豔照衰朽，歎息無言揩病目。
陋邦何處得此花，無乃好事移西蜀。寸根千里不易致，銜子飛來定鴻鵠。
天涯流落俱可念，爲飲一樽歌此曲。明朝酒醒還獨來，雪落紛紛那忍觸。

《王直方詩話》載東坡對這首詩最爲珍愛，平生喜爲人寫，曾說：「吾平生最得意詩。」在這首二十八句，一百九十六個字的詠海棠詩裏，詩人贊美海棠，悲歎海棠，實際上是寄託自己的情操，悲歎自己的遭遇。詩人與海棠感情交融，合而爲一，是花是人，不容分割。詩人滿腔深情地寫海棠，正是在寫自己，在悲歎自己坎坷的命運啊！所以詩人在七年上巳日作的詩裏說：「柯邱海棠吾有詩，獨笑深林誰敢侮！」自《離騷》以來，比興、寄託是許多詩人慣用的手法，以香草美人比君子，惡鳥陰雲喻小人，借他人的遭遇，以發自身的感慨。這首〈海棠〉詩用的也正是這種手法。元豐六年曾鞏卒於臨川，或傳聞東坡與鞏同日遷化，神宗皇帝曾以此詢蜀人蒲宗孟，爲之輟飯而起，而有才難之歎。七年正月帝出手札，徒軾汝州。有「蘇軾黜居思咎，閱歲滋深，人材實難，不忍終棄」之語。蘇軾進上謝表也說：「疾病連年，人皆相傳爲已死；饑寒併日，臣亦自厭其餘生。豈謂草芥之賤微，尚煩朝廷之紀錄，開其悯悔，許以甄收。」是年正月皇帝既有恩命，至三月再見此海棠時，遂有《海棠》詩作，以爲寄托。

東風就是春風，嫋嫋是微風吹拂，這春風譬喻「聖主如天萬物春」的恩澤，聖主的恩澤也像春光和風一樣飄送到海棠來了。讓海棠也承受著崇高偉大的恩澤。海棠承受了春風輕柔的吹呴，也發散出迷濛一片的香氣，而天的月光也慢慢地移動著轉過迴廊，這也象徵著皇帝的態度終於有了改變。後面兩句，詩人以花擬人，生發奇想，巧妙地表達了愛花惜花之情。《冷齋夜話》卷一指此兩句事見《太眞外傳》：「上皇登沉香亭，詔太眞妃子，妃子時卯醉未醒，命力士從侍兒扶掖而至，妃子醉顏殘妝，鬢亂釵橫，不能再拜。上皇笑曰：『豈是妃子醉，眞海棠睡未足耳。』」這裏以花譬喻美人，詩人以美人睡去譬喻花兒萎謝。詩人想象之中，面前的這株海棠說不定也會像人一樣因夜深而睡去，所以特意點燃高燭，照耀海棠，使花兒打起精神，不至睡著。前一年京都既盛傳東坡物化，皇帝既感人材實難，故下恩詔，遷於臨汝，對東坡示恩，豈不也像高點蠟燭，照耀海棠一樣嗎？故黃庭堅說：「學者不知此妙語，韻終不勝。」

七年四月東坡離開謫居五年的黃州，繞一個大圈子向汝州（今河南省臨汝縣）出發，經九江，上廬山。廬山位於江西省九江市的東南，星子縣的西北，浩蕩的揚子江環繞山北，澎湃的鄱陽湖洶湧東南，正是襟三江而帶五湖，控蠻荊而引甌越，形勢絕勝之地。廬山本身又是那麼雄奇怪偉，七重大嶺，岡巒起伏，週圍達五百餘里。層峰插天，雲浮嶺下，巒影山光，千象萬千。這次詩人由老友劉恕的弟弟劉道純作嚮導，詩僧參寥子陪同從山南正面比較幽僻的山路上山，遠遠望見這座名山的氣勢，已先爲此大自然的神奇氣勢所吸引，覺得廬山眞造物主的傑作，不是人的語言文字所能描摹，讚歎頂禮之餘，便和參寥子約定，此行決不作詩。但上得山來，詩人一路觀察山景，峰巒重疊，不但距離遠近，形勢向背，容色各不相同，高低起伏，正側互異，更是變化無窮。詩人看山所感，不僅是美感上的享受，更重要的得到了一重解悟，一重雋妙的見知。這就不覺技癢了，不但寫了不少詩篇，更寫下了傳誦千古的名篇〈題西林壁〉。

橫看成嶺側成峰。遠近高低總不同。
不識廬山眞面目，只緣身在此山中。

正面看廬山，群巒起伏，衆嶺綿聯。側面看廬山，孤峰拔起，一枝獨秀。從遠處看，從近處看，從高處鳥瞰，從低處仰望，所看到的形勢景觀，山容巒態，各不相同，峰巒樹石，總不一樣。它的總體的形象，人們很難在不同的角度觀察得到。無論人們橫看、側看、遠看、近看、高看、低看，所得到的只是局部的形象，因爲置身山中，不能超脫，所以不能識得廬山的眞面目了。

人們所見的事物，往往只從自我的感覺出發，把自我的心作爲衡量世間事物的標準，因此，所見事物，就無可避免的著上了主觀的色彩與感情。詩人能夠離開「身在廬山」的立場，來看廬山，才使他從大自然得到深入的解悟，而揭示了一項生活的哲理。局中人囿於見聞，往往不容易看到事物的眞相。人們常說「當局者迷」，不正指的就是這一習見的生活現象嗎？它還啓示人們，如果孤立地體察事物的一部分，而不能從這一事物的圈子裏跳出來，是不可能眞正認識事物的全貌的。由於此詩具有哲理性，贏得了讀者廣泛地傳誦和吟味，可見這首詩所具的强中生命力。無怪乎黃庭堅讀了此詩後評說：「此老於般若橫說竪說，了無剩語，非其筆端有舌，亦安能吐此不傳之妙。」見《苕溪漁隱叢話·前集》卷三十九引《冷齋夜話》。

五年黃州之貶，磨去了鋒芒，對事理觀察更爲圓融，過去對新政的爭論，不也是各人站的立場不同，而有不同的觀點與意見嗎？誰又眞能掌握國家富强的全般政局呢？有了這層體悟，才孕育了是年八月在金陵謁見王安石，宋代兩大詩人拋開政治異見，談詩論文的和洽場面。

在金陵與荊公晤面後，一路行來，於十月十九日抵達揚州，謁見知揚州軍州事的呂公著，商量著給神宗皇帝上了第一次的〈乞常州居住表〉，略云：

自離黃州，風濤驚恐，舉家重病，幼子喪亡，今雖已至揚州，而資用罄竭，無以出陸；又汝州別無田業，可以爲生，犬馬之憂，饑寒爲急，竊謂朝廷至仁，既已全其性命，亦必憐其失所。臣先有薄田在常州宜興縣，粗給饘粥，欲望聖慈特許於常州居住。

詩人一面上表，一面向臨汝出發，年底抵泗州。在泗州度歲。元豐八年（一〇八五）新正，在泗州得到消息，上年上表投入主管官署，他們挑剔文字毛病，不肯轉呈。蘇軾乃再上《乞常州居住表》，派專人進京投遞。表云：

臣昔嘗對便殿，親聞德音，似蒙聖知，不在人後，而狂狷妄發，上負恩私。既有司皆以爲可誅，雖明主不得而獨赦，一從吏議，坐廢五年。近者蒙恩量移汝州，伏讀訓詞，有人材實難，弗忍終棄之語，豈敢復以遲暮爲歎，更生僥覬之心。但以祿廩久虛，衣食不繼，累重道遠，不免舟行，自離黃州，風濤驚恐，舉家重病，一子喪亡。今雖已離泗州，而資用罄竭，去汝尚遠，無屋可居，無田可食，二十餘口，不知所歸，饑寒之憂，近在朝夕。臣有薄田在常州宜興縣，粗給饘粥，欲望聖慈，許於常州居住。又況罪戾至重，未可聽從便安。臣受性剛褊，賦命奇窮，向非人主獨賜保全，則臣之微生，豈有今日。敢祈仁聖少賜矜憐。臣前去南京，聽候朝旨。

據蘇轍寫的墓誌銘，這封奏表早上呈閱，傍晚就蒙皇帝批准他在常州居住了，這也是神宗皇帝所施給他的最後一次恩澤了。

既已獲准在常州居住，買妥了宜興的田產，「十年歸夢寄西風，此去眞爲田舍翁。」做一個田舍翁也不錯，沒有官場上的勾心鬥角，在常州這樣美好的地方，平平安安地度過他劫後餘生。詩人充滿了寧靜和喜悅，他的一首〈春日〉詩，可以體會當時閑適的心情。

鳴鳩乳燕寂無聲。日射西窗潑眼明。
午醉醒來無一事，只將春睡賞春晴。

詩人回到常州時，正是江南春老，楊花亂舞，園疏柔綠，江魚鮮美的好季節。所以蘇軾一生最喜歡江南，最後死也要死在江南了。

詩人好不容易在宜興買了田宅，又得到神宗皇帝的恩准，許他在常州任便居住，半生飄蕩，總算安定下來了。從此以後，可以從容欣賞江南的好湖山了，也可以從容享受江南值得一死的河豚美味了。誰知這年三月神宗駕崩，哲宗繼統，太皇太后宣仁垂簾輔政。宣仁后想到他的丈夫英宗皇帝要依唐故事破格錄用蘇東坡知制誥的往事，現在一掌權便立刻於是年六月起復蘇軾爲朝奉郎知登州軍州事。蘇軾不願爲官，但皇命又不可違。他對荊溪風土總是縈繞於懷的。詩人的〈蝶戀花〉詞正是這一心聲的表露。

雲水縈回溪上路。疊疊青山環繞溪東注。月白沙汀翹宿鷺。更無一點塵來處。　溪叟相看私自語。底事區區苦要爲官去。尊酒不空田百畝。歸來分得閒中趣。

一路迤邐北行，於十月十五日抵登州上任，到官五日，誥命又下，以禮部郎中召還。距熙寧四年出京，至是已整整十五年了。是年冬十二月抵京師，至禮部郎中任。半月不到，誥命又下，遷起居舍人。起居舍人職掌宮廷記注和機要政務，因有「小侍從」之稱，是皇帝跟前最親近的官員之一。起居舍人的官職才幹了三月，哲宗元祐元年三月，皇命再下，終於任命他爲「知制誥」的中書舍人了。這半年來，在蘇軾的仕途上，眞可以說坐了直升飛機直衝九霄了。從他的〈上辭中書舍人任免狀〉可以看得出來：

右臣準閤門告報，已降告命，除臣試中書舍人者。伏念臣頃自貶所，起知登州，到州五日，而召以省郎，到省半月，而擢爲右史。欲自勉強，少酬恩私，而才無他長，職有常守。出入禁闥，三月有餘，考論事功，一毫無取。今又冒榮直授，躐眾驟遷，非次之陞，既難以處，不試而用，尤非所安。願回畢恩，免速官謗，所有告身，臣不敢祇受。

就在詩人擔任省郎與右史期間，京師的韋袞儀拿了他所藏的惠崇畫來請題，於是詩人又題出了一首千古名篇的〈惠崇春江晚景〉。詩有二首，下面錄其第一首：

竹外桃花三兩枝。春江水暖鴨先知。
蔞蒿滿地蘆芽短，正是河豚欲上時。

紀昀評說：「此是名篇，興象實爲深妙。」王文誥的《蘇文忠公詩編註集成》也說：「此乃本集上上絕句，人盡知之。」這首詩爲何興象深妙。蘇公曾說：「詩是有聲之畫，畫是無聲之詩。」詩人把兩者融和一體了。從詩人的描寫中，我們我以看見一副以早春景物爲背景的春江鴨戲圖，第一句是描寫地面的景色，竹林滴翠之中，隱約地可以看見疏籬一道，籬笆外桃花初初綻開了兩三枝，桃紅翠竹，顏色多麼鮮艷動人。第二句描寫江上的景色，一江春水，一群雛鴨，姿態各異，嬌憨可掬。第三句描寫岸邊的景色。尖尖的蘆芽，茂密的短蒿。至此詩人對畫面已經描摹殆盡了。然而詩人卻超脫畫面的限制，憑藉善於體物的敏銳藝術觸覺，以及豐富的農村生活知識，由鴨子戲水，感覺到春江水暖，由於蘆蒿的新發，聯想到河豚欲上。春江的水暖與河豚的欲上，本是畫面之所無，也是畫筆之所不到。但詩人藉助江南春景的回憶，與目前所處冬去春來一片暖洋洋的處境，給整個畫面注入了春天的氣息和生命的活力。把無聲靜止的畫面，轉化爲有聲躍動的詩境，使讀者不僅如見惠崇的原畫，更讓讀者見到了、聽到了、感受到了從畫面上不能得到的東西。等於帶領了我們去參觀生機勃勃的江南田野，以及詩人洞察生活的眞實鏡頭。詩人曾說：「詩畫本一律，天工與清新。」生活中詩畫並生，藝術中詩畫同理。他以詩人的眼光來題畫，故畫中能見詩；用畫家的眼光來品詩，故詩中也能見畫。

蘇軾任中書舍人半年，是年八月誥命又下，遷讀書人最高的翰林學士知制誥，這個職位，不但是「朝論所高」，更是「將相之儲」。然蘇軾個性，自謂遇有不平之事，「如蠅在食」不吐不快。這樣一來，得罪的人也就不少，屢爲臺諫所攻。蘇軾的〈乞郡箚子〉說：

> 臣二年之中，四遭口語，發策草麻，皆謂之誹謗，未出省榜，先言其失士，以至臣所薦士，例加誣蟣，所言利害，不許相見。

這種對人不對事，不分青紅皁白，毫無是非標準的人身攻擊，蘇軾鯁直的個性，怎麼忍受得了。故終於在元祐四年（一〇八九）三月十六日請准外任，以龍圖閣學士充浙西路兵馬鈐轄知杭州軍州事。在杭州與劉季孫過從甚密，並相從督役開西湖。五年十月與劉季孫、何去非泛舟西湖，酒酣，顧視湖山，意頗歡適。有〈贈劉景文〉詩，又是一首名篇。

> 荷盡已無擎雨蓋，菊殘猶有傲霜枝。
> 一年好景君須記，正是橙黃橘綠時。

王文誥說：「此是名篇，非景文不足以當之。」劉季孫字景文，是開封府祥符籍的將軍，時以西京左藏庫副使爲兩浙兵馬都監，也駐在杭州。雖是武人，卻也能詩。蘇軾很稱賞他，許他「慷慨奇士」。在西湖同遊又共同工作，益發敬重他的人品，以爲英偉冠世，比作孔文舉一流的人物。景文是忠臣劉壯閔的少子，有兄六人，皆已亡故。而景文時亦五十八歲，垂垂老矣。西湖十景，今仍有麯院風荷。東坡即景生情，在夏天碧葉滿湖，紅萏映日的荷花，到了初冬，經過風霜的凋殘，也已翠減紅衰，枯乾的莖幹再也擧不起翠綠的傘蓋，來遮擋風雨了。菊花雖亦凋殘，但那挺拔的枝幹，仍能在霜露中挺然直立。這裏既詠了景色，突顯季孫，也以荷盡無蓋，傲霜有枝暗喻了景文父兄亡故、及己身高潔的情操。元祐五年，東坡五十五歲，景文五十八歲，這個年齡，人生的閱歷豐富，學問圓熟，雖然像一年的初冬，歲華不久將盡，但郤是發揮生命力最好的時光。東坡兩次到杭州任官，他一生最喜歡杭州，曾說過「故鄉無此好湖山」。這次守杭，官階高了，地位也重要了，替杭州做了不少事情，也深得百姓的愛戴。自元祐四年三月守杭，至今一年多了，京師傳聞將遷吏部尚書，則遷離之日亦不遠了，在杭州美好的時光，也像一年到了初冬，所剩無多了。不管怎樣，橙黃的成熟，橘綠的堅節，都是最好的景況。胡仔《苕溪漁隱叢話．後集》說：「天街小雨潤如酥，草色遙看近郤無，最是一年春好處，絕勝煙柳滿皇都。此退之早春詩也；荷盡已無擎雨蓋，……此子瞻初冬詩也。二詩意思頗同而詞殊，皆曲盡其妙。」但韓潮不如蘇海，韓只是寫景，蘇除寫景之外，又融寫景、詠物、贊人於一體，借物喻人，稱美劉景文的品德與操守。詩人筆下的初冬，郤富有生意與詩意。詞語雖淺近，而情意郤豐富，值得大家吟誦與品味，故能風行千古。

元祐六年（一〇九一）二月詔以翰林學士承旨召還，爲朔黨環攻，八月以龍圖閣學士出知潁州軍州事。七年二月轉充淮南東路兵馬鈐轄知揚州軍州事。同年八月詔以兵部尚書召還。十一月詔命下遷端明殿學士兼翰林侍讀學士守禮部尙書。觀宣仁太皇太后迭畀要職，似將重用。然而元祐八年九月（一〇九三）宣仁駕崩，哲宗親政，紹述新政，國是大變。是月蘇公以兩學士充河北西路安撫使兼馬步軍都總管出知定州軍州事。於雨中別子由，有「今年中山去，白首歸無期」之句，不勝蕭瑟之感。哲宗紹聖元年（一〇九四）朝局大亂，群姦蝟集，閏四月告下落兩學士依前左朝奉郎責知英州軍州事。途中三改謫命，最後貶謫爲寧遠軍節度副使，惠州安置。公在惠州有〈縱筆〉一首，也是著名的篇章，爲人傳誦。

白頭蕭散滿霜風。小閣藤床寄病容。
爲報先生春睡美，道人輕打五更鐘。

蕭疎脫落的滿頭白髮，用滿霜風三個字來形容，經過了多少風霜，閱歷了多少悽酸，都盡在不言中一一浮現出來了。小小閣樓之上，放置一張藤製的床，寄托有病之身。蘇軾是入掌樞機，出領方面的大員，現在卻寄身在空間那麼狹小的閣樓，質料那麼簡陋的藤床上。物質生活雖然簡陋，精神生活卻是豐富的。嘉祐寺的和尙一早起來做早課，聽說先生睡得正酣，敲鐘的時候特意放輕手勢輕輕地敲。這多富有人情味與詩意。詩給讀者展示出了達觀、超脫、閒適的境界，能遇而安，不怨天尤人。這不只是對當朝險惡的政治現實的迴避，更是對現實極具意味的抗議。也就是蔑視當局，以禪悅自得，超脫自適的方式，對當局迫害作對抗。這樣閒適自得，不啻宣示當局的懲罰無效，胸無芥蒂的達觀，必然使政敵如骨鯁在喉。曾季貍《艇齋詩話》說：「東坡海外上梁文口號云：『爲報先生春睡美，道人輕打五更鐘。』章子厚見之，遂再貶儋耳，以爲安穩故也。」以章惇睚眥必報的個性，詩話的記載應該是可信的。紀昀評說：「此詩無所譏諷，竟亦賈禍，蓋失意之人作曠達語，正是極牢騷耳。」也是這層意思。

果不其然，哲宗紹聖四年（一〇九七）四月，章惇重議公罪，責授瓊州別駕，移昌化軍安置。瓊州在海南島，北宋時的海南，是一沒有開化的蠻煙瘴雨野蠻之地，醫藥書籍俱無，時宰欲置之死地，用心昭然。東坡亦深知其意，所以是年七月二日到昌化軍貶所，進謝上表說：

並鬼門而東逝，浮瘴海以南遷，生無還期，死有餘責。伏念臣頃緣際會，偶竊寵榮，曾無毫髮之能，而有邱山之罪，宜三黜而未已，跨萬里以獨來，恩重命輕，咎深責淺。臣孤老無託，瘴癘交攻，子孫痛哭於江邊，已爲死別；魑魅逢迎於海上，寧許生還。念報德之何時，悼此心之永已，俛伏流涕，不知所云。

在這種食無肉、病無藥、居無室、出無友、冬無炭、夏無寒泉，什麼都沒有的絕地，東坡以其曠達情懷，閒適自處，也終於渡過去了。元符三年（一一〇〇）正月哲宗崩，端王繼位，是爲徽宗，大赦天下，告下以瓊州別駕，廉州安置，六月廿日登舟渡海，作〈六月十二日夜渡海〉詩，又是集中的另一名篇。

參橫斗轉欲三更。苦雨終風也解晴。
雲散月明誰點綴，天容海色本澄清。

空餘魯叟乘桴意，麤識軒轅奏樂聲。

九死南荒吾不恨，茲游奇絕冠平生。

曹植〈善哉行〉「月沒參橫，北斗闌干」，這說明「參橫斗轉」在中原乃是天快黎明時刻的景象。但海南則不同，王文誥指出：「六月二十日海外之二、三鼓時，則參已早見矣。詩人仰看上天，看見參星已橫，斗星已轉，於是判斷，時已三更，深夜時分了。這句詩寫了景，也寫了人，寫景而斷定欲三更，黑夜已過去一大半了，看得到星斗，天空是晴朗的，剩下的夜路也不會那麼難走了。詩句調子明快，足見詩人的心境也是爽朗的。因爲在以前，還是苦雨終風，一片淒苦。連綿不停的雨叫苦雨，整天刮的風叫終風。詩人在苦雨終風的時候，常常巴望著風和雨霽的晴天早日來臨，現在終於看見了「參橫斗轉」的景象，所以感喟地說：「苦風終雨也解晴！」

頸聯兩句就晴字進一層抒寫，雲也散了，月又明了。風停雨霽，星月交輝。天容是澄清的，海色也是澄清的。仰觀俯察，形象生動，連貫而下，靈活流暢。而且用了句中對，以月明對雲散，海色對天容，每句分兩節，前四字寫客觀景物，後三字誰點綴、本澄清表主觀的見解或評論。這兩句看起來是白描的賦體，其實他是存用比體，而且又暗用了典故。《晉書．謝重傳》「謝重爲會稽王道子驃騎長史，嘗因侍坐，于時月夜明淨，道子嘆以爲佳，重率爾曰：『意謂乃不如微雲點綴。』道子因戲重曰：『卿居心不淨，乃復强欲滓穢太清邪？』」雲散月明誰點綴的點綴，顯然來自謝重的議論與道子的戲語。天容海色本澄清的澄清，則與「月夜明淨，道子歎以爲佳」相契合。這兩句詩，境界開闊，義蘊宏深，已能給讀者藝術的美感與哲理的啓迪。王文誥說上句「問章惇也」，意思是說：你們這些居心不淨的小人掌權，滓穢太清，弄得苦雨終風，天下怨憤，如今雲散月明，還有誰點綴呢？下句「公自謂也」，是說你們强加我的誣蔑之詞，就像微雲已散，恢復我天容海色本來澄清的眞面目。

腹聯兩句，轉筆寫海。《論語．公冶長》「道不行，乘桴浮于海。」蘇子原是滿懷抱負，認爲「致君堯舜，此事何難」？但歷經打擊，終被貶到海南來，就像孔子一樣，不能行道，欲乘木桄到海外去一樣。可是現在又被放回來了，在海外行道也不成了，只是空有這種想法而已。《莊子．天運》「北門成問于黃帝曰：帝張咸池之樂于洞庭之野，吾始聞之懼，復聞之怠，卒聞之而惑，蕩蕩默默，乃不自得。……聖也者，達於情而遂於命也。」軒轅就是黃帝，以大海濤聲聯想軒轅奏樂，莊子這一段發揮忘得失、齊榮辱、達情遂命的道理。粗識這種道理，所以引發了後面的曠達語。

尾聯兩句，九死，瀕死也，極言其近於死亡，縱然死在南方蠻荒之地，詩人說也沒有甚麼遺憾了，因爲這次出遊所看到的雄奇瑰偉的景色，是一生中最好。這句既含蓄，又幽默，更兼調侃的詩意，眞把詩人曠達的襟抱與豪放的性格表達無餘了。

詩人放回北歸，於徽宗建中靖國元年（一一〇一）正月抵虔州（今江西省贛州市），三月發虔州，有〈次韻江晦叔〉詩二首，其次首頷聯有「浮雲時事改，孤月此心明。」句，胡仔《苕溪漁隱叢話》說「語意高妙，如參禪悟道之人，吐露胸襟，無一毫窒礙。」王應麟《困學紀聞》云：「更無柳絮隨風舞，惟有葵花向日傾。見司馬公之心：浮雲世事改，孤月此心明，見東坡公之心。」坡公心跡表明，遂於是年七月二十八日疾卒於毘陵。

中華民國八十年元月三十日脫稿於台北市鍥不舍齋。

# 朱子的文氣思想

朱榮智

## 提　要

朱子是宋代理學大家，他的文氣思想和性命之理，有很密切的關係。朱子認為，天地之間，有理有氣，理為生物之本，形而上之道；氣為生物之具，形而下之器。理與氣同時並存，是以人物之生，必稟此理，然後有性，必稟此氣，然後有形。朱子的意思，理是一切具體存有的超越的存在，當氣凝聚而成萬物時，理亦同時被賦與於這個形體之內。

朱子談文與道的關係，說：「道者，文之根本；文者，道之枝葉。」又說：「文由道流。」所謂的道，是指本然之性。聖人體道自然，得性情之正，即本然之性，所以發之為文，合於正道，可以為教；而一般人稟承之氣，清濁偏全不同，為氣質之性，必須藉修養的功夫，才可以歸於本然之性，而成得道之文。

朱子強調，好的文學作品，要有氣骨，有氣魄，他認為崇尚形式美的文風，皆氣衰，氣弱，而主張文字要平易質實，遒健高雅。朱子批評文學的時候，常提到氣字，如氣格、氣象、氣骨、氣魄、氣槩等，朱子認為一個人的文學表現能力，在二、三十歲的時候，氣格已定，年歲愈長，體力愈弱，文氣愈衰。另外，朱子也認為文學的氣運，和時代、地域有關，所謂「有治世之文，有衰世之文，有亂世之文。」「北人若居婺州，後來皆做出婺州文章。」

朱子集宋代理學大成，強調道為本，文為末，反對對偶、雕琢的文字，但不像伊川先生直斥作文害道，重道廢文；朱子雖然不甚專意文字，但是見識博贍，影響深遠，在我國文氣理論的發展史中，允有一席重要的地位。

## 一、前　言

文氣之說始於曹丕〈典論論文〉：「文以氣爲主，氣之清濁有體，不可力强而致，譬諸音樂，曲度雖均，節奏同檢，至於引氣不齊，巧拙有素，雖在父兄，不能以移子弟。」又：「徐幹時有齊氣。」「孔融體氣高妙。」他在〈與吳質書〉一文，也說：「公幹有逸氣。」不過，中國人對氣的觀念，由來已久。關於氣的涵義，古人有時指的是自然之氣，如雲氣、六氣、平旦之氣、夜氣等①；有時指的是創生宇宙萬物的天地元氣，如《易傳》的太極，老子的道，都是指化生陰、陽二氣的天地元氣，《莊子》〈知北遊篇〉：「通天下一氣耳。」就是指這天地元氣。②人爲萬物之一，人的生命來源，當然也是來自天地元氣。③

氣偏佈在天地之間，氣當然也在人體周行，所以，氣的第三種涵義，是指人體之氣。人體之氣，大別可分生理之氣和心理之氣。生理之氣，包括血氣、息氣、聲氣等④；心理之氣，包括神氣、志氣、勇氣等⑤。孟子是第一個提出養氣的人，他自稱：「吾養吾浩然之氣。雖然他養的是道德之氣，與後代各家所說的文章辭氣不同，但是因爲他善養浩然之氣⑥，所以發而爲文，氣勢磅礴，義正詞嚴，很多文家談文氣的培養，即舉孟子爲例，强調才性的修養對文章寫作的重要性。

文氣是十分抽象的理念，我們可以很簡單的說：「文思流行處，曰文氣。」文思能夠暢行不滯，便有一股力量，隨著文句、音節滾滾而來，如賈誼〈過秦論〉一文：「秦孝公據崤函之固，擁雍州之地，君臣固守，以窺周室，有席捲天下，包舉宇內，囊括四海之意，并吞八荒之心。……」四十餘字，一氣呵下，有氣吞山河之勢。

文氣的涵義，除了上述的作品的辭氣，也包括作者的才氣，因爲行文的氣勢，只是作者的性情，透過文字的表達，所顯現出來的藝術形貌，而作品所以能夠氣勢浩翰、情韻生動，具備感人的力量，實在是有賴於作者的情感、思想，和所表現的材料，以及表現的方法，正如自然界的風，必須藉由實物，才能顯現其存在一樣，所以，文氣的涵義，一方面也是指作品所能反映出來的作者生命形相。

文章是藉文字的體貌，表達作者內心的情意，文章行氣是否暢達，固然影響作品的優劣，作者才氣的殊異，也使文章產生許多不同的風貌，而有高低不同的成就，可見作者的辭氣和作者的才氣，二者的關係，非常密切。文學的創作，是作者性情、才學的綜合表現，用現在的術語來說，就是作者整體生命的活動現象，是作者內心所生的情，和由意念所生的理，透過想像和文字技巧的傳達，所表現的生命活力。所以，作品的辭氣，實為作者性情、才學的反映而已；從另一個角度來看，欲了解作者的性情、才學，則必須透過作品的形式、內容，以及所呈現的氣勢、情韻，才能眞確的獲得。

我國文氣理論的發展，自曹丕開始，有的强調文氣的重要性，有的提出培養文氣的方法，有的把文氣的觀念運用到批評的方面。關於文氣的培養，有的側重文章行氣的技巧，有的側重作者才氣的涵養。朱熹集宋代理學大成，主張理、氣二元，他的文氣思想，也以作者的才氣為主要的論點，本文擬由創作原理、創作方法二方面，闡述朱子的文氣思想。

## 二、朱子論創作原理

廣義的文氣，除了指作品的辭氣，還包括作者的才氣。作者的才氣，指先天稟賦的性情、才質，以及後天的學養。《白虎通》〈性情篇〉說：

> 性者，陽之施，情者，陰之化也，人稟陰陽氣而生，故內懷五性六情。情者靜也，性者生也，此人所稟六氣以生者也。

又說：

> 夫人性內涵，而外者為情，其同焉者性也，其不同焉者，情也。惟情有不同，斯感物而動，性

亦不能不各有所偏。故剛柔緩急，胥於文章見之，苟不能見其性情，雖有文章，僞焉而已，奚望不朽哉？

人稟天地陰陽之氣而生，氣在人體之中，即爲血氣，爲人體的生命力，因爲是天生的本性，所以稱爲性；人的本性，受外物的影響，而有喜怒哀樂愛惡等情緒的表現，稱爲情；性存於內，情形於外，合稱性情。人的性情，是文學創作的原動力，作者因性情的激發，而有意念的表現，意念形諸文字，則爲文學的創作了。作者稟氣不同，爲文亦異，不同的性情，便有不同的文章風格。

作者的才質，也是影響文學創作的重要因素之一。桓譚《新論》〈言體篇〉：

凡人耳目所聞見，心意所知識，情性所好惡，利害所去就，亦皆同務焉！若材能有大小，智略有深淺，聰明有闇照，質行有薄厚，亦皆異度焉！

作者的才氣，除了先天的稟賦外，後天的學養也很有關係。清袁守定《佔畢叢談》：

文章之道，遭際興會，摅發性靈，生於臨文之頃者也。然須平日餐經饋史，霍然有懷，對景感物，曠然有會。嘗有欲吐之言，難遇之意，然後拈題泚筆，忽忽相遭，得之在平日，昌黎所謂有其中是也。舍是，雖刓精竭慮，不能益其胸之所本無，猶探珠於淵而淵本無珠，探玉於山而山本無玉，雖竭淵夷山以求之，無益也。

總之，文學的創作，需要才學兼備。「才」，指先天稟賦的才質；「學」，謂後天的學習與修養。既有先天稟賦的「才」，加上後天修養的「學」，才能蔚成所謂的才氣。

朱熹論作者的才氣，源自他的哲學思想。朱子像宋代其他的理學家一樣，喜歡談理、氣二字。〈答黃道夫書〉說：

天地之間，有理有氣。理也者，形而上之道也，生物之本也；氣也者，形而下之器也，生物之具也。是以人物之生，必稟此理，然後有性，必稟此氣，然後有形。

《朱子語類》卷四：

人之所以生，理與氣合而已。天理固浩浩不窮，然非是氣，則雖有是理而無所湊泊，故必二氣交感，凝結生聚，然後是理有所附著。凡人之能言語、動作、思慮、營爲，皆氣也，而理存焉

朱子所謂的理，是指天道運行的現象，也指人類性命的原理；氣則指天地間流行的氣體，以及人所稟賦於自然的性情，朱子認爲理和氣同時並存，不能互相分離。《朱子語類》卷一：

天下未有無理之氣，亦未有無氣之理。

又：

或問：必有是理，然後有是氣，如何？曰：此本無先後之可言。然必欲推其所從來，則須說先有是理，然理又非別爲一物，即存乎是氣之中。無是氣則是理亦無掛搭處。

朱子的意思，理是一切具體存有的超越，是形而上的根據，有了這樣的根據，才能有氣的具體存在，然而脫離了氣，卻又無法談他的超越及形而上的根據。⑦具體的物，有成有毀，抽象的理，卻無生無滅，且必有此理，始有此物。天地未判，已有此理，山河大地陷了，也還是有此理。⑧

理氣的問題，也可以透過太極、陰陽的觀念來理解。《朱子語類》卷一：

太極只是一個理字。

問：太極不是未有天地之先，有箇渾成之物，是天地萬物之理之總名否？曰：太極只是天地萬物之理。在天地言，則天地中有太極。在萬物言，則萬物中各有太極。未有天地之先，畢竟是先有此理。動而生陽，亦只是理，靜而生陰，亦只是理。

又：

只從陰陽處看，則所謂太極者，便只是在陰陽裏，所謂陰陽者，便只是在太極裏，而今人說陰陽上面別有一箇無形無影底物是太極，非也。

太極是理，陰陽是氣，太極在先，而陰陽在後⑨，兩不相雜，卻又兩不相離。《朱子語類》卷九五：

太極與陰陽同時並存，不過，言太極生陰陽，猶言理生氣。依朱子的見解，形而上的本體世界裏，只是理，形而下的現象世界，便是氣。人物之生，必稟此理然後有性，必稟此氣然後有形。⑩《朱子語類》卷四：

人之所以生，理與氣合而已。天理固浩浩不窮，然非是氣，則雖有是理而無所湊泊。故必二氣交感，凝結生聚，然後是理有所附著。凡人之能言語、動作、思慮、營爲，皆氣也，而理存焉。

又說：

命猶令，性即理也。天以陰陽、五行化生萬物，氣以成形，而理亦賦焉，猶命令也。於是人物之生，因各得其所賦之理，以爲健順五常⑪之德，所謂性也。

當氣凝聚而成萬物時，理亦同時被賦與於這個形體之內，這就是性。不僅人類如此，所有宇宙萬物無一不具有性。而理之賦於萬物，猶如命令一樣。⑫命爲天地之理，性爲人物之理，性、命雖然名稱各異，其理則一，在天謂之命，在人謂之性。

朱子分性爲本然之性與氣質之性。朱子認爲，天道流行，人得之以爲性，而人所得之性，是氣質之性，不是本然之性。《朱子文集》卷五八〈答徐子融〉：

> 氣質之性，只是此性墮在氣質之中，故隨氣質而自爲一性，正周子所謂各一其性者。向使元無本然之性，則此氣質之性又從何處得來耶？

又《朱子文集》卷六十一〈答嚴時亨〉：

> 人生而靜，是未發時，以上即是人物未生之時，不可謂性。才謂之性，便是人生以後，此理墮在形氣之中，不全是性之本體矣！

人物未生時，只可謂之理，說性未得，此所謂在天曰命也。人生以後，此理已墮在形氣之中，不全是性之本體。大抵人有此形氣，則是此理始具於形氣之中而謂之性，爲氣質之性。本然之性不外是天地之理，「無情意，無計度，無造作。」⑬氣質之性卻不然，在於萬物，正偏通塞，千差萬別，何以如此呢？朱子認爲：「人所稟之氣，是皆天地之正氣，但滾來滾去，便有昏明厚薄之異。蓋氣是有形之物，才是有形之物，便自有美有惡也。」⑭又說：「以其理而言之，則萬物一原，固無人物貴賤之殊，以其氣而言之，則得其正且通者爲人，得其偏且塞者爲物。……然其通也，或不能無清濁之異；其正也，或不能無美惡之殊。故其所賦之質，清者智而濁者愚，美者賢而惡者不肖，又有不能同者。」⑮人稟氣不同，有智愚賢不肖之分，發而爲文，自然格調有高低，風格有雅俗。

性是根，情是性之所發，朱子對於情，非常重視。《朱子語類》卷五：

有這性，便發出這情。因這情，便見得這性。因今日有這情，便見得本來有這性。

性是寂然不動，與事物相接，乃動而生情。性爲心之體，情爲心之用。⑯朱子論文學創作的原理，見於〈詩集傳序〉，其言曰：

或有問於予曰：詩何爲而作也。予應之曰：人生而靜，天之性也，感於物而動，性之欲也。夫既有欲矣，則不能無思，既有思矣，則不能無言，既有言矣，則言之所不能盡，而發於咨嗟咏歎之餘者，必有自然之音響節族，而不能已矣，此詩之所以作也。

「人生而靜，天之性也，感於物而動，性之欲也。」首見於「樂記」，朱子加以發揮，其〈樂記動靜說〉一文，論之詳矣，曰：

此言性情之妙，人之所生而有者也，蓋人受天地之中以生，其未感也，純粹至善，萬理具焉，所謂性也。然人有是性，則即有是形，有是形即有是心，而不能無感於物，感於物而動，則性之欲者出焉，而善惡於是乎分矣。性之欲即所謂情也。

性爲天生自然，萬物皆有，感於物而動，爲欲爲情，「既有欲矣，則不能無思，既有思矣，則不能無言。」《尙書》〈舜典〉：

詩言志，歌永言，聲依永，律和聲。

〈詩大序〉：

詩者，志之所之也，在心爲志，發言爲詩。情動於中而形於言，言之不足，故嗟嘆之，嗟嘆之不足，故永歌之，永歌之不足，不知手之舞之，足之蹈之也。

陸機《文賦》：

詩緣情而綺靡。

劉勰《文心雕龍》〈情采篇〉：

立文之道，其理有三：一曰形文，五色是也；二曰聲文，五音是也；三曰情文，五性是也。

又：

夫鉛黛所以飾容，而盼倩生於淑姿；文采所以飾言，而辯麗本於情性。故情者，文之經；辭者，理之緯。經正而後緯成，理定而後辭暢，此立文之本源也。

都是强調文以情意爲本，文章若是沒有情意，便沒有生命可言。人的性情，是文學創作的原動力。言爲心聲，從言辭、文辭之中，可以看出一個人的個性、行爲與品德。譬如愛國詩人屈原，原爲楚懷王左徒，頗見親信，卻因同列上官大夫靳尙等人的讒謗，兩遭放逐，最後沉死於汨羅江。他忠信見疑，憂愁幽思而作〈離騷〉，名傳千古。又如陶淵明處在東晉亂世，不願爲五斗米折腰，作彭澤令八十餘日，掛冠而去，歸隱田園，讀〈五柳先生傳〉、〈歸去來辭〉二文，也可以看出他淡泊名利的個性，以及率眞的清高節操。

屈原和陶淵明是兩種不同個性的人，屈原個性堅强，擇善固執，寧爲玉碎，不願瓦全，他的崇高志節，令人敬佩。陶淵明個性純樸自然，不願受約束，喜歡自去自來，逍遙閒適，對功名富貴看得很淡泊，樂意於田園的生活。由於屈原和陶淵明是屬於兩種不同個性的人，所以他們所表現的生命情調不同，而在他的作品中，所反映出來的格調、品味，以及文章的辭氣，也各有不同。屈原的作品，格調高潔，品味濃郁，辭氣緊湊；陶淵明的作品，格調雅致，品味清淡，辭氣舒放，風格不同，而都能得性情之正。朱子對屈原、陶淵明的作品，都極爲推崇。《朱子語類》卷一三九：

> 古人文章大率只是平說，……離騷初無奇字，只恁說將去，自是好的。

又：

> 淵明所說者莊老，然辭卻簡古。

宋代理學家談氣，多屬性理之學，朱子也不例外，不過，他在批評文學的時候，也常提到氣字，如氣格、氣象、氣骨、氣魄、氣槩等。〈答鞏仲至〉一文：

> 放翁筆力愈健，……氣格高遠。

何謂氣格？簡言之，就是指行文的氣勢格調。朱子認爲作品的文氣與作者的年齡，很有關係。《朱子語類》卷一三九：

向見韓無咎說他晚年做底文字，與他二十歲以前做底文字，不甚相遠，此是自驗得如此。

又：

某四十以前尚要學人做文章，……然而後來做底文字，便只是二十左右歲做底文字。

又：

人之文章，也只是三十歲以前氣格都定，但有精與未精耳。

朱子認爲一個人的文學表現能力，在他二、三十歲時，就已定型，年歲愈長，體力愈衰弱，文氣也愈衰弱。《朱子語類》卷一三九：

人晚年做文章，如禿筆寫字，全無鋒銳可觀。

歐公文字大綱好處多，晚年筆力亦衰。

人老氣衰，文亦衰，歐陽公作古文，力變舊習，老來照管不到。

杜子美晚年詩都不可曉。呂居仁嘗言詩字要響，其晚年詩卻啞了。

子厚亦自有雙關之文，……乃是晚年文字，……文氣衰弱。

「人老氣衰，文亦衰。」朱子認爲年歲愈長，體力愈衰退，文學的表現能力也跟著衰退。朱子的這個論點，值得斟酌。因爲一個人的文學表現能力，固然與體力有關，也和個人的際遇和學養有關，才氣、學力、人生際遇，對文學的創作，都同等的重要。年齡增長，體力衰退，當然會影響文學的創作力，但不是絕對的關係；一個人的學養，是愈老愈成熟，而人生的閱歷，也是愈老愈豐富，這些都是創作的泉源。

另外，朱子也認爲文學的氣運，和時代、地域有關。《朱子語類》卷一三九：

> 有治世之文，有衰世之文，有亂世之文。

文學爲時代反映，一個時代有一個時代的氣運，每一個時代的氣運不同，其文學體貌、作家風格，也會隨之而異。〈詩大序〉：「治世之音，安以樂，其政和；亂世之音，怨以怒，其政乖；亡國之音，哀以思，其民困。」這雖是以音樂的風格，反映時代的政治，但是古代的音樂和文學，是詩文合一，由此也可以見出文風與政治的關係。《文心雕龍》〈時序篇〉：「文變染乎世情，興廢繫乎時序。」更是說明文學與時代的密切關係。朱子認爲文章盛則國家卻衰。⑰《朱子語類》卷八四：

> 國語辭多理寡，乃衰世之書，支離曼衍，大不及左傳。看此時文章若此，如何會興起國家。

作品與地域的關係，十分密切。《文心雕龍》〈物色〉曰：「若乃山林皋壤，實文思之奧府。……然屈平所以能洞見風騷之情者，抑亦江山之助乎？」《朱子語類》卷一四〇：

> 氣類近，風土遠，氣類才絕，便從風土上去。且如北人若居婺州，後來皆做出婺州文章。

婺州在今浙江省金華縣治，「北人若居婺州，後來皆做出婺州文章」，這是說明地理環境對文學創作的影響。《孟子》〈藤文公篇〉中，孟子所述楚大夫欲其子學齊語的比喻⑱，也是同一個意思。

朱子認爲，好的文學作品，要有氣骨、有氣魄。《朱子語類》卷一三九：

前輩文字有氣骨，故其文壯浪。

後人專做文字，亦做得衰，不似古人，……多少氣魄。

作文字須是靠實說得有條理乃好，不可架空細巧。如今時文，一兩行便斂萬千屈曲，若一句題也要立兩腳，三句題也要立兩腳，這是多少衰氣。

朱子不滿意宋代奇巧的文風⑲，他認爲崇尙形式美的文風，皆氣衰、氣弱。朱子論文，以道爲本，文爲末，文爲道流。《朱子語類》卷一三九：

道者，文之根本；文者，道之枝葉。惟其根本乎道，所以發之於文皆道也。

又：

這文皆是從道中流出，豈有文反能貫道之理。文是文，道是道，文只是喫飯時下飯耳，若以文貫道，卻是把本爲末，以末爲本，可乎?

朱子論文與道的關係，强調道爲根本，文爲枝葉，文從道出，所以批評以文貫道，是本末倒置。他批評蘇東坡說：

三代聖賢文章，皆從此心寫出，文便是道。今東坡之言曰：吾所爲文必與道俱，則是文自文而道自道，待作文時，旋去討個道來放入裏面，此是他大病處。只是他每常文字華妙，包籠將去，到此不覺漏逗說出他根本病痛所以然處。緣他都是因作文卻漸漸說上道理來，不是先理會得道理了方作文，所以大本都差。⑳

朱子集理學家之大成，在宋代理學家中，地位最高，其學於孔孟聖賢之道，皆終身講明修習，所以他的文學思想，主張宗經載道。因爲强調以道爲本，文爲末，重道輕文，因此反對屬對精工、致力雕琢的文字。㉑而主張只要平鋪直說，質實而已。《朱子語類》卷一三九：

古人文章大率只是平說，……離騷初無奇字，只恁說將去，自是好。

又：

作文大率要七分實，只二三分文。

宋代理學家都以體認聖賢的氣象，互相標榜，致力於悟道、體道的功夫，因此，宋代理學家的文論，特別重視道的修養，認爲有是實於中，則必有是文於外。朱子〈讀唐志〉一文：

歐陽子曰：「三代而上，治出於一，而禮樂達於天下；三代而下，治出於二，而禮樂爲虛名。」此古今不易之至論也。然彼知政事禮樂不可不出於一，而未知道德文章之尤不可使出於二也。夫古之聖賢，其文可謂盛矣！然初豈有意學爲如是之文哉？有是實於中，則必有是文於外，如天有是氣，則必有日月星辰之光耀；地有是形，則必有山川草木之行列。聖賢之心，既有是精明純粹之實，以旁薄充塞乎其內，則其著見於外者，亦必自然條理分明，光輝發越而不可揜。蓋不必托於言語，著於簡册，而後謂之文；但自一身接於萬事，凡其語默動靜，人所可得而見者，無所適而非文也。

又〈王梅文集序〉說：

嘗求之古人以驗其說，則於漢得丞相諸葛忠武侯，於唐得工部杜先生、尚書顏文忠公、侍郎韓文公，於本朝得故參知政事范文正公，此五公子，其所遭不同，所立亦異，然求其心，則皆所謂光明正大，疏暢洞達，磊磊落落而不可揜者也。

都是說明文章、道德不出二途，有道德就有文章，文章以道爲本。唐、宋古文家的文論，也是以道爲主，但是重道而不輕文㉒，不像理學家直以爲文害道，重道廢文。

## 三、朱子論創作方法

朱子論文學的創作，首重存養的工夫。朱子主張爲文的目的，在於載道。他曾說：「文而無理，又安足以爲文乎？即文以講道，則文與道兩得而一以貫之。」㉓作者爲文，因而必須要有存養的工夫，即所謂「惟其根本乎道，所以發之於文皆道也。」㉔「聖賢之心，既有是精明純粹之實，以旁薄充塞乎其內，則其著見於外者，亦必條理分明，光輝發越。」㉕又說：「義理既明，又能力行不倦，則存諸中者必也光明四達，何施不可，發而爲言，以宣其心志，當自發越不凡，可愛可傳矣。」㉖朱子把性分爲本然之性與氣質之性，本然之性爲天地之理，聖人體道自然，得性情之正，即本然之性，所以發之爲文，合於正道，足以爲教。㉗一般人稟承之氣，清濁偏全不同，爲氣質之性，必須藉修養的工夫，才可以歸於本然之性，而成得道之文。

如何存養呢？朱子提出主敬和致知二個方法。朱子於《大學》〈致知章〉補文，以格物窮理爲知之本，用力之久則心之全體大用無不明，因此，承程頤「涵養須用敬，進德在致知」的思想，而提出主敬和致知的主張。《朱子全書》卷三：

持敬當以靜爲主，須於不做工夫時頻頻體察，久則自熟，若覺言語多，便順簡默，意志疏闊，則加細密，輕浮淺易，便須深沉重厚。

朱子闡述《大學》定、靜、安、慮、得之理，尤於文學創作之法，有足啓發。曰：

定如水之初定，靜則定得來久，物不能撓。處山林亦靜，處廛市亦靜。安則靜者廣，無所適而不安，靜固安，動亦安，看處甚事皆安然不撓。安然後能慮，今人心中搖漾不定疊，還能處得事否？慮者，思之精審也。人之慮事，於叢冗急遽之際而不錯亂者，非安不能。㉘

主敬，就是「精一其心」。《朱子語類》卷六〇：

須是聳起這心，與他看，教此心精一，無些子夾雜，方見他那種微處。

《朱文公文集》卷六七：

以事言之，則有動有靜，以心言之，則周流貫徹，其工夫初無間斷也，但以靜爲本爾。向來講論思索，直以心爲己發，而所論致知格物，亦以察識端倪爲初下手處，以故缺卻平日涵養一段功夫，其日用意趣常偏於動，無復深潛純一之味，而其發之言語事爲之間，亦常躁迫浮露，無古聖賢氣象。

致知的工夫，在於博學。《朱文公文集》卷四十二〈答吳晦叔〉：

孔子雖是生知，然何嘗不學，亦何所不師。

又〈答石子重〉：

人之所以爲學者，以吾之心未若聖人之心故也。

《文集》卷四十三〈答陳明仲〉：

自聖賢有作，則道之載於經者詳矣，雖孔子之聖，不能離是以爲學也。

朱子論讀書之法，主張熟讀涵泳，虛心求眞義。《朱文公文集》卷五十二〈答吳伯豐〉：

逐字逐句，只依聖賢所說，白直曉會，不敢妄亂添一句閑雜言語，則久久自然有得。

《朱子語類》卷一三七：

嘗與後生說，若會將漢書及韓柳文熟讀，不到不會做文章。

《朱子類語》卷一三九：

做文章若是仔細看得一般文字熟，少間做出文字意思語脈，自是相似。讀得韓文熟，便做出韓文底文字，讀得蘇文熟，便做出蘇文底字。

又：

今人所以識古人文字不破，只是不曾仔細看，又兼是先將自家意思橫在胸次，所以見從那偏處去，說出來也都是橫說。

《朱文公文集》卷五五〈答李守約〉：

讀書之法無他，惟是篤志虛心，反復詳玩，爲有功耳。近見學者多是率然穿鑿，便爲定論，或即信所傳聞，不復稽考，所以日誦聖賢之書，而不識聖賢之意，其所誦說，只是據自家見識撰成耳，如此豈復能有長進。

朱子論詩文的創作，認爲應該要從古人好處下功夫。《朱文公文集》卷六四〈答鞏仲至〉：

虞夏以來，下及魏晉，自爲一等，自晉宋間顏謝以後，下及唐初，自爲一等。自沈宋以後，定著律詩，下及今日，又爲一等。……故嘗妄欲抄取經史諸書所載韻語，下及文選漢魏古詞，以盡乎郭景純、陶淵明之所作，自爲一編，而附於三百篇、楚辭之後，以爲詩之根本準則。

至於文，則以六經爲本，蓋其文之盛，後世莫及；其次爲孟子，乃聖學所傳，「其文平易而切於日用，讀之疑少而益多。」其他如申、商、孫、吳、蘇、張、范、蔡、列、莊、荀、韓、李、陸、賈、董、史遷、劉向、班固、嚴安、徐樂等秦漢間學者，皆文字奇偉，「有實而後託之於言之文」，亦是可取。唐、宋之間，韓、柳、歐、蘇文字，亦多有好處。《朱子語類》卷一三九：

東坡文字明快，老蘇文雄渾，儘有好處。如歐陽、曾南豐、韓昌黎之文，豈可不看？柳文雖不全好，亦當擇。合數家之文擇之，無二百篇，下此則不須看，恐低了人手段，但採他好處，以爲議論足矣！

朱子論文學創作，主張遵守舊格，摹仿前人，以免失體成怪，如果專意奇巧，必流於偏失之病。㉙

朱子論文學的創作，也十分注意練字、謀篇的重要。《文心雕龍》：「夫人之立言，因字而生句，積句而為章，積章而成篇。篇之彪炳，章無疵也；章之明靡，句無玷也；句之清英，字不妄也。」文章的經營，不外是字、句、章、篇的安排，各部分的安排，都能允當貼切，自能文從字順，脈絡流通，首尾相應，文氣旺盛。朱子論練字的要領，一是主張用平易字，二是主張用質實無華字。《朱文公文集》卷四三〈答趙佐卿〉：

論孟文詞，平易而切於日用，讀之疑少而益多。

《朱子語類》卷一三九：

楚詞平易，後人學做者反艱深了。

又：

聖人之言，坦易明白，因言以明道，正欲使天下後世由此求之。

又：

今人作文章好用字，……歐蘇全不使一個難字，而文章如此好。

又：

歐公文章及三蘇文好處，只是平易說道理，初不曾使差異底字換卻那尋常底字。

宋初文詠，文章體裁仍習五代末年餘習，鏤刻駢偶，淟涊弗振，文士因陋守舊，氣格卑弱，有識之士無不評擊。《朱子語類》卷一三九：

今人做文字，卻是燕脂膩粉粧成。

卷一四〇：

今人只是枝葉上粉澤爾，如舞訝鼓。

朱子反對華美的文辭，而主張質樸自然，勁健之風。《朱文公文集》卷四：

余讀陳子昂感遇詩，……音節豪宕。

卷四一：

蘇氏文辭偉麗，近世無匹。

卷六四：

於翁老筆尤健，在今當推爲第一流。

《朱子語類》卷一三九：

淵明詩，……據某看，他自豪放。

又：

後山雅健，強似山谷。

《朱子語類》卷一四〇：

韋蘇州詩高於王維、孟浩然諸人，以其無聲色臭味也。

又：

韋爲人高潔，……其詩無一字做作，直是自在，其氣象近道，意常受之。

朱子說：「文字自有一個天生成腔子。」㉚朱子雖然主張文由胸中出，强調文字要平易自然，「恁說將去」，但是他也認爲文字必須要有章法，文義才能連貫。《朱子語類》卷一三九：

文字無大綱領，拈撰不起，某平生不會做補接底文字。

又：

東坡雖是宏闊瀾翻成大片衮將去，他裏面自有法。今人不見得他裏面藏得法，但只管學他一衮做將去。

謀篇立意，務總綱領。㉛能規劃大體，明立骨幹，則不會本末倒置，輕重失調，只注意雕琢文字的織巧，而忽略全篇的體制規模。

## 四、結　論

朱子是宋代的理學大家，所以他的文氣思想與性命之理，有很密切的關係。朱子認爲，天地之間，有理有氣，理爲生物之本，形而上之道；氣爲生物之具，形而下之器。理與氣同時並存，是以人物之生，必稟此理，然後有性，必稟此氣，然後有形。朱子的意思，理是一切具體存有的超越的形而上的存在，當氣凝聚而成萬物時，理亦同時被賦與於這個形體之內，這就是性。朱子把性分爲本然之性與氣質之性，生物之本的理，朱子稱爲本然之性，各人稟賦不同，所得之性，稱爲氣質之性。朱子談文與道的關係，說：「道者，文之根本；文者，道之枝葉。」又說：「文由道流。」所謂的道，是指本然之性。聖人體道自然，得性情之正，即本然之性，所以發之爲文，合於正道，可以爲教；而一般人稟承之氣，清濁偏全不同，爲氣質之性，必須藉修養的工夫，才可以歸於本然之性，而成得道之文道爲理，文爲氣，道爲文之根本，文爲道之枝葉，但是，道如無文，則如理之無氣，理爲氣的本源，而存於氣之中，道爲文所從出，而道亦寄寓文中，二者同時並存，不能分離，所以朱子强調「文由道流」，「文道合一」。

朱子在批評文學的時候，常提到氣字，如氣格、氣象、氣骨、氣魄、氣槩等，朱子認爲一個人的文學表現能力，在二、三十歲的時候，氣格已定，年歲愈長，體力愈弱，文氣愈衰。另外，朱子也認爲文學的氣運，和時代、地域有關，所謂「有治世之文，有衰世之文，有亂世之文。」「北人若居婺州，後來皆做出婺州文章」。

朱子强調，好的文學作品，要有氣骨、有氣魄，他認爲崇尚形式美的文風，皆氣衰、氣弱，而主張文字要平易質實，遒健高雅。

朱子認爲，爲文養氣，首重存養的工夫，如何存養呢？朱子提出主敬和致知二個方法，主敬就是專一其心，講求定、靜的修養，而致知的工夫，在於博學，熟讀涵泳，學古人的好處、遵守舊格，以免失體成怪。

朱子集宋代理學大成，他雖然也是强調道爲本，文爲末，反對對偶、雕琢文字，但不像伊川先生直斥作文害道，重道廢文；他雖然不甚專意文學，但是見識精深，影響所及，十分深遠，在我國文氣理論的發展史中，允有一席重要的地位。

## 【註　釋】

① 許愼《說文解字》一篇上：「气，雲气也，象形，凡气之屬皆从气。」气是氣的初文。《左傳》昭公元年：「天有六氣。……六氣曰：陰陽風雨晦明也。」「平旦之氣」、「夜氣」見《孟子》〈告子篇〉。

② 把氣解釋爲天地的元氣，秦、漢學者，頗多論及，如《管子》〈樞言篇〉：「有氣則生，無氣則死，生者以其氣。」《淮南子》〈天文訓〉：「天地未形，馮馮翼翼，洞洞灟灟，故曰太昭。道始於虛霩，虛霩生宇宙，宇宙生氣，氣有涯垠。清陽者薄靡而爲天，重濁者凝滯而爲地。」董仲舒《春秋繁露》〈五行相生篇〉：「天地之氣，合而爲一，分爲陰陽，判爲四時，列爲五行。」可見元氣是指天地未分以前渾沌之氣，爲天地之始，萬物之本。

③ 《莊子》〈知北遊篇〉：「人之生，氣之聚也，聚則爲生，散則爲死。」《管子》〈內業篇〉：「凡人之生也，天出其精，地出其形，合此以爲人，和乃生，不和不生。」又：「精也者，氣之精者也。」

④ 在古代史書中，最早提到人體之氣的，是《左傳》。《左傳》所載有關人體之氣的資料，已可分爲生理之氣與心理之氣。所指生理之理，含血氣與聲氣；所指心理之氣，則是偏重勇氣。《左傳》僖公十五年：「今乘異產以從戎事，及懼而變，將與人易。亂氣狡憤，陰血周作，張脈僨興，外彊中乾，進退不可，周旋不能，君必悔之。」這是慶鄭勸諫晉侯，作戰時不可乘坐異產的馬，以防止變故。「亂氣」的「氣」，指馬的血氣。又《左傳》襄公三十一年：「聲氣可樂。」「聲氣」

是指人體發出的聲音氣調。息氣之說，見《莊子》〈人間世篇〉：「獸死不擇音，氣息茀然。」

⑤《莊子》〈天地篇〉：「忘汝神氣，墮汝形骸。」神氣爲人體生命力的作用及外現，俗稱精神。《孟子》〈公孫丑篇〉：「持其志，無暴其氣。」志爲心志，是人體思想的主宰，由心志的活動，所表現的氣象，稱爲志氣。勇氣則指人體表現於勇力的精神面貌，《左傳》莊公十年：「夫戰，勇氣也。一鼓作氣，再而衰，三而竭。」即是。

⑥見《孟子》〈公孫丑篇〉。

⑦參見劉述先著《朱子哲學思想的發展與完成》第六章〈朱子理氣二元不離不雜的形上學〉。

⑧《朱子語類》卷一：「徐問：天地未判時，下面許多都已有否？曰：只是都有此理。天地生物千萬年，古今只不離許多物。」又：「問：有是理便有是氣，似不可分先後？曰：要之，也先有理。只不可說是今日有是理，明日卻有是氣，也須有先後。且如萬一山河大地都陷了，畢竟理卻只在這裡。」

⑨《朱子語類》卷九四：「太極分開，只是兩個陰陽，括盡了天下物事。」

⑩《朱子語類》卷五八。

⑪乾，健。坤，順。五常：仁、義、禮、智、信。

⑫參見范壽康著《朱子及其哲學》第六章〈朱子的人生哲學〉。

⑬《朱子語類》卷一〇三：「氣則能凝結造作，理卻無情意，無計度，無造作。只此氣凝聚處，理便在其中。」

⑭見《朱子語類》卷四。

⑮見〈大學或問〉。

⑯〈大學或問〉：「心之爲物，實主於身。其體，則有仁、義、禮、智之性；其用，則有惻隱、羞惡、恭敬、是非之情。」

⑰《朱子語類》卷一三九：「大抵文章盛則國家卻衰，如唐貞觀、開元都無文章，及韓昌黎、柳河東以文顯，而唐之治已不如前矣。」

⑱《孟子》〈滕文公篇〉：「孟子謂戴不勝曰：子欲子之王之善與？我明告子。有楚大夫於此，欲其子之齊語也，則使齊人傅諸？使楚人傅諸？曰：使齊人傅之。曰：一齊人傅之，眾楚人咻之，雖日撻而求其齊也不可得矣！引而置之莊嶽之間數年，雖日撻而求其楚，亦不可得矣！」

⑲《朱文公文集》卷八一：「國初文章皆嚴重老成，嘗觀嘉祐以前誥詞等言語，有甚拙者。……蓋其文雖拙，而其辭謹重，有欲工而不能之意，所以風俗渾厚。至歐公底文字便十分好，然猶有甚拙底，未散得他和氣，到東坡文字，便已馳騁忒巧了。及宣、政間，則窮極華麗，都散了和氣。」

⑳見《朱子語類》卷一三九。

㉑《朱文公文集》卷八一：「近世之爲詞章字畫者，爭出新奇，以投世俗之耳目。求其蕭散澹然，絕塵如張公（張巨山）者，殆絕無而僅有也。」又《朱子語類》卷一三九：「漢初賈誼之文質實，……東漢文章更不如，漸漸趨於對偶，……三國兩晉，則文氣日卑矣！」可見朱子反對奇巧無骨之作。

㉒韓愈〈答李秀才書〉：「愈之所志於古者，不惟其辭之好，好其道焉爾。」柳宗元〈答韋中立論師道書〉：「文者以明道，是固不苟爲炳炳烺烺，務釆色、夸聲音而以爲能也。」歐陽修〈答吳充秀才書〉：「聖人之文，雖不可及，然大抵道勝者，文不難而自至也。」皆是强調文與道的密切關係。不過，唐、宋的古文家，重道而不輕文，韓愈〈答李翊書〉：「氣

，水也，言，浮物也；水大而物之浮者，大小必浮。氣之與言，猶是也，氣盛則言之短長與聲之高下者皆宜。」强調文章的氣勢與語言的關係，蘇轍〈上樞密韓太尉書〉，談論爲文養氣的方法，尤有創意。

㉓ 見《朱文公文集》卷三十〈與汪尙書書〉。

㉔ 見《朱子語類》卷一三九。

㉕ 見《朱文公文集》卷七十〈讀唐志〉。

㉖ 同註㉕。

㉗ 朱子〈詩集傳序〉：「詩者，人心之感物而形於言之餘也，心之所感有邪正，故言之所形有是非，惟聖人在上，則其所感者無不正，而其言皆足以爲教。」

㉘ 見《朱子語類》卷十四。

㉙ 《朱子語類》卷一三九：「古人作文作詩，多是摹仿前人而作之。蓋學之既久，自然純熟。」又：「前輩作文字，只依定格，依本分作，所以作得甚好，後來卻厭其常格，則變一般新格做，本是要好，然未好時先差異了。」

㉚ 見《朱子語類》卷一四。

㉛ 《文心雕龍》〈附會篇〉：「凡大體文章，類多枝派。整派者依源，理枝者循幹；是以附辭會義，務總綱領。驅萬塗於同歸，貞百慮於一致，使眾理雖繁，而無傾置之乖，群言雖多，而無棼絲之亂。」

# 重要參考資料

朱熹全集　朱熹　台灣光復書局
朱子哲學思想的發展與完成　劉述先　台彎學生書局
朱子及其哲學　范壽康　台彎開明書店
中國哲學史話　張起鈞　集成圖書公司
文氣論研究　朱榮智　台彎學生書局
文氣與文章創作關係研究　朱榮智　師大書苑
朱子文學理論初探　李美珠　台灣師範大學國文研究所碩士論文
宋代理學家之文學批評理論　朱榮智　台灣師範大學「教學與研究」第五期

# 關漢卿雜劇中的勇敢女性

潘麗珠

## 提要

吳國欽的《中國戲曲史話》指出：「關漢卿擅長寫婦女戲。」（上海文藝出版社，一九八〇年版第九十九頁）的確，關漢卿雜劇中的主角，寫得最多的是一些普通的婦女；在他現存的十八本雜劇中，有十三齣是以婦女為主人翁的戲。這些婦女的身分雖極普通，有的甚至是出身低微、社會地位低下，但她們卻有鮮明的形象和引人注意的魅力。在這些形象鮮明的婦女當中，以竇娥、趙盼兒、王母和譚記兒四位的表現最為勇敢。然而歷來談論竇娥與趙盼兒者多，而述及王母和譚記兒者少，因此本文集中焦點，先論述王母和譚記兒的勇敢形象，再將竇娥、趙盼兒、王母、譚記兒加以比較，品評她們勇敢層次的高下，以此做為本篇論文的結束。

關漢卿，我國戲曲史上最偉大的作家之一，從元朝末年的周德清開始，都公認他的地位是最有成就的「元曲四大家」①之首。他把一生的主要精力貢獻給當時正在勃興的雜劇事業，寫了六十多本雜劇，流傳到今天，仍然保存了十八本之多②這十八本雜劇當中，有十三本雜劇是女性角色在其中擔任重要、關鍵的人物，她們分別是〈玉鏡臺〉中的劉倩英、〈謝天香〉中的謝天香、〈救風塵〉中的趙盼兒、〈蝴蝶夢〉中的王母、〈杜蕊娘〉中的杜蕊娘、〈竇娥冤〉中的竇娥、〈望江亭〉中的譚記兒、〈拜月亭〉中的王瑞蘭、〈哭存孝〉中的鄧夫人、〈緋衣夢〉中的王閏香、〈調風月〉中的燕燕、〈陳母教子〉的陳母馮氏，以及〈五侯宴〉中的王屠妻李氏和劉夫人。以上十四位女性角色各有她們獨特的個性與鮮明的形象，其中，又以趙盼兒、王母、竇娥和譚記兒的內在性格最爲勇敢；趙盼兒與竇娥的事蹟每每被人談及③，王母卻殊少人提，而譚記兒的形象卻遭到近代曲學大師吳梅的質疑④。因此，本文僅集中焦點，論述王母和譚記兒的形象，最後再將四人加以比較、品評，以做爲本篇論文的結束

## 〈包待制三勘蝴蝶夢〉雜劇中的王母

〈包待制三勘蝴蝶夢〉雜劇，是由正旦扮王母主唱。劇情內容簡述如下：

開封府中牟縣人王老漢有三個兒子王大王二王三，都以讀書爲業。

一日，王老漢到長街市上爲兒子購買紙筆，不小心衝撞了權豪葛彪的馬頭，被葛彪當場打死。王大王二王三聞訊，尋見葛彪，也將他打死，三人因此被送往官府，王母尾隨前去。

包拯坐衙，偶然伏案休息，夢見一隻蝴蝶飛觸蛛網，被一隻大蝴蝶救出；後有一隻小蝴蝶也落在網中，那大蝴蝶只是徘徊卻不加援救。包拯便救下那隻小蝴蝶。

夢醒以後，公差押解王家兄弟到案，句拯判決必使一人償命，王大王二爭著承認罪行。包拯起初判王大伏罪，王母求饒；又判王二，王母也求饒；判王三，王母應許。包拯因而懷疑王三是前房所生，責備王母不賢。王母於是據實相告，王三實爲親生。包拯方才領悟夢中寓意，頓生憐憫，命令暫且將三人收押。

王母叫化了些殘湯剩飯，送給王大王二吃，獨獨遺漏了王三。公差釋放了王大王二，說要盆吊王三替葛彪償命，命次晨前來領尸。第二天，王母帶著兩個大孩兒前往，看見尸首禁不住嚎啕大悲，等王三出現，才知道是包拯用偷馬賊替代王三。王母和三個兒子重新團圓。

在這齣雜劇裏，王母的形象是悲苦而剛正的；悲苦是因爲多舛的遭遇，剛正是因爲純然無私。而這一腔純然無私逢到多舛的遭遇，便激盪出大勇的火花，照耀著王母捨子全義的鮮明形象。當王家三兄弟拿住殺父兇手葛彪時，王母義正詞嚴地唱道：

【鵲踏枝】若是俺到官時，和你去對情詞，使不著國戚皇親，玉葉金枝，便是他龍孫帝子，殺人要吃官司！⑤

在這裡，我們看到王母絲毫不覺得權豪勢要有什麼可懼，她要和對方對簿公堂，讓兇手吃殺人官司。當三兄弟將葛彪打死臥地，她仍舊指著葛彪的軀體高唱他的不是：

【金盞兒】想當時，你可也不三思，似這般逞兇撒潑干行止，無過恃著你有權勢有金貲。則道是長街上粧好漢，誰想你血泊內也停屍。正是將軍著痛箭，還似射人時。

這幾乎是直截宣判葛彪的死是罪有應得。但緊接下來，必須面臨殘酷的事實：殺人者償命！她悲戚戚地告訴王家兄弟：

【後庭花】再休想跳龍門、折桂枝，少不得爲親爺遭橫死，從來個人命當還報，料應他天公不受私。〔帶云〕兒也。〔唱〕不由我不嗟咨，幾回家看視，現如今拿住爾，到公庭責口詞，下腦箍使拶子，這其間痛怎支。

【柳葉兒】怕不待的一確二，早招承死罪無辭。〔帶云〕兒也。〔唱〕你爲親爺雪恨當如是，便相次，赴陰司，我也甘心做郭巨埋兒。

我們由這裡可以瞭解到王母的深明道理、大公無私。別人殺了自家老漢，應當吃殺人官司；自家兒殺了他人，一樣也是「個人命當還報」。然而儘管孩兒將命赴陰司，卻是「爲親爺雪恨當如是」！來到公庭，包拯審問，當判定要一人抵命時，三兒弟爭著頂罪，王母也搶著承認是自己的犯行，她無法讓三個孩兒斷送了前程，王家湮絕了煙嗣。可是包拯並不相信她的供詞。當他判決王大抵命，王母不依；判決王二伏刑，王母求情；判決王三的時候，王母說：「是了，可不道三人同行小的苦，他償命的是。」而這王三，卻是她的親兒；拿親生兒子抵命，讓前房兩個兒子脫困，難道她這麼異於常人，不會心疼嗎？她告訴我們：

【上小樓】將兩個哥哥放免，把第三的孩兒推轉；想著我嚥苦呑甘，十月懷耽，乳哺三年。不爭教大哥哥、二哥哥身遭刑憲，教人道桑新婦不分良善。

【么篇】你本待冤報冤，倒做了顚倒顚，豈不聞殺人償命，罪而當刑，死而無怨。〔做看王三科唱〕若是我兩三番將他留戀，教人道後堯婆兩頭三面。

【快活林】眼見的你兩個得升天，單則你小兄弟喪黃泉。〔做覷王三悲科唱〕教我扭回身忍不住淚漣漣。〔王大王二悲科〕〔正旦云〕罷罷罷，但留的你兩個呵，〔唱〕他便死也我甘心情願。

親口應允了親生兒子的死刑，王母的心比誰都痛，她內心的淒楚不言可喻。然而，她終究勇敢地、主動地去承擔這苦痛、淒楚，「甘心情願」地讓親生子命喪黃泉；並沒有外在的逼迫，而是她自己內在的抉擇！這樣的抉擇，燃燒著人性燦亮的光煇；這樣的抉擇，捨親子全大義，顯現了大勇的形象，無私無悔！

## 〈望江亭中秋切鱠〉雜劇中的譚記兒

〈望江亭中秋切鱠〉雜劇，由正旦扮譚記兒主唱。劇情內容如下：

書生白士中登科得官，前往潭州赴任。途中經過清安觀，觀中道姑白氏是士中姑母，士中順道拜訪。有寡婦譚記兒，時常到清安觀中與白氏道姑攀談。經白道姑撮合，士中、記兒結爲夫婦，共同前往潭州。

花花太歲楊衙內，聞知譚記兒的美貌，想娶爲妾，因此嫉恨士中，誣奏士中貪花戀酒、不理公事，奉聖命往潭州取白士中首級。士中得知，十分煩惱，被記兒看破，據實相告，記兒於是決定智賺金牌。

中秋時節，楊衙內引領親隨在望江亭邊泊船，備酒賞月。譚記兒喬裝漁婦，假意送魚切鱠，趁楊衙內酒醉，盜去文書和金牌、勢劍，楊衙內酒醒追悔莫及。

楊到了潭州，想逮捕白士中，因爲缺乏文書，被士中詰問，待見到譚記兒，驚恐已遲。府官李秉忠來到，將楊衙內削職問罪，白士中、譚記兒夫婦謝恩。

在這齣雜劇裏，譚記兒的形象是：貌美、膽大、才高。白士中說得好：

我這夫人十分美貌不詸說了，更兼聰明智慧，事事精通，端的是佳人領袖，美女班頭，世上無雙，人間罕比。

如果對照譚記兒的行止，雖說情人眼裏出西施，倒也相差不離幾分。我們看她在得知白士中因著楊衙內而煩惱的緣由以後，不懼惡勢力的態度，眞是令人欽敬。她唱：

【十二月】你道他是花花太歲，要強逼的我步步相隨。我呵怕什麼天翻地覆，就順著他雨約雲期。這樁事你只睜眼兒覷者，看怎生的發付他賴骨頑皮。

【堯民歌】呀！著那廝得便宜，翻做了落便宜，著那廝滿船空載月明歸。你休得便乞留乞良搥跌自傷悲，你看我淡粧不用畫蛾眉。今也波日，我親身到那裏，看那廝有備應無備。不怕天翻地覆，要發付楊衙內賴骨頑皮，讓他滿船空載歸，譚記兒想親身前去，「看那廝有備應無備」。這樣的膽識，實在是不讓鬚眉，甚至連白士中也該汗顏，他信心十足地說：「據著夫人機謀見識，休說一個楊衙內，便是十個楊衙內，也出不得我夫人之手。」這眞的是完全的仰賴了。譚記兒有能耐讓白士中如此仰賴且信心滿滿，而且這件事又絲毫不能兒戲，那麼譚記兒的「佳人領袖，美女班頭」就一點也不是過譽了。由此也可以確知她的膽量和識見必有過人之處。同時，我們從譚記兒混入楊衙內的身邊的各種機智應變看來，更得到進一步的印證。

譚記兒的才高，從她即席對答楊衙內的對子，以及當場賦〈夜行船〉詞一首，表露無疑。而在混入歹人身邊之前，她粧扮成漁婦，駕一葉孤舟，趁魚在浪裏遊戲、尋食，撒開網去，打得三尺錦鱗，「還活活潑潑的亂跳」，足見她的釣魚才能。

這樣的學士夫人，根本就是一個奇女子，不能以學士夫人的常格來看待，吳梅說譚記兒的行徑有失學士夫人之尊，那是沒有注意譚記兒的「奇」與「變」，否則，一般的學士夫人怎麼可能隻身赴險，而讓爲官的丈夫在家閒等？最重要的是，譚記兒的冒險犯難充分的顯示她是一位勇敢的女性！因爲愛她的婚姻、愛她的丈夫，使她勇於面對無賴，勇於發揮智巧挫敗敵人的詭計。這種「勇」是自發的，是出於內心的主動，不待丈夫懇求、外力壓迫；她用實際的行動去抗爭不義，去粉碎不義者的不軌！譚記兒光輝的形象，不在於她的貌美，而在於她自主自發的勇氣——一種深刻的、具有移易順逆的力量的勇氣！

## 竇娥、趙盼兒、王母和譚記兒的比較

分析起來，竇娥、趙盼兒、王母和譚記兒的形象都是勇敢的。王母和譚記兒的勇敢形象已見前述；竇娥的勇敢，表現在她的寧死不屈，敢於和惡劣的現實環境抗爭；趙盼兒的勇敢，從她搭救義妹宋引章、和紈袴子弟周舍周旋的行動中可以看出。然而，她們的形象畢竟是各具特色的，竇娥堅毅貞定，趙盼兒熱辣老練，王母穩重明理，譚記兒靈活冷靜，可以說每一個都光彩熠熠。不過，如果以內在主動、自發性的踐履行爲，來衡量她們「勇敢」的層次時，竇、趙、王、譚之間，就有了高下不同的品評：

竇娥的婆婆引狼入室，把張老抃、張驢兒父子帶回家裡，招來一連串的禍事；竇娥雖然力勸婆婆不可惹外人談議，她自己也極力對抗惡勢力堅貞不屈，但她的行爲始終是被動地招架，不具主動出擊的性質，因此她的表現雖稱勇敢，但仍然處於被宰割的態勢，無法掙脫悲劇命運。倘若她的主動性強一些，除了一方面守貞不屈，另一方面主動設法破解張氏父子的陰謀，不給張氏父子機會製造陷阱，她的境遇或許不至於這麼悲慘。當然，〈竇娥冤〉之所以成爲著名悲劇，與竇娥的遭遇與處境有密切關係，若使竇娥的個性更具主動、勇敢的成分，悲劇效果可能轉淡。但就竇娥個人而言，和其他三人相較之下，儘管她「怕連累婆婆，屈招了藥死公公，今日赴法場典刑」，用自己的性命換回婆婆的生機，誠屬勇敢，然她抗爭過程的主動性與積極性，仍是比較薄弱的，因此她的勇敢層次就稍遜。

趙盼兒的義妹宋引章拋棄了老誠的安秀才，另嫁給花花公子周舍。趙盼兒以她豐富的閱歷、練達的人情，勸宋引章三思而行，以免周舍「這子弟情腸甜似蜜，但娶到他家裡，多無半載，週年相棄擲，早努牙突嘴，拳椎腳踢，打的你哭啼啼」。結果宋引章不聽，果然落入痛苦的牢籠，反過來向趙盼兒求救。趙盼兒在搭救宋引章的過程裡，表現得熱情、老辣、機智，稱得上「精彩」二字。她能夠隻身往救，足見勇敢。然而趙盼兒的勇敢層次，若以自發、主動性的標準來評量時，就不是那麼完美。以趙盼兒的人情洞察，幾乎可以肯定宋引章必然的下場，按照她和宋引章的情誼來看，她可以防患未然，先主動打破宋引章的幻想，使宋不至掉落追悔的深淵；但她只是勸宋，沒有更實際的進一步行動。換句話說，她的勇敢是被後設的情節發展激動出來的，她本身的主動性仍嫌不夠積極。

王母所遭遇的情境（丈夫被權豪打死，三個孩兒打死權豪啷噹入獄，必得一人償命）幾乎是不可逆的，她必須在絕境中做抉擇。她也曾主動頂罪，如果包拯判她伏刑，她的勇敢就不會那麼震撼人心。難的是她一定得在三個兒子當中，選擇一個接受法律的斬刑。她選擇了王三，她自己的親生子，保全了前房所生的二男。這樣的抉擇比她自己受死還苦！等於是她親口宣判親生子死刑。可是這一選擇並非外力的逼迫，而是她的主動、自發，自願承擔失子的挫痛，這樣的勇敢是一種大勇！雖然〈蝴蝶夢〉的劇情有不通情理處（例如包待制的斷案過程極不科學，光憑王母的一兩句話就改由另外一個人受刑），但是王母的大勇形象卻受到悲憫與注目。

譚記兒的勇敢形象是最具主動色彩的。她因貌美而受楊衙內覬覦，這點也是莫可奈何的事，但是當她獲悉白士中因受楊衙內銜恨而面臨危機時，她立刻主動出擊，深入賊境，盜取重要文物，安然回返，平夷了危機。譚記兒的勇敢是靈活而積極的，這使她看起來無所畏懼，觀賞者在欣賞她的表現時，不必有所擔心。她的勇敢層次，最應獲得稱美。

總之，關漢卿雜劇中的勇敢女性，以竇娥、趙盼兒、王母、譚記兒最具代表意義，而四者又各具特色，簡括地說，竇娥的勇敢近「冷」，趙盼兒的勇敢近「熱」，王母的勇敢近「靜」，而譚記兒的勇敢近「活」！

【附　註】

①　指關漢卿、馬致遠、鄭光祖和白樸。

②　這十八本分別是〈關大王獨赴單刀會〉、〈關張雙赴西蜀夢〉、〈尉遲恭單鞭奪槊〉、〈溫太眞玉鏡臺〉、〈錢大尹智寵謝天香〉、〈趙盼兒風月救風塵〉、〈包待制三勘蝴蝶夢〉、〈包待制智斬魯齋郎〉、〈杜蕊娘智賞金線池〉、〈感天動地竇娥冤〉、〈望江亭中秋切鱠〉、〈閨月佳人拜月亭〉、〈山神廟裴度還帶〉、〈鄧夫人苦痛哭存孝〉、〈錢大尹智勘緋衣夢〉、〈詐妮子調風月〉、〈狀元堂陳母教子〉、〈劉夫人慶賞五侯宴〉。

③　〈竇娥冤〉雜劇歷來被認爲是關漢卿的代表作，極受推崇，討論者眾，是我國戲曲十大悲劇之一；〈趙盼兒風月救風塵〉雜劇則被認爲是與〈竇娥冤〉恰好互相輝映的一部喜劇，研究者亦多。一般文學史談到關漢卿的雜劇作品，大都以此二劇

爲例。

④吳梅《古今名劇選・望江亭跋》：「右〈望江亭〉雜劇，元關漢卿撰。……劇中譚記兒事，情理欠圓，豈有一夕江亭，並符牌盜去之理？在作者之意，蓋欲深顯衙內之惡，不復顧及夫人之失尊矣。……」所謂「夫人之失尊」，就是說譚記兒的行徑有失學士夫人（她的先夫李希顏是學士，再嫁白士中也是譚州官吏）的身分。

⑤本文所引曲、詞，都出自明代臧晉叔所編《元曲選》，大陸中華書局印行。

# 紅樓夢考鏡（十三）

王關仕

## 提要

本文計分三個子題：香菱與夏金桂，賈寶玉與脂硯齋，吳玉峰與賴尚榮。皆從其命名考證二者的義蘊或關係。

香菱與夏金桂皆薛蟠的妻室，從命名的含意上，可見香菱的不幸，必是夏金桂所致。賈寶玉與脂硯齋，皆與紅色的玉石有關連，實為一人富貴貧窮兩階段的象徵。吳玉峰與賴尚榮，為兩種身分的由來的象徵。前者表示不得志，後者表示榮華富貴所自出。由這些跡象可以證明紅樓夢作者於書中人名的安排，多具深刻的意義。

## 香菱與夏金桂

薛蟠妾香菱，本名英蓮，妻名夏金桂。妻妾二人的命名，暗示了香菱的不幸，是由於夏金桂。

《紅樓夢》第一回：

甄費字士隱，……只有一女，乳名英蓮，年方三歲。①

同書第七回：

薛姨媽忽又笑道：你且站住，我有一宗東西，你帶了去罷。說著便叫香菱。

脂硯齋雙行批：

（香菱）二字，仍從蓮上起來。蓋英蓮者，應憐也；香菱亦相憐之意。此是改名之英蓮也。②

英蓮入薛家後，便改名爲香菱，是薛寶釵改的。

同書第七十九回：

寶玉道：正是，說的到底是那一家的？……香菱道：他本姓夏，非常富貴，……凡這長安城裡城外桂花局子，俱是他家的。……因他家桂花多，他小名就喚做金桂。……一日金桂無事，因和香菱閑談。問香菱，……香菱二字是誰起的名字？香菱便答道，是姑娘起。金桂冷笑道：人人都說姑娘通，只這一個名字就不通。③

同書第八十回：

話說金桂……拍著手冷笑道：菱角花誰聞見香來著？……香菱道：不獨菱角花，就連荷葉蓮蓬都有一股清香的。……金桂道：既這樣說，香字竟不如秋字妥當。菱角花皆盛於秋，……自後遂改了秋菱。④

夏金桂的名字，重點在金；桂字音同貴，亦即書中說他家「非常的富貴」，多金的意思，不在它是桂樹桂花的字面義，只表示桂夏盛秋榮；秋於五行屬金，故名夏金桂。

《紅樓夢》第五回：

又去開了副冊廚門，拿起一本冊來，揭開看時，只見畫著一株桂花，下面有一池沼，其中水涸泥乾，蓮枯藕敗。後面書云：

根並荷花一莖香，平生遭遇實堪傷；

自從兩地生孤木，致使香魂返故鄉。⑤

其庸等《紅樓夢校注》云：

畫面「一枝桂花」暗指「夏金桂」，「蓮枯藕敗」隱指英蓮及其結局。根並荷花，指菱根挨著蓮根，隱寓香菱就是原來的英蓮。兩地生孤木，拆字法，兩個「土」（地）字，加一個「木」字，指「桂」，寓夏金桂。照畫面與後二句判詞，香菱的結局當被夏金桂虐待致死。續書（按指八十一回至百二十回）寫香菱最後扶正，似與曹雪芹的原意相反。⑥

解盦居士《石頭記臆說》：「香國飄零，故改名香菱。眾芳至秋零落殆盡，故再改曰秋菱。」⑦以零菱音近。菱，蓮皆夏日開花，秋天枯敗。夏金桂把香菱改名秋菱，意即使菱逢秋。英蓮，香菱在五行上屬木，木遇金必遭剋。金桂故意說「菱角花盛於秋，」，把香菱的香字除掉，使她無人與之相憐；秋屬金，金逢屬木的菱，暗示香菱的死，是由於夏金桂，且時間當在夏金桂嫁薛蟠不久後⑧。由此可見紅樓夢的作者，對其中人名的寓意上頗費心思。

【附註】

①甲戌本，卷一，頁八乙面至頁九甲面。

②前書，卷七，頁三乙面。

③庚辰本，頁一八四四至一八五二。

④前書，頁一八五四至一八五六。

⑤甲戌本，卷五，頁七。

按：「池沿」，己卯本，庚辰本，戚本，全抄本，皆作「池沼」，甲戌本誤抄。

⑥《紅樓夢校注》頁一〇〇。

⑦《紅樓夢卷》頁一九〇。

⑧有正本第八十回回目：「懦弱迎春腸迴九曲，姣怯香菱病入膏肓。」

## 賈寶玉與脂硯齋

《紅樓夢》第一回敘述賈寶玉的來歷：

原來女媧氏煉石補天，……剩了一塊未用，便棄在此山青埂峰下。……那僧便念咒書符，大展幻術，將一塊大石登時變成鮮明瑩潔的美玉，且又縮成扇墜大小的可佩可拿。……時有赤瑕宮神瑛侍者，日以甘露灌溉這絳珠草，……近日神瑛侍者凡心偶熾，……意欲下凡造歷幻緣，……士隱接了看時，原來是塊鮮明美玉。①

同書第八回：

寶玉亦湊了上去，從項摘了（玉）下來，遞與寶釵手內。寶釵托於掌上，只見大如雀卵，燦若明霞，瑩潤如酥；五色花紋纏護。這就是大荒山中，青埂峰下的那塊頑石的幻相。②

脂硯齋在「赤瑕宮」右旁批：「點紅字玉字二。」於「神瑛侍者」右旁批：「單點玉字二。」並於眉批：「赤瑕，字本注：玉小赤也。又玉有病也。以此命名恰極。」③《說文》：「瑕，玉小赤也。」又：「瑛，玉光也。」脂硯齋所云「字本」當即指《說文》而言。寶玉與神瑛實一物，自形言爲寶玉，自靈爲神瑛。寶玉的色爲紅色如霞，所以投胎爲賈寶玉，有愛紅的毛病。

《紅樓夢》第八回：

黛玉仰頭看裏間門斗上新貼了三個字，寫「絳芸軒」。④

同書第二十三回：

薛寶釵住了蘅蕪院，林黛玉住了瀟湘館，……寶玉住了怡紅院。⑤

絳芸軒與怡紅院，都是寶玉的住所。絳爲赤色，與怡紅院意義同，只住所規模大小之別而已。寶玉的前身是神瑛侍者，「日以甘露灌溉這絳珠草」，便是愛絳珠草的表示，所以降生爲賈寶玉，特別喜愛紅。怡紅院蕉棠兩植，故匾題「怡紅快綠」。「黛」「綠」顏色一類；絳珠草即含紅綠的意思，此寶玉獨鍾情於林黛玉的先天原因，故住「怡紅院」，與生前住的「赤瑕」先後相呼應。「脂硯」，是塊和「紅」有關的硯臺。或有紀念性，或有如紅暈，紅色的硯，是胭脂硯的簡稱，⑥取以爲批紅樓夢者的齋名，則其人與賈寶玉有相當的關連。

《紅樓夢》第十二回末總批：

有客題紅樓夢一律，失其姓氏；惟見其詩意駭警，故錄於斯。

自執金矛又執戈，自相戕戮自張羅。

茜紗公子情無限，脂硯先生恨幾多。

是幻是眞空歷遍，閑風閑月枉吟哦。
情機轉得情天破，情不情兮奈我何。⑦

同書第七十九回：

黛玉笑道：偺們如今都係霞影紗糊的窗隔，何不說「茜紗窗下公子多情」呢。⑧

可見「茜紗公子」即指賈寶玉。霞、茜皆指紅的意思；「茜紗公子情無限」指賈寶玉在富貴時的情景。家破人散，「空歷遍」後，便成爲淚多的「脂硯先生」了。所以「茜紗公子」和「脂硯先生」是一個人的兩階段。脂硯先生此已落敗，成爲「時乖玉不光」的石頭。其所以稱爲「脂硯」，是意味其在執筆批《石頭記》，而名其所居或書室爲「脂硯齋」，與「悼紅軒」相呼應。

裕瑞《棗窗閒筆》：

聞舊有《風月寶鑑》一書，又名《石頭記》，不知爲何人之筆。曹雪芹得之，以是書所傳述者，與其家之事跡略同，因借題發揮，將此部刪改至五次，愈出愈奇，乃以近時之人情諺語，夾寫而潤色之，借以抒其寄託。曾見抄本卷額，本本有其叔脂硯齋之批語，引其當年事甚確，易其名曰《紅樓夢》。……聞其所謂寶玉者，尚係指其叔輩某人，非自己寫照也。所謂元、迎、探、惜者，隱寓原應嘆息，皆諸姑輩也。⑨

《紅樓夢》第二十二回：

鳳姐亦知賈母喜熱鬧，更喜謔笑科諢，便點了一齣「劉二當衣」。

脂硯齋雙行批：「寫得週到，想得奇趣，實是必眞有之。」又眉批：「鳳姐點戲，脂硯執筆事，今知者聊聊（寥寥）矣，不怨（悲）夫？」⑩這眉批顯然不是脂硯本人的批。能在大觀園中，賈毋和鳳姐前，執筆代鳳姐點戲，除了賈寶玉外，無第二個男性敢如此。前既引客詩稱「脂硯先生」，則「脂硯齋」其人必爲男性無疑。

《紅樓夢》第二十五回：

寶玉也來了，進門見了王夫人，不過規規矩說了幾句話，便命人除去抹額，脱了袍服，拉了靴子，便一頭滾在王夫人懷內。

脂硯齋行右批：

余幾幾失聲哭出。⑪

《紅樓夢》第五十七回前批：

作者發無量願，欲演出眞情種，性地圓光，偏示三千，遂滴淚爲墨，研血成字，畫一幅大慈大悲圖。⑫

從這些批語看來，寶玉與脂硯齋實爲一人。「研血成字」，豈非「脂硯」的注腳？而裕瑞說脂硯爲曹雪芹之叔，更屬可信。因此可推論，《風月寶鑑》可能爲脂硯齋所作的初稿，後給曹雪芹「增刪」改寫，「纂成目錄，分出章回」，題「金陵十二釵」爲書名。如此，有客所題「自執金矛又執戈，自相戕戮自張羅，」之句，便可解爲脂硯齋批《石頭記》中賈寶玉的情形。

【附　註】

① 甲戌本卷一，頁四至頁十一甲面。

② 前書卷八，頁三乙面至頁四甲面。

③ 前書卷一，頁九乙面。

按：「單點玉字二」，「二」字疑衍。

④ 前書卷八，頁十一乙面。

庚辰本芸作雲，已印本同。戚本，全抄本，列藏本並作芸。

⑤ 庚辰本，頁四八〇至四八一。

⑥ 詳見拙作《紅樓夢研究》，頁四十八至五十一。
⑦ 庚辰本，頁四二三。
⑧ 前書，頁一八三八。
⑨《紅樓夢卷》，頁一一三至一一四。
⑩ 庚辰本，頁四五一。
⑪ 甲戌本，卷二五，頁三甲面。
⑫ 有正本，頁二一四三。

## 吳玉峰與賴尚榮

《紅樓夢》第一回：

至吳玉峰，題曰「紅樓夢」。①

按庚辰本，全抄本，列藏本，三家評本都沒有這九個字。②獨有正本與甲戌本同有。從這一回看來，甲戌本和有正本是一個系統，庚辰本，全抄本，列藏本，三家評本成另一系統。

現在要探討「吳玉峰」這一人名的含義。

吳與無同音，玉與御同音。吳玉峰即無御封的意思，也就是沒有受到朝廷的封誥，表示題名「紅樓夢」其人，是無爵祿或官職的。他題此名，可能和甲戌本獨有的「凡例」有關。「凡例」的首條條目，即曰「紅樓夢旨義」，便是用吳玉峰所題爲全書的名稱。

吳玉峰題名「紅樓夢」，與「凡例」所云：「作者自云因曾歷過一番夢幻之後，故將其眞事隱去，而撰此石頭記一書也。……自將已往所賴，上賴天恩，下承祖德，錦衣紈褲之時，……已致今日一事無成，半生潦倒，……」③意義相合，且較他名爲周延，意爲所歷富貴，不過紅樓一夢。到了己卯本、庚辰本時④，可能被人刪除，因吳玉峰音義太明顯的緣故吧。

《紅樓夢》第四十七回：

那賴大之子賴尚榮，與他素習交好。⑤

賴即依賴，尙音同上，榮爲榮華富貴。賴尙榮取名的意義，即依賴皇上而榮華富貴，暗示榮國府富貴的靠山。

【附　註】

① 甲戌本，卷一，頁八甲面。

② 全抄本，第一回，頁二乙面。
列藏本，頁一四。孔梅溪作孔樓溪，形誤。
護花主人、大某山民，太平閑人（三家）評本《紅樓夢》，頁六。

③ 甲戌本，卷一，頁二。

④ 己卯本缺此頁，庚辰本有此頁文字，缺此九字。

⑤ 庚辰本，頁一〇二〇。

# 新聞標題的修辭技巧

蔡宗陽

## 提要

《新聞標題的修辭技巧》，是就各類報紙所刊登的新聞標題，加以詮證，計有十八種修辭格。其實，不止此也，因限於篇幅，不克逐一闡論。

本文運用了十種報紙：中央日報、中華日報、中國時報、聯合報、臺灣新生報、民生報、民眾日報、臺灣日報、青年日報、自由時報。新聞標題參酌此類報紙，約略分為兩大類：一是依國家分類，又分為國內、國外兩種；二是依內容分類，再分為影視、體育、社會、大陸、文教、財經、地方、醫藥、人物、政治等十種。各類新聞標題運用不同的修辭技巧，結論時，都有統計，一目了然。

## 一、前　言

修辭學的最大功用，是使在人對於語言文字有靈活正確的了解。因此，修辭技巧不僅運用在文章上，也應用在演講方面。我們稍微留意每天國內各報紙的新聞標題，就會發現記者或報紙主編活用了很多不同的修辭技巧。

報紙的新聞種類，各報分類不同，若以標某某新聞作分類，則以民生和臺灣新生報為最多。民生報有焦點新聞、體育新聞、影劇新聞、消費新聞、醫藥新聞、綜合新聞、文化新聞、生活新聞、職棒新聞，臺灣新生報則有影視新聞、工商產業新聞、國際、大陸新聞、焦點新聞、熱門新聞、省政新聞、省議會新聞。本文不但參考民生報和臺灣新生報的分類，並且酌採其他報紙的分類，約略可歸納為兩大類：一就國家分類、二就內容分類，再分為若干小類，茲詮證之。

## 一、就國家分類

新聞標題就國家分類，可以分為國內、國外兩種。所謂國外新聞，是指國際新聞；所謂國內新聞，是指本國新聞。不論國內外新聞標題，報紙記者或主編匠心獨運，創作了很多優美的詞句，茲分別闡述之。

### ㈠國內新聞

民進黨應去除「怕」的心理：怕輸給執政黨、怕失去政治舞臺、怕聽不到群眾掌聲，都是不正常的想法。（中華民國八十年四月十六日中央日報第三版）

樊祥麟記者說：「成立已有四年歷史的民進黨，儘管在中央與地方議會中，擁有一定比例的議會席次，但面對國內重大政治問題時，卻是擺脫不了『黨外』時期的不正常心理，一如還沒有『斷奶』的小孩。這種不正常的心理，說穿了，就是一個『怕』字——怕輸給執政黨、怕失去政治舞臺、怕聽不到群衆掌聲。」其中「怕輸給執政黨、怕失去政治舞臺、怕聽不到群衆掌聲」，以「怕」字接二連三地反復使用，這是類疊格中的「類字」。若以三句排列而言，又是屬於排比格。

卅年內不怕沒水飲用啦！（八十年三月二十一日中華日報第六版）

該報報導說：「未來卅年，大臺北地區將無缺水疑慮，因爲經濟建設委員會議通過臺北地區自來水第五期建設給水工程計畫，……經建會副主任委員張隆盛表示，這項計畫完成時，位於管末端地區，五層樓以下住戶，不必擔心水壓過小，而需透過蓄水池才能供水的煩惱，供水品質將大幅提高。」由以上內容看來，這是可喜可樂的消息，因此「卅年內，不怕水飲用啦！」是歡樂愉悅的感歎，屬於「感歎格」。

國大臨時會十五天會期，出席費幾許？每天一千二，可領一萬八。（八十年三月三十日中國時報第二版）

吳南山記者報導：「這次國大臨時會會期十五天，國代們每日出席費的計算，是比照立法委員延會費的支領標準每天一千二百元；國代們昨日報到後先領取九天的出席費，臨時會開幕後閉幕前，再領取六天的出席費。」新聞標題是運用設問格中的「提問」，屬於自問自答的方式。

搖搖晃晃懸吊廿五歷史，整修復興橋，刻不容緩。（八十年三月二十一日臺灣日報第十六版）

黃其賢記者報導：「有廿五年歷史的桃園縣復興吊橋二度斷裂，在省公路局搶修後，尚可恢復正常交通，但爲發展觀光事業及一勞永逸計，當另建設較安全之橋樑，才是根本解決之道。」新聞標題中的「搖搖晃晃」，是形容吊橋搖動得很厲害，這是運用類疊格中的「疊字」。

分配經費，教局大小目？南榮國小校長感觸良深，教育局長提出説明。（八十年三月十九日民眾日報第二十三版）。

該報報導：「基隆南榮國小校長劉清番昨在校長會議中，指教育局在學校經費分配方面，似乎以校長『顏面』而訂，……教育局長鄧育教則表示，學校經費分配無法公平，主導於部分預算遭議會刪除。」新聞標題中的「大小目」，是閩南話，意思是指教育局偏心，分配經費時，厚此薄彼，這是運用修辭學的「飛白格」。

主計處刪預算，監院刪少，立院刪多，立委質疑政院大小眼。（八十年四月二十一日聯合報第四版）

林美玲記者報導：「一向大筆刪減行政部門預算的立法委員，昨天審查自家預算時，對行政院編列預算時，刪掉立法院國會外交經費九百萬元大肆抨擊，立委質疑行政院『大小眼』，對監察院特別寬厚，對立法院卻斤斤計較。」「監院刪少，立院刪多」，是映襯格兼排比格。「大小眼」，是閩南話，「偏小」的意思，這是「飛白格」。

南區大專院校教授發表聲明，支持修憲，反對制憲。（八十年四月十六日青年日報第二版）

彭濟群記者報導：「一群南區大專院校教授昨（十五）日發表對『修憲』的共同看法指出，憲政改革必須以現實爲基礎，以增修條文方式修憲，實爲最具改革效率與可行的策略。」「支持修憲，反對制憲」，是修辭格中的「映襯」。「支持」、「反對」是正反面的强烈對比。

臺北市政府與本報合力爲新環境努力，歌我臺北，畫我臺北，徵歌詞、歌曲、漫畫，歡迎參加。（八十年三月十九日民生報第十版）

卜人美記者報導：「由臺北市政府與本報聯合主辦的『歌我臺北，畫我臺北』活動，即日起展開歌詞、歌曲與漫畫的徵選。」「歌我臺北，畫我臺北」，上下句排列整齊，又屬於同一性質，同一範圍，所以是「排比格」；但「我臺北」，反復使用，又是「類疊格」。

㈡國外新聞

倉卒而過早的統一是美麗的錯誤？——從德國『統一總理』霍威德被刺談起。（八年四月十五日中國時報第七版）

唐光華記者報導：「一九八九年引爆東歐、蘇聯民主浪潮的萊比錫市民又上頭了。這次他們抗議的對象不是何內克共黨政府，而是自由世界治績斐然的柯爾政府。他們高喊：『波昂政府滾回去！』『柯爾的話要兌現！』『沒有工作，沒有自由！』『要政治統一，也要社會統一！』而負責整治原東德地區經濟、社會形勢的信託局負責人霍威德本月初在住宅極左的赤軍派恐怖份子槍殺身亡，有『統一總理』之譽的霍威德被刺，且迄今未捕獲凶手，更添增了德國的不安。」「美麗的錯誤」，是修辭學的映襯格。「美麗」是正面，「錯誤」是反面，「美麗的錯誤」，是強烈的正反對比，用「美麗」來形容「錯誤」，因此「美麗的錯誤」是映襯格中的反襯。「倉卒而過早的統一是美麗的錯誤」，是「設問格」。

飛毛腿把以色列踢成一團。夏米爾政府獲空前支持，百姓凝聚力增強，報復主張並無預期強烈，集團主義又擡頭。（八十年一月二十七日聯合報第四版）

翁台生記者報導：「在持續達一週的伊拉克飛毛腿飛彈突擊陰影之後，根據一項廣泛的民意調查顯示，躲在防護室或出城避難的以色列人對夏米爾政府的支持程度都達空前高漲，整個猶太社會的團結凝聚力量也比以前要強，更值得注意的是以色列民眾對報復主張並沒有預期的強烈。」「飛毛腿」，原來是飛彈的名稱，這裏又運用轉化格的「凝人法」，「把以色列踢成一團」，意思是把以色列人逼到防護室去避難。而「團」字是雙關語，不但把以色列人逼成一「團」，而且發揮了「團」隊精神，使團結凝聚力更強。

痴痴等領水。（八十年三月二十日臺灣日報第四版）

路透社報導：「伊拉克邊界附近難民營中的居民，大排長龍領水。」「痴痴」二字，是類疊格中的「疊字」。

歡迎蘇聯元首首次來訪，日本將會給個大紅包。（八十年四月十六日臺灣新生報第七版）

美聯社報導：「為了不使戈酋訪問過程難看，日本可能答應給予五億或十億美元援助，既可給戈酋顏面，也會有進一步討論領土餘地。」「元首首次」，這是頂眞格中的「句中頂眞」，同用一個「首」字。「給個大紅包」，是比喻給予援助，這是「譬喻格」。

買個「戈巴契夫」。（同前）

美聯社報導：「戈巴契夫訪日前夕，民衆在東京市內玩具店選購仿自戈巴契夫外形製造的玩偶。」「買個『戈巴契夫』」，是借人代物（指玩偶），因此「戈巴契夫」是借代格。

面臨技術難題？還是有政治上的考慮？伊拉克毒氣彈，迄未見登場。（八十年一月廿二日中央日報第三版）

美聯社報導：「伊拉克可能擔心以色列對其化學攻擊進行重大報復。目前，以色列係暫時聽從美國的勸告而自我克制，未作還擊。但如果以色列人民遭到芥子氣或神經性毒氣的攻擊的話，則以色列政府若不加以還擊，勢必會受極大的壓力。」「面臨技術難題？還是有政治上的考慮？」連用兩個設問，以引起讀者的注意；因爲新聞標題是問而不答的激問，只有在報導內容才能找到答案。因此，這兩小句是設問格中的「激問」。

英雄凱歸，盡在一「舉」。（八十年四月二十三日聯報第八版）

法新社報導：「美國中央指揮部指揮官史瓦茲柯夫廿一自波斯灣前線返抵佛羅里達州坦帕的麥克笛爾空軍基地，向迎接他的群衆行舉手禮。」「盡在一舉」的「舉」字，除了行舉手禮之「舉」外，還有波斯灣戰爭的義「舉」，因此「舉」字是修辭格中的「雙關」。

戈葉政爭，民眾不耐，眞理報說，兩人都該下臺。（同前）

合眾國際社報導：「蘇聯共黨機關報『眞理報』今天針對蘇聯總統戈巴契夫與俄羅斯加盟共和國主席葉爾欽之間的政爭發表評論，聲稱許多人皆認爲兩人都應該辭職。」「戈葉政爭」中的「戈葉」，是指戈巴契夫、葉爾欽，在修辭學是屬於「節縮格」。

唉，鄉親眞不夠意思……（同前）

法新社報導：「德國總理柯爾領導的基民黨廿日在他的家鄉萊茵地——巴拉丁挪邦的選擧中失利後，柯爾廿二日在記者會上，狀極沮喪。」「唉，鄉親眞不夠意思」，是「感歎格」，柯爾感歎鄉民不支持他，使他選擧落敗。

老調重彈，舊招不管用，戈巴契夫吸引力一去不復返。（八十年四月十八日中央日報第六版）

美聯社報導：「戈巴契夫就像一名老態龍鍾的雜耍藝人一般，也發現到舊式的微笑和推銷重建、開放和全球和平的招式，也跟在國內一樣，逐漸失去吸引力。」「老調彈」，屬於「譬喻格」，是比喻舊招再使用。戈巴契夫的舊招，是指舊式的微笑、推銷重建、開放和平的招式。「一去不復返」，是暗用易水歌：「壯士一去兮不復返」的句子，是引用格中的「暗用」。

## 三、就內容分類

新聞標題就內容分類，各報紙分類不同，見仁見智，本文分爲十類：影視新聞、體育新聞、社會

新聞、大陸新聞、文教新聞、財經新聞、地方新聞、醫藥新聞、人物新聞、政治新聞。茲分述闡論之

㈠影視新聞

演出名的就唱，唱出名的也演。港劇小生，流行兩頭「鑽」。（八十年四月十七日民生報第十六版）

麥若愚記者報導：「腳踏兩條船，演歌雙棲並進，是港劇小生目前正流行的拓展藝域模式，放眼當紅港劇小生如：黎明、溫兆倫、劉錫明、郭晉安、郭富城、羅嘉良、吳岱融、張衡健等，有些出身歌唱比賽，先唱歌後演劇；有些趁當紅小生聲勢推出唱片，吹起一股縱橫螢幕與樂壇的新風向。」「演出名的就唱，唱出名的也演」，以「唱」頂眞，以「演」字回文，因此此句既是「頂眞」，也是「回文」。「流行兩頭鑽」，是指演歌雙棲並進。

華視積極籌錄傳統民俗藝術節目——說說唱唱，五月初上演。（八十年四月十六日青年日報第九版）

劉立漢記者報導：「傳統說唱的表演藝術，近來因流行風的竄起而日漸被人忽視，華視近正積極籌錄一個傳統民俗藝術節目——『說說唱唱』，並將於五月初，在每週六下午三時三十分推出。」「說說唱唱」，是類疊格中的「疊字」，重疊使用「說」、「唱」二字。

街頭暴力播不播？（八十年四月十七日自由時報第九版）

「街頭暴力播不播」，是修辭學中的「設問格」。洪維勛、胡如虹、杜德義三位記者聯合報導：

「民進黨今天發動群眾抗爭，如果引爆街頭暴力衝突，三臺都說會秉持『淨化』原則，不過若友臺有『偷吃步』的情形？……三臺都很曖昧地賣關子——打開電視就知道了！」「偷吃步」，是閩南話，意思是「耍詐」，屬於修辭格中的「飛白」。

捧你、剝削你、愛你、恨你；歌手與唱片公司的緊張關係。

「捧你、剝削你、愛你、恨你」，是反復使用「你」，屬於類疊格中的「類字」，但「捧」與「剝削」、「愛」與「恨」，是正反對比，因此又屬於映襯格中的「對襯」。至於「歌手與唱片公司的緊張」，據蔡淑娟記者報導：「高勝美十分氣憤的表示，當初自己年輕又初出道，只知道把歌唱好，根本不懂得其他的事，更別提是爭取利益，只是唱片公司也不應該『欺騙』她這麼多年，有良心的公司應該給予歌手『合理』的報酬嘛！因此她已下定決心熬到合約期滿便跳槽，覓適當的合作對象！」由此情形，可知「剝削」、「恨」的狀況。

㈡體育新聞

「阿三哥」下山象群驚慌四散。（八十年四月十七日自由報第十九版）

張世易記者報導：「三商虎主力投手『阿三哥』康明杉，昨天在臺北市立棒球場舉行的職棒二年順延的第四場，表現傑出，個人獨撐九局，三振兄弟象五名打者，僅讓對方擊出五支打，失掉三分，不僅使三商虎以八比三輕取兄弟象，也使其個人投手勝績再添第二勝績。」由此可知，「阿三哥」是康明杉的代稱，是借代格。「象群」的「象」字，是指兄弟象，是友隊的名稱、省稱，是修辭學中的

「節縮格」。

張德培說：「成功沒有捷徑……」（同前）

陳志祥記者報導：「『成功沒有捷徑，唯有堅強毅力及不斷地學習，才是成功之道。』這是華裔網球小將張德培，昨天回國在舉行記者會時，對有意朝網球發展的年輕選手，提出衷心的建言。」新聞標題是「明引」張德培的話，但只是「節引」，全文在報導內容可以得知。

十項全能曾文農工彭世昌稱王，臺中家商林昭秀封后。（八十年四月廿三日中央日報第八版）

「稱王」、「封后」，屬於「譬喻格」，是借喻名列前茅。該報報導：「臺灣區中等學校運動會，田徑賽高男十項運動曾文農工彭世昌以六〇九九分稱王。高女七項全能臺中家商林昭秀以四五六五分封后。……高男十項運動金牌曾文農工彭世昌……高女七項運動金牌臺中家商林昭秀……」由此可知，「稱王」、「封后」，是指得第一名，名列冠軍。

泰森磨平剃刀刀鋒。（八十年三月二十日民生報第三版）

林滄陳編譯報導：「前世界重量級拳王泰森和加拿大『剃刀』魯多克，十八日在賭城拉斯維加斯幻象大飯店，進行一場精采的重量級拳擊龍爭虎鬥。……泰森第七回合的六記左右連拳，把魯多克逼退到擂台邊上，裁判史提爾以顧慮魯克安全為由，宣佈比賽結束，泰森獲勝。」新聞標題活用轉化格中的「擬人化」，以為泰森打敗魯多克，就像剃刀刀鋒被磨平。運用兩個「刀」字，屬於「頂眞格」，是句中頂眞。「剃刀」是「魯多克」的代稱，屬於修辭學中的「借代格」。因此，「泰森磨平剃刀刀鋒」，不僅是轉化、頂眞，也有借代。

### ㈢社會新聞

大白天登徒子「性」急。（八十年四月十七日自由時報第五版）

黃泊川記者報導：「無業遊民湯良輝昨天下午在士林至善公園車站，見耿姓女子獨自候車，竟起淫念，光天化日之下壓住耿女並强褪衣物，經人發現合力制服湯嫌，耿女僅受驚嚇，警方昨將全案依强姦未遂罪移送法辦。」借「登徒子」喩湯良輝爲貪女色之徒，在修辭格中是屬於譬喩中的「借喩」。「性急」，不止是湯嫌個「性」急，也是「性」慾急，因此「性」字是修辭格中的「雙關」。

遠百一度再冒煙，虛驚一場。（八十年四月十日青年日報第七版）

中央社報導：「經大火延燒十六時的臺北市遠東百貨公司，今天淸晨再度冒煙，有死灰復燃的跡象，消防大隊報導，已派員前往警戒，以防意外。」「遠百」，是「遠東百貨公司」的濃縮，是修辭格中的「節縮」。

頑童捋狗鬚，遍體鱗傷。（八十年四月十二日中華日報第九版）

臺中縣大里鄉健民國小校長宋智惠表示，該校學生廖誼信，前天下午二時卅分，不愼自圍牆翻落校外，因見「狗窩」心生好奇，動手「戲狗」時，遭狗咬傷，廖同學負傷後，先自行翻牆返回校園，入校區，同學見狀，報告老師，展開緊急送醫療傷事宜。「捋狗鬚」，是襲改「捋虎鬚」，屬於修辭格中的「襲改」。

遠東最長的一夜？四十餘輛消防車、兩百餘位員警全力救災，火場悶燒，灌救不易，大火延燒廿四小時。（八十年四月十三中國時報第六版）

李根青記者報導：「臺北市寶慶路遠東百貨公司十三日傍晚發生大火，形成高溫悶燒狀態，濃煙不斷自火場冒出，嗆人的煙味蔓延至萬華、北門一帶，至十四日中午火勢始被撲滅，但因火場溫度過高，直到晚間仍由消防員警持續灌水降溫。」「遠東百貨」，是「遠東百貨公司」的省稱，屬於「節縮格」。「遠東百貨最長的一夜！」是悲傷的感歎，在修辭學中屬於「感歎格」。

㈣**大陸新聞**

王丹：演講、遊行、絕食，不是陰謀，不是違法。（八十年一月二十七日聯合報第八版）

中央社報導：「王丹在自我辯護時，承認一九八九年十月十五日之後『組織遊行』、『公開演講』、『參加對話』、『參加絕食』等事實，但他辯護說，他所做的一切事『都是公開的』、『不是陰謀』、『也不是違法的』、他『可以對自己的行爲負責』、他『不含有反對政府的不良動機』。」「演講、遊行、絕食」，是短語「排比法」。「不是陰謀，不是違法」，連用兩個「不是」，是屬於類疊格中的「類字」。

人權就是生存權？中共對卡特質疑，提出狡辯。（八年四月十六日中央日報第七版）

「人權就是生存權？」這是修辭學中的「設問格」。江澤民說：「對於中國來說，最重要的人權就是生存權。」這是江澤民面對美國前總統卡特要求中共重視人權，所提出來的自我辯護。卡特說；

對於廣土眾民的中國大陸而言，維持秩序，防止動亂固然是政府「主要課題」，但中共領導人對六四事件時，使用武力鎮壓，乃是「反應過度」。

北京地牛小翻身，暖春降大雪。（八十年三月二十七日中國時報第七版）

徐尚禮、白德華二位記者報導：「北京今天出現異常天候現象。先是傳聞已久的地震，於今天凌晨二點零五分駕臨。接著是早上十點左右，下了一場持續十幾個小時的大雪，把這座古城點綴成一片銀色世界。」「地牛小翻身」，屬於譬喻格，是借喻地震規模不大。「暖春降大雪」，是修辭格中的「示現」。

㈤文教新聞

手中有筆，心中有愛，蘇雪林獲頒成大榮譽教授。（八十年四月十二日中央日報第三版）

田志剛記者報導：「中國國民黨中央文工會副主任鄭貞銘，以他和蘇雪林教授所做接觸及拜讀著作的感受表示，只有『腹中有墨』、『手中有筆』、『目中有人』、『心中有愛』、『肩上有擔』，足以形容教授這位國寶級的人物。」「手中有筆，心中有愛」，上下兩句排列整齊，又屬同一性質，同一範圍，是修辭學中的「排比格」。上下兩句用「中有」二字，也是類疊格中的「類字」。

文山校地如果變更為水庫保護區，「實踐」要求合理補償。（同前）

私立實踐家政專科學校說，該校合法校地應受保障，如果文山校地非變更為保安保護區不可，則有關機關應提供適當的學校用地與文山校地交換，或對歷年來投入段地開發的費用，予以全額補償，以符法理。「實踐」，係「私立實踐家政經濟專科學校」的簡稱，這是修辭學中的「節縮格」。

國中教學零缺點？局長存疑！（八十年四月二十二日聯合報第一四版）

范植明記者報導：「臺北市政府教育局督學室日前提出臺北市公私立國中教學正常化訪視情形報告，認爲臺北市國中教學一切正常，教育局長林昭賢對這份國中教學幾乎是『零缺點』的報告，頗不以爲然，勉勵督學不要放棄自己的權力。」「國中教學零缺點？局長存疑！」整句是一問一答的「提問」，但「局長存疑」，是表示驚訝的「感歎」，因此屬於「提問格」兼「感歎格」。

小動作，有用處。故宮博物院體貼觀眾，服務措施，等大家利用。（八十年三月二十七民生報第十四版）

黃美麗記者報導：「故宮這些年來開發出不少體貼參觀者的設施，秦孝儀院長戲稱是大博物館裏小小的『動作』。動作雖小，用處卻大；知道的人如獲至寶，不知道的人失之交臂，只有遺憾。」「小動作，大用處」，其中「大」、「小」强烈正反對比，因此這句是屬於映襯格中的「對襯」。

### ㈥財經新聞

央行對行庫「輸血」，解決資金旱象，展開市場操作。（八十年四月十六日中國時報第十一版）

「輸血」，是借喻解決資金旱象，在修辭格中是「譬喻」。任中理記者報導：「銀行體系資金持續緊俏，中央銀行爲了紓解銀行準備不足的窘況，十五日即展開公開市場操作，以附買回方式，釋出資金九十五億元。」

江丙坤說明引進外籍勞工三原則，必要性、迫切性、不可替代性。（八十年四月廿日中央日報第九版）

謝志岳記者報導：「經濟部發言人江丙坤表示，考慮是否引進外籍勞工的三大原則是：『必要性、迫切性及不可替代性』，在該行業國人不願意就業，無法改善工作條件，以及如果沒有從事將影響產業發展的條件下，才會考慮引進外籍勞工。」「必要性、迫切性、不可替代性」，同用一個「性」字，是屬於類疊格中的「類字」。

核四廠可行否？請教專家。（八十年三月二十七日民生報十三版）

核報報導：「經濟部國營會已正式函聘臺灣大學等八所國內學術研究機構，負責審查臺電所提出的核四計畫『可行性研究報告』。國營會副主委張子源昨天表示，審查委員所提檢討改進意見，仍可作爲臺電修正核四計畫的參考，經濟部希望核四案確能順利推動。」「核四可行否？請教專家。」是一問一答的「提問」，屬於修辭格中的「設問」。

擴大稅基，增加稅收，財部再提所得法修正。（八十年四月十六日青年日報第六版）

任台生記者報導：「財政部長王建煊昨（十五）日在立法院答詢時指出，該部將於今年再度提出所稅法修正案，以擴大稅基，增加稅收，並因應重大工程支出。」「擴大稅基，增加稅收」，用同一個「稅」字，是屬於類疊格中的「類字」。「財部」，是「財政部」的省稱，屬於修辭格中的「節縮」。

㈦地方新聞

讓沿岸魚類有「房子」棲息繁殖，培養漁業資源，外木山漁港外海，投放人工魚礁兩百多個。（八十年四月十六日臺灣日報第十五版）

該報報導：「基隆外木山漁港外海，昨天起投放人工魚礁，市長林水木親往主持投放工作，為沿岸魚類造新『房子』，棲息繁殖，培養漁業資源。」借「房子」，來比喻「人工魚礁」，因為人工魚礁是沿岸魚類最好棲息繁殖的場所，所以「房子」是修辭格中的「譬喻」。

陽明山公園，大園包小園？市有陽明公園是否與國家公園合併，有待市長裁示。（八十年四月十六日中國時報第十三版）

整個句子是一問一答的「提問」，屬於修辭格中的「設問」，但運用三個「園」字，又是類疊格中的「類字」。該報報導：「工務局十五日邀集相關單位，研商市有陽明公園與陽明山國家公園合併事宜，是否將市有土地財產經營管理權，移交給陽明山國家公園管理處接管，將待市長黃大洲今日返國後裁示辦理。

中南部地區雨水偏少，氣溫偏。高旱象未除，節約用水。（八十年四月十六日青年日報第五版閔宗遠記者報導：「中央氣象局預測：雖然本月下半至五月上半月，會有六次鋒面或低氣壓過境，而有雷雨發生，但中、南部地區雨水偏少，氣溫偏高，民眾仍請節約用水。」就反復使用「偏」字而言，「雨水偏少，氣溫偏高」，是類疊格中的「類字」；就「少」、「高」而言，此句是映襯格中的「對襯」。

## (八)醫藥新聞

針灸安胎，治流產，老祖宗有一套！（八十年四月十五日民生報第二十三版）

劉麗芳記者報導：「醫界最近嘗試以針灸治療習慣性流產，並利用這種中國傳統醫學，爲有需要的懷孕末期婦女安胎，以免發生早產。結果發現，孕婦早期出現流產跡象時，即予針灸，可使部分孕婦繼續懷孕，並順利生產。」「老祖宗有一套！」是讚美的「感歎」，屬於「感歎格」。所謂「老祖宗」，是指中國傳統醫學的針灸，中國傳統醫學很多，針灸只是其中一項，因此是借全體代部分的「借代格」。

大中醫師偷偷來臺懸壺？未掛市招，憑街坊介紹。（八十年三月十九日民生報第二十三版）

張耀懋記者報導：「最近中南部甚至出現許多自稱『大陸來臺中醫師』在臺懸壺；……他們旅臺目的是爲了探親，『順便』在此行醫，『造福』病患。經其在臺親戚在街坊鄰居廣爲宣傳後，病患以一傳十，風聞而至，前至求醫。……醫政處副處長徐永年强調，由於大陸醫師在臺沒有行醫資格，因此，一旦查獲，將以密醫行爲論處。」「偷偷」，是類疊格中的「疊字」。「大陸中醫師偷偷來臺懸壺？」是修辭學中的「設問格」。

毛茸茸，人見人愛，當心皮膚炎跟著來。（同前）

該報報導：「雪白的兔寶寶人見人愛。但發現裏飼養的兔耳、四肢有脫毛、皮膚發紅的現象，可要小心了，它可能成爲家裏人畜共同傳染病禍首。」「茸茸」，是類疊格中的「疊字」；「人見人愛」的「人」字，是類疊格中的「類字」。

## (九)人物新聞

林仁德被扶正爲龍頭。（八十年三月二十三日第二十版）

林仁德是臺中市議長，全省正、副議長聯誼會成立將近十年，但一直沒有會長，每次開會都由各縣市議長輪流主持會議。最近首度設會長之職，林議長被推舉任會長，因此稱林仁德先生爲「龍頭」。以往群龍無首，現在有「龍頭」可以負責召集會議。「龍頭」，是譬喻格中的「借喻」，借「龍頭」喻「會長」。

蔡調彰有理走遍天下。（八十年一月廿五日中央日報第八版）

簡文香記者報導：「消基會秘書長蔡調彰，他本身是執業律師，……在這次公車票價調整案中的態度特別强硬，……雖獲得消費者的大力支持，卻落得『吃力不討好』的下場，不僅將與公車業者對簿公堂，九家民營公車司機產業工會更發表聯合聲明，要求消基會退出公車票價調整案。……蔡調彰指出，只要有理，就能走遍天下，整個事件雖已告到法院，但他相信，法院絕對會給予一個合理的判決，消基會沒有錯。」俗語說：「有理走遍天下，無理寸步難行。」「蔡調彰有理走遍天下」，是引用格中的「節引」。

明知不可醫，不可不用藥。龔鵬程接掌陸委會文教處，業務千頭萬緒，除了發揮專業知識外，更要求得人和，始能順利推展。（八十年三月三十日中國時報第十五版）

林照眞記者報導：「龔鵬程認爲大陸知識分子墮落、懦弱、軟弱，中共政權使這些讀書人根本無法站在人性尊嚴的立場看待文化價值。而在臺灣的執政當局對文化的眼光，也是極爲短淺，島內尤其充斥著庸俗文化的危機。然對中國未來如此悲觀，爲何又接下處長職務？龔鵬程說，這叫『明知父母病不可醫，但卻不可不用藥』，其實心裏是十分痛苦的。」「明知不可醫，不可不用藥」，反復使用「不」字，是類疊格中的「類字」。

㈩政治新聞

郝揆：「臺灣情」、「中國心」，並無分歧。（八十年三月二十七日中國時報第二版）

張慧英記者報導：「行政院長郝柏村昨天在立法院自剖『心』境表示，他的『臺灣情』與『中國心』並沒有分歧，而他的『中國心』是儒家傳統的『中國心』，和鄧小平的唯物主義完全不同，鄧小平沒有眞正的『中國心』；同時我們在臺灣的兩千萬同胞，若能把『中國心』與『臺灣心』合而爲一，我們什麼困難都能克服。」「臺灣情、中國心」，是修辭學中的「對偶格」。

郝院長：不想做官，很想做事。（八十年三月二十七日臺灣日報第二版）

該報報導：「行政院長郝柏村昨日下午在立法院指出，他不是一個想做官的人，而是一個很想做事的人，雖然事情不一定做得很好，但總是比只想做官，不想做事的人來得好。」「不想做官，很想做事」，是映襯格中的「對襯」。但是，反復使用「想做」二字，又是類疊格中的「類字」。

民進黨立委是否回立院？黃信介：溝通看看。（八十年四月二十三日聯合報第四版）

游其昌記者報導：「民進黨主席黃信介、秘書長張俊宏昨天雙雙出現在集思會慶祝酒會上，爲酒會掀起高潮，集思會會長黃主文頻向黃信介表示，要他代勸民進黨立委回來開會，黃信介笑著說：『好啦，好啦，我會和他們溝通看看。』」「民進黨是否回立院？」是修辭學中的「設問格」，「立院」，是「立法院」的省稱，是修辭學中的「節縮格」。「溝通看看」，連用兩個「看」字，是類疊格中的「疊字」。

## 四、結　論

新聞標題的修辭技巧甚夥，歸納各類新聞標題運用的修辭格，國內新聞有排比、類疊、感歎、設問、飛白、映襯等六種，國外新聞有映襯、設問、轉化、雙關、類疊、頂眞、節縮、感歎、譬喻等九種，影視新聞有頂眞、回文、類疊、設問、飛白、映襯等六種，體育新聞有借代、節縮、引用、譬喻、頂眞、轉化等六種，社會新聞有譬喻、雙關、節縮、襲改、仿擬、設問、感歎等七種，大陸新聞有排比、類疊、設問、譬喻、示現等五種，文教新聞有排比、節縮、設問、感歎、映襯六種，財經新聞有譬喻、類疊、設問、映襯等四種，醫藥新聞有借代、感歎、類疊、設問等四種，人物新聞有譬喻、引用、類疊等三種，政治新聞有對偶、映襯、類疊、設問、節縮等五種。本文所詮證《新聞標題的修辭技巧》，有排比、類疊、感歎、設問、飛白、映襯、轉化、頂眞、雙關、節縮、譬喻、引用、回文、借代、襲改、仿擬、示現、對偶等十八種修辭格。其實，不第此也，尙有各類修辭格運用在新聞標題上，本文限於篇幅，無法逐一列舉。

# 閩南語入聲韻的演化

姚榮松




## 提　要

閩南語是閩方言五個次方言中保存切韻系統的鼻音及塞音韻尾最完整的次方言。所謂保存完整，並非沒有變化，語言由於發展而分化，閩南語的四個次方言：廈門、泉州、漳州、潮州之間，入聲韻母同中有異，這些趨異的入聲韻母，究竟如何演化而成，為本文探尋的目的。本文首節指出閩南白話音具有一套-ʔ尾韻和文讀音的-p, -t, -k 尾對立。這些異讀暗示了不同時代的語言層，以下三節則通過四個閩南次方言音系入聲韻母的對比，並比較了《彙音妙悟》、《雅俗通十五音》兩本地方韻書對入聲雙重韻尾的配韻關係，觀察到文白異讀的交叉對應系統對於閩南語入聲韻的演化，起關鍵性的作用，尤其是鼻化作用和喉塞化作用，可以說是雙軌平行的兩條音變主規律。


## 一、閩南語入聲韻尾的雙重對立系統

閩南語是閩方言五個次方言①中保存切韻鼻音、塞音韻尾最完整的次方言，羅常培《廈門音系》指出：“入聲的字音-p, -t, -k的韻尾界限很分明，除去話音有由-p變-t的四個字，由-t變-p的一個字，由-k變-t的二十三個字，此外完全跟廣韻的分界相合。”②孟伯迪根據福建省方言調查歸納的九種古鼻音塞音韻尾分合狀況，則三種比較複雜的狀況，多屬閩南話。即：

1.保存-m, -n, -ŋ 及-p, -t, -k 尾的方言：廈門市、泉州、惠安、永春、德化、金門、漳州、華安、南靖、平和、漳浦、東

山等18(市)縣及非閩南的建寧、寧德。

2.保存-m, -ŋ (←n)與-p, -k(←t) 的方言：詔安。

3.保存-m, -n(←ŋ )與-p, -t(←k) 的方言：雲霄、龍岩、漳平。

如依陳章太、李如龍(1982) 的歸類，把大田、尤溪劃為閩南話，還有下列兩種韻尾狀況：

4.保存-ŋ (←m, n)尾與-？(←p, t, k) 尾：大田。

5.保存-ŋ (←m, n)，塞音尾消失者：尤溪、龍溪(？)③

潮州屬於第 2 型，因不在福建省境，故不列。以上五類型，大致已能說明和陽聲韻尾平行的塞音尾演變的一般方向。但更重要的演變是，在上列 1 ～ 3 類型的閩南白話音，具有一套幾乎和 -p, -t, -k 的文讀音對立的-ʔ尾韻。為說明方便，從《漢語方音字匯》中 “廈門音” 一欄選列一些代表字，列成表㈠。④

### 表一　廈門話入聲文白異讀舉例

| 韻　類 | 咸開一 | | 咸開二 | |
|---|---|---|---|---|
| 例　字 | 搭 | 合 | 甲 | 壓 |
| 文／白 | tap / taʔ | hap$_8$ / kaʔ | kap / kaʔ | ap / teʔ |

| 咸開二 | 咸開三 | | 咸開四 |
|---|---|---|---|
| 夾 | 葉 | 接 | 貼 |
| kiap / k'ueʔ gueʔ | iap$_8$ / hioʔ | tsiap / tsiʔ | t'iap / t'aʔ |

| 咸開四 | 深開三 | | 山開一 | |
|---|---|---|---|---|
| 碟 | 粒 | 及 | 擦 | 割 |
| tiap$_8$ / tiʔ | lip$_8$ / liap$_8$ | kip /kap | ts'at /ts'uaʔ | kat/kuaʔ |

| 山合一 | | 山開二 | | 山合二 |
|---|---|---|---|---|
| 潑 | 末 | 八 | 拔 | 挖 |
| p'uat /p'uaʔ | buat /buaʔ$_8$ | pat /pueʔ | puat$_8$ /puiʔ$_8$ | uat /uiʔ |

| 山開三 | | | 山合三 |
|---|---|---|---|
| 熱 | 薛 | 歇 | 說，雪 |
| dziat$_8$/duat$_8$,dzuaʔ$_8$ | siat /siʔ | hiat /hioʔ | suat /seʔ |

| 山開四 | | 山合四 | |
|---|---|---|---|
| 結 | 鐵 | 血 | 缺 |
| kiat /kat | t'iat /t'iʔ | hiat /huiʔ,hueʔ | k'uat/k'eʔ,k'iʔ |

| 臻開三 | | | 臻合一 | |
|---|---|---|---|---|
| 一 | 密 | 蝨 | 核 | 不 |
| it /tsit | bit$_8$/bat$_8$ | sɪk /sat | hut$_8$/hik$_8$ | put /m̩ɜ |

| 臻合三 | | 宕開一 | |
|---|---|---|---|
| 佛 | 物 | 惡 | 鑿 |
| pit$_8$/put$_8$,hut ,hut$_8$ | but$_8$/biʔ$_8$,mĩʔ$_8$ | ɔk /oʔ | tsɔk$_8$/tsak$_8$ |

| 宕開三 | | 宕合一 | 宕合三 |
|---|---|---|---|
| 略 | 腳 | 郭 | 縛 |
| liɔk$_8$/lioʔ | kiɔk /kioʔ | kɔk /keʔ⑤ | pok$_8$/pak$_8$ ⑥ |

| 江開二 | | 曾開一 | | |
|---|---|---|---|---|
| 學 | 剝駁 | 北 | 賊 | 得 |
| hɔk$_8$,hak$_8$/oʔ$_8$ | pɔk /pak | pɔk /pak | tsɪk$_8$/ts'at$_8$ | tɪk /tit |

| 曾開一 | 曾開三 | | 梗開二 | |
|---|---|---|---|---|
| 蝕 | 式息 | 即 | 白 | 百 |
| sɪk$_8$/siʔ$_8$ | sɪk /sit | tsik /tsiaʔ | pik$_8$/peʔ | pik /paʔ |

| 梗合二 | 梗開三 | | | 梗開四 |
|---|---|---|---|---|
| 劃 | 蹟迹 | 石 | 逆 | 踢 |
| ɪk$_8$/uiʔ$_8$ | tsɪk /dziaʔ | sɪk /tsioʔ | gɪk /keʔ | t'ɪk /t'at |

| 梗開四 | | | 通合一 | 通合三 |
|---|---|---|---|---|
| 惜 | 滴 | 席 | 木 | 竹 |
| sɪk /sioʔ | tɪk /tiʔ | sɪk$_8$/siaʔ,sioʔ$_8$ | bɔk /bak$_8$ | tiɔk /tɪk |

| 通合三 | |
|---|---|
| 綠　　　　俗<br>liɔk$_8$ /lɪk$_8$　siɔk /sioʔ | |

這些對立的文白異讀，暗示了語言層，以上舉的梗攝為例，與文讀ɪk相對的白讀韻母有eʔ, aʔ, uiʔ, iaʔ,ioʔ, at, iʔ,至少可以把-k＞-ʔ, -k＞-t 當作不同的歷史層次；而同屬白讀的喉塞韻，席的兩讀iaʔ, ioʔ 也反映了不同演變。這種現象和舒聲韻-m, -n, -ŋ 尾與ṽ(鼻化韻)的文白對立是平行的；以梗曾攝為例，與文讀-iŋ 相對的白讀韻母有-in(如：頂升承奶）、an(如：瓶等層星）、ŋ (如：影省）、aŋ (如：崩）、ĩ（如：平柄彭奶爭晶井硬生）、ĩa（如：丙明名命定聽程整聲聖行成營庭精情正誠迎影等。）。

周辨明(1934) 根據Campell的《廈門音新字典》統計廈門話-ʔ的四種來源分布，統計字數如下：

1.獨立的喉塞韻（本字為切韻陰聲字）：52

2.由-p或-b變來：71

3.由-t或-d變來：88

4.由-k或-g變來：191

由數字推論喉塞音產生的常模是-p＞-t＞-k＞-ʔ。拙作(1987)已從各種角度證明鼻化韻的形成不必經由-m＞-n＞-ŋ ＞-ṽ這種單一流程，而傾向於-m＞ṽ，-n＞ṽ，-ŋ ＞ṽ可以同時進行。在閩南話促聲韻的白話層中，我們已看到兩套分布不十分均勻的塞音韻尾。楊秀芳(1982: 21) 所訂的廈門白話系統陽聲韻與入聲韻母的分配是：

| | | | | | | | | |
|---|---|---|---|---|---|---|---|---|
| 陽聲韻 | ĩ | ã | ĩa | ũa | ĩu | uãi | m̩ | ŋ̩ |
| | am | iam | in | an | un | iŋ | aŋ | |

入聲韻 { iʔ eʔ aʔ oʔ uʔ iaʔ ioʔ uiʔ ueʔ uaʔ
ap iap it at ut ik ak

我們對-p, -t, -k 尾的單讀音（即無文白對立）能否純然劃入文讀音系統，尚多存疑，但這種-p, -t, -k 與 -ʔ 並存的雙重對立系統，遍及閩南次方言的泉州、漳州、潮州，可以說是閩南話的一種重要特徵。這些次方言的韻母系統和陽入雙重對立韻尾系統的細部差異，究竟如何演化出來，這是本文最主要的探索目標。

## 二、四個閩南次方言入聲韻部的異同

四個閩南次方言是指廈門、泉州、漳州、潮州。從韻母系統的對稱性來說，潮州的鼻音尾-n＞-ŋ，塞音尾-t＞-k，韻類差異稍大，至於鼻化韻和喉塞韻則十分豐富，就此而言，四個次方言入聲韻部仍有高度的對稱性。1962《福建省漢語方言概況》將閩南方言區分為廈門話（廈泉漳）、龍岩話（龍岩、漳平）、大田話（大田、尤溪）。1985 張振興《閩語的分區（稿）》則區分閩南話為三片：(1)泉漳片（36縣市，含台灣14縣市）；(2)大田片（一縣）；(3)潮汕片（廣東省12縣市）。張氏把龍岩、漳平都併入泉漳片，尤溪則歸入閩東區的侯官片。根據陳章太、李如龍(1983)附錄的韻母表，龍岩話有-p, -t, -k 而無 -ʔ 入韻，大田話有-ʔ 韻而無-p, -t, -k, 尤溪話，則完全無塞尾韻。這三種次方言和泉漳片在入聲韻部上差異較大，較原始閩南語的韻母系統距離較遠，因此我們仍取一致性較高，且代表閩南語主要分支的潮州話來進行比較。

廈、泉、漳的文白系統，基本上相應，但亦有特殊的發展，在進行韻母系統比較時，只取話音為主的共時系統，據陳、李（1983)附錄的廈、泉、漳韻母表，列出入聲韻母的對照表如表(二)。

### 表二　廈門、泉州、漳州、潮州入聲韻母對照表

| | | |
|---|---|---|
| 廈門 | 單元音：a ɔ e o i u | |
| | 入聲韻 | ap ip iap at it ut iat uat ak ɔk ik iɔk |
| | | aʔ ɔʔ eʔ oʔ iʔ uʔ auʔ iaʔ ioʔ uaʔ ueʔ uiʔ |
| 泉州 | 單元音：a ɔ ə e o ɯ i u | |
| | 入聲韻 | ap ip iap at ət it ut iat uat ak ɔk ik iak iɔk |
| | | aʔ ɔʔ əʔ eʔ oʔ iʔ uʔ iaʔ ioʔ uaʔ ueʔ ŋʔ |
| 漳州 | 單元音：a ɛ ɔ e o i u | |
| | 入聲韻 | ap ip iap at it ut iat uat ak ɔk ik iak iɔk |
| | | aʔ ɛʔ eʔ oʔ iʔ uʔ iaʔ ioʔ uaʔ ueʔ |
| 潮州⑦ | 單元音：a e ə o i u | |
| | 入聲韻 | ap iap uap ip ik uk ek iek uek ak iak uak ək ok iok |
| | | aʔ iaʔ uaʔ iʔ uʔ iuʔ eʔ ieʔ ueʔ ẽʔ ŋ̩ʔ oʔ auʔ oiʔ ieuʔ |

從表面看，四種次方言的入聲韻母大致相當，潮州話略多。將兩類韻尾分開統計，可得出如下韻母數：

| | p t k尾 | ʔ尾 | 合計 |
|---|---|---|---|
| 廈門 | 12 | 12 | 24 |
| 泉州 | 14 | 12 | 26 |
| 漳州 | 13 | 10 | 23 |
| 潮州 | 15 | 15 | 30 |

可見潮州話雖然三種塞尾已簡化為二種（t→k），韻母反而變得複雜，尤其ʔ尾韻的增加，表現為另一種發展的趨勢。一般而言，-p, -t, -k 尾韻應與陽聲鼻音韻母相對應，但前者總比後者少一兩個韻，例如：廈門-m-n-ŋ 韻母為13（不包括ṃ，ŋ̇ 兩韻），較-p-t-k 尾韻多出一個iaŋ，廈門無iak韻，泉州的iak（梗曾入）廈門歸ik，漳州的iak（宕假開三）廈門歸iɔk，因此儘管

各次方言的相同韻母不少，但其中歸字內容有廣狹之異。但也有完全相同的韻母。例如：at, ɔk, it, iʔ, aʔ, iaʔ, oʔ, ioʔ 諸韻，廈泉漳完全相等。統計四種次方言的韻母總數，廈門67，泉州72，漳州68，潮州79（據李永明）。值得注意的是廈泉漳的複元音韻母都是十個，且完全相同，因此，泉州音所以多出漳州音四個韻母，主要是因多一個ə 元音（至於泉州的 ɯ 、漳州的ɛ ，在韻母系統中都是孤韻），因此泉州較漳州多出-əm,ən,əŋ,ət,əʔ諸韻，當然漳州也有泉州所少的ɔm,ɛ̃,ɛʔ,iɔ̃,uaĩ 諸韻。現在把四種次方言入聲韻母的同異作一對照表如下。

表三　廈、泉、漳、潮入聲韻母同異表

| 韻尾 | 共同韻母 | 次方言 | 特殊韻母 |
|---|---|---|---|
| -p | ap iap ip | 潮　州 | uap |
| -t |  | 廈、泉、漳 | at, iat, uat, it, ut |
|  |  | 泉　州 | ət |
| -k | ak ik | 廈、泉、漳 | ɔk, iɔk |
|  |  | 泉、漳、潮 | iak |
|  |  | 潮　州 | uk,ek,iek,uek,uak,ək,ok,iok |
| -ʔ | aʔ eʔ oʔ iʔ uʔ iaʔ uaʔ ueʔ | 廈、泉、漳 | ioʔ |
|  |  | 廈、泉 | ɔʔ |
|  |  | 廈、潮 | auʔ |
|  |  | 泉　州 | əʔ ŋʔ |
|  |  | 漳　州 | ɛʔ |
|  |  | 廈　門 | uiʔ |
|  |  | 潮　州 | iuʔ,ieʔ,oiʔ,ieuʔ,ẽʔ,ŋʔ |

黃典誠(1990) 指出閩南方言文讀音與《切韻》音系最爲接近，他利用廈門文讀音系作了「切韻音系閩南方言今讀表」，從這個表上可以看出-p-t-k 尾韻和廣韻入聲九攝的對應關係，由於這層緊密關係，我們可以拿廣韻入聲來說明-p-t-k 諸韻的來源。

ap ＜廣韻咸攝開口一、二等（合盍、洽狎）

iap ＜廣韻咸攝開口三、四等（葉業、帖）

ip ＜廣韻深攝開口三等（緝）

at ＜廣韻山攝開口一、二等（曷黠鎋）

iat ＜廣韻山攝開口三、四等（薛月、屑）

uat ＜廣韻山攝合口一、二、三等（末、鎋、薛月）

＜廣韻咸攝合口三等（乏）

ut ＜廣韻臻攝合口一等（沒）、三等（術物）

it ＜廣韻臻攝開口三等（質迄）

＜廣韻曾攝開口三等（職）白讀⑧

ɔk ＜廣韻宕攝一等開合（鐸）、三等合口（藥）

＜廣韻江攝二等舌齒（覺）、曾攝一等合口（德）

iɔk ＜廣韻宕攝三等開口（藥）

ok ＜廣韻通攝合口一等（屋沃）

iok ＜廣韻通攝合口三等（屋燭）

ak ＜廣韻江攝二等唇牙喉（覺）

＜廣韻通攝合口一、三等（屋沃燭）白讀⑧

ik ＜廣韻曾攝開口一、三等（德職）

＜廣韻梗攝開合二、三、四等（陌麥昔錫）

黃氏區別 ɔk, ok, 似不專就廈門音說。不見於上述的，只有 uap, ət, iak, uak, uk, ek, iek, uek, ək, 除ət, iak 外,皆爲潮州的特殊韻母。如泉州的ət只見於臻開三（訖）、曾開一（劾）、梗開二（核覈）等少數字。iak則爲與iŋ 相配的入聲 (《彙音》卿

韻),大部分已讀爲ik，少數保留iak,如：逼、力、燭、益等。潮州的ək，也是從泉州的ət（訖等）演變下來，範圍更窄，還不包括曾、梗攝的字。潮州的ɪk多來自臻攝開合口，ek多屬曾、梗攝字，iek多屬山攝三四等開口，uek 爲其合口。uak來自宕攝合口，uap是咸攝合口三等的乏韻（法）。這些是潮州塞尾韻較特殊的部分。

喉塞韻的來源，則主要來自-p, -t, -k 文讀韻的白讀，因此來源就比較複雜，在閩南十五音韻書裡，與陰聲韻相承，且有許多方言土字，俗解（即借義）的字，還有些擬聲的音節，其歸字範圍及異同，留待下文討論。

## 三、文白系統與兩套塞音韻尾的關係

上文表一已顯示廈門話入聲韻文白異讀的對應，主要的類型是-p-t-k（文讀）；-ʔ（白讀），但同時也可以發現一些次要類型。如：

1.元音的對應：粒lip$_8$/liap$_8$,及kip /kap ,密bit$_8$/bat$_8$。

2.聲母的對應：一it /tsit。

3.元音、韻尾的對應：蝨sɪk /sat，核hut$_8$/hɪk$_8$。

4.韻尾k-t的對應：得tɪk /tit，式息sɪk /sit。

5.音節性對應：不put /m̩$_3$，物but$_8$/mĩʔ$_8$，賊tsɪk$_8$/ts'at$_8$。

以上只是舉例，足以顯示文讀音和白讀音中都有-p-t-k 尾，唯獨-ʔ尾只出現在白讀音，儘管《漢語方音字匯》廈門音沒有文白兩讀的，也有單收-ʔ尾的字，而不加任何文白標記，如：鍘tsaʔ$_8$,插ts'aʔ，襪beʔ$_8$,赤ts'iaʔ，一般而言，這些仍是白讀字，有些是文讀音漏列，只要對照甘爲霖《廈門音新字典》即可補正。周長楫(1983) 從音節結構、聲、韻、調三方面分析廈門話文白異讀的類型，從最小對比到綜合對比，多達313種類型（其中聲母

61種，韻母241種，聲調10種）。不過，在周文發表的二十年前，李如龍(1963) 已指出“文讀系統和白讀系統是交叉重迭的。”重迭就是文、白讀使用同樣的聲、韻、調，交叉就是並非每一個聲、韻、調的完全重疊，而存在着交叉的對應，後者在韻母方面尤其明顯，文讀系統的韻母有不見于白讀的；白讀系統的韻母也有不見於文讀的。喉塞韻尾不見於廈門文讀，即是一個典型的例子。入聲韻的交叉對應關係用串連的表格可以表示如下：

文 ap ip iap iat at uat
讀 答 十集笈 貼捷接 鐵血列別 察八殺 潑劣…

白 ap ip aʔ iap iʔ uiʔ iat at ueʔ uaʔ uat
讀 答十集 笈貼捷 接鐵血 列 別察 八 殺潑 劣…

根據這種交叉對應，李氏首先畫出廈門話的兩個文白系統如表㈣。

### 表四　廈門話文、白系統韻母表

文讀系統韵母表

| | | | |
|---|---|---|---|
| a o e ɔ | ai au | am an aŋ ɔŋ<br>ap at ak ɔk | (ã) (ɔ̃) (ãu) (ãi) |
| ia io i iu | iau | iam ian iɔŋ im in iŋ<br>iap iat iɔk ip it ik | (ĩ) (iũ) (iãu) |
| ua ue u ui | uai | uan un<br>uat ut | (ũi) |



白讀系統韵母表

| | | | |
|---|---|---|---|
| a o e ɔ<br>aʔ oʔ eʔ | ai au<br>auʔ | am an aŋ (ɔŋ) m̩ ŋ̍<br>ap at ak (ɔk) | ã (ẽ) (ãi) |
| ia io i iu<br>iaʔ ioʔ iʔ | iau | iam (ian) iaŋ (iɔŋ) im in iŋ<br>iap (iat) (iɔk) (ip) it ik | iã ĩ iũ |
| ua ue u ui<br>uaʔ ueʔ uʔ uiʔ | uai | (uan) un<br>(uat) ut | uã uãi |

兩個系統中都有加括號的韻，或爲音位變體，或爲特殊的韻（方音殘留或缺乏對應者）。李氏所得的結論是：

“文讀系統和白讀系統交叉重迭的有三十一韻，文讀系統40韻中白讀系統所沒有的是13韻，白讀系統50韻中文讀系統所沒有的是18韻。光指文讀系統，廈門話只有48個韻母（其中 8 個變體韻母），光指白讀系統，廈門話有53個韻母；合起來說，廈門話的字音系統有67個韻母。就完整的語音系統說有85個韻（含18個有音無字的韻）。”

楊秀芳(1982) 將四個閩南次方言的文、白系統全部分析完成，詳細討論韻類的多寡及文白認定的標準，並進行多層次的分析，潮州方言則析爲白話層及新舊兩個文讀層等三層，更屬創獲。和李永明的入聲韻比較，楊秀芳的潮州白話層（第一層）入聲韻大大精簡爲15韻（李30韻），茲列其韻母于下：

| | | | | |
|---|---|---|---|---|
| iʔ | eʔ | aʔ | oʔ | (uʔ) |
| | | iaʔ | ioʔ | |
| | ueʔ | uaʔ | | |
| oiʔ | | | | |
| | | ap | | |
| | | iap | | |
| | ek | ak | | uk |

比較張盛裕(1979)《潮陽方言的文白異讀》表二十五、二十八、二十九中的白讀韻母，至少有iuʔ, auʔ, iauʔ, 爲楊文所不收。至少可以說，兩套塞尾在文白系統中的交叉重迭，在不同的方言點和分析模式下，尚有許多不一致的地方。這種不一致也表現在閩南傳統十五音韻書入聲字的搭配上。

傳統的韻圖，承襲切韻以入聲配陽聲，《切韻指掌圖》以下，就有入聲兼配陰陽的處置，一般咸信這是入聲韻尾弱化或失落

的徵兆，喉塞音尾的出現，基本上是-p-t-k 尾的弱化，它的作用有時僅止於表示“促調”的徵性。因此自然和元音相同的陰聲韻可以搭配，使閩南八個調（或七調）的系統更加完備。創於1800年的第一本閩南泉音韻書《彙音妙悟》也是首次作了兩套塞尾韻的搭配。拙作(1988) 曾理出《彙音》的韻母系統表，當時未暇逐韻核對陰聲韻部的列字，竟漏列不少喉塞韻，現在補苴訂正於下：

| -m/-p | -n/-t | -ŋ/-k | v/-ʔ | ṽ/ ṽʔ |
|---|---|---|---|---|
| 三am/ap | 丹an/at | 江aŋ/ak | 嘉a/aʔ | 三ã/ãʔ |
| 兼iam/iap | 軒ian/iat | (商iaŋ/iák) | 嗟ia/iaʔ | 京iã/ iãʔ |
| | 川uan/uat | 風uaŋ/uák | 花ua/uaʔ | 歡uã |
| 箴ɣm/ɣp | 恩ɣn/ɣt | 生ɣŋ/ɣk | 科ɣ/ɣʔ | |
| 金im/ip | 賓in/it | 卿iŋ/ik | 基i/iʔ | 青ĩ/ ĩʔ |
| | 春un/ut | 東ɔŋ/ɔk | 珠u/uʔ | |
| | | 香iɔŋ/iɔk | 秋iu/iuʔ | |
| 梅m̩ | | 毛ŋ̍/ŋ̍ʔ | | |
| | | | 西e/eʔ | |
| | | | 杯ue/ueʔ | |
| | | | 刀o/oʔ | |
| | | | 燒io/ioʔ | 箱iɔ̃/ iɔ̃ʔ(上入) |
| | | | 高ɔ/ɔʔ(上入) | 我ɔ̃ |
| | | | 居 ɯ | |
| | | | 飛ui/uiʔ | 關uĩ |
| | | | 雞ɣi/ɣiʔ | |
| | | | 鉤ɣu/ɣúʔ | |
| | | | 開ai/áiʔ | 熋aĩ/ aĩʔ |
| | | | 郊au/auʔ | 嘐aũ |
| | | | 朝iau/iáuʔ | 貓iaũ/ iaũʔ(上入) |
| | | | 乖uai/uaiʔ(上入) | 管(uaĩ) |

總計50韻中，僅有居、歡、梅、莪、閹、嘐、(管)等七韻沒有入聲字，有入聲的韻數-p：4, -t：6, -k：7, 合計17韻；-ʔ：25（其中 6 個鼻化喉塞韻)。這麼繁複的喉塞韻，有些並非音韻系統之必然，而是爲了湊齊七聲或八聲，將土語、擬聲等音塡入，上表中注有（上入）或元音上標明陽入(v̍)調者,都是僅有幾個字在搭配，其音韻地位多成問題。

## 四、閩南韻書入聲歸字異同的比較

由於地方韻書編輯動機不外是「以字正音」與「因音識字」（見黃謙序彙音妙悟），不免大量收入俗字土音，以便索音方便，在沒有科學的字源學方法的限制下，大量的俗字、借音字、借義字充塞韻書，並不惜爲少數特殊的話音增立韻目，故《彙音妙悟》所以達到五十字母（韻目）之多，而實際的閩南音系，通常只有40～45之間，所以《彙音》以後的漳州韻書《雅俗通十五音》雖然也湊足五十個韻目，但却在敍目上用空圈〇表現許多八音不全的空音，李如龍(1981) 比較《彙音》與《雅俗通》兩種韻目的韻值，認爲相同者爲43韻。換言之，清初的泉、漳兩地韻母相同者43韻，相異者共14韻（各有七韻不同），即使是相同的43韻中，還包含11個鼻化韻及兩個鼻輔韻母（即m̩ ŋ̍），除此之外的正統韻類剛好30個，這就是十五音流行後，簡化的《增補彙音》（或題烏字十五音）刪爲三十字祖，只收文讀音的來由。此外又有署名「擊木知音」的「十五音全本」，則列字母四十。蔣儒林編《潮語十五音》亦列四十字母。台灣沈富進編《彙音寶鑑》（收漳音爲主）則增爲45字母，廈門新出土的無名氏《渡江書十五音》則在字祖三十字外又附音十三字，凡四十三韻母。這一系列韻書（還有《八音定訣》、《拍掌知音》等⑨）都不出於廈、泉、漳、潮四系，其分韻的異同，多少能表現四種次方言演化的差異

，尤其在處理白話韻母的喉塞字，更可具體顯示次方言喉塞韻母的分布狀況。

下面，我們比較《彙音妙悟》和《雅俗通十五音》兩書喉入韻搭配狀況：

| 《彙音》 | 上入 | 下入 | 《十五音》 | 上入 | 下入 | 韻值 |
|---|---|---|---|---|---|---|
| 嘉 | ∨ | ∨ | 膠甲○ | ∨ | ∨ | aʔ |
| 嗟 | ∨ | ∨ | 迦○迦 | ∨ | ∨ | iaʔ |
| 花 | ∨ | ∨ | 瓜嘓○ | ∨ | ∨ | uaʔ |
| 高 | ∨ | × | 沽 | × | × | ɔʔ |
| 刀 | ∨ | ∨ | 高閣○ | ∨ | ∨ | oʔ |
| 燒 | ∨ | ∨ | 茄腳○ | ∨ | ∨ | ioʔ |
| 西 | ∨ | ∨ | 稽 | × | × | eʔ |
| 杯 | × | ∨ | 檜刮鱠 | ∨ | ∨ | ueʔ |
| 基 | ∨ | ∨ | 居築○ | ∨ | ∨ | iʔ |
| 飛 | ∨ | ∨ | 規 | × | × | uiʔ |
| 珠 | ∨ | ∨ | 艍欱× | ∨ | × | uʔ |
| 秋 | ∨ | ∨ | 丩 | × | × | iuʔ |
| 開 | × | ∨ | 皆 | × | × | aiʔ |
| 乖 | ∨ | × | 乖○ | ∨ | × | uaiʔ |
| 郊 | ∨ | ∨ | 交鋏○ | ∨ | ∨ | auʔ |
| 朝 | × | ∨ | 嬌勪噭 | ∨ | ∨ | iauʔ |
| 三 | ∨ | ∨ | 監○ | ∨ | × | ãʔ |
| 京 | ∨ | ∨ | 驚 | × | × | ĩãʔ |
| 歡 | ∨ | ∨ | 官 | × | × | ũãʔ |
| 莪 | × | × | 扛○○ | ∨ | ∨ | ɔ̃ʔ |
| 青 | ∨ | ∨ | 梔 | ∨ | ∨ | ĩʔ |
| 箱 | ∨ | × | 牛 | × | × | ĩɔ̃ʔ |

| 《彙音》 | 上入 | 下入 | 《十五音》 | 上入 | 下入 | 韻值 |
|---|---|---|---|---|---|---|
| 熋 | ∨ | × | 閒 | × | × | ãĩʔ |
| 貓 | ∨ | × | 嘄 ○ | × | ∨ | iãũʔ |
| 毛 | ∨ | ∨ | 鋼 | × | × | ŋʔ |
| 管 | × | × | 閂 | ∨ | ∨ | uãĩʔ |
| 科 | ∨ | ∨ | | | | əʔ |
| 雞 | ∨ | ∨ | | | | əiʔ |
| 鉤 | × | ∨ | | | | əuʔ |
| | | | 嘉骼逆 | ∨ | ∨ | ɛʔ |
| | | | 伽莢○ | ∨ | ∨ | ɛ̃ʔ |
| | | | 更○○ | ∨ | ∨ | ẽʔ |
| | | | 糜○ | ∨ | × | uẽʔ |

值得注意的有三點：

1.韻值相同，《彙音》有入，《十五音》無入者有：高沽、西稽、飛規、秋丩、開皆、京驚、歡官、箱牛、熋閒、毛鋼十組。反之，《十五音》有入，《彙音》無入者只有莪扛、管閂二組。《彙音》的喉入韻多出許多，其中箱、熋、貓僅收一字，鉤僅二字，且皆僅在一個聲母出現，《十五音》的乖、扛、嘄亦然，它們的音韻地位都尚有問題。

2.《彙音》特有的喉入韻有四：科(əʔ)、雞(əiʔ)、鉤(əuʔ)、毛(ŋʔ)，只有əʔ、ŋʔ還保存至現代泉音中（參表三）。《十五音》特有的喉入韻有四：嘉(ɛʔ)、伽(ɛ̃ʔ)、更(ẽʔ)、糜(uẽʔ)。還有上列的扛(ɔ̃ʔ)、閂(ũãiʔ)二韻，這些韻母只有ɛʔ俱有明顯的音韻地位，其他鼻化喉塞韻，分布較受侷限，但ɛ̃ʔ却出現在八～十個聲母下，應該肯定爲漳州入聲韻，表三未見。

3.即使韻值相同的兩個入韻之間，《彙音》和《十五音》的收字亦有多寡之異，有些字也有明顯的更易韻部，以杯、檜(鱠)

兩韻的下入爲例，杯韻下入只收：唃(l-)、骨襘怪(k-)、炷(k'-)、畫穢薉(o-)，檜韻下入則收：鱠(k-)、橛(k'-)、沫堛(p'-)、唷糩劏(o-)、襪(b/m-)、月(g/ŋ-)，內容完全不同，也許兩韻的韻值並不相同。又如《彙音》基韻上入(iʔ)收的力、必、吉、甲、乞、質、匹、壹等字不見於《十五音》居韻上入(iʔ)，後者收的皵、鷩、砌、缺、蟋等字也不見於《彙音》，但兩韻中仍有共同的字如：滴、鐵、摺、接、薛。這種狀況似可以說明字音的轉移是漸進的，個別的喉入尾字，一但弱化，便被安插到新的入韻中搭配，有些新的喉入韻才剛剛發生，因此只限於一兩個聲母，等到音變日久，可能新的成分與日俱增，從這一點看來，方言韻書正是記錄了語音演變的各個階段的狀況。

表三絕少收入鼻化喉塞韻，只有潮州收入一個ẽʔ，但《十五音》中實際已出現了ɛ̃ʔ, ẽʔ, u͠eʔ, ɔ̃ʔ, ua͠iʔ 等漳州特有的喉入韻，連同泉州共有的ãʔ, i͠aʔ, u͠aʔ, ĩʔ, i͠ɔʔ, i͠auʔ, a͠iʔ(彙音)，無異多了十二個鼻化喉入韻，這種音節結構在其他方言中尙屬少見，這些韻母在潮州話中也相當一致，雖然在廈門話中正處于大量失落之中，我們似可以假定，鼻化喉入韻是鼻化作用與喉入作用的結合所造成的新韻母，這些新韻母究竟是方興未艾，或正在失落，則有待進一步觀察。

## 五、結　　論

通過四個閩南次方言音系的對比和兩本基本韻書對入聲雙重韻尾的配韻關係，可以看到閩南語入聲的形成及發展，文白異讀的雙層交叉對應系統，無疑是起著關鍵性的作用，如果通過文白層次的時代分析，我們可以確定另一對雙軌平行的音變機制——鼻化作用和喉塞化作用，是形成各個次方言融合文白的韻母系統的基礎，我們試把這塊建築的材料和結構關係用圖形表示如下：

| | | | |
|---|---|---|---|
| 7.鼻化喉入韻 | 1-13 | 新的“喉鼻造韻作用”，方興未艾。<br>（潮陽話《張盛裕1979》多至13個） | |
| 6.喉入韻 | 10-15 | 塞尾韻中性化作用 | 零星→批發 |
| 5.鼻化韻 | 10-12 | 鼻尾韻中性化作用 | (白讀)　(配韻) |
| 4.塞尾韻 | 10-15 | (-p -t -k三合板)→弱化作用→ʔ | |
| 3.鼻尾韻 | 11-18 | (-m -n -ŋ三合板)→二合作用(-m -n -ŋ > m ŋ)<br>→鼻化作用(-ṽ-) | |
| 2.複元音 | 10-12 | (oi, ou, ieu爲後起成分) | |
| 1.單元音 | 6-8 | (ɛ、ɯ爲特色磚) | |

拙作(1987)專門討論了第五層建築，說明它早於文讀層，可能自原始閩語即已開始，本文對第六層的討論集中在次方言間橫向關係，未曾觸及縱向的時代問題，力有未盡。前文對於鼻化作用的下一階段是否鼻音消失，未作肯定結論，但本文觀察到的第七層「鼻化喉入韻」却可以作爲五、六兩階段的下一步，只是對這個“方興未艾”的新的“造韻作用”是否會成氣候，或者只是新的演變中間的過渡階段，目前仍然看不出來，從歷史音韻演變的洪流看，有些泡沫作用可能立即消失也說不定。本文從四個代表性的次方言韻母系統進行平面的比較，對於個別韻母之間的遭遞關係，倘乏細部的推證，因此並不能對四個方言調型的發展多作蠡測，但可以假設潮州及部分泉州腔所保持的八個調類的系統是共同閩南語的一個階段，其後再依次方言的特性，在八調之間，進行個別的併合，目前較快者已發展至六個調類，未來閩南話聲調的發展如何，要從整個音韻結構的變遷來看，例如現有的十五音（或十八音）系統的聲母，可能在四百年前已發展完成，二百年間基本上沒有變動（除入柳二紐之混合），由於聲母相對地

穩定，才使韻母不斷有新生成分出現，我們在探討演變方向時，至少不能忽略近數十年來民族共同語加諸閩南方言的影響。因此，本文從韻書文獻的異同出發，只能掌握演變的前期歷史，無法預測未來的方向，這或許可以作爲本文意猶未盡而又不能不說的結語。

【附　註】

① 五個次方言說見李、陳(1982)＜論閩方言的一致性＞。

② 《廈門音系》，頁61。

③ 孟迪伯把“龍溪”歸入第五類，依董同龢1960應屬第一類。

④ 表中用 8 表示陽入調，用 4 表示陰入調，爲簡易起見，陰入一律不標出。

⑤ 《字匯》無白讀，甘爲霖《廈門音新字典》收kok, keh。

⑥ 《字匯》未收，此據甘爲霖《廈門音新字典》。

⑦ 潮州方言據李永明(1959)，ə, ək李永明作r, rk,《漢語方音字匯》作w, wk，字匯無-m, -p 韻，《漢語方音詞匯》已改正。本文據蔡俊明《潮語詞典》改 r 爲ə 。

⑧ 據羅常培(1930)：第十三表。當爲白讀音。

⑨ 黃典誠《拍掌知音說明》，方言，1979。

## 主要徵引書目（依本文出現順序）

羅常培　1930 《廈門音系》，古亭書屋，台北。

孟伯迪　(Mansier Patrick) 1980 ＜輔音尾在漢藏語言聲調體系中的重要性＞，語言研究論叢，pp. 37-63，南開大學，天津。

陳章太、李如龍　1983 ＜論閩方言的一致性＞，中國語言學報，第一期，pp. 114-126.

黃典誠　1990 ＜閩南方音與音系＞，香港浸會學院中國聲韻學學術研討會論文。

周長楫　1983　＜廈門話文白異讀的類型＞，中國語文，pp.330-336；430-438.

李如龍　1962　＜廈門話的文白異讀＞，廈門大學學報（社會科學版），1962年第二期，pp.57-100.

楊秀芳　1982　《閩南語文白系統的研究》，台大博士論文,526頁。

李永明　1959　《潮州方言》，中華書局，北平。

張盛裕　1979　《潮陽方言的文白異讀》，方言，pp. 241-267.

姚榮松　1987　＜廈門話文白異讀中鼻化韻母的探討＞，師大國文學報，第16期，pp. 271-228.

1988　＜彙音妙悟的音系及其鼻化韻母＞，師大國文學報，第17期，pp.251-281.

〔後案〕：本文初稿曾在民國七十九年七月二十一日中央研究院歷史語言研究所「第一屆中國境內語言暨語言學國際研討會」上宣讀，並蒙張次瑤、丁邦新兩位院士諸多指正，並此誌謝。

# 作者簡介

**黃慶萱**　一九三二年生。國立臺灣師範大學國文研究所畢業，文學博士。曾任香港浸會學院、香港中文大學中文系高級講師、漢城韓國外國語大學校客座教授。現任臺灣師範大學國文系暨國文研究所教授。著有《史記漢書儒林列傳疏證》、《魏晉南北朝易學書考佚》、《修辭學》、《中國文學鑑賞舉隅》、《周易讀本》等。

**余培林**　字立本，江蘇淮安人，現年五十九歲。幼年曾讀私塾，四書五經，多能成誦。後從軍旅，退伍後，考入國立臺灣師範大學國文系及國文系研究所，先後獲得學士及碩士學位。著有《群經引詩考》、《爾雅毛傳考異》、《六十年來之雅學》、《老子導讀》、《老子讀本》等書。現任國立臺灣師範大學教授，講授詩經、老子等科目。

**莊萬壽**　一九三九年生於臺灣鹿港。臺灣師範大學國文研究所畢業，曾任師大講師、副教授、日本京都大學招聘教授、韓國啓明大學客座教授。現任師範大學國文系教授。著有《莊子學述》、《列子讀本》、《列子導讀》、《嵇康研究及年譜》等書。另有古代文化、文學、飲食、農家、老、莊、列、道家、史通、日本文化之學術論文百餘篇。

**顏崑陽**　一九四八年生。臺灣省嘉義縣人，在師大國文研究所受業於黃錦鋐教授，主修《莊子》，獲博士學位。現任國立中央大學中文系副教授。著有：《莊子自然主義研究》、《莊子藝術精神析論》、《莊子的寓言世界》、《古典詩文論叢》、《杜牧》、《李商隱詩箋釋方法論》等十餘種。

**近藤朋子**　日本福岡市人，一九五八年出生。現就讀於國立臺灣師範大學國文研究所博士班二年級。

**季旭昇**　民國四十二年生，師大國文系畢業，國文研究所碩士、博士。現任師大國文系副教授。著有《詩經吉禮研究》、《甲骨文字根研究》，及其他詩經、三禮、古文字類論文若干篇。

**賴明德**　臺灣省基隆市人。民國廿七年六月三十日生。畢業於國立臺灣師範大學國文系及國文研究所博士班，民國六十一年獲國家文學博士學位。曾任國立臺灣師範大學國文系講師、副教授。現任教授，並兼任東吳大學中國文學系教授。著有《魏晉南北朝朔閏考》、《詩經考釋》、《司馬遷之學術思想》、《文史論叢》、《中國文字論叢》等書。

**鍾克昌**　台灣省雲林縣人。民國二十八年次。先後受教於台南師範學校、台灣師範大學國文系所；暨享受國家公費栽培，遂矢志於教育事業。曾教過小學、中學多年，教不倦且學不厭，逾知命之年始修得博士學位。現任臺灣工業技術學院副教授。著有《戴氏轉語索隱》、《帛書校王弼本老子章句字義新探》等。

**龔鵬程**　江西省吉安縣人。民國四十五年生。國立師範大學國文研究所博士班畢業。曾任淡江大學中文系教授、主任、研究所所長、文學院院長、國文天地雜誌總編輯、中國晨報總主筆、學生書局總編輯、中華道教學院教務長、國際佛學研究中心主任等。現任行政院大陸委員會文教處處長、中國古典文學研究會理事長。著有《思想與文化》等書廿餘種。

**連清吉** 臺灣省苗栗縣人。民國四四年十月二日生。東海大學中文研究所碩士、日本九州大學中國哲學研究所博士課程修畢。曾任明治工專講師。現在日本研究。著有《莊子寓言研究》及日本莊子學論文多篇。

**江建俊** 臺灣彰化縣人。民國三十八年生。成大中文系畢業、政大碩士、文大博士。現任成大中文系副教授。著有《建安七子學述》、《漢末人倫鑑識之總理則》、《魏晉玄理與玄風之研究》、《竹林七賢論》、《魏晉學術思想研索》等書。

**胡順萍** 臺北市人。民國五十年生。國立臺灣師範大學國文研究所碩士。現任崇右企專專任講師。研究所期間師事　黃師天成，碩士論文爲《六祖壇經思想之承傳與影響》。求學時曾任國立空中大學國文科助理。

**傅榮珂** 湖北省宜昌縣人。民國六十七年畢業於國立高雄師範大學國文研究所碩士班。於民國七十九年考入國立臺灣師範大學國文研究所博士班就讀。現任職國立嘉義農專共同科副教授。著作有《顧亭林及其史學》、《國語文講義》、《論文釋義》、《公文釋義》等書及〈顧亭林哲學思想述評〉、〈顧亭林之史論〉、〈顧亭林之文論〉、〈石窟之寶藏——敦煌經卷〉、〈簡牘之製作及其形制之研究〉等單篇論文十餘篇。

**王更生**　河南省汝南縣人。現年六十三歲。國家文學博士、考試院文官高等考試教育行政人員及格、曾任國民小學教師、教導主任、代理校長、初高中及職業學校教師、組長、主任、專科學校副教授、訓導主任、教務主任、校長。現任國立臺灣師範大學國文系、國文研究所教授。講授文心雕龍、韓非子、唐宋八大家文研究、中國散文研究。著有《文心雕龍研究》、《文心雕龍范注駁正》、《文心雕龍讀本》、《文心唯龍導讀》、《國文教學新論》、《晏子春秋研究》、《晏子春秋今註今譯》、《孫詒讓先生之生平及其學術》、《中國文學的本源》、《中國文學講話》等二十多種，數百萬言。

**沈秋雄**　字伯時，民國三十年生。國立臺灣師範大學國文研究所博士班畢業，著有《說文解字段注質疑》、《三國晉南北朝左傳學佚書考》、《王通》等書。現任臺灣師範大學國文系副教授。

**陳新雄**　字伯元，江西省贛縣人。國立臺灣師範大學文學博士。曾任中國文化大學中國文學系教授兼系主任、國立政治大學中文研究所兼任教授、國立高雄師範大學國文研究所兼任教授、輔仁大學中文系所兼任教授、淡江大學中文系兼任教授、美國喬治城大學中日文系客座教授、香港浸會學院中文系客座高級講師（一九八二～一九八三）、首席講師（一九八八～一九九〇）、香港珠海書院中文研究所兼任教授、香港新亞研究所兼任教授、香港中文大學中國文化研究所訪問學人。現任國立臺灣師範大學國文系所教授、東吳大學中文研究所兼任教授、中華民國聲韻學會理事長。擅長聲韻學、訓詁學、文字學、詩經、東坡詩詞等。專門著作有《春秋異文考》、《古音學發微》、《音略證補》、《六十年來之聲韻學》、《等韻述要》、《中原音韻概要》、《聲類新編》、《鍥不舍齋論學集》、《香江煙雨集》、《旅美泥爪》、《語言學辭典》等書。

**朱榮智** 臺灣省新竹縣人。民國三十八（一九四九）年五月七日出生。國立臺灣師範大學國文系、國文研究所碩士班、博士班畢業。曾任幼獅文化公司編輯、主編，師範大學國文系助教、講師、副教授、師範大學訓導處秘書、師範大學分部訓導主任。現任師範大學國文系教授。著有《兩漢文學理論之研究》、《九代文學批評之研究》、《四海之內皆兄弟》、《孔孟倫理思想與四書教學》、《文氣論研究》、《文氣與文章創作關係研究》、《老子探微》、《莊子的美學》（排版中）等書。

**潘麗珠** 臺北市人。民國四十八年生。國立臺灣師範大學國文系、國文研究所碩士班畢業、國文研究所博士班肄業、專攻古典詩歌與戲曲。曾任臺北市立格致國中、中山女高國文科教師。現任師大國文系助教。著有《盛唐王孟詩派美學研究》、〈戲劇與史實的樊籬〉、〈中國戲劇的以簡馭繁〉、〈杜甫詩中的顏色字探究〉、〈戲曲藝術中的角色功能〉等。

**王關仕** 江西萬安人。國立臺灣師範大學國文學系畢業。國文研究所文學碩士、國家文學博士。曾任中學國文教師、大學講師、副教授。現任國立臺灣師範大學教授。著有《儀禮漢簡本考證》、〈儀禮服飾考辨〉、《豆燈集》、《王符》、《紅樓夢研究》、〈紅樓夢考鏡〉一二三四五六七八九十一十二（載《師大國文學報》及《中國學術年刊》）等。

**蔡宗陽**　字伯龍，號逸廬，嘉義縣布袋鎭人。民國三十四年生。國立臺灣師範大學國文學系、國文研究所碩士班、博士班畢業。曾任中學訓導主任、師大課外活動組主任、助教、講師。現任國立臺灣師範大學國文系所副教授。著有《莊子之文學》、《劉勰文心雕龍與經學》、《文燈》、《國學淺說》等書。

**姚榮松**　台灣省雲林縣人。民國三十五年生。國立臺灣師範大學文學士、文學碩士、文學博士。曾在美國康乃爾大學語言系、哈佛大學哈佛燕京學社各研究一年。並曾任教國中，擔任過助教、講師等。現任臺灣師範大學國文系副教授，著有《切韻指掌圖研究》、《上古漢語同源詞研究》、《古代漢語詞源研究論衡》等書。

慶祝莆田黃天成先生七秩誕辰論文集

編著者：慶祝莆田黃天成先生七秩誕辰論文集編委會
出版者：文史哲出版社
登記證字號：行政院新聞局局版臺業字〇七五五號
發行所：文史哲出版社
台北市羅斯福路一段七十二巷四號
郵撥〇五一二八八一二彭正雄帳戶
電話：三五一一〇二八
印刷者：文史哲出版社

精裝定價新台幣六〇〇元

中華民國八十年六月初版



ISBN 957-547-049-4